William Robertson

Dr. Wilh. Robertson's Historische Untersuchung über die Kenntnisse der Alten von Indien, und die Fortschritte des Handels mit diesem Land, vor der Entdeckung des Weges dahins dahin um das Vorgebirge der Guten Hoffnung

William Robertson

Dr. Wilh. Robertson's Historische Untersuchung über die Kenntnisse der Alten von Indien, und die Fortschritte des Handels mit diesem Land, vor der Entdeckung des Weges dahins dahin um das Vorgebirge der Guten Hoffnung

ISBN/EAN: 9783743602953

Hergestellt in Europa, USA, Kanada, Australien, Japan

Cover: Foto ©Andreas Hilbeck / pixelio.de

Weitere Bücher finden Sie auf **www.hansebooks.com**

Dr. Wilhelm Robertson's,
Königlichen Historiographen von Schottland,

Historische Untersuchung
über die
Kenntnisse der Alten
von
Indien,
und die
Fortschritte des Handels mit diesem Lande
vor der Entdeckung des Weges dahin
um das Vorgebirge der guten Hoffnung.

Nebst
einem Anhange,
welcher
Bemerkungen über die gesellschaftlichen Verhältnisse, die
Gesetze und gerichtlichen Verfahrungsarten, die Künste,
Wissenschaften und gottesdienstlichen Einrichtungen der Indier enthält.

Mit zwei Karten.

Aus dem Englischen, mit einer Vorrede
von
Georg Forster.

Berlin, 1792.
In der Vossischen Buchhandlung.

Vorrede
des
Verfassers.

Das Durchlesen des Memoirs vom Major Rennell, zur Erläuterung seiner Karte von Indostan, eines der vorzüglichsten geographischen Aufsätze, die jemals irgendwo erschienen sind, war die Veranlassung zu folgendem Werke. Es brachte mich auf den Gedanken, vollständiger als ich es in meiner Einleitung zur Geschichte von Amerika gethan hatte, zu untersuchen, welche Kenntniß die Alten von Indien gehabt hätten, und was unter ihren bis auf uns gekommenen Nachrichten von diesem Lande gewiß, dunkel oder fabelhaft sey. Anfänglich hatte ich bei meinem Nachforschen keinen anderen Zweck, als mein eigenes Vergnügen und meine Belehrung. Als ich es aber fortsetzte und die Schriftsteller des Alterthums sorgfältig zu Rathe zog, stieß ich auf manche, bis jetzt aus der Acht gelassene, und auf viele noch nicht gehörig untersuchte Thatsachen; es eröffneten sich mir neue Aussichten; meine Begriffe erhielten nach und nach mehr Vollständigkeit und mehr Interesse; bis ich endlich glaubte, auch Andre möchten Vergnügen und Belehrung in den Resultaten meiner Untersuchungen finden, wenn ich eine Uebersicht von den verschiedenen Arten, wie das Verkehr mit Indien von den frühesten Zeiten her getrieben worden ist, so darstellte, daß man daraus ersähe, wie sehr dieser beträchtliche Handelszweig in jedem Zeitalter den Reichthum und die Macht der Nationen, in deren Händen er war, vergrößert habe.

Dies ist der Ursprung und die Entstehungsgeschichte der historischen Untersuchung, die ich jetzt dem Leser vorlege. Ueber ihren Werth muß das Publikum entscheiden. Meine dankbare Erinnerung an die günstige Aufnahme, welche meine Werke bis itzt gefunden haben, vermehrt natürlicher Weise die Unruhe, womit ich sein Urtheil über das jetzige erwarte.

Als ich meine Gedanken zuerst auf diesen Gegenstand richtete, empfand ich die Schwierigkeit des Unternehmens, Länder zu beschreiben, wovon ich gar keine Lokal-Kenntniß

hatte, so sehr, daß ich gegen jeden Irrthum
der etwa dadurch veranlaßt werden könnte,
äußerst auf meiner Hut war. Ich habe mit
anhaltendem Fleiße die Werke aller der
Schriftsteller, die einige Nachricht von
Indien geben, so viel ich ihrer nur habhaft
werden konnte, benutzt, und nie anders als
auf glaubwürdige Autoritäten eine Entscheidung gewagt; und da ich so glücklich bin,
einige Männer, welche wichtige Civil- und
Militairstellen in Indien bekleidet und mehrere Theile davon gesehen haben, unter meine
Freunde zu rechnen, so nahm ich häufig zu
ihnen meine Zuflucht, und lernte aus ihren
Gesprächen manches, was ich in Büchern
nicht hätte finden können. Wenn es schicklich wäre, ihre Namen anzuführen, so würde
das Publikum gewiß zugestehen, daß sie durch
ihre Unterscheidungskraft und ihre Talent zu
dem Vertrauen, das ich in sie setzte, völlig berechtigt sind.

   Bei dem Ausarbeiten des Werkes bemerkte ich meinen Mangel an Geschicklichkeit,
in Ansehung eines anderen Punktes. Zu einer
genauen Darstellung von der unvollkommenen theoretischen sowohl, als praktischen
Schifffahrt der Alten, zu einer wissenschaft-
lich genauen Erklärung ihrer Methode die
Lage der Oerter zu bestimmen und ihre Länge
und Breite zu berechnen, waren mehr mathe-
matische Kenntnisse erforderlich, als meine

Aufmerksamkeit auf andre Wissenschaften mir zu erwerben erlaubt hatte. (1) Diesen Mangel ergänzte die Freundschaft meines einsichtsvollen und achtungswürdigen Collegen, Herrn Playfair, Professors der Mathematik; durch ihn ward ich in Stand gesetzt, alle erwähnten Punkte so zu erläutern, daß meine Leser, wie ich hoffe, dadurch vollkommen befriedigt seyn werden. Ihm bin ich auch für die Zeichnung der beiden Karten verbunden, die zur Erläuterung meiner Untersuchung unentbehrlich waren, und die ich ohne seinen Beistand nicht hätte liefern können.

Ich bin in diesem Werke bei einer ähnlichen Anordnung wie in meinen vorigen geblieben, deren auch das Publikum schon längst gewohnt ist. So viel als möglich, habe ich die historische Erzählung von wissenschaftlichen und kritischen Erörterungen getrennt, und die letzteren für Anmerkungen und Erläuterungen aufbehalten. Ich schmeichle mir ohne Anmaßung Anspruch auf das Verdienst machen zu dürfen, daß ich, was ich dem Publikum vorlege, mit Fleiß untersucht, und mit gewissenhafter Genauigkeit die Schriftsteller, woraus ich meine Nachrichten gezogen, angeführt habe. Collegium zu Edinburg,
den 10ten Mai 1791.

Vorrede.

Einleitung.

Der Name Robertsons, eines Schriftstellers, der uns mit unserem eigenen Kaiser
Karl dem Fünften, auf eine der Würde
des Geschichtschreibers und seiner Wissenschaft so angemessene Art bekannt machte,
überhebt mich der Sorge einer förmlichen Einführung bei unserem Publikum; und der
Ruhm, den sowohl dieses Werk, als seine
Geschichten von Schottland und von Amerika, ihm erworben haben, ist von der soli-
den, auf wesentliche Verdienste gegründeten
Art, daß er zugleich im voraus über alle folgenden Arbeiten des Verf. ein günstiges Licht ver-

* 4

breitet. Man kennt Robertsons ruhigen, philosophischen Gang in seinen Nachforschungen, den Fleiß womit er sich Deutschen, den Geschmack worin er sich Französischen Mustern nähert, den ernsten, doch deutlichen, gefälligen Vortrag, die reine, fließende, wenn gleich nicht blumenreiche Schreibart, die, weil sie zu seinem Charakter gehört, ihm auch besonders ziemt. Von dieser Seite wird also dem Uebersetzer die Erfüllung seiner Pflicht erleichtert. Es ist hinreichend, daß er sagen kann, was er hier darbringe, sey Robertsons Werk, die Frucht seines Nachdenkens und seiner Untersuchungen, um sich wegen der Beschäftigung, die er sich wählte, zu rechtfertigen und bei den Lesern die Ueberzeugung hervorzubringen, daß er unsere Litteratur durch diese Verpflanzung mit einem gründlichen, lehrreichen, nützlichen und interessanten Buche vermehrt habe.

Es würde schon eine schwerere Aufgabe seyn, dem Verfasser in diesem Werke überall bis an die Quellen zu folgen, und allenfalls die Belehrung, die seinem Scharfblick entging oder die sein Geist verschmähete, zur Ergänzung und Berichtigung seines historischen Gemäldes hinzuzufügen. Wer besitzt

Vorrede.

schätzbare Gelehrte, die in diesem Fache gearbeitet haben, und denen die Geschichte des Handelsverkehrs zwischen den Bewohnern verschiedener Welttheile ein großes Licht verdankt, obgleich ihre Bemühungen dem belesenen Robertson, wie es scheint, ganz unbekannt geblieben sind. Wäre es nicht, daß Schicksal unserer Litteratur, im Auslande die aufmerksame Theilnahme entbehren zu müssen, die unser Publikum den Produkten der fremden Gelehrsamkeit so gern zollt, so hätte wahrscheinlich ein Theil der Vorarbeit, welche vor der Entwickelung der Idee unsers Verfassers vorhergehen mußte, ihm durch die Bekanntschaft mit solchen Deutschen Schriften, wie Sprengels Geschichte der wichtigsten geographischen Entdeckungen, sehr erleichtert werden müssen. Der Zweck indeß, den er sich vorgesetzt hatte, ließ sich auch ohne diesen Beistand erreichen; es kam hier eigentlich darauf an, die wichtigsten charakteristischen Züge nicht zu verfehlen, welche den Betrieb des Menschengeschlechtes in ganz verschiedenen Zeitaltern zu erkennen geben, und den großen Einfluß des Handels auf unsere Sitten, Künste, Wissenschaften und Verfassungen in dem stets inniger und beziehungsvoller werdenden Ver-

Vorrede

sehr gnüg zu bieten anzubreiten. Gelehrte und kritische Untersuchungen von mancherlei Art, eine ausgebreitete Belesenheit in historischen Schriften, in Reisebeschreibungen, und selbst in anderen dem Anscheine nach ganz fremden Fächern, sind, als Hülfsmittel zu diesem Ziele, zumal in die gelegende Kritik, selbst der alten Schriftsteller, konnte nie des Verfassers Hauptabsicht seyn. Ich glaube daher, daß sogar in dem Falle, wo dieses Werk unsere Gelehrten zur Mittheilung ihrer Nachforschungen über diesen Gegenstand veranlassen sollte, dasselbe dennoch jederzeit sich in seiner Unabhängigkeit behaupten und durch die vollständige Erreichung seines Zweckes als ein vollendetes Ganzes auf die Nachwelt kommen wird. Mir erlaubten die Umstände, meine Zeit und, was das Wesentlichste ist, mein geringes Zutrauen in meine Kräfte nicht, die wenigen Zusätze, deren diese Schrift noch fähig seyn mag, derselben anzuhängen, und es ist mir in diesem Falle besonders lieb, daß der Fleiß und die Kenntnisse des Verfassers mir die Beruhigung geben, dem Leser werde dieser Mangel nicht einmal bemerklich seyn.

Der Anhang zu dieser Abhandlung, worin der Verfasser eine so umfassende Skizze

Vorrede.

von dem was Judien war und gegenwärtig
noch ist, und von den Eigenthümlichkeiten
seiner Einwohner ürtert; kann nicht anders
als äußerst angetehen ſchon unſer wißbegieriges
Publikum ſeyn ꝛc. So iſt was weſtentah in dem
die bedeutenden Umriſſe dieſes wichtigſten
aller Aſiatiſchen Völker mit ſo feſter Hand
gezeichnet werden. Vielleicht giebt es hier
einen Punkt, worin Doch ein ſo on die Nach-
ſicht des Leſers ein wenig auf die Probe ſtellt,
und wo ihn ſeine ruhige, menſchenfreundliche
Philoſophie zu verlaſſen ſcheint; allein wer
von uns allen hat nicht irgendwo den Punkt
in ſeinem Verſtande, den er, ohne die Gefahr
einen üblen Eindruck zu machen, nicht öffentlich berühren darf. Es war nicht leicht möglich, den Geſichtspunkt ſo gänzlich zu verfehlen, wie Robertſon es thut, wo er von
Indiſchen Religionsbegriffen ſpricht; es war
nicht möglich, den Widerſpruch mit ſich ſelbſt
zu vermeiden, ſobald er die Linie zwiſchen
Wahrem und Falſchem hier ſo ſchneidend zu
ziehen ſich erkühnte, die Linie, die kein
Sterblicher je ziehen darf. Doch was der
Theologe ſündigte, wird man dem Geſchichtſchreiber verzeihen.

XII **Vorrede.**

Die Ordnung, deren sich der Verfasser in allen seinen Werken bedient, Erläuterungen, die das Lesen unterbrechen würden, an das Ende seines Buches zu verweisen, habe ich nicht abzuändern gewagt; allein, daß diese Anmerkungen nicht beisammen gestellt sind, und desto leichter überschlagen zu werden, mußte ich itzt, um ihres wichtigen Inhaltes willen, hier erinnern.

Mainz, den 1sten Oktober 1791.

Georg Forster.

Inhalt.

Erster Abschnitt.

Verkehr mit Indien von den frühesten Zeiten an, bis zur Eroberung von Aegypten durch die Römer. . . . Seite 3

Zweiter Abschnitt.

Verkehr mit Indien, von dem Zeitpunkte an, da die Römer ihre Herrschaft in Aegypten gründeten, bis zur Eroberung dieses Königreiches durch die Mohammedaner. — 47

Dritter Abschnitt.

Verkehr mit Indien, von der Eroberung Aegyptens durch die Mohammedaner an, bis dahin daß der Weg um das Vorgebirge der guten Hoffnung entdeckt ward und die Portugiesen ihre Herrschaft im Orient gründeten. . . . — 96

Inhalt.

Vierter Abschnitt.

Allgemeine Bemerkungen.   Seite 157

Anmerkungen und Erläuterungen — 187
Anhang — 257
Anmerkungen zu demselben. — 347

Wilhelm Robertsons

historische Untersuchung

über

die Kenntnisse der Alten

von Indien.

Historische
Untersuchung über Indien
in älteren Zeiten.

Erster Abschnitt.

Verkehr mit Indien, von den frühesten Zeiten an, bis zur
Eroberung von Aegypten durch die Römer.

Wer es versucht, den Unternehmungen der Menschen in entfernten Zeiten nachzuforschen und die verschiedenen Stufen ihres Fortschrittes in irgend einer besonderen Richtung ihrer Thätigkeit zu bezeichnen; der wird bald zu seinem Mißvergnügen finden, daß die Periode der zuverläßigen Geschichte sehr beschränkt ist. Kaum sind mehr als dreitausend Jahre verflossen, seitdem Moses seine Bücher, die ältesten und einzig ächten Zeugnisse von dem was in den früheren Zeitaltern der Erde geschehen ist, geschrieben hat. Herodot, der älteste heidnische Geschichtschreiber, dessen Werke auf uns gekommen sind, lebte tausend Jahre später. Gehen wir mit unseren

Untersuchungen über irgend etwas bis jenseits der Periode hinaus, wo geschriebene Geschichte anfängt, so betreten wir das Reich der Muthmaßungen, der Fabeln, der Ungewißheit. In dieses Feld will ich weder mich selbst wagen, noch meine Leser dahin führen. Bei meinen Untersuchungen über das Verkehr zwischen den östlichen und westlichen Gegenden der Erde, und über die Erweiterung des großen Handelszweiges, der in jedem Zeitalter so sichtbarlich dazu beigetragen hat, dem Volke, das ihn führte, Macht und Reichthum zu geben, will ich mich auf die Gränzen einschränken, die ich mir abgesteckt habe. Wo die inspirirten, mit höheren Dingen beschäftigten Schriftsteller gelegentlich einen Umstand erwähnen, der den Gegenstand meiner Nachforschungen erläutern kann, werde ich mit Ehrfurcht darauf achten. Was andre Schriftsteller erzählen, werde ich freimüthig prüfen und den Grad von Glaubwürdigkeit, der ihnen gebührt, zu bestimmen suchen.

Der ursprüngliche Aufenthalt, den der Schöpfer dem Menschen angewiesen hatte, war in den milden und fruchtbaren Gegenden des Orients. Dort betrat das Menschengeschlecht die Laufbahn seiner Vervollkommnung; und nach den Ueberbleibseln, sowohl der vor Alters in Indien kultivirten Wissenschaften, als der daselbst geübten Künste, dürfen wir es für eins von den ersten Ländern halten, in denen man merkliche Fortschritte auf dieser Laufbahn machte. Die Weisheit des Morgenlandes war frühzeitig berühmt *), und eben so frühzeitig wurden seine Produkte von entfernten Nationen gesucht **). Gleichwohl ward das Verkehr zwischen verschiedenen Ländern anfangs gänzlich zu Lande getrieben. Die

---

*) 1. Buch der Könige, IV. 30.
**) 1. Buch Mosis, XXXVII. 25.

morgenländischen Völker scheinen bald völlige Herrschaft über die nützlichen Thiere erlangt zu haben*), und sie konnten also frühzeitig die langen und beschwerlichen Reisen unternehmen, die zu diesem Verkehr erforderlich waren. Die gütige Vorsorge des Himmels schenkte ihnen ein Lastthier, ohne dessen Hülfe sie diese Reisen unmöglich hätten zurücklegen können. Durch ausdauernde Stärke, Mäßigkeit im Genusse der Nahrung, und sonderbare Bildung der inneren Theile — das Kameel kann nehmlich vermöge derselben einen Wasservorrath für mehrere Tage aufbehalten — setzte es sie in Stand, Waaren von unbehülflicher Größe durch die Wüsten zu führen, durch die ein jeder muß, der aus irgend einem westlich vom Euphrat gelegenen Lande nach Indien reist. Auf diese Art ward schon in den frühesten Zeiten bis zu denen die Geschichte hinaufreicht, besonders von den Völkern in der Nähe des Arabischen Meerbusens der Handel getrieben. Zwar wurden anfangs nur gelegentlich und von wenigen Abentheurern Reisen in entfernte Länder unternommen. Aber nach und nach versammelten sich, weil man auf gegenseitige Sicherheit und auf Bequemlichkeit sehen lernte, zu bestimmten Perioden im Jahre beträchtlich viele Kaufleute, und bildeten für die Dauer ihrer Reise Gesellschaften (oder, wie man sie in der Folge genannt hat, Karavanen,) die sich selbst Führer wählten und sich den Anordnungen unterwarfen, deren Nutzen Erfahrung sie gelehrt hatte. Auf diese Art machten sie Reisen von solcher Länge und Dauer, daß Völker, welche an eine solche Art Handel zu treiben nicht gewöhnt sind, darüber erstaunen.

Aber ungeachtet aller Verbesserungen in der Art und Weise die Produkte einer Gegend zu Lande nach

*) Ebend. XII. 16. XXIV. 10. 11.

der anderen zu bringen, waren doch die damit verbundenen Unbequemlichkeiten auffallend und unvermeidlich. Oft war sie gefährlich; immer kostbar, langwierig und mühsam. Nun suchte man eine leichtere und geschwindere Art von Communication; und die Erfindungskraft des Menschen entdeckte allmählich, daß die Flüsse, die Seearme und der Ocean selbst dazu bestimmt sind, einen Verkehr zwischen denen verschiedenen Gegenden der Erde zu eröffnen und zu erleichtern, die von ihnen, auf den ersten Anblick, wie von unübersteiglichen Schranken getrennt zu werden scheinen. Die Schifffahrt und der Schiffbau sind indeß, wie ich anderswo angemerkt habe*), so schwierige und zusammengesetzte Künste, daß die Talente und die Erfahrung mehrerer Menschenalter hinter einander erfordert werden, um sie zu einiger Vollkommenheit zu bringen. Von einem Flößholz oder Kanot, auf dem zuerst ein Wilder über den Fluß fuhr der ihm bei seiner Jagd im Wege war, bis zur Erbauung eines Schiffes, das eine zahlreiche Mannschaft oder eine beträchtliche Ladung Güter nach einer entlegenen Küste bringen kann, sind die Fortschritte der Vervollkommnung unermeßlich. Man mußte viele Kräfte aufbieten, viele Versuche machen, und viele Arbeit sowohl als Erfindungskraft anwenden, ehe sich ein so schweres und wichtiges Unternehmen zu Stande bringen ließ.

Selbst als man in der Schiffbaukunst schon etwas mehr gethan hatte, war das Verkehr zur See zwischen verschiedenen Nationen noch keineswegs ausgebreitet. Aus den Nachrichten der frühesten Geschichtschreiber sehen wir, daß zuerst in dem Mittelländischen Meere und dem Arabischen Meerbusen Schifffahrt versucht und thätige Handelsoperationen

*) Geschichte von Amerika. B. I. S. 2.

unternommen wurden;, und jene Nachrichten sind äußerst wahrscheinlich, wenn man die Lage und Figur dieser beiden großen mittelländischen Meere aufmerksam betrachtet. Beide eröffnen den Zugang zu den Welttheilen Europa, Asia und Afrika; und da sie sich sehr weit längs den Küsten von den fruchtbarsten und am frühesten civilisirten Ländern in jedem derselben erstrecken, so scheinen sie von der Natur dazu bestimmt gewesen zu seyn, das gegenseitige Verkehr zwischen ihnen zu erleichtern. Dem gemäß finden wir, daß die Aegyptier und Phönicier, die ältesten in der Geschichte erwähnten Seefahrer, ihre ersten Reisen in dem Mittelländischen Meere gemacht haben. Ihr Handel blieb indeß nicht lange auf die an dasselbe gränzenden Küsten eingeschränkt. Dadurch, daß sie sich frühzeitig den Besitz einiger Häfen an dem Arabischen Meerbusen verschafften, erweiterten sie den Kreis ihres Handels, und man betrachtet sie als das erste Volk in Westen, welches eine Verbindung mit Indien zur See eröffnete.

In der Nachricht von den Fortschritten in der Schifffahrt und den Entdeckungen, die ich der Geschichte von Amerika vorangeschickt, habe ich die Seeunternehmungen der Aegyptier und Phönicier genauer betrachtet; hier ist eine kurze Uebersicht derselben, in so fern sie sich auf die Verbindung beider Nationen mit Indien beziehen, alles was erfordert wird, um den Gegenstand meiner jetzigen Untersuchungen zu erläutern. Was die Geschichte uns von dem ersteren dieser Völker lehrt, ist wenig und von zweifelhafter Autorität. Bei einem fruchtbaren Boden und einem milden Klima brachte Aegypten die Bedürfnisse und Annehmlichkeiten des Lebens in solchem Ueberflusse hervor, daß seine Bewohner dadurch ganz von andren Ländern unabhängig wurden, und es frühzeitig zu einem festen Grundsatz ihrer Verfassung machten, allem Verkehr mit Fremden zu entsagen. Dem zufolge verabscheueten sie alle seefahrende Personen, als ruchlos und profan; auch befestigten sie ihre Häfen, und verweigerten Fremden den Zutritt darin*).

Sesostris verachtete die Fesseln, welche ihm diese Vorurtheile seiner Unterthanen anlegten, und seine unternehmende Ehrsucht reizte ihn, die Aegyptier zu einem Handel treibenden Volke zu machen. Auch erreichte er während seiner Regierung diesen Endzweck so ganz, daß er (wenn wir einigen Geschichtschreibern glauben dürfen) im Stande war, in dem Arabischen Meerbusen eine Flotte von vierhundert Schiffen auszurüsten, mit der er dann alle die Länder eroberte, die sich längs dem Erythräischen Meere bis nach Indien hin erstrecken. Zu gleicher Zeit marschirte seine Armee, von ihm selbst angeführt, durch Asien, unterwarf alle Gegenden desselben bis zu dem Ganges hin seiner Herrschaft, ging dann über diesen Fluß, und drang bis zu dem östlichen Ocean vor**). Doch diese Bemühungen thaten keine dauernde Wirkung, und scheinen dem Charakter und den Sitten der Aegyptier so zuwider gewesen zu seyn, daß diese bei dem Tode des Sesostris ihre alten Grundsätze wieder annahmen, und daß mehrere Menschenalter vergingen, ehe die Handelsverbindung zwischen Aegypten und Indien wichtig genug ward, um in der gegenwärtigen Untersuchung Erwähnung zu verdienen***).

---

*) *Diodorus Siculus*, I..I. p. 78. edit. Wesselingi. Amst. 1746. *Strabon*. Geograph. Lib. XVII, p. 1142. A, edit. Casaubi Amst. 1707.

**) *Diodorus Sic.* L. I. p. 64.

***) M. s. Anmerkung I.

in älteren Zeiten.

Die frühesten Phönicischen Seeoperationen sind nicht eben so in Dunkelheit verhüllt, wie die Geschichte der Aegyptischen. Alles in dem Charakter und der Lage der Phönicier begünstigte den Handelsgeist. Ihr Gebiet war weder groß, noch fruchtbar; und nur durch Handel konnten sie sich Reichthum oder Macht verschaffen. Daher trieben die Phönicier in Sidon und Tyrus einen ausgebreiteten gewagten Handel, und hatten sowohl in ihren Sitten, als in ihrer Verfassung mehr Aehnlichkeit mit den großen Handelsstaaten der neueren Zeit, als irgend ein Volk der alten Welt. Unter den mancherlei Zweigen ihres Handels kann der mit Indien als einer von den beträchtlichsten und einträglichsten angesehen werden. Da sie bei ihrer Lage am Mittelländischen Meere und bei dem unvollkommenen Zustande der Schifffahrt keinen Versuch machen konnten, zur See ein unmittelbares Verkehr mit Indien zu eröffnen, so reizte sie unternehmender Handelsgeist, den Idumäern einige bequeme Häfen gegen das Ende des Arabischen Meerbusens zu, wegzunehmen; und aus diesen hielten sie dann auf der einen Seite mit Indien, und auf der anderen mit den Ost- und Südküsten von Afrika ein regelmäßiges Verkehr. Die Entfernung zwischen dem Arabischen Meerbusen und Tyrus war indeß beträchtlich, und machte den Transport der Waaren zu Lande so langwierig und kostbar, daß die Phönicier sich genöthigt sahen, Rhinokolura, den Hafen im Mittelländischen Meere, der dem Arabischen Meerbusen am nächsten war, in Besitz zu nehmen. Dahin wurden dann alle Indische Waaren zu Lande auf einem kürzeren und leichteren Wege transportirt, als in einer späteren Periode von der entgegen gesetzten Küste des

Arabischen Meerbusens nach dem Nil*). In Rhinokolura wurden sie wieder eingeschifft, auf einer leichten Fahrt nach Tyrus gebracht, und dann über die ganze Erde vertheilt. Dieser Weg nach Indien, der früheste von welchem wir zuverlässige Nachrichten haben, hatte vor jedem andren, den man vor der in spätern Zeiten entdeckten neuen Fahrt zur See nach Indien kannte, so viele Vorzüge, daß die Phönicier andre Nationen in größerer Menge und zu einem wohlfeileren Preise, als irgend ein Volk im Alterthume, mit den Indischen Produkten versehen konnten. Diesem Umstande, der ihnen auf eine beträchtliche Zeit den Alleinhandel mit Indien zusicherte, war nicht nur der außerordentliche Reichthum einzelner Personen zuzuschreiben, durch den die „Kaufleute von Tyrus Fürsten und ihre Krämer die herrlichsten im Lande" (die Angesehensten auf Erden) wurden**); sondern auch die ausgebreitete Macht des Staates selbst, aus welcher das Menschengeschlecht zuerst einsehen lernte, was für unerschöpfliche Hülfsquellen ein Handel treibendes Volk besitzt, und was für große Dinge es zu thun im Stande ist***).

Die Juden hatten, da sie Nachbarn von Tyrus waren, Gelegenheit zu beobachten, welcher Reichthum in diese Stadt durch den einträglichen Handel zusammen floß, den die Phönicier aus ihren Niederlassungen an dem Arabischen Meerbusen trieben; und dies reizte sie zu dem Bestreben, sich einigen Antheil daran zu verschaffen. Sie bewirkten dies unter Davids und Salomons glücklichen Re-

*) Diodor. Sic. Lib. I. p. 70. Strabo, Lib. XVI. 1128. A.
**) Jesaias, XXIII, 8.
***) M. s. Anmerkung II.

in älteren Zeiten.

gierungen, theils durch die Eroberung eines kleinen Diſtrikts in dem Lande Edom, welche ihnen den Beſitz der Häfen Elath und Eſiongeber am rothen Meere verſchaffte, theils durch die Freundſchaft Hirams, Königs von Tyrus, der Salomo in Stand ſetzte, eine Flotte auszurüſten, welche dann, unter der Anführung Phöniciſcher Piloten, nach Tarſchiſch und Ophir ſegelte *). In welcher Gegend der Erde man die berühmten Häfen ſuchen müſſe, welche Salomons Flotten mit den mancherlei von den bibliſchen Schriftſtellern aufgezählten Waaren verſahen — dieſe Unterſuchung hat den Fleiß gelehrter Männer lange beſchäftigt. In früheren Zeiten nahm man an, ſie lägen in einem Theile von Indien, und glaubte daher, die Juden wären eine von den Nationen, die mit dieſem Lande gehandelt hätten. Doch jetzt iſt die Meinung allgemeiner, daß Salomons Flotten, wenn ſie durch die Straße Bab-el-Mandeb gekommen waren, längs der Südweſtküſte von Afrika bis nach dem Königreiche Sofala hinfuhren; einem Lande, das durch ſeine reichen Gold- und Silbergruben, derentwegen es von Orientaliſchen Schriftſtellern das goldene Sofala genannt worden iſt**), berühmt war und auch alle die andren Artikel, aus denen die Ladungen der jüdiſchen Schiffe beſtanden, in Ueberfluß hatte. Dieſe Meinung, welche ſchon durch Herrn d'Anville's genaue Unterſuchungen ſehr wahrſcheinlich ward***), ſcheint itzt die höchſte Gewißheit durch den gelehrten Reiſenden bekommen zu haben, der aus ſeiner Kenntniß der Monſuns in dem Arabiſchen Meerbuſen, und

*) 1. B. der Könige. IX, 26. X, 22.
**) Notices des MSS. du Roi. Tom II. p. 40.
***) Differt. ſur le Pays d'Ophir. Mém. de Litterat. Tom. XXX, p. 83. &c.

durch Aufmerksamkeit auf die alte Art sowohl in dieser See als längs der Afrikanischen Küste zu schiffen, nicht nur den Grund, weshalb Salomons Flotten zu der Hin- und Herfahrt so außerordentlich lange Zeit gebrauchten, erklärt, sondern, aus Umständen die in Betreff dieser Reise erwähnt werden, auch gezeigt hat, daß sie nicht nach irgend einem Theile von Indien ging*). Daraus können wir denn schließen, daß die Juden nicht unter die Nationen zu rechnen sind, welche ein Verkehr zur See mit Indien hatten; und wollten wir sie, aus Achtung gegen einige würdige Schriftsteller, ja mit darunter zählen, so wissen wir doch zuverlässig, daß ihre Handelsbemühungen unter Salomons Regierung nur vorübergehend waren, und daß sie bald wieder in ihren vorherigen Stand einer ungeselligen Absonderung von dem übrigen Menschengeschlechte zurückkehrten.

Itzt, da ich die wenige Belehrung gesammelt habe, welche die Geschichte uns über die frühzeitigsten Versuche zur Eröffnung eines Handelsverkehrs mit Indien giebt, gehe ich mit mehr Gewißheit und größerem Vertrauen weiter, um die Fortschritte der Communication mit diesem Lande zu zeichnen; denn nun leiten mich Schriftsteller, welche näher an ihre eigne Zeit gränzende Ereignisse niederschrieben, von denen sie vollständigere und genauere Kenntniß erhalten hatten.

Die erste fremde Nation, von der man auf einigermaßen glaubwürdige Zeugnisse zuverlässig behaupten kann, daß sie ihre Macht in Indien gegründet habe, ist die Persische; und selbst von ihr haben wir in dieser Rücksicht nur eine sehr allgemeine und zweifelhafte Nachricht. Darius Hystaspis,

*) Bruce's Reisen. Zweites Buch, viertes Kapitel.

kam zwar durch Zufall oder List auf den Persischen Thron; aber er besaß so viel Unternehmungsgeist und Thätigkeit, daß er dadurch einer so hohen Stufe würdig ward. Er untersuchte die verschiedenen Provinzen seines Königreiches sorgfältiger, als irgend einer von seinen Vorgängern, und erforschte auch vorher wenig bekannt gewesene Gegenden *). Als er einige von den Ländern, die sich südöstlich vom Kaspischen Meere gegen den Fluß Oxus hin erstrecken, seiner Herrschaft unterworfen hatte, ward er begierig, sich von Indien, woran jene Länder gränzten, eine vorzüglichere und genauere Kenntniß zu erwerben. In dieser Absicht bestimmte er den Skylax von Karyandra zum Befehlshaber eines Geschwaders, das zu Kospatyrus in dem Lande Paktya (dem jetzigen Pehkely) gegen den oberen Theil des Indus zu, von wo an er schiffbar ist, ausgerüstet ward, und trug ihm auf, diesen Strom hinunter zu fahren, bis er den Ocean erreichte. Skylax that dies wirklich, obgleich, wie es fast scheinen sollte, mit vielen Schwierigkeiten und bei manchem Hindernisse; denn es verflossen nicht weniger als zwei Jahre und sechs Monathe, ehe er sein Geschwader von dem Orte, wo er sich einschiffte, nach dem Arabischen Meerbusen brachte **). Sein Bericht von der Bevölkerung, der Fruchtbarkeit und der großen Kultur in der Gegend von Indien, durch die seine Fahrt gegangen war, machte den Darius begierig, sich eines so schätzbaren Landes zu bemächtigen, welches er auch wirklich bald bewerkstelligte. Zwar scheinen seine Eroberungen in Indien sich nicht über die Gegend hinaus erstreckt zu haben, die der Indus durchfließt; aber wir müssen uns von

---

*) Herodot, B. IV. Kap. 44.
**) Herodot, B. IV. Kap. 42, 44.

ihrem Reichthum und ihrer Bevölkerung in alten
Zeiten einen hohen Begriff machen, wenn wir lesen,
daß der Tribut, den er aus dem eroberten Lande zog,
beinahe ein Drittheil von den sämmtlichen Einkünften der Persischen Monarchie betrug **). Doch weder die Reise des Skylax, noch die dadurch veranlaßten Eroberungen des Darius verbreiteten irgend
eine allgemeine Kenntniß von Indien. Die Griechen, welche damals die einzige aufgeklärte Nation
in Europa waren, verwendeten nur wenig Aufmerksamkeit auf die Geschichte der Völker, die sie als
Barbaren betrachteten, besonders solcher, die weit
von ihrem eignen Lande wohnten; und Skylax
hatte die Erzählung von seiner Reise mit so vielen augenscheinlich fabelhaften Umständen verschö-
nert, ***) daß er mit Recht die Strafe gelitten zu
haben scheint, welche oft die ganz ausgemacht zum
Wunderbaren geneigten Personen trift, nehmlich,
daß man sie selbst dann mit Mißtrauen hört, wenn
sie strenge Wahrheit erzählen.

Ungefähr hundert und sechzig Jahre nach der
Regierung des Darius Hystaspis, unternahm
Alexander der Große seinen Zug nach Indien.
Die wilden Ausbrüche der Leidenschaft, die unan-
ständigen Ausschweifungen der Unmäßigkeit, und
die prunkhafte Eitelkeit, die sich in dem Verhalten
dieses außerordentlichen Mannes nur allzu oft zeigen, haben seinen Charakter so heruntergesetzt, daß
man den hervorragenden Verdiensten, die er als
Eroberer, Staatsmann oder Gesetzgeber hatte, selten Gerechtigkeit widerfahren läßt. Der Gegenstand meiner diesmaligen Untersuchung giebt mir

*) Herodot, B. III. K. 90. — 96. — Note III.
*) Philostrat. Leben des Apollonius, B III K. 47. und die
dritte Note des Olearius Tzetzes, Chiliad. VII, v. 630.

nur Anlaß, seine Unternehmungen in Einem Lichte zu betrachten; aber ich habe dadurch Gelegenheit, eine auffallende Uebersicht seiner großen und weitumfassenden Plane vorzulegen. Alexander hatte, wie es scheint, bald nach seinen ersten glücklichen Fortschritten in Asien den Gedanken, eine Universal-Monarchie zu gründen, und strebte nach der Herrschaft sowohl zur See als zu Lande. Die bewunderungswürdigen Anstrengungen, welche die Tyrier zu ihrer Vertheidigung machten, als sie ganz ohne Bundesgenossen oder Beschützer waren, erregten bei ihm eine hohe Meinung von den Hülfsquellen einer Seemacht, und von dem Reichthume, der sich durch Handel, besonders den Indischen, erwerben liesse, dessen die Bürger von Tyrus, wie er fand, sich ganz bemächtigt hatten. In der Absicht, sich diesen Handel zuzusichern, und einen Posten für denselben anzulegen, der in mancherlei Rücksichten vorzüglicher als Tyrus wäre, gründete er, sobald er die Eroberung von Aegypten vollendet hatte, an einer von den Mündungen des Nils eine Stadt, die er nach seinem eignen Namen benannte; und die Lage von Alexandria war mit solcher bewundernswürdigen Unterscheidungskraft gewählt, daß es bald die größte Handelsstadt in der alten Welt ward, und, ungeachtet verschiedener auf einander folgenden Revolutionen im Reiche, achtzehn Jahrhunderte hindurch der Hauptsitz des Handels mit Indien blieb *). Mitten unter den kriegerischen Unternehmungen, auf welche Alexander bald seine Aufmerksamkeit richten mußte, vergaß er das Verlangen nicht, sich den einträglichen Handel zu verschaffen, den die Tyrier bisher mit Indien getrieben

---

*) Geschichte von Amerika. B. I, S 17. der Deutschen Uebersetzung.

hatten; und bald ereigneten sich Vorfälle, welche
dieses Verlangen nicht nur vergrößerten und verstärkten, sondern ihm auch die Aussicht eröffneten, die
Oberherrschaft jener Gegenden zu erlangen, welche
die Bewohner der übrigen Länder mit so vielen köstlichen Waaren versahen.

Nach seinem endlichen Siege über die Perser,
hatte er, als er den letzten Darius und den Mörder dieses unglücklichen Monarchen, Bessus, verfolgte, Gelegenheit, durch den Theil von Asien zu
gehen, der sich von dem Kaspischen Meere bis jenseits des Flusses Oxus erstreckt. Er marschirte ostwärts bis nach Marakanda *), einer damals bedeutenden Stadt, die in einer späteren Periode, unter
dem neueren Namen Samarkand, die Hauptstadt
eines Reiches ward, das an Umfang und Macht
dem Reiche Alexanders nicht nachstand. Bei
einem Wege von mehreren Monaten durch Provinzen, welche bis dahin den Griechen unbekannt waren, in einer Richtung, die sich oft den Gränzen
von Indien näherte, und durch Völkerschaften, die
in großem Verkehr mit demselben standen, erfuhr
er mancherlei von der Beschaffenheit eines Landes **),
auf das er so lange seine Gedanken und Wünsche ***)
gerichtet hatte; und seine Begierde es anzugreifen,
ward dadurch noch vergrößert. Entschieden und
schnell in allen seinen Entschlüssen, brach er von
Baktria auf, und ging über die Gebirgskette, die
unter verschiedenen Benennungen den Steingürtel (wenn ich diesen Ausdruck der Orientalischen
Geographen gebrauchen darf) bildet, welcher mitten
durch

*) Arrian, B. III. K. 30.
**) Strabo, XV. p. 1021. A.
***) Arrian B. IV. K. 1. 15.

durch Asien geht und die nördliche Schutzwehr von Indien ausmacht.

Der leichteste Zugang zu jedem Lande muß augenscheinlich durch diese oder jene Beschaffenheit in dessen natürlicher Lage gebildet werden, z. B. durch enge Päſſe, welche durch Gebirge führen, ferner durch den Lauf der Flüſſe, und die Stellen, an denen man am leichteſten und ſicherſten über ſie ſetzen kann. Nirgends auf der Erde iſt dieſe Zugangslinie ſichtbarer bezeichnet und beſtimmt, als an der nördlichen Gränze von Indien; daher kommt es, daß die drei großen Eroberer dieſes Landes, Alexander, Tamerlan und Nadir Schach, in drei von einander entfernten Zeitaltern, und mit äußerſt verſchiedenen Abſichten und Talenten, auf demſelben Wege, faſt ohne alle Abweichung, vorgedrungen ſind. Alexander hatte indeß das Verdienſt, daß er den Weg zuerſt entdeckte. Als er über die Berge gegangen war, lagerte er ſich bei Alexandria Parapamiſana, eben da, wo jetzt die neuere Stadt Kandahar liegt; und nachdem er die Nationen an dem nordweſtlichen Ufer des Indus bezwungen oder ſich ihre Freundſchaft erworben hatte, ging er bei Taxila, dem jetzigen Attock, über den Fluß, der nur an dieſer einzigen Stelle ſo ruhig fließt, daß eine Brücke über ihn geſchlagen werden kann *).

Nach dem Uebergange über den Indus, rückte Alexander auf dem Wege fort, der gerade zu dem Ganges und den reichen Provinzen in Südoſten hinführt, die jetzt unter dem allgemeinen Namen Hindoſtan begriffen werden. Doch, an den Ufern des Hydaspes, den man in neueren Zeiten unter dem Namen Betah oder Tſchelum kennt, that Porus, ein mächtiger Monarch des Landes, an der Spitze

*) *Rennell*, Mem. p. 92.

einer zahlreichen Armee ihm Widerstand. Der Krieg mit Porus, und die Feindseligkeiten, in die Alexander mit verschiedenen andren Indischen Fürsten nach einander gerieth, veranlaßten ihn, von seinem eigentlichen Wege abzugehen und sich mehr nach Südwesten zu wenden. Im Verfolge dieser Unternehmungen marschirte er durch eins der reichsten und am stärksten bevölkerten Länder von Indien, welches jetzt von den fünf großen Flüssen, die es bewässern, Pandschab (*Panjab*) genannt wird. Man weiß, daß er diesen Marsch in der regnichten Jahreszeit, wo selbst Indische Armeen nicht im Felde bleiben können, zurücklegte; und dies giebt uns einen hohen Begriff sowohl von Alexanders ausdauerndem Muth, als von der außerordentlich starken und festen Constitution, welche die Soldaten in alten Zeiten durch gymnastische Uebungen, verbunden mit Kriegeszucht, bekamen. Bei jedem weiteren Fortschritte sah Alexander auffallende und neue Gegenstände. Selbst nachdem er den Nil, den Euphrat und den Tigris schon gesehen hatte, muß die Größe des Indus ihn in Erstaunen gesetzt haben*). Kein bisher von ihm besuchtes Land war so volkreich und wohl kultivirt, oder in solchem Ueberfluß mit mancherlei schätzbaren Produkten der Natur und der Kunst versehen, wie der Theil von Indien, durch den er seine Armee geführt hatte. Doch da ihm an jedem Orte, und wahrscheinlich mit Uebertreibungen, erzählt ward, um wie viel der Indus dem Ganges nachstände, und wie weit alles das, was er bisher gesehen hätte, in den glücklichen Gegenden, welche dieser große Strom durchfließt, übertroffen würde; so ist es gar nicht zu verwundern, daß seine heftige Begierde, dieselben kennen zu lernen und in Besitz zu nehmen, ihn be-

*) Strabo, Lib. XV; p. 1027. C. et Not. 5, Casauboni.

in älteren Zeiten.

wog, seine Soldaten zu versammeln, und ihnen den Vorschlag zu thun, daß sie weiter bis nach den Ländern marschiren möchten, wo Reichthum, Herrschaft und Ruhm ihrer warteten. Doch die Soldaten hatten bereits so viel gethan und so stark, besonders von unaufhörlichem Regen und weiten Ueberschwemmungen gelitten, daß ihre Geduld sowohl, als ihre Kräfte erschöpft waren*), und daß sie einstimmig sich weigerten, noch weiter vorzurücken. Bei diesem Entschlusse blieben sie mit solcher unbeugsamen Hartnäckigkeit, daß Alexander, ob er gleich jede Eigenschaft, durch die man sich bei dem Soldaten Ansehen verschaffen kann, im höchsten Grade besaß, doch von seinem Vorhaben abstehen und Befehl zum Rückzuge nach Persien geben mußte**).

Der Schauplatz dieses merkwürdigen Vorfalles war an den Ufern des Hyphasis, des jetzigen Beyah, welcher die äußerste Gränze von Alexanders Fortschritten in Indien ausmacht. Hieraus erhellet offenbar, daß dieser Eroberer nicht durch das ganze Pandschab (*Panjab*) fortrückte. Die südwestliche Gränze desselben ist nehmlich ein Fluß, den man ehemals unter dem Namen Hysudrus kannte, und der jetzt Setledsche (*Setlege*) heißt. Alexander kam aber niemals weiter, als an das südliche Ufer des Hyphasis, wo er zwölf erstaunlich große Altäre errichtete, die ein Denkmal seiner Thaten seyn sollten, und die, wenn wir dem Biographen des Apollonius von Tyana glauben dürfen, noch mit leserlichen Inschriften vorhanden waren, als dieser schwärmerische Sophist, dreihundert und dreißig Jahre nach Alexanders Kriegeszuge, Indien besuchte***). Man

---

*) M. s. Anmerkung IV. **) Arrian, V. 24. 25.
***) Philostrat. Vita Apollon. l. II. c. 43. edit. Olear. Lips. 1709.

rechnet die Breite des Panbschab, von Lubhana am Setledsche bis nach Attock am Indus, auf zweihundert und neun und funfzig (Englische) geographische Meilen in gerader Linie; und Alexanders Marsch darin betrug, eben so gerechnet, nicht über zweihundert solche Meilen. Doch, sowohl bei dem Hin- als bei dem Zurückmarsch, waren seine Truppen so über das ganze Land verbreitet, und agirten oft in so vielen einzelnen Abtheilungen, auch wurden alle seine Bewegungen von geschickten Leuten, die er in dieser Absicht besoldete, so sorgfältig vermessen und gezeichnet, daß er sich eine sehr ausgebreitete und genaue Kenntniß von diesem Theile Indiens erwarb *).

Als er bei seiner Rückkehr an das Ufer des Hydaspes kam, fand er, daß die Officiere, denen er den Auftrag gegeben, so viele Schiffe als möglich zu bauen und zusammen zu bringen, seine Befehle mit vieler Thätigkeit und vielem Glücke ausgeführt und eine zahlreiche Flotte zusammen gebracht hatten. Da er, bei aller Kriegesverwirrung und Eroberungssucht, doch nie seine friedlichen Handelsplane aus dem Gesichte verlor, so bestimmte er diese Flotte dazu, daß sie den Indus hinunter nach dem Ocean segeln und von der Mündung des Flusses nach dem Persischen Meerbusen fahren sollte, damit ein Verkehr zur See zwischen Indien und dem Mittelpunkte seiner Herrschaft eröffnet würde.

Die Anführung dieser Fahrt ward dem Nearchus anvertrauet, einem Officier, der diesem wichtigen Auftrage gewachsen war. Doch, da der ehrsüchtige Alexander sich Ruhm von jeder Art erwerben wollte und sich äußerst gern in neue, glänzende Unternehmungen einließ, so begleitete er in

---

*) *Plinii* Natural. Hist. lib. VI, c. 17.

eigner Person den Nearchus auf seiner Fahrt den
Fluß hinunter. Die Ausrüstung war in der That
so groß und prächtig, daß sie von dem Eroberer
Asiens angeführt zu werden verdiente. Sie bestand
aus einer Armee von hundert und zwanzig tausend
Mann, zweihundert Elephanten und einer Flotte
von beinahe zwei tausend, in Größe und Gestalt
verschiedenen Fahrzeugen*). An Bord der letzteren
schiffte sich ein Drittheil der Truppen ein, indeß der
Ueberrest in zwei Divisionen, eine zur Rechten und
die andre zur Linken des Flusses, nebenher marschirte. So wie sie weiter rückten, wurden die Völkerschaften an beiden Seiten entweder gezwungen, oder
überredet, sich zu unterwerfen. Da Alexander
theils durch die verschiedenen Operationen, zu denen
dies ihn nöthigte, theils durch die langsame Fahrt
einer solchen Flotte aufgehalten ward, so brachte er
über neun Monate zu, ehe er den Ocean erreichte**).

In dieser Richtungslinie machte Alexander
in Indien weit beträchtlichere Fortschritte, als in der
vorhin angegebenen; und sieht man auf die verschiedenen Bewegungen seiner Truppen, die Menge von
Städten die sie einnahmen, und die verschiedenen
Staaten die sie unterjochten, so kann man von ihm
sagen, er habe die Länder, durch die er kam, nicht
bloß gesehen, sondern sie erforscht. Dieser Theil
von Indien ist in späteren Zeiten von Europäern so
wenig besucht worden, daß man weder die Lage der
Oerter, noch ihre Entfernungen mit eben der Genauigkeit bestimmen kann, wie in den innern Provinzen, oder selbst in dem Pandschab. Doch, nach den
Untersuchungen, die der Major Rennell mit eben
so vielem Scharfsinn als Fleiße angestellt hat, kann

---

*) M. s. Anmerkung V.
**) Strabo, lib. XV. p. 1014.

die Entfernung zwischen dem Orte am Hydaspes, wo Alexander seine Flotte ausrüstete, und zwischen dem Ocean nicht weniger als tausend Englische Meilen betragen. Von dieser ausgebreiteten Gegend zeichnet sich ein beträchtliches Stück durch seine Fruchtbarkeit und Bevölkerung aus, besonders das obere Delta, das sich von der Hauptstadt des alten Malli (des jetzigen Multan) bis nach Patala (dem neueren Tatta) erstreckt*).

Bald nachher als Alexander den Ocean erreicht hatte, führte er, mit der Vollendung dieses schweren Unternehmens zufrieden, seine Armee zu Lande nach Persien zurück. Das Commando der Flotte und eines beträchtlichen Corps Truppen an Bord derselben, ließ er dem Nearchus, der sie nach einer Küstenfahrt von sieben Monaten glücklich den Persischen Meerbusen hinauf in den Euphrat brachte**).

Auf diese Art eröffnete Alexander zuerst den Europäern die Kenntniß von Indien, und es ward ein weiter Distrikt dieses Landes mit größerer Genauigkeit aufgenommen, als man bei der kurzen Zeit, die er darin blieb, hätte erwarten sollen. Glücklicherweise zeichneten drei von seinen vornehmsten Officieren, Ptolemäus der Sohn des Lagus, Aristobulus und Nearchus, genaue Nachrichten nicht bloß von seinen kriegerischen Operationen, sondern auch von allen Merkwürdigkeiten der Länder, die denselben zum Schauplatze dienten, in ihren Tagebüchern auf. Zwar sind die Schriften der beiden ersteren nicht bis auf unsre Zeit gekommen; aber wahrscheinlich haben sich doch die wichtigsten Sachen daraus erhalten, da Arrian gesteht, daß sie ihm bei seiner Geschichte von Alexanders Kriegszuge

*) Rennell, Mem. 68 &c.
**) Plin. Nat. Hist. lib. VI. c. 23. — M. f. Anmerkung VI.

zu Leitfäden gedient haben *); und dieses Werk ist, ob es gleich lange nachher, als Griechenland seine Freiheit verloren hatte, und in einem Zeitalter, wo das Genie und der Geschmack schon im Sinken waren, geschrieben ward, doch der schönsten Zeiten der Attischen Litteratur nicht unwürdig.

In Rücksicht auf den allgemeinen Zustand von Indien lernen wir aus diesen Schriftstellern, daß es zu Alexanders Zeit, ob man gleich damals kein mächtiges Reich von der Art, wie das, welches in neueren Zeiten seine Herrschaft von dem Indus bis beinahe an Kap Comorin erstreckt hat, darin gegründet fand, doch in Monarchien von beträchtlicher Größe getheilt war. Der König der Prasier war an dem Ufer des Ganges bereit, mit einem Heere von zwanzigtausend Reitern, zweitausend Streitwagen und einer großen Menge Elephanten, den Macedoniern Widerstand zu thun **). Das Gebiet, über welches Alexander dem Porus die Herrschaft gab, soll nicht weniger als zweitausend Städte enthalten haben ***). Selbst in dem eingeschränktesten Sinne, den man mit den schwankenden, unbestimmten Benennungen, Nationen und Städte, verbinden kann, erregen sie doch den Begriff eines sehr hohen Grades von Bevölkerung. So wie die Flotte den Fluß hinunter segelte, fand man das Land an beiden Ufern um nichts schlechter, als das, worüber Porus die Regierung erhalten hatte.

Ebenfalls durch die Nachrichten der erwähnten Officiere bekam Europa die erste zuverlässige Belehrung über das Klima, den Boden, die Produkte und die Bewohner Indiens; und da in diesem Lande

*) *Arrian*, Lib. I, in prooemio.
**) *Diodor. Sicul.* Lib. XVII, p. 232.
***) *Arrian*, Lib. VI, c. 2.

die Sitten, die Gebräuche, ja selbst die Kleidung des Volkes beinahe eben so bleibend und unveränderlich sind, wie die Natur selbst, so passen die von ihnen gelieferten Beschreibungen bis zum Erstaunen genau auf das, was wir jetzt nach zweitausend Jahren in Indien sehen. Der regelmäßige Wechsel der Winde, die wir jetzt unter dem Namen M o n s u n s kennen; der periodische Regen; das Anschwellen der Flüsse; die Ueberschwemmungen, welche dadurch verursacht werden; das Ansehen des Landes während ihrer Dauer — das Alles wird besonders erwähnt und beschrieben. Nicht weniger genau sind die Beschreibungen von den Einwohnern, ihrem zarten, schlanken Wuchs, ihrer dunklen Farbe, ihrem schwarzen ungelockten Haar, ihren baumwollenen Kleidern, ihrem steten Gebrauche bloßer Pflanzenspeise, ihrer Eintheilung in abgesonderte Klassen oder K a - sten aus denen sie nie in eine andre heirathen, ihrer Sitte daß die Weiber sich mit ihren verstorbenen Männern verbrennen, und von mehreren andren besondern Umständen, in welchen allen die ehemaligen Hindus den neueren vollkommen gleich sind. Eine umständliche Betrachtung der letztern würde hier zu frühzeitig angebracht seyn; und da der Gegenstand, so merkwürdig und interessant er auch ist, unvermeidlich zu Erörterungen führen muß, die einem historischen Werke nicht wohl angemessen wären, so spare ich meine Ideen darüber für einen Anhang auf, den ich dieser Untersuchung beifügen will, und der hoffentlich über den Ursprung und die Beschaffenheit des Handels mit Indien noch etwas mehr Licht verbreiten wird.

So viel auch der Occident durch Alexanders Kriegeszug von Indien erfuhr, so hatte der Eroberer doch nur einen kleinen Theil dieses großen Landes erforscht. Seine Unternehmungen erstreckten sich nicht über die jetzige Provinz Lahor und über die Länder hinaus, die an den Ufern des Indus von Multan an bis nach dem Meere hin liegen. Diese wurden indeß, wie ich schon oben erwähnte, mit großer Genauigkeit in Augenschein genommen; und es verdient wohl bemerkt zu werden, daß man von der Gegend Indiens, wohin zuerst Europäer kamen und die sie in alten Zeiten am besten kannten, jetzt fast weniger weiß, als von irgend einem anderen Theile dieses Landes *), da weder Handel noch Krieg, denen die Geographie in allen Zeitaltern ihre Erweiterung hauptsächlich verdankt, irgend eine Europäische Nation in jene Gegend geführt oder die Erforschung derselben veranlaßt hat.

Hätte nicht ein frühzeitiger Tod die Regierung des Macedonischen Helden geendigt, so würde Indien, wie man zu glauben Ursache hat, von den Alten vollständiger erforscht, und die Herrschaft der Europäer darin zweitausend Jahre früher gegründet worden seyn. Als Alexander Indien angriff, hatte er etwas mehr zur Absicht, als einen vorübergehenden Einbruch. Es war sein Plan, dieses große und reiche Land mit seiner Monarchie zu vereinigen; und ob ihn gleich die Widerspänstigkeit seines Heeres sein Vorhaben aufzuschieben nöthigte, so gab er es darum doch keinesweges gänzlich auf. Eine allgemeine Uebersicht der Maßregeln, die er in dieser Absicht wählte, und ein Fingerzeig auf ihre Schicklichkeit, so wie auf ihren wahrscheinlichen Erfolg, wird dem Gegenstande dieser Untersuchung nicht fremd seyn und von dem originellen Geiste und der weitumfassenden Staatsklugheit, welche den berühm-

---

*) *Rennell*, Mem. 114.

ṅen Mann auszeichneten, einen richtigeren Begriff erregen, als man sich gewöhnlich davon macht.

Alexander hatte sich kaum des Persischen Reiches bemächtigt, so sah er ein, daß er, bei aller Macht, die seine Erbstaaten ihm gaben, und wenn sie auch durch die Truppen verstärkt würde, die er bei seinem nunmehrigen Uebergewicht über die verschiedenen Griechischen Staaten in diesen anwerben könnte, doch keine Hoffnung hätte, so ausgebreitete und volkreiche Länder unterwürfig zu erhalten; daß er, um sein Ansehen sicher und dauernd zu machen, es auf die Zuneigung der von ihm bezwungenen Nationen gründen und durch ihre Waffen behaupten, ferner, daß, wenn er diesen Vortheil erlangen wollte, aller Unterschied zwischen den Siegern und den Besiegten aufgehoben, und seine Europäischen Unterthanen mit den Asiatischen dadurch zu Einem Körper, zu Einem Volke werden müßten, daß sie gleichen Gesetzen gehorchten und einerlei Sitten, Anordnungen und Disciplin annähmen.

Dieser edle, große Plan war ganz dazu gemacht, seine Absichten zu erfüllen; aber er lief den Begriffen und Vorurtheilen seiner Landsleute gänzlich entgegen. Die Griechen hatten eine so hohe Meinung von den Vorzügen, zu denen sie durch Civilisirung und Wissenschaft gelangt waren, daß sie, wie es scheint, den Ueberrest des Menschengeschlechtes kaum so ansahen, als gehöre er mit ihnen zu einerlei Gattung. Allen andern Völkern gaben sie den herabwürdigenden Namen Barbaren; und der Superiorität, deren sie sich rühmten, gemäß, machten sie Ansprüche auf das Recht, eben so über sie zu herrschen, wie die Seele über den Körper, und wie die Menschen über unvernünftige Thiere. So unsinnig diese Ansprüche uns jetzt auch scheinen mögen, so

wurden sie, zur Schande der alten Philosophie, doch
von jeder Sekte derselben aufgenommen. Aristoteles gab, ganz voll von dieser Meinung die er
mit mehr spitzfündigen als gründlichen Argumenten
unterstützt *), Alexandern den Rath, die Griechen als Unterthanen, die Barbaren aber als
Sklaven zu regieren, und die ersteren als Gefähr-
ten, die letzteren aber als Geschöpfe von einer geringeren Art anzusehen **). Doch der Schüler dachte
größer, als sein Lehrer; und Erfahrung in der
Regierungskunst zeigte dem Monarchen, was spekulative Wissenschaft dem Philosophen nicht entdeckt
hatte. Bald nach dem Siege bei Arbela, nahm
Alexander selbst und, auf sein Zureden, auch verschiedene von seinen Officieren, die Tracht der Perser
an, und richtete sich nach mehreren von ihren Gebräuchen. Zu gleicher Zeit ermunterte er die Persischen Großen, die Sitten der Macedonier nachzuahmen, und die Griechische Sprache zu lernen, damit sie an den Schönheiten der eleganten Griechischen Schriftsteller, die damals allgemein studirt
und bewundert wurden, Geschmack finden könnten.
Um die Vereinigung noch vollständiger zu machen,
entschloß er sich, eine von den Töchtern des Darius
zur Gemahlin zu nehmen, und etwa für hundert
seiner vornehmsten Officiere Gattinnen aus den
größten Persischen Familien zu wählen. Ihre
Beilager wurden mit großer Pracht und Fest-
lichkeit, und bei lauten Freudensbezeigungen des
überwundenen Volkes, gehalten. Ihrem Beispiele
zufolge, heiratheten über zehntausend Macedonier
von geringerem Range Persische Weiber, und

*) *Aristot.* Polit. I. 3 — 7.
**) *Plutarch.* de Fortuna Alex. Orat. I. p. 302. Vol. VII.
edit. Reiske. — *Strabo,* Lib. I. p. 116. A.

Alexander gab jedem von ihnen ein Hochzeitgeschenk, zum Zeichen, daß er ihren Schritt billige *).

Doch so unablässig Alexander sich auch bemühete, seine Europäischen und Asiatischen Unterthanen durch die unauflöslichsten Bande zu vereinigen, so verließ er sich doch nicht gänzlich darauf, daß diese Maaßregel, seine neuen Eroberungen zu sichern, glücklichen Erfolg haben würde. In jeder Provinz, die er sich unterwarf, wählte er schickliche Posten, wo er Städte bauete und befestigte; und in diese legte er dann Besatzungen, die zum Theil aus solchen Eingebornen bestanden, welche an die Sitten und die Disciplin der Griechen gewöhnt waren, zum Theil aber auch aus solchen von seinen Europäischen Unterthanen, welche, von den Beschwerlichkeiten des Dienstes entkräftet, sich nun Ruhe und einen bleibenden Wohnsitz wünschten. Dieser Städte waren viel, und sie dienten nicht nur zu einer Postenkette, um die Communication zwischen den verschiedenen Provinzen seines Gebietes offen zu halten, sondern auch als feste Plätze, durch die man die besiegten Völker in Furcht und im Zaum halten konnte. Dreißig tausend von Alexanders neuen Unterthanen, die in diesen Städten disciplinirt worden und auf Europäische Art bewaffnet waren, zeigten sich ihm in Susa, und er bildete aus ihnen das dichtgeschlossene und feste Corps Fußvolk, welches unter dem Namen Phalanx bekannt ist und den Kern der Macedonischen Armee ausmachte. Doch, um sich gänzliche Autorität über dieses neue Corps zuzusichern, und demselben noch mehr Wirksamkeit zu geben, setzte er fest, daß alle befehlshabende Officiere darin, vom höchsten bis zum geringsten, Eu-

---

*) *Arrian*, lib. VII. c. 4. *Plutarch*. de Fort. Alexand. p. 304. — M. s. Anmerkung VII.

in älteren Zeiten.

ropäer seyn sollten. — "Die Erfindungskraft des Menschen nimmt in ähnlichen Lagen natürlicher Weise ihre Zuflucht zu einerlei Mitteln; daher haben die Europäischen Mächte, die jetzt in Indien zahlreiche Corps von Eingebornen in ihren Diensten halten, bei der Errichtung dieser Truppen eben die Maxime befolgt, und ihre Bataillone von Sipois, wahrscheinlich ohne es zu wissen, nach eben den Grundsätzen formirt, wie Alexander seinen Phalanx von Persern.

Je weiter Alexander von dem Euphrat, den man als die Mitte seines Gebietes ansehen kann, in seinen Eroberungen vordrang, desto nöthiger fand er es, eine größere Anzahl von Städten zu bauen und zu befestigen. Verschiedene derselben, an der östlichen und südlichen Seite des Kaspischen Meeres, werden von den alten Schriftstellern erwähnt; und in Indien selbst gründete er drei Städte, zwei an dem Hydaspes, und die dritte an dem Acesines, zwei schiffbaren Flüssen, welche sich mit einander vereinigen und sich dann in den Indus ergießen*). Aus der Wahl dieser Lagen sieht man augenscheinlich, daß er die Absicht hatte, vermittelst dieser Städte nicht bloß zu Lande, sondern auch zur See eine Communication mit Indien offen zu erhalten. Besonders in Rücksicht der letzteren untersuchte er, wie ich schon angemerkt habe, die Fahrt auf dem Indus mit so vieler Aufmerksamkeit. In eben der Rücksicht nahm er selbst bei seiner Zurückkehr von Susa den Lauf des Euphrats und des Tigris in Augenschein, und gab Befehl, die Kataratten oder Dämme wegzuschaffen, welche die alten Persischen Monarchen an den Mündungen dieser Flüsse aufgeführt hatten, um ihren Unterthanen jeden

*) M. s. Anmerkung VIII.

Weg nach dem Ocean zu versperren, weil eine besondre Vorschrift ihrer Religion ihnen gebot, mit der äußersten Sorgfalt darauf zu sehen, daß keins von den Elementen verunreinigt würde*). Als er auf diese Weise die Schifffahrt eröffnete, hatte er die Absicht, daß die schätzbaren Indischen Waaren aus dem Persischen Meerbusen in die inneren Theile seiner Asiatischen Besitzungen, auf der andern Seite aber durch den Arabischen Meerbusen nach Alexandrien gebracht und dann durch die übrige Welt vertheilt werden sollten.

Bei diesen großen und ausgebreiteten Planen wandte man so viele Vorsicht an, auch waren die Anstalten zur Ausführung derselben so mannichfaltig und so schicklich, daß Alexander mit gutem Grunde auf das lebhafteste hoffen konnte, sie würden glücklich von Statten gehen. Als der Geist des Aufruhrs unter seinen Soldaten ihn nöthigte, seine Operationen in Indien aufzugeben, war er noch nicht völlig dreißig Jahr alt. In einer so unternehmenden Lebensperiode müßte ein Fürst von so ausdauernd thätigem und unermüdlichem Geiste bald Mittel gefunden haben, einen Lieblingsplan, mit dem er sich so lange beschäftigt hatte, von neuem vorzunehmen. Hätte er Indien zum zweitenmal angegriffen, so wäre er nicht, wie das erstemal, genöthigt gewesen, sich mit Gewalt einen Weg durch feindliche noch unerforschte Gegenden zu bahnen, wo sich ihm bei jedem Schritte Nationen und Stämme von Barbaren entgegen setzten, deren Namen man in Griechenland nie gehört hatte. Ganz Asien von den Küsten des Jonischen Meeres bis zu dem Ufer des Hyphasis, wäre dann seiner Herrschaft

---

*) Arrian, lib. VI. c. 7. Strabo, lib. XVI. p. 1074 &c. M. f. Anmerkung IX.

in ältern Zeiten.

unterworfen gewesen; und in diesem ganzen unermeßlichen Striche Landes hatte er eine solche Kette von Städten oder befestigten Posten angelegt *), daß seine Heere ihren Marsch mit Sicherheit fortgesetzt und eine regelmäßige Folge von Magazinen zu ihrem Unterhalt gefunden hätten. Auch wäre es ihm nicht schwer geworden, eine Macht ins Feld zu stellen, welche hingereicht hätte, die Eroberung eines so volkreichen und ausgebreiteten Landes wie Indien zu vollenden. Da er seine Unterthanen im Orient gleich den Europäern bewaffnet und disciplinirt hatte, so würden sie den Ehrgeiz gehabt haben, ihre Muster nachzuahmen und ihnen gleich zu kommen; und Alexander hätte nicht bloß aus seinen kleinlichen Besitzungen in Macedonien und Griechenland neue Mannschaft ausheben können, sondern auch aus den unermeßlichen Gegenden von Asien, das in jedem Zeitalter der Welt mit seinen zahlreichen Heeren die Erde bedeckt und das Menschengeschlecht in Erstaunen gesetzt hat. Wäre er an der Spitze einer so furchtbaren Macht an die Gränzen von Indien gekommen, so hätte er unter ganz anderen Umständen, als bei seinem ersten Kriegeszuge, darin einrücken können. Er würde festen Fuß darin gehabt haben, theils vermittelst der Besatzungen, die er in den drei von ihm erbaueten und befestigten Städten zurückgelassen hätte, theils durch sein Bündniß mit dem Taxiles und Porus. Diese beiden Indischen Fürsten waren den Macedoniern treu geblieben, weil Alexander sie durch Menschlichkeit und Edelmuth gewonnen hatte; denn diese Tugenden erregten natürlicher Weise um so größere Bewunderung und Dankbarkeit, je seltener man sie bei der alten Art Krieg zu führen aus-

*) M. s. Anmerkung X.

übte. Durch ihre Truppen wieder verstärkt, und sowohl durch ihre Belehrung, als durch die in seinen früheren Feldzügen erlangten Erfahrungen geleitet, müßte Alexander die schnellsten Fortschritte in einem Lande gemacht haben, worin von seinem Zeitalter an bis zu dem jetzigen ein jeder, der es angriff, glücklich gewesen ist.

Doch dieser und alle seine andren glänzenden Plane wurden durch seinen frühzeitigen Tod auf einmal vereitelt. Indeß ereigneten sich nachher Vorfälle, welche die Richtigkeit der vorstehenden Hypothesen und Vermuthungen durch die auffallendste und befriedigendste Evidenz erläutern und bestätigen. Als das große Reich, das Alexanders überlegener Geist vereinigt und in Unterwürfigkeit erhalten hatte, seiner Oberaufsicht beraubt war, zerstückelten es seine vornehmsten Generale; sie machten sich zu Herren der verschiedenen Provinzen, und vertheilten sie unter sich. Aus Ehrsucht, Eifersucht und persönlicher Feindschaft kehrten sie bald die Waffen gegen einander; und da verschiedene von den Befehlshabern eben so sehr durch Geschicklichkeit in der Politik, als in der Kriegeskunst hervorragten, so ward der Streit lange und mit häufigen Abwechselungen des Glückes geführt. Unter den verschiedenen hierdurch verursachten Zerrüttungen und Revolutionen fand man, daß Alexander mit vielem Scharfsinn Maaßregeln zur Erhaltung seiner Eroberungen gewählt hatte; daher blieb, als endlich die Ruhe wieder hergestellt war, die Macedonische Herrschaft in jedem Theile von Asien gegründet, und nicht eine einzige Provinz hatte das Joch abgeworfen. Selbst Indien, die entfernteste von Alexanders Eroberungen, unterwarf sich ruhig Agenors Sohne, Pytho, und späterhin dem Seleukus, welche

nach

nach einander die Herrschaft über diesen Theil von
Asien erlangten. Porus und Tariles weigerten
sich auch nach dem Tode ihres edelmüthigen Besie-
gers nicht, die Autorität der Macedonier anzuerken-
nen, und versuchten es nicht, ihre Unabhängigkeit
wieder zu erlangen.

Indeß Alexanders Nachfolger sich um Macht
und Ansehen stritten, hatte Seleukus, der in allen Anstrengungen eines unternehmenden Ehrgeizes
keinem von ihnen nachstand, sich aller Provinzen des
Persischen Reiches, die unter dem Namen Ober-
asien begriffen wurden, bemächtigt; und ist betrachtete er die sämmtlichen von Alexander bezwungenen Indischen Länder als mit zu dem Theile
des Macedonischen Reiches gehörig, dessen Fürst er
war. Wie alle unter Alexander gebildete Feldherren, hatte auch Seleukus so hohe Begriffe von
den Vortheilen, die sich aus einem Handelsverkehr
mit Indien ziehen ließen, daß er dadurch bewogen
ward, nach diesem Lande zu marschiren, theils um
sein Ansehen daselbst festzusetzen, und theils um den
Sandrakottus in Zaum zu halten, der vor Kurzem die Oberherrschaft über die Prasier, eine mächtige
Nation an den Ufern des Ganges, erhalten hatte
und ist die Macedonier, deren Indische Besitzungen
an sein Gebiet gränzten, mit einem Anfalle bedro-
hete. Leider ist keine Nachricht von diesem Kriegeszuge, der glänzend und glücklich gewesen zu seyn
scheint, bis auf unsre Zeiten gekommen. Wir wissen nur, daß Seleukus um ein beträchtliches tie-
fer, als Alexander, in Indien eingedrungen ist
und daß er wahrscheinlich noch viel weiter gegangen
seyn würde, wenn er nicht auf seiner Laufbahn plötzlich hätte anhalten müssen, um sich dem Antigo-
nus zu widersetzen, welcher Anstalten machte, mit

C

einem furchtbaren Heer in seine Besitzungen einzufallen. Ehe er aber seinen Marsch nach dem Euphrat antrat, schloß er einen Traktat mit dem Sandrakottus, vermöge dessen dieser Monarch ruhig im Besitze des Königreiches blieb, das er sich verschafft hatte. Doch die Macht und die Besitzungen der Macedonier scheinen unter der Regierung des Seleukus, die noch zwei und vierzig Jahr nach Alexanders Tode fortdauerte, unvermindert geblieben zu seyn.

In der Absicht, ein freundschaftliches Verkehr mit dem Sandrakottus zu unterhalten, schickte Seleukus den Megasthenes, einen Officier, der, weil er mit Alexandern den Zug nach Indien gemacht, einige Kenntniß von dem Zustande dieses Landes und von den Sitten der Bewohner hatte, als seinen Gesandten nach Palibothra*). In dieser berühmten, an dem Ganges gelegenen Hauptstadt der Prasier, hielt Megasthenes sich einige Jahre auf, und wahrscheinlich sah er von allen Europäern zuerst den mächtigen Strom, der jeden andren in der alten Welt an Größe übertrift**), und sich auch eben so sehr durch die Fruchtbarkeit der Gegenden auszeichnet, durch die er fließt. Diese Reise des Megasthenes nach Palibothra machte die Europäer mit einem großen Striche Landes bekannt, von dem sie bis dahin gar keine Kenntniß gehabt hatten; denn Alexander kam nicht weiter nach Südosten, als bis zu dem Theile des Flusses Hydraotes oder Rawi, wo das jetzige Lahor liegt: und Palibothra, dessen Lage ich, da sie ein Hauptpunkt in der Geographie des alten Indiens ist, mit der äußersten Aufmerksamkeit untersucht habe, scheint

---

*) Strabo, lib. II. p. 121, seq. Arrian, Hist. Ind. passim.
**) M. s. Anmerkung XII.

in älteren Zeiten.

mir da gelegen zu haben, wo man jetzt die Stadt Allahabad findet, folglich wo die beiden großen Ströme Jumna und Ganges zusammenfließen *). Da der Weg von Lahor nach Allahabad durch einige der kultivirtesten und reichsten Provinzen von Indien geht, so stieg, je mehr man das Land erforschte, die Meinung von seinem Werthe immer höher. Was Megasthenes während seiner Reise nach Palibothra und seines Aufenthaltes daselbst sah, machte dem gemäß solchen Eindruck auf ihn, daß er dadurch bewogen ward, eine ausführliche Nachricht von Indien zu schreiben, damit seine Landsleute mit dessen Wichtigkeit genauer bekannt würden. Aus seinen Schriften scheinen die Alten fast alle ihre Kenntnisse von dem inneren Zustande Indiens geschöpft zu haben; und wenn man die drei ausführlichsten Nachrichten über dieses Land (von Diodorus Siculus, Strabo und Arrian) vergleicht, so scheinen sie, da sie einander so sehr ähnlich sind, aus ihm abgeschrieben zu seyn. Aber leider hatte Megasthenes so vielen Hang zum Wunderbaren, daß er unter das Wahre, das er erzählt, auch viele ausschweifende Erdichtungen mischte; und auf seine Rechnung kommen wohl alle die Fabeln, z. B. von Männern mit Ohren von der Größe, daß sie sich darin einwickeln können; von andren mit Einem Auge, ohne Mund und Nase, mit langen Füßen und rückwärts gekehrten Zehen; von Leuten, die nur drei Spanne hoch sind; von wilden Menschen mit keilförmigen Köpfen; von Ameisen so groß wie Füchse, die Gold ausgraben, und von vielen andren nicht weniger wunderbaren Dingen**). Die Auszüge aus seiner Erzählung, die durch Strabo,

*) M. s. Anmerkung XIII.
**) Strabo, Lib. XX, 1032. A. 1037. C.

Arrian und andre Schriftsteller auf uns gekommen sind, scheinen keinen Glauben zu verdienen, wenn sie anders nicht durch innere Wahrscheinlichkeit unterstützt und durch das Zeugniß andrer alten Schriftsteller bestätigt werden, oder auch mit den Erfahrungen der neueren Zeiten zusammentreffen. Indeß ist doch seine Nachricht von den Dimensionen und der Geographie Indiens merkwürdig und genau. Seine Beschreibung von der Macht und dem Reichthume der Prasier lautet gerade so, wie man sie, ehe die Mohammedaner oder die Europäer ihre Macht in Indien gründeten, von irgend einem der größeren Staaten des neueren Hindostan hätte geben können; auch stimmt sie mit den Nachrichten überein, welche Alexander über dieses Volk erhalten hatte. Man hinterbrachte ihm, daß sie bereit wären, sich an dem Ufer des Ganges mit einer Armee, die aus zwanzig tausend Reitern, zweimal hundert tausend Mann Fußvolk und zwei tausend Streitwagen bestände, ihm zu widersetzen*); und Megasthenes erzählt, daß er bei dem Sandrakottus Audienz an einem Orte gehabt habe, wo derselbe mit einem Heere von viermal hundert tausend Mann gelagert gewesen sey**). Die ungeheure Größe, die er der Stadt Palibothra zuschreibt — sie soll nehmlich nicht weniger als zehn (Englische) Meilen lang und zwei breit, auch mit Mauern umgeben gewesen seyn, welche fünfhundert und siebzig Thürme und vier und sechzig Thore hatten — würde von den Europäern wahrscheinlich unter die Wunder gerechnet werden, die er so gern erzählt, wenn sie nicht die regellose Art kennten, wie die Indischen Städte gebauet sind, und wenn sie nicht mit Zuverlässigkeit wüßten, daß ehemals noch

*) *Diod. Sicul.* lib. XVII, p. 232. *Q. Curtius,* lib. IX, c. 2.
**) *Strabo,* lib. XV. p. 1035. E.

größere Städte darin waren und noch itzt darin sind *).

Die Absendung des Megasthenes als Gesandten an den Sandrakottus, und noch eine andre, des Daimachus an dessen Sohn und Nachfolger Allitrochides, sind die letzten, uns durch irgendeine Nachricht bekannten Verhandlungen der Syrischen Fürsten mit Indien **). Auch können wir weder mit Gewißheit die Zeit bestimmen, wann, noch die Art angeben, wie ihre Besitzungen in Indien ihnen entrissen worden sind. Wahrscheinlich ist es indeß, daß sie dieses Land bald nach dem Tode des Seleukus haben verlassen müssen ***).

Allein, obgleich die großen Fürsten in Syrien um diese Zeit die ihrer Herrschaft unterworfen gewesenen Provinzen von Indien verloren, so unterhielten doch die Griechen in einem kleineren, aus Trümmern von Alexanders Monarchie bestehendem Königreiche, noch ein Verkehr mit jenem Lande, und machten sogar noch beträchtliche Eroberungen darin. Dies war das Königreich Baktria, das anfänglich unter dem Seleukus stand, aber dessen Sohn oder Enkel, ungefähr neun und sechzig Jahre nach Alexanders Tode, entrissen und zu einem unabhängigen Staate gemacht ward. In Ansehung der Geschichte von diesem Königreiche, müssen wir uns begnügen, in alten Schriftstellern einige wenige unvollkommene Spuren aufzusuchen. Aus diesen lernen wir denn, daß es mit Indien einen großen Handel trieb; daß die Könige von Baktria in diesem Lande größere Eroberungen machten, als Alexander selbst, und besonders, daß sie sich wieder in Be-

*) *Rennell*, Mem. 49. 50.
**) M. s. Anmerkung XIV.
***) *Justin.* lib. XV, c. 4.

38 Untersuchung über Indien

sich der von ihm bezwungenen Landschaft nahe an der Mündung des Indus setzten*). Alle sechs Fürsten, welche in Baktria regierten, führten in Indien Kriegesunternehmungen mit solchem Glücke aus, daß sie weit in die inneren Theile des Landes eindrangen; und voll Stolz, auf ihre Eroberungen sowohl, als auf das weite Gebiet über das sie herrschten, nahmen einige von ihnen den hohen Titel: Großer König, an, durch den sich die Persischen Monarchen in den Zeiten ihres höchsten Glanzes unterschieden. Doch wir würden nicht wissen, wie lange das Reich Baktria dauerte oder auf welche Art es sich endigte, wenn Herr de Guignes nicht die Chinesischen Geschichtschreiber zu Hülfe genommen hätte, um die Mängel der Griechischen und Römischen zu ersetzen. Aus ihnen lernen wir denn, daß ungefähr hundert und sechs und zwanzig Jahr vor der Christlichen Zeitrechnung eine mächtige Horde von Tataren, von einer noch zahlreicheren, sich hinter ihnen her wälzenden Schaar aus ihren ursprünglichen Wohnsitzen an der Gränze von China getrieben, und sich nach Westen zu kehren gezwungen ward, über den Jaxartes ging, gegen Baktria hereinbrach, gleich einem unwiderstehlichen Strome dieses Land überschwemmte und der Herrschaft der Griechen, die daselbst beinahe hundert und dreißig Jahre gedauert hatte **), ein Ende machte ***).

Von dieser Zeit an bis zu Ende des funfzehnten Jahrhunderts, wo die Portugiesen durch die Fahrt um das Vorgebirge der guten Hoffnung einen neuen

---

*) *Strabo.* lib. XI, 715. D. lib. XV. 1006. B. *Justinus*, lib. XII, c. 4. *Bayer* Hist. Regni Graecor. Bactriani, passim.

**) M. s. Anmerkung XV.

***) Mémoir. de Litterat. Tom. XXV, p. 17. seq.

in älteren Zeiten.

Weg nach dem Orient *) eröffneten und ihre siegreichen Waffen in allen Theilen von Indien ausbreiteten, hat keine Europäische Macht sich Besitzungen darin verschafft oder ihre Herrschaft darin gegründet. Während dieses langen Zeitraums von mehr als sechzehn Jahrhunderten waren, wie es scheint, alle Plane zu Eroberungen in Indien gänzlich aufgegeben, und keine Nation strebte weiter, als sich ein Handelsverkehr mit diesem Lande zuzusichern.

Der Hauptsitz dieses Verkehrs ward in Aegypten gegründet; und wir sehen nicht ohne Verwunderung, wie bald und wie regelmäßig der Handel mit dem Orient in dem Kanale fortging, welcher ihm von Alexanders Scharfsicht bestimmt war. Ptolemäus, der Sohn des Lagus, wählte, sobald er Aegypten in Besitz genommen hatte, Alexandrien zum Sitze seiner Regierung. Durch einige Schritte der Autorität und durch viele freigebige Handlungen, besonders aber durch den Ruf von seiner milden und billigen Staatsverwaltung, zog er eine solche Menge von Einwohnern nach seiner Lieblings-Residenz, daß diese bald eine stark bevölkerte und reiche Stadt ward. Da Ptolemäus Alexanders Vertrauen mehr verdient und auch in höherem Grade besessen, als irgend einer von dessen Generalen; so mußte er wohl, daß derselbe bei der Gründung von Alexandrien hauptsächlich die Absicht gehabt hatte, sich die Vortheile, die aus dem Handel mit Indien entspringen, zuzusichern. Eine lange und glückliche Regierung begünstigte den Verfolg

---
*) Unser Verfasser nimmt, mit den neueren Englischen Schriftstellern, den Orient nicht mehr in dem eingeschränkten Sinne, wo er mit Levante, oder den östlichen Küsten des Mittelländischen Meeres gleichbedeutend ist, sondern er versteht Indien und das östliche Asien darunter. §.

dieses Planes; und obgleich die alten Schriftsteller uns nicht in Stand setzen, den Schritten nachzugehen, die der erste Ptolemäus in dieser Absicht that, so haben wir doch einen auffallenden Beweis von seiner außerordentlichen Aufmerksamkeit auf die Schifffahrt, und zwar daran, daß er an der Mündung des Hafens von Alexandrien auf der Insel Pharus den Leuchtethurm aufführte, der so prächtig war, daß man ihn mit unter die sieben Wunder der Welt rechnete *). Von den Handelseinrichtungen seines Sohnes Ptolemäus Philadelphus haben wir vollständigere Nachrichten. Um den Handel mit Indien (der in Tyrus, seinem alten Sitze, wieder aufzuleben anfing **) nach Alexandrien, als dem Mittelpunkte, zu bringen, unternahm er es, zwischen Arsinoe und dem Rothen Meere, nicht weit von der Lage des jetzigen Suez und dem Pelusischen oder östlichen Arme des Nils, einen, hundert Cubitus breiten, und dreißig Cubitus tiefen Kanal anzulegen, vermittelst dessen man die Indischen Waaren ganz zu Wasser hätte nach Alexandrien bringen können. Doch dieses Werk kam, entweder weil man von der Vollendung desselben einige Gefahr befürchtete, nie zu Stande; oder man fand, wegen der langsamen und gefährlichen Schifffahrt nach dem nördlichen Ende des Rothen Meeres hinauf, diesen Kanal von so geringem Nutzen, daß Ptolemäus Philadelphus, um die Communication mit Indien zu erleichtern, an der Westküste des genannten Meeres, beinahe unter dem Wendekreise, eine Stadt bauete, welcher er den Namen Berenice gab***). Diese neue Stadt ward bald der Stapel des Han-

*) Strabo, lib. XVII. p. 1140. C.
**) Idem, lib. XVI. 1089. A.
***) Idem, lib. XVII, 1156. D. Plin. Nat. Hist. lib. VI. c. 4.

dels mit Indien *). Aus ihr brachte man die Waaren zu Lande nach Koptos, einer drei Meilen vom Nil entlegenen Stadt, die aber mit diesem Flusse durch einen schiffbaren Kanal, von welchem noch einige Ueberreste vorhanden sind **), Verbindung hatte; und von da wurden sie dann den Strom hinunter nach Alexandrien geführt. Die Entfernung zwischen Berenice und Koptos betrug, dem älteren Plinius zufolge, zweihundert und acht und funfzig Römische Meilen; und der Weg ging durch die fast ganz wasserlose Thebaische Wüste. Doch ein mächtiger Monarch sorgte aufmerksam dafür, diesem Mangel abzuhelfen, nehmlich dadurch, daß er nach Quellen suchen ließ; und wo dergleichen gefunden wurden, bauete er Herbergen, oder — was wahrscheinlicher ist — nach Orientalischer Art Karavanserais zur Bequemlichkeit der Kaufleute ***). Auf diesem Wege ward das Verkehr zwischen dem Orient und Occident zwei hundert und funfzig Jahre, folglich so lange als Aegypten ein unabhängiges Königreich blieb, ohne Unterbrechung fortgeführt.

Die nach Indien bestimmten Schiffe liefen von Berenice aus, segelten, nach Art der alten Seefahrer, längs der Arabischen Küste nach dem Vorgebirge Syagrus (dem jetzigen Kap Ras el Gat,) und hielten dann ihren Lauf längs der Küste von Persien, entweder gerade nach Pattala (dem jetzigen Tatta) an der Spitze vom unteren Delta des Indus, oder nach irgend einem andren Handelsplatze an der Westküste von Indien. Auf diesen, von Alexander besuchten und überwundenen Theil von Indien scheint der Handel unter dem Schutze der

---

*) M. s. Anmerkung XVI.
**) *D'Anville, Mém. de l'Egypte,* p. 21.
***) *Strabo,* lib. XVII. p. 1157. D, 1169.

Aegyptischen Monarchen eine geraume Zeitlang eingeschränkt gewesen zu seyn. Nachher hielt man einen besseren Lauf, und die Schiffe segelten vom Kap Ras el Gat gerades Weges nach Zizerus. Dies war, nach Montesquieu *), das Königreich Sigertis an der bei der Mündung des Indus liegenden Küste, welches die Griechischen Könige von Baktria erobert hatten; nach Rennel **) aber ein Hafen an dem nördlichen Theile der Küste Malabar. Die alten Schriftsteller geben uns keine Belehrung, aus der wir mit Gewißheit bestimmen könnten, welche von diesen beiden einander widerstreitenden Meinungen am besten gegründet sey. Auch können wir nicht genau bestimmen, welche andre Häfen von Indien die Kaufleute aus Berenice, als der Handel dahin zuerst eröffnet ward, besuchten. Da sie nur in Fahrzeugen von geringer Größe furchtsam längs der Küste hin fuhren; so sind ihre Reisen wahrscheinlich in sehr enge Gränzen eingeschlossen geblieben, und unter den Ptolemäern keine beträchtlichen Fortschritte in der Entdeckung von Indien gemacht worden *).

Durch diesen ausschließenden Seehandel zwischen dem Orient und Occident, den Aegypten so lange Zeit allein führte, erlangte es den außerordentlichen Grad von Reichthum und Macht, wodurch es sich auszeichnete. In unseren Zeiten, da wir mit der wachsamen, unternehmenden Thätigkeit der Handelsrivalität bekannt sind, kennen wir kaum irgend etwas in der alten Geschichte, das uns mehr auffiele, als daß man den Aegyptischen Monarchen erlaubte, diesen einträglichen Handel an sich zu ziehen, ohne daß sich Nebenbuhler fanden, oder irgend ein

*) L'Esprit des Loix, lib. XXI. c. 7.
**) Introduct. p. XXXVII.
***) M. s. Anmerkung XVII.

in älteren Zeiten.

Versuch gemacht ward, ihnen denselben zu entreißen; besonders da die mächtigen Monarchen von Syrien, von dem Persischen Meerbusen aus, durch eine kürzere und weniger gefährliche Fahrt zur See, mit eben den Theilen von Indien hätten Verkehr haben können.

Die Letzteren scheinen indeß durch verschiedne Rücksichten bewogen worden zu seyn, alle die augenscheinlichen Vortheile dieses Handels geduldig fahren zu lassen. Die Könige von Aegypten hatten nehmlich durch ihre Aufmerksamkeit auf das Seewesen eine mächtige Flotte zusammen gebracht, die ihnen ein so entschiedenes Uebergewicht im Meere gab, daß sie leicht jeden Nebenbuhler im Handel hätten unterdrücken können. Wie es scheint, ist nie ein Handelsverkehr zur See zwischen Persien und Indien gewesen. Die Perser hatten einen so unüberwindlichen Abscheu vor dem Meere, oder waren so in Furcht vor fremden Einfällen, daß ihre Könige, wie ich schon angemerkt habe, die Fahrt auf den großen Flüssen, vermittelst deren man in die inneren Theile des Landes kommen konnte, durch künstliche Werke versperrten. Da indeß ihre Unterthanen nicht weniger, als die Völker rings um sie her, begierig waren, die schätzbaren Produkte und die schönen Manufaktur-Arbeiten von Indien zu besitzen, so wurden diese zu Lande nach allen Theilen ihres ausgebreiteten Gebietes geführt.

Die zum Gebrauch der nördlichen Provinzen bestimmten Waaren gingen mit Kameelen von den Ufern des Indus nach dem Oxus; dann wurden sie auf diesem Flusse stromab nach dem Kaspischen Meere gebracht, und theils zu Lande, theils vermittelst schiffbarer Flüsse, durch die Länder vertheilt, die auf der einen Seite an das Kaspische, und auf der andern an das schwarze Meer gränzen *). Die nach den südlichen und inneren Provinzen bestimmten Indischen Waaren, gingen zu Lande von dem Kaspischen Thore (Passe) nach einem von den größeren Flüssen, und wurden so durch alle Gegenden des Reiches verbreitet. Dies war die alte Art des Verkehrs mit Indien, als das Persische Reich von eingebornen Fürsten regiert ward; und man hat in allen Zeitaltern die Bemerkung gemacht, daß, wenn irgend eine Art von Handel einmal in einen gewissen Kanal gekommen ist, und ob er gleich weder der schicklichste noch der bequemste wäre, es lange Zeit und beträchtliche Anstrengung erfordert, ihm eine andre Richtung zu geben **).

Zu allen diesen Ursachen, weshalb man die Aegyptischen Monarchen im Besitze des Seehandels mit Indien nicht störte, läßt sich noch eine andre hinzufügen. Aus einem geographischen Irrthum, von dem schwerlich ein Grund anzugeben ist, und worin man beharrte, ob man gleich wiederholte Gelegenheiten hatte, sich genauere Belehrung zu verschaffen, glaubten verschiedene von den Alten, das Kaspische Meer sey ein Arm von dem großen nördlichen Ocean; und vielleicht hofften die Könige von Syrien, sich vermittelst jenes Meeres Communication mit Europa zu eröffnen und die schätzbaren Produkte des Orients durch dasselbe vertheilen zu können, ohne sich in die Meere zu drängen, deren Beschiffung die Aegyptischen Könige als ihr ausschließliches Recht anzusehen schienen. Diese Meinung faßten die Griechen bald, als sie Herren von Asien wurden. Seleukus Nikator, der erste und scharfsichtigste unter den Syrischen Königen,

*) *Strabo*, lib. XII. 776. D. — *Plin.* Nat. Hist. lib. VI, c. 17.
**) M. s. Anmerkung XVIII.

in ältern Zeiten. 45

trug sich zu der Zeit, als er ermordet ward, mit dem Gedanken, das Kaspische und das schwarze Meer durch einen Kanal zu verbinden *); und wäre dies auszuführen gewesen, so hätten seine Unterthanen, außer der Erweiterung ihres Handels in Europa, alle Länder in dem nördlichen Asien, an der Küste des Pontus Euxinus, und auch verschiedene der ostwärts an dem Kaspischen Meere gelegenen mit den Indischen Produkten versorgen können. Da diese Länder, ob sie gleich itzt von einer elenden Art Menschen nur schwach bevölkert, auch ganz ohne Industrie und Reichthum sind, in allen Zeiten äußerst volkreich und voll großer, begüterter Städte waren; so muß ein solcher Handelszweig als so umfassend und schätzbar angesehen worden seyn, daß es die Aufmerksamkeit der größten Monarchen verdiente, sich denselben zuzusichern.

Doch, indeß die Beherrscher von Aegypten und Syrien sich ernstlich wetteifernd bemüheten, ihren Unterthanen alle Vortheile des Indischen Handels auf immer zu verschaffen, that sich im Occident eine Macht hervor, die für beide verderblich ward. Die Römer hatten sich durch ihre nachdrucksvollen militairischen Einrichtungen und durch ihre weise Staatsklugheit zu Herren von ganz Italien und Sicilien gemacht, bald auch ihre Nebenbuhlerin, Karthago, gestürzt, sich Macedonien und Griechenland unterworfen, und ihre Herrschaft über Syrien ausgebreitet. Zuletzt kehrten sie dann ihre siegreichen Waffen gegen Aegypten, das einzige Königreich, das von allen durch die Nachfolger Alexanders des Großen gestifteten, noch übrig war. Nach einer Reihe von Begebenheiten, die nicht in unsre Untersuchung gehören, ward Aegypten mit dem Römischen

*) *Plin. Nat. Hist. lib.* VI, c. 2.

Reiche vereinigt, und von Augustus in eine Provinz desselben verwandelt. Aufmerksam auf dessen große Wichtigkeit, behielt er es, mit dem weit vorausfehenden Scharfblicke, der seinen Charakter auszeichnet, sich nicht nur als eine, der kaiserlichen Autorität unmittelbar unterworfene Provinz vor, sondern sorgte auch durch mancherlei, jedem Gelehrten wohlbekannte Anstalten für dessen Sicherheit. Diese außerordentliche Sorgfalt scheint von zwei Ursachen hergerührt zu haben: einmal, daß er Aegypten als eine der vorzüglichsten Kornkammern, von welcher der Unterhalt der Hauptstadt abhinge, und dann, daß er es als den Siz des einträglichen Handels ansah, wodurch dessen ehemalige Beherrscher im Stande gewesen wären, ungeheure Reichthümer aufzuhäufen, welche die Bewunderung und den Neid andrer Fürsten erregten und, als sie in die Schazkammer des Reiches flossen, in Rom selbst eine Veränderung in dem Werthe des Eigenthums und in der Beschaffenheit der Sitten bewirkten.

Zweiter Abschnitt.

Verkehr mit Indien, von dem Zeitpunkte an, da die Römer ihre Herrschaft in Aegypten gründeten, bis zur Eroberung dieses Königreiches durch die Mohammedaner.

Als die Römer Aegypten erobert und zu einer Provinz ihres Reiches gemacht hatten, ward unter ihrem mächtigen Schutze der Handel mit Indien auf gleiche Weise fortgeführt. Rom, das mit Beute und Tribut beinahe von der ganzen bekannten Welt bereichert war, hatte an allen Arten von Luxus Geschmack gewonnen. Bei allen Völkern auf diesem Gipfel des Glücks haben die Indischen Erzeugnisse immer im höchsten Werthe gestanden. Die Hauptstadt des größten unter allen in Europa jemals gestifteten Reichen, voll von Bürgern, die weiter keine Beschäftigung hatten, als den von ihren Vorfahren aufgehäuften Reichthum zu gebrauchen und zu verschwenden, verlangte alles Schöne, Seltene und Köstliche, was jene entfernte Gegend nur liefern konnte, um ihre Pracht zu befördern, oder ihre Vergnügungen zu erhöhen. Zur Befriedigung dieses Verlangens waren neue außerordentliche Anstrengungen erforderlich; und der Handel mit Indien stieg so hoch, daß man, wie ich an einem andren Orte bemerkt habe *), selbst zu unsrer Zeit darüber erstaunen muß, obgleich dieser Handel itzt ungleich weiter ausgebreitet ist, als man es in irgend einer früheren Periode thun, oder auch nur begreifen konnte.

Außer den Indischen Waaren, die aus Aegypten nach der Hauptstadt des Reiches geschickt wur-

*) Geschichte von Amerika, B. I. S. 23 der Deutschen Uebers.

den, erhielten die Römer noch weitere Zufuhr auf einem anderen Wege. Wie es scheint, hat schon von den frühesten Zeiten an, einiges Verkehr zwischen Mesopotamien und anderen Provinzen an dem Euphrat, und zwischen den nahe am Mittelländischen Meere gelegenen Theilen von Syrien und Palästina Statt gefunden. Abrahams Wanderung aus Ur in Chaldäa nach Sichem in dem Lande Kanaan giebt uns ein Beispiel hiervon *). Die Reise durch die Wüste, welche diese Länder trennte, ward dadurch sehr erleichtert, daß man eine Station darin antraf, die in Ueberfluß mit Wasser versehen und des Anbaues fähig war. So wie das Verkehr zunahm, ward der Besitz dieses Postens so wichtig, daß Salomo, als er sich den Handel seiner Unterthanen zu erweitern bemühete, daselbst eine feste Stadt bauete**). Ihr Syrischer Name Tadmor in der Wüste, und ihr Griechischer, Palmyra, bezeichnen beide ihre Lage in einer mit Palmen geschmückten Gegend. Mit Wasser ist sie reichlich versehen, und von einem wiewohl nicht gar großen Stück fruchtbaren Landes umgeben, wodurch sie ein angenehmer Wohnort mitten in dürrem Sande und in der unwirthbaren Wüste wird. Durch ihre glückliche Lage, in der sie nicht viel über sechzig (Englische) Meilen von dem Euphrat, und nur zweihundert und drei Meilen von der nächsten Küste des Mittelländischen Meeres entfernt war, wurden die Einwohner bewogen, sich eifrig mit dem Transport der Waaren von einem dieser beiden Gewässer zu dem andern zu beschäftigen. Da die schätzbarsten Indischen Produkte, die man aus dem Persischen

Meer-

---

*) 1 B. Mos. XI und XII.

**) 1 B. der Könige IX. 18. — 2 Chronik. VIII. 14.

Meerbusen den Euphrat hinaufführte, von so mäßiger Größe sind, daß man dabei die Kosten einer weiten Landfracht tragen kann; so ward dieser Handel bald so beträchtlich, daß der Reichthum und die Macht von Palmyra sich mit schnellen Schritten vermehrten. Die dortige Regierungsform war die republikanische, die sich für eine Handelsstadt am besten schickt; und durch die besonderen Vortheile seiner Lage sowohl, als durch den Geist seiner Einwohner, behauptete Palmyra lange seine Unabhängigkeit, ob es gleich von mächtigen und ehrsüchtigen Nachbarn umgeben war. Unter den Syrischen, von Seleukus abstammenden Monarchen erreichte es die höchste Stufe seines Glanzes und Reichthums, dessen eine Hauptquelle darin bestanden zu haben scheint, daß es ihre Unterthanen mit Indischen Waaren versorgte. Als Syrien sich den unwiderstehlichen Waffen Roms unterwarf, blieb Palmyra noch über zweihundert Jahre ein Freistaat, um dessen Freundschaft sowohl die Römer, als ihre Mitbewerber um Herrschaft, die Parther, wetteifernd und angelegentlich buhlten. Daß es mit beiden handelte, besonders daß es sowohl der Hauptstadt, als andren Theilen des Reiches die Erzeugnisse Indiens zuführte, lernen wir von Appian, einem völlig glaubwürdigen Schriftsteller*). Doch bei meinem Entwurf von den Fortschritten des alten Handels mit Indien, würde ich es auf Appians einzelnes Zeugniß nicht gewagt haben, unter den bedeutenden Wegen, auf denen er geführt ward, auch diesen zu nennen, wenn nicht eine besondere Entdeckung, die wir der edlen Wißbegierde und dem Unternehmungsgeist unsrer eignen Landsleute verdanken, jene Nachricht bestätigte und erläuterte. Zu Ende des vorigen

---

*) *Appian.* de bello civili, lib. V. p. 1076. edit. Tollii.

Jahrhunderts hörten einige Herren von der Englischen Faktorei in Aleppo etwas von den bewundernswürdigen Ruinen von Palmyra; ihre Neugierde ward dadurch gereizt, und ungeachtet der mühsamen und gefährlichen Reise durch die Wüste, wagten sie es, diese Trümmer aufzusuchen. Zu ihrem Erstaunen sahen sie einen fruchtbaren Platz von einigen Meilen im Umfange, der sich gleich einer Insel aus einer ungeheuren Sandebne erhob, mit Ueberresten von Tempeln, Säulengängen, Wasserleitungen und andren öffentlichen Werken bedeckt, die an Pracht und Glanz, zum Theil auch an Schönheit, Athens und Roms in ihren glücklichsten Perioden nicht unwürdig waren. Durch ihre Beschreibungen davon herbeigelockt, besah, ungefähr sechzig Jahre später, eine Gesellschaft von einsichtsvolleren Reisenden mit größerer Aufmerksamkeit und mit mehr wissenschaftlicher Kenntniß die Ruinen von Palmyra aufs neue, und erklärte dann: was sie daselbst gesehen, überträfe auch die höchsten Vorstellungen, die sie sich vorher davon gemacht hätten*).

Wenn man diese beiden Nachrichten und zugleich den außerordentlichen Grad der Macht in Erwägung zieht, zu dem Palmyra hinangestiegen war, als es Aegypten, Syrien, Mesopotamien und einen beträchtlichen Theil von Klein-Asien eroberte; als der kaiserliche Purpur seine erste Magistratsperson, Odenatus, schmückte, und als Zenobia mit Rom und einem seiner kriegerischsten Kaiser um die Herrschaft über den Orient stritt: so erhellet augenscheinlich, daß ein Staat, der durch sein ursprüngliches Gebiet nur von geringer Wichtigkeit seyn konnte, seine Vergrößerung dem durch ausgebreiteten Handel erworbenen Reichthum verdankt haben muß.

*) Wood's Ruins of Palmyra, p. 37.

in älteren Zeiten. 51

Von diesem Handel war der Indische ohne Zweifel der größte und einträglichste Zweig. Doch man findet, wenn man dem Belehrenden in der Geschichte verflossener Zeiten nachforscht, mit schmerzlichem Mißvergnügen, daß wohl die Thaten der Eroberer, welche die Erde verheert, und die schadenfrohen Spiele der Tyrannen, welche die Nationen unglücklich gemacht haben, mit kleinlicher und oft widriger Genauigkeit aufgezeichnet, hingegen die Entdeckung nützlicher Künste und die Erweiterung der wohlthätigsten Handelszweige mit Stillschweigen übergangen und in Vergessenheit gerathen sind.

Als Aurelian Palmyra erobert hatte, erhielt der dortige Handel nie wieder Leben. Jetzt stehen einige elende Hütten armseliger Araber in den Höfen seiner herrlichen Tempel zerstreuet, oder entstellen die schönen Säulengänge, und machen einen demüthigenden Contrast mit der ehemaligen Pracht.

Doch, indeß die Kaufleute von Aegypten und Syrien ihre Thätigkeit aufboten, und mit einander in ihren Bemühungen wetteiferten, um Roms wachsendes Verlangen nach Indischen Waaren zu befriedigen, brachte, wie Plinius bemerkt, die heftige Gewinnsucht Indien selbst den übrigen Theilen der Erde näher. Die Griechischen und Aegyptischen Seefahrer mußten auf ihren Reisen dahin nothwendig bemerken, daß die periodischen Winde oder Monsuns regelmäßig wehen, und daß sie sehr beständig in einem Theile des Jahres aus Osten, und in dem andren aus Westen kommen. Durch Aufmerksamkeit auf diesen Umstand angefeuert, wagte es Hippalus, Befehlshaber eines nach Indien Handel treibenden Schiffes, ungefähr achtzig Jahre nach der Einverleibung Aegyptens in das Römische Reich, die oben von mir beschriebene langsame und mit

D 2

einem großen Umwege verbundene Fahrt zu verlassen; er lief kühn von dem Eingange des Arabischen Meerbusens an queer über den Ocean, und kam durch den westlichen Monsun nach Musiris, einem Hafen in dem Theile von Indien, der jetzt unter dem Namen der Küste Malabar bekannt ist.

Dieser Weg nach Indien ward für eine so wichtige Entdeckung gehalten, daß man zum Andenken des Erfinders dem Winde, vermittelst dessen er die Reise hatte zurücklegen können, den Namen Hippalus gab*). Da dies einer der größten Schritte in der Schifffahrt der Alten war, und da dieser Lauf die beste Communication zur See eröffnete, die man nun seit vierzehn hundert Jahren kannte, so verdient er eine umständlichere Beschreibung; und zum Glück setzt Plinius uns in Stand, sie mit solcher Genauigkeit zu geben, wie es, wenn man die Schifffahrts- und Handelsunternehmungen der Alten schildert, nur selten möglich ist. Von Alexandria, bemerkt dieser Schriftsteller, bis nach Juliopolis sind zwei Meilen. Daselbst werden die nach Indien bestimmten Ladungen auf dem Nil eingeschifft und nach Koptos geführt, welches dreihundert und drei (Englische) Meilen davon entlegen ist. Diese Reise wird gewöhnlich in zwölf Tagen zurückgelegt. Von Koptos bringt man die Güter weiter nach Berenice am Arabischen Meerbusen, und macht auf diesem Wege an verschiedenen Orten Halt, wo man die Bequemlichkeit hat, sich mit Wasser versehen zu können. Die Entfernung zwischen den beiden letzteren Städten beträgt zweihundert und acht und funfzig Meilen. Wegen der Hitze reiset die Karavane nur bei Nacht, und der Weg ist am zwölften Tage zurückgelegt. Von Berenice laufen die Schiffe un-

*) Perip. Mar. Erythr. p. 32.

in älteren Zeiten.

gefahr mitten im Sommer aus, und erreichen in dreißig Tagen Ocelis (Gella) an der Mündung des Arabischen Meerbusens, oder Cana (Kap Fartak) an der Küste des glücklichen Arabiens. Von da segeln sie in vierzig Tagen nach Muskis, der ersten Handelsstadt in Indien. Ihre Rückreise treten sie früh in dem Aegyptischen Monat Thibi, unsrem December, mit einem Nordostwind an; wenn sie in den Arabischen Meerbusen einlaufen, treffen sie einen Süd- oder Südwestwind, und legen so die Reise in weniger als einem Jahre zurück*).

Aus der Beschreibung, die Plinius von Musiris und von Barace, einem andren nicht weit davon gelegenen Hafen giebt, den die Schiffe von Berenice ebenfalls besuchten, können wir die Lage derselben nicht mit völliger Genauigkeit bestimmen. Er sagt nehmlich nur, beide wären wegen ihrer Seichtigkeit so unbequem, daß man die Güter vermittelst kleiner Boote ein- und ausladen müsse. Diese Beschreibung paßt auf mehrere Häfen an der Malabarischen Küste; indeß wegen zweier von ihm erwähnten Umstände, einmal, daß sie nicht weit von Cottonara, dem Lande, welches Pfeffer in großem Ueberfluß hervorbringt, entfernt sind, und dann, daß bei der Fahrt dorthin der Lauf nahe bei Nitrias, der Station der Seeräuber vorbei ging, bin ich mit dem Major Rennell der Meinung, daß sie irgendwo zwischen Goa und Tellischerry lagen, und daß wahrscheinlich das jetzige Mirsah (*Meerzaw*) oder Meröscht (*Merjee*) das Musiris der Alten, Barcelore aber ihr Barace ist**).

*) Plin. Nat. Hist. lib. VI. c. 23. M. s. Anmerkung XIX.
**) Introduct. p. XXXVII.

Da diese beiden Häfen für den Handel zwischen Aegypten und Indien, als er sich in seinem blühendsten Zustande befand, die hauptsächlichsten Stapelorte waren, so scheint hier eine schickliche Gelegenheit zu seyn, die Beschaffenheit des Handels, den die Alten, besonders die Römer, mit dem letzteren Lande trieben, zu untersuchen und die gangbarsten Waaren zu nennen, welche sie von dorther einführten. Doch da man in denen Staaten des Alterthums, von deren Begebenheiten wir einige genaue Kenntniß haben, auf die Handelsunternehmungen und die Art, sie anzuordnen, nur wenig Acht hatte; so lassen ihre Geschichtschreiber sich auf einen, in ihrem Staatssysteme so untergeordneten Gegenstand kaum etwas umständlich ein, und wir müssen unsre Kenntnisse davon größtentheils nur aus flüchtigen Winken, einzelnen Thatsachen und gelegentlichen Bemerkungen zusammen lesen*).

In allen Zeitaltern hat der Handel zwischen Europa und Indien mehr auf Luxus, als auf Nothwendigkeit beruhet. Völker von einfachen Sitten haben weder Verlangen nach den schönen Manufakturarbeiten, den Specereien und den köstlichen Steinen des letzteren Landes; noch sind sie reich genug, um diese Sachen kaufen zu können. Doch die Römer waren zu der Zeit, als sie sich des Indischen Handels bemächtigten, nicht nur (wie ich schon bemerkt habe) auf der Stufe des gesellschaftlichen Lebens, wo der Mensch nach Allem begierig ist, was den Genuß des Lebens erhöhen oder dessen Glanz vermehren kann; sondern sie hatten auch alle die erkünstelten Bedürfnisse der Phantasie und der ungezähmten Laune, die der Reichthum ausbrütet. Folglich waren ihnen die neuen Gegenstände des Vergnügens,

*) M. s. Anmerkung XX.

mit denen Indien sie in solchem Ueberflusse versorgte, sehr willkommen. Die Produkte sowohl, als die Manufakturwaaren dieses Landes scheinen damals großentheils von eben der Art gewesen zu seyn, wie sie es noch jetzt sind; aber der Geschmack der Römer im Luxus unterschied sich in manchen Rücksichten von unsrem jetzigen, und folglich verlangten sie aus Indien ganz andre Waaren, als wir.

Um von ihrer Nachfrage einen so vollständigen Begriff als möglich zu geben, will ich zuerst einige Bemerkungen über die drei wichtigen Handelsartikel machen, die allgemein aus Indien ausgeführt werden: 1. Specereien und Gewürze; 2. Edelsteine und Perlen; 3. Seide; und dann (so weit es sich aus ächten Quellen thun läßt) etwas über das Sortiment der Ladungen sagen, welche die in Berenice ausgerüsteten Schiffe nach den verschiedenen Indischen Häfen hin, und von daher zurückbrachten.

I. Specereien und Gewürze. Bei der Beschaffenheit des Gottesdienstes in der heidnischen Welt; ferner bei der unglaublichen Anzahl ihrer Gottheiten und der denselben geweiheten Tempel, muß die Consumption von Weihrauch und andren Specereien, die bei jeder heiligen Handlung erforderlich waren, sehr groß gewesen seyn. Doch die Eitelkeit der Menschen veranlaßte eine noch stärkere Consumption dieser wohlriechenden Sachen, als ihre Frömmigkeit. Die Römer hatten den Gebrauch, die Körper ihrer Todten zu verbrennen, und hielten es für Aeußerung von Pracht, nicht nur den Leichnam, sondern auch den Scheiterhaufen auf dem er lag, mit den köstlichsten Specereien zu bedecken. Bei Sylla's Leichenbegängniß z. B. wurden zwei hundert und zehn Lasten von Gewürz auf den Scheiterhaufen gestreuet. Von Nero wird erzählt, er habe bei dem Leichenbegängnisse der Poppäa mehr Zimmt und Cassia verbrannt, als die Länder, aus denen diese Waaren geholt wurden, in einem Jahre hervorbrachten. Wir verbrennen, sagt Plinius, diese köstlichen Sachen mit den Leichen der Todten in ganzen Haufen; und den Göttern bringen wir sie nur in Körnern dar*). Freilich wurden diese Specereien, wie ich wohl weiß, zuerst aus Arabien nach Europa gebracht, und einige derselben, besonders Weihrauch, waren Produkte dieses Landes; doch die Araber versahen die fremden Kaufleute, außer ihren einheimischen Specereien, auch mit andren von größerem Werthe, die sie aus Indien und den Gegenden jenseits desselben holten. Sie trieben nicht nur, wie ich schon angemerkt habe, ein frühzeitiges, sondern auch ein beträchtliches Handelsverkehr mit den östlichen Theilen von Asien. Vermittelst ihrer Handels-Karavanen brachten sie alle schätzbare Produkte des Orients, unter denen Specereien eins der vorzüglichsten waren, nach ihrem eignen Lande. In jeder alten Nachricht von den Indischen Waaren nennt man Specereien und aromatische Sachen von mancherlei Art als einen Hauptartikel**). Verschiedene alte Schriftsteller behaupten, daß der größte Theil von denen, die man in Arabien kaufte, nicht in diesem Lande gewachsen, sondern aus Indien geholt wären***); und daß diese Behauptung gegründet sey, erhellet aus dem, was man in neueren Zeiten bemerkt hat. Der Weihrauch aus Arabien ist, ob er gleich unter die besonderen und schätzbarsten Produkte dieses Landes gerechnet wird, von viel

*) Nat. Hist. lib. XII. c. 18.
**) Peripl. Maris Erythr. p. 22. 28. Strabo, lib. II, p. 156.
A. lib. XV. p. 1018. A.
***) Strabo, lib. XVII, p. 1129. C.

schlechterer Beschaffenheit, als der, den man aus dem Osten dahin bringt; und hauptsächlich mit dem letzteren befriedigen die Araber itzt die starke Nachfrage, die in verschiedenen Provinzen von Asien nach dieser Waare geschieht*). So habe ich denn aus guten Gründen die Einfuhr von Specereien als einen der beträchtlichsten Zweige des Handels mit Indien erwähnt.

II. Edelsteine, zu denen man auch gleich Perlen hinzu rechnen kann, scheinen der nächstwichtige Handelsartikel zu seyn, den die Römer aus dem Orient holten. Da diese zu gar keinem wirklichen Nutzen dienen, so beruhet ihr Werth gänzlich auf ihrer Schönheit und Seltenheit, und ist, wenn er auch noch so mäßig geschätzt wird, immer hoch. Doch, werden sie unter Nationen, die schon weit im Luxus gekommen sind, nicht bloß für Zierrathen, sondern für Unterscheidungszeichen gehalten, so wetteifern die eitlen und reichen Leute so begierig mit einander um den Besitz derselben, daß sie zu einem übermäßigen und beinahe unglaublich hohen Preise steigen. Diamanten wurden in den alten Zeiten, ob man gleich die Kunst sie zu schleifen damals noch nicht sonderlich verstand, eben so sehr geschätzt, wie in den unsrigen. Der verhältnißmäßige Werth der andren Edelsteine stieg oder fiel, je nachdem der Geschmack oder der Eigensinn der Mode verschieden war. Die fast unzählbare Menge derselben, die P l i n i u s nennt, und die mühsame Sorgfalt, mit der er sie beschreibt und klassificirt**), müssen, glaube ich, auch den geschicktesten Steinschneider oder Juwelier der neueren Zeiten in Erstaunen setzen; und man sieht

---

*) Niebuhrs Beschreibung von Arabien, B. 1. S. 143.
**) Nat. Hist. Lib. XXXVII.

daraus, wie stark bei den Römern nach ihnen gefragt ward.

Doch unter allen Artikeln des Luxus scheinen die Römer den Perlen den Vorzug gegeben zu haben *). Personen von jedem Range kauften sie mit großer Begierde; man trug sie an jedem Theile der Kleidung; und bei den Perlen findet sowohl in der Größe, als in dem Werth, ein solcher Unterschied Statt, daß, wenn die großen und vorzüglich glänzenden reiche und vornehme Leute schmückten, die kleineren von schlechterer Beschaffenheit die Eitelkeit geringerer und ärmerer Personen befriedigten. Julius Cäsar beschenkte die Mutter des Brutus, Servilia, mit einer Perle, für die er acht und vierzig tausend vierhundert und sieben und funfzig Pfund Sterling über 300,000 Thaler) bezahlte. Kleopatra's berühmte Ohrringe von Perlen betrugen an Werth 161,458 Pfund **) (ungefähr eine Million Thaler). Zwar fand man Edelsteine sowohl, als Perlen, allerdings nicht bloß in Indien, sondern auch in verschiedenen andern Ländern, und alle wurden ausgeplündert, um den Stolz der Römer zu befriedigen; aber Indien lieferte doch die meisten, und man gab zu, daß es die mannichfaltigsten und schätzbarsten Produkte im größten Ueberfluß hätte.

III. Ein andres Indisches Produkt, nach welchem man in Rom sehr stark fragte, war Seide; und wenn wir bedenken, in wie vielerlei schöne Zeuge sie verarbeitet werden kann, und wie sehr diese die Pracht in Kleidern und Hausgeräth vergrößert haben: so können wir uns nicht darüber wundern, daß sie bei einem dem Luxus ergebenen Volke solchen Werth hatte. Der Preis in welchem sie stand, war

*) M. s. Anmerkung XXI.
**) Plin. Nat. Hist. lib. IX. c. 35. M. s. Anmerkung XXII.

übermäßig; man betrachtete sie aber als eine für
Männer zu theure und zu weichliche Kleidung*),
und sie blieb daher gänzlich den Frauenzimmern von
großem Reichthum und hohem Range vorbehalten.
Deshalb ward aber die Nachfrage danach um nichts
geringer, besonders seitdem der ausschweifende
Elagabalus durch sein Beispiel den Gebrauch
derselben auch bei dem andern Geschlecht eingeführt
und Männer an die Schande — denn so betrachteten es die Alten mit ihren strengen Begriffen —
gewöhnt hatte, diese weibische Mode zu tragen. Zwei
den Römischen Seidenhandel betreffende Umstände
verdienen besonders bemerkt zu werden. Ganz dem
zuwider, was bei Handels-Operationen gewöhnlich
Statt findet, scheint der allgemeiner gewordene Gebrauch dieser Waare die Einfuhr derselben nicht in
einem solchen Verhältnisse vermehrt zu haben, daß
sie der stärkeren Nachfrage entsprochen hätte; und
die Seide fiel in zweihundert und funfzig Jahren,
von da angerechnet, wo sie zuerst in Rom bekannt
ward, nicht im Preise. Noch unter Aurelians
Regierung ward sie mit Gold aufgewogen. Dies
rührte wahrscheinlich von der Art her, wie die Kaufleute von Alexandrien sich diese Waare verschafften.
Sie hatten kein unmittelbares Verkehr mit China,
dem einzigen Lande, in welchem man damals den
Seidenwurm zog und sein Gespinnst zu einem Handelsartikel machte. Alle Seide, die sie in den verschiedenen von ihnen besuchten Indischen Häfen kauften, ward in Schiffen des Landes dahin gebracht;
und entweder war, aus irgend einem Fehler in der
Behandlungsart des Seidenwurms, das Produkt
seines Kunsttriebes bei den Chinesern nicht häufig,
oder die Zwischenhändler fanden größeren Vortheil

*) *Tacit.* Annal. lib. II, c. 33.

dabei, wenn sie den Markt zu Alexandrien nur mit einer geringen Quantität zu hohen Preisen versahen, als wenn sie durch vergrößerte Einfuhr den Werth herunterbrachten. — Der andere Umstand, den ich hier meine, ist noch außerordentlicher, und giebt einen auffallenden Beweis, wie unvollkommen die Communication der Alten mit entlegenen Nationen war, und welche geringe Kenntniß sie von den Naturprodukten und Künsten derselben hatten. So sehr auch die Seidenzeuge bewundert wurden und so oft auch die Griechischen und Römischen Schriftsteller der Seide erwähnen; so hatte man doch, als der Gebrauch derselben schon einige Jahrhunderte allgemein geworden war, weder von den Ländern, denen man diesen Lieblingsartikel der Eleganz verdankte, noch von der Art, wie er erzeugt ward, zuverlässige Kenntniß. Einige nahmen an, die Seide wäre ein zartes Haar, das an den Blättern gewisser Bäume oder Blumen säße; Andere bildeten sich ein, sie wäre eine Art von feiner Wolle oder Baumwolle; und selbst die, welche gehört hatten, daß sie das Werk eines Insekts sey, zeigen durch ihre Beschreibungen, daß sie von der Art ihrer Entstehung keinen bestimmten Begriff hatten *). Erst durch ein Ereigniß im sechsten Jahrhundert der christlichen Zeitrechnung, von dem ich in der Folge reden werde, ward die wahre Beschaffenheit der Seide in Europa bekannt.

Die andren Waaren, die gewöhnlich aus Indien eingeführt wurden, will ich itzt in einer Beschreibung der Ladungen nennen, die man mit den zu diesem Handel bestimmten Schiffen aus- und einführte. Diese Beschreibung verdanken wir der Umschiffung des Erythräischen Meeres, einer kleinen aber

*) M. s. Anmerkung XXIII.

merkwürdigen Schrift, die man dem Arrian zuschreibt, und die weniger bekannt ist, als sie zu seyn verdient, da sie sich in einige nähere Umstände von dem Handel einläßt, und da man dergleichen in keinem andren alten Schriftsteller findet. Der erste Indische Ort, wo die Aegyptischen Schiffe, so lange sie den alten Weg hielten, zu handeln pflegten, war Patala an dem Flusse Indus. Sie brachten leichte wollene Tücher dahin, ferner würfelige Leinwand, einige kostbare Steine, einige in Indien nicht bekannte Gewürze, Korall, Storax, Glasgeschirr von allerlei Arten, etwas verarbeitetes Silber, Geld und Wein, wogegen sie verschiedene Specereien, Sapphiere und andre edle Steine, seidene Zeuge, Seide in Faden, baumwollene Zeuge *) und schwarzen Pfeffer erhielten. Aber eine weit beträchtlichere Handelsstadt an eben der Küste war Barygaza; und in dieser Rücksicht beschreibt der Schriftsteller, dem ich hier folge, ihre Lage und die Art sich ihr zu nähern, sehr umständlich und genau. Sie hatte völlig eben die Lage, wie das jetzige Baroach an dem großen Flusse Nerbuddah, auf welchem, oder auch zu Lande, alle Produkte der inneren Gegenden von der großen Stadt Tagara über hohe Gebirge weg **) dorthin gebracht wurden. Die Aus- und Einfuhrartikel auf diesem großen Markte waren mannichfaltig und in Menge vorhanden. Außer den bereits erwähnten nennt unser Verfasser von den ersteren noch Italiänische, Griechische und Arabische Weine, Messing, (Kupfer) Zinn, Blei, Gürtel oder Binden von besonderem Gewebe, Steinkohlen, weißes Glas, rothen Arsenik, Reißblei, und endlich geprägtes Gold und Silber; von den letzteren aber Onyx und

*) M. f. Anmerkung XXIV.
**) M. f. Anmerkung XXV.

andre edle Steine, Elfenbein, Myrrhen, mancherleï zum Theil einfache, zum Theil mit Blumen gezierte baumwollene Zeuge, und langen Pfeffer *). In Musiris, der nächsten bedeutenden Handelsstadt an eben der Küste, waren die Einfuhr-Artikel fast eben so, wie in Barygaza; doch da jenes den östlichen Gegenden von Indien näher lag, und, wie es scheint, viel Verkehr mit ihnen hatte, so wurden von dort noch zahlreichere und mehr schätzbare Waaren ausgeführt. Unser Verfasser nennt besonders: Perlen in großer Menge und von außerordentlicher Schönheit, mancherlei seidene Zeuge, köstliche Riechwaare (*perfumes*), Schildkrötenschale, verschiedene Arten von durchsichtigen Edelsteinen, besonders Diamanten, und endlich Pfeffer in großen Quantitäten und von der besten Güte**).

Die Nachricht, welche dieser Schriftsteller von den aus Indien eingeführten Artikeln giebt, wird durch ein Römisches Gesetz bestätigt, worin die Indischen Waaren, von denen man Zoll zu erlegen hätte, einzeln genannt werden ***); und wenn wir diese beiden Angaben vergleichen, können wir uns von der Beschaffenheit und dem Umfange des alten Handels mit Indien einen ziemlich richtigen Begriff machen.

Da das gesellschaftliche Leben und die Sitten der Eingebornen von Indien in der frühesten Periode, die wir kennen, sich beinahe völlig so verhielten, wie bei ihren jetzigen Nachkommen; so mußten natürlicher Weise auch ihre Bedürfnisse und ihre Liebhabereien beinahe eben dieselben seyn. Die Erfin-

---

*) Peripl. Mar. Erythr. p. 28.
**) Ibid. 31.32.
***) Digest. lib. XXXIX. tit. IV. §. 16. De publicanis et vectigalibus.

dungskraft ihrer eignen Künstler konnte diesen so
gut abhelfen, daß sie fremder Manufakturarbeiten
oder Produkte sehr wenig bedurften, einige nützliche
Metalle ausgenommen, welche ihr eignes Land nicht
in hinlänglicher Menge hervorbrachte; und schon
damals wurden, wie itzt, die Orientalischen Artikel
des Luxus größtentheils mit Gold und Silber bezahlt. In zwei Stücken unterscheidet sich indeß die
jetzige Einfuhr aus Indien sehr stark von der alten.
Sowohl die Griechen als die Römer trugen beinahe
ohne Ausnahme wollene Kleidung, die ihnen bei
ihrem häufigen Gebrauche warmer Bäder vollkom-
menes Genüge leistete. An Leinwand und baumwollenen Zeugen verbrauchten sie weit weniger, als
man in unsren Zeiten nöthig hat, wo Personen von
allen Ständen dergleichen tragen. Dem gemäß
besteht ein großer Theil der jetzigen Einfuhr aus
dem Theile von Indien, den die Alten kannten, in
Ellen-Waaren, unter welchem kaufmännischen
Ausdruck die unzählig mannichfaltigen Manufaktur-
arbeiten verstanden werden, wozu die Indische Erfindungskraft die Baumwolle verwendet hat. Aber,
so viel ich bemerkt habe, fehlt es uns an Autorität,
die alte Einfuhr von diesen Waaren nur einigermaßen für beträchtlich zu halten.

Obgleich auch noch in neueren Zeiten der Handel mit Indien hauptsächlich auf dem Luxus beruhet,
so führen wir doch, außer den dahin einschlagenden
Artikeln, eine beträchtliche Menge von mancherlei
Waaren ein, die bloß als Materialien für unsre einheimischen Manufakturen anzusehen sind. Dahin gehören die Baumwolle aus Indostan, die Seide aus
China, und der Salpeter aus Bengalen. Aber in
den Nachrichten von dem, was die Alten aus Indien
eingeführt haben, finde ich, rohe und gesponnene

Seide ausgenommen, nichts erwähnt, was als Stoff für irgend eine einländische Manufaktur hätte dienen können. Die Schifffahrt der Alten erstreckte sich nie bis nach China; und die Quantität roher Seide, die sie durch die Indischen Kaufleute erhielten, scheint so gering gewesen zu seyn, daß die Verarbeitung derselben ihre einheimische Industrie wohl nicht beträchtlich hat vermehren können.

Nach dieser kurzen Uebersicht des Handels, den die Alten in Indien trieben, gehe ich nun zu der Untersuchung fort, was für Kenntnisse sie von den Ländern jenseits der Häfen Musiris und Barace hatten; denn dies ist die äußerste Gränze nach Osten zu, bis wohin ich ihre Fortschritte für itzt gezeichnet habe. Der Verfasser von der Umschiffung des Erythräischen Meeres, dessen Genauigkeit im Beschreiben das Vertrauen rechtfertigt, womit ich ihm auf einige Zeit gefolgt bin, scheint mit dem Theile der Küste, der sich von Barace nach Süden hin erstreckt, nur wenig bekannt gewesen zu seyn. Er erwähnt zwar flüchtig zwei oder drei verschiedene Häfen, deutet aber nicht an, daß einer von ihnen ein Stapelplatz für den Handel mit Indien gewesen sey. Vielmehr eilt er nach Comar, oder Kap Comorin, der südlichsten Spitze von der Indischen Halbinsel; und seine Beschreibung derselben ist so genau und so passend auf ihre wirkliche Beschaffenheit, daß man sieht, er hat völlig zuverlässige Nachrichten von ihr gehabt*). Nahe daran setzt er die Perlenfischerei von Kolchos, dem neueren Killare, ohne Zweifel eben die, welche die Holländer jetzt in der Straße zwischen der Insel Ceilan und dem festen Lande treiben. Als nahe dabei liegend, nennt er drei

---

*) Peripl. p. 28. *D'Anville* Antiq. de l'Inde. p. 118. seq.

drei Häfen, welche, wie es scheint, auf der jetzt unter dem Namen der Küste Coromandel bekannten Ostseite der Halbinsel gelegen haben. Er beschreibt dieselben als *Emporia* oder Handelsposten*); doch, nach aufmerksamer Erwägung einiger Umstände in seiner Nachricht, finde ich es wahrscheinlich, daß die Schiffe aus Berenice nach keinem von diesen Häfen segelten, obgleich die letzteren, wie er uns belehrt, sowohl mit den aus Aegypten gebrachten Waaren, als mit den Produkten von der entgegen gesetzten Küste der Halbinsel, versehen wurden. Wahrscheinlich geschah dies nehmlich durch einheimische Schiffe (τοπικα πλοια) **). Ebenfalls in eignen Fahrzeugen von mancherlei Gestalt und Größe, die man durch besondre, zum Theil von dem Verfasser erwähnte Namen unterschied, handelten sie nach der goldnen Chersonesus, oder dem Königreiche Malakka, und den Ländern in der Nähe des Ganges. Nicht weit von der Mündung dieses Flusses setzt er eine Insel hin, die nach seiner Beschreibung unter dem Aufgange der Sonne liegen und die letzte bewohnte Gegend in Osten seyn soll ***). Von allen diesen Theilen Indiens scheint der Verfasser der Umschiffung nur sehr geringe Kenntniß gehabt zu haben, wie nicht nur daraus, daß er dieser erträumten Insel erwähnt und keine Beschreibung von ihr zu geben wagt, sondern auch aus dem Umstande erhellt, daß er mit der Leichtgläubigkeit und der Liebe zum Wunderbaren, welche immer die Begleiterinnen und die charakteristischen Kennzeichen der Unkunde sind, erzählt, in diesen entfernten Gegenden wohnten Kan-

---
*) Peripl. p. 34.
**) Die Engländer in Indien bedienen sich jetzt des Ausdrucks *Country-Ships*, der genau dasselbe sagen will. S.
***) Peripl. p. 36.

nibalen und Leute von ungewöhnlichen monströsen Gestalten*).

Ich habe auf die Nachzeichnung des Laufes, der in der Umschiffung des Erythräischen Meeres beschrieben wird, aus dem Grunde so viel Aufmerksamkeit verwendet, weil der Verfasser derselben der erste alte Schriftsteller ist, dem wir einige Kenntniß von der östlichen Küste der großen Indischen Halbinsel und von den jenseits liegenden Ländern verdanken. Strabo, der sein großes geographisches Werk unter der Regierung des Augustus schrieb, kannte Indien, besonders die östlichsten Theile desselben, sehr wenig. Er fängt seine Beschreibung damit an, daß er seine Leser um Nachsicht bittet; er habe nehmlich, sagt er, nur wenige Belehrung über ein so entlegenes Land erhalten können, das nur selten Europäer, und zum Theil nur vorübergehend, in der Ausübung von Kriegesdiensten, besucht hätten. Auch bemerkt er, selbst der Handel habe wenig zur genaueren Erforschung beigetragen, da nur selten Kaufleute von Aegypten und dem Arabischen Meerbusen bis nach dem Ganges hin gesegelt wären; und von so ungelehrten Leuten ließen sich überdies kaum Nachrichten erwarten, die völliges Vertrauen verdienten. Seine Beschreibung von Indien, besonders von dessen inneren Theilen, hat er fast ganz aus den von Alexanders Officieren aufgesetzten Nachrichten entlehnt, und nur einige unbeträchtliche Zusätze aus neueren Berichten hinzugefügt. Ihre Anzahl ist aber so unbeträchtlich, und es fehlt ihnen bisweilen so sehr an Genauigkeit, daß sie zu einem auffallenden Beweise dienen, welche geringe Fortschritte die Alten seit, Alexanders Zeit, in der Erforschung dieses Landes gemacht hatten. Wenn

---

*) Peripl. p. 36.

ein Schriftsteller von solcher Beurtheilungskraft und solchem Fleiße, wie Strabo, der in Person einige entfernte Gegenden besuchte, damit er sie genauer beschreiben könnte — wenn der erzählt, der Ganges ergieße sich nur aus Einer Mündung in den Ocean*): so sind wir berechtigt, daraus zu schließen, daß zu seiner Zeit die Kaufleute aus dem Arabischen Meerbusen nicht unmittelbar nach diesem großen Flusse hinfuhren, oder daß diese Reise nur sehr selten geschah und daß die Wissenschaft durch ihre Vermittelung damals noch nicht viele Erweiterungen bekommen hatte.

Der in der Zeitordnung zunächst folgende Schriftsteller, der uns einige Nachricht von Indien giebt, ist der ältere Plinius, welcher ungefähr funfzig Jahre später als Strabo schrieb. Da er in der kurzen Beschreibung von Indien, die er in seiner *Naturalis Historia* liefert, denselben Führern wie Strabo folgt, und von dem inneren Lande weiter keine Kenntniß gehabt zu haben scheint, als die er aus den Schriften der Officiere schöpfte, welche unter Alexander und seinen unmittelbaren Nachfolgern gedient hatten: so ist es nicht nöthig, seine Beschreibung umständlich zu prüfen. Er hat indeß zwei schätzbare Punkte hinzugefügt, deren Kenntniß er späteren Entdeckungen verdankte: erstlich den Bericht von der neuen Fahrt aus dem Arabischen Meerbusen nach der Küste Malabar, deren Art und Wichtigkeit ich schon oben erörterte; und dann eine Beschreibung der Insel Taprobana, die ich besonders betrachten werde, wenn ich erst untersucht habe, was Ptolemäus zu unserer Kenntniß von dem alten Zustande Indiens beigetragen hat.

---

*) *Strabo*, lib. XV, 1011. C.

Obgleich **Ptolemäus**, der seine Werke ungefähr achtzig Jahre später als **Plinius** bekannt machte, sich, wie es scheint, mehr durch anhaltenden Fleiß und Talent zum Ordnen, als durch Erfindungskraft auszeichnete; so hat doch die Geographie ihm mehr Erweiterung zu danken, als irgend einem andren Gelehrten. Zum Vortheil für diese Wissenschaft, befolgte er, als er sein allgemeines System der Geographie entwarf, die Ideen des **Hipparchus**, der beinahe vierhundert Jahr vor seiner Zeit lebte, und ahmte auch dessen praktische Methode nach. Dieser große Philosoph war der erste, der die Sterne in ein Verzeichniß zu bringen versuchte. Um ihren Punkt am Himmel mit Genauigkeit zu bestimmen, maß er ihren Abstand von gewissen Kreisen der Sphäre, und berechnete denselben nach Graden, theils von Osten nach Westen, theils von Norden nach Süden. Den ersteren nannte er die **Länge**, und den andern die **Breite** des Sterns. Dieses Verfahren fand er bei seinen astronomischen Untersuchungen so nützlich, daß er es mit nicht minder glücklichem Erfolg auch auf die Geographie anwendete; und es ist wohl ein bemerkenswerther Umstand, daß die Menschen zuerst durch Beobachtung und Beschreibung des Himmels lernten, wie sie die Erde mit Genauigkeit messen und verzeichnen müßten. Doch, diese von **Hipparchus** erfundene Methode, die Lage der Oerter zu bestimmen, ward, obgleich die Geographen zwischen seiner und **Ptolemäus** Zeit sie kannten, und obgleich **Strabo** und **Plinius** ihrer erwähnen*), von keinem derselben angewendet. Der wahrscheinlichste Grund von dieser Vernachlässigung scheint der zu seyn, daß sie, da keiner von ihnen Astronom war, nicht ganz einsahen, was für Vortheile die Geogra-

---

*) *Strabo*, lib. II. *Plin.* Nat. Hist. lib. II, c. 12. 26. 70.

phie von dieser Erfindung haben könnte*). Ptolemäus aber, der sein ganzes Leben der Erweiterung, sowohl der theoretischen als der praktischen Astronomie gewidmet hatte, begriff diese Vortheile vollkommen; und da in der letzteren Wissenschaft Hipparchus ihm zum Führer diente, so beschrieb er, in seiner berühmten Abhandlung über die Geographie, die verschiedenen Theile der Erde nach ihrer Länge und Breite. So war denn die Geographie auf die ihr angemessenen Principien gegründet und mit astronomischen Beobachtungen, so wie mit der Mathematik, auf das innigste verbunden. Das Werk des Ptolemäus kam bei den Alten bald in hohes Ansehen**). In dem Mittelalter unterwarf man sich, sowohl in Arabien als in Europa, in Allem was die Geographie betraf, den Entscheidungen des Ptolemäus eben so unbedingt, wie in allen andren Fächern der Wissenschaften dem Aristoteles. Als im sechzehnten Jahrhundert ein freierer Untersuchungsgeist erwachte, prüfte und erprobte man auch das Verdienst der Ptolemäischen Verbesserungen in der Geographie. Die Kunstsprache, die er zuerst allgemeiner gemacht hatte, ward beibehalten; und die Lage der Oerter wird noch jetzt auf eben die deutliche und kurze Art bestimmt, daß man ihre Länge und Breite angiebt.

Ptolemäus war nicht damit zufrieden, die allgemeinen Grundsätze des Hipparchus anzunehmen, sondern eiferte ihm auch in der Anwendung derselben nach; und, so wie dieser Philosoph alle Sternbilder geordnet hatte, so wagte er die nicht minder schwere Arbeit, alle damals bekannte Gegenden der Erde zu verzeichnen, und bestimmte mit specieller

*) M. s. Anmerkung XXVI.
**) M. s. Anmerkung XXVII.

und kühner Entscheidung die Länge und Breite der merkwürdigsten Oerter in jedem ihrer Theile. Indeß sind nicht alle seine Bestimmungen als das Resultat wirklicher Beobachtungen anzusehen; auch hat er sie nicht als solche bekannt gemacht. Zu seiner Zeit war die Kenntniß der Astronomie nur auf wenige Länder eingeschränkt; einen beträchtlichen Theil der Erdkugel hatte man noch nicht oft besucht und nur unvollkommen beschrieben. Nur von einer kleinen Anzahl Oerter hatte man die Lage mit einiger Genauigkeit bestimmt. Ptolemäus war daher genöthigt, die *Itineraria* und die Vermessungen des Römischen Reiches, welche dieser große Staat aus weiser Staatsklugheit mit unschreiblicher Mühe und großem Aufwande zusammen gebracht hatte *), zu Rathe zu ziehen. Außerhalb der Gränzen des Reiches fand er nichts vor, worauf er sich verlassen konnte, als die Tagebücher und Berichte von Reisenden. Auf diese gründete er alle seine Schlüsse; und da er in Alexandrien zu einer Zeit wohnte, wo der Handel dieser Stadt nach Indien den größten Umfang erreicht hatte, so sollte man erwarten, daß diese Lage ihm Mittel an die Hand gegeben hätte, sich von Indien umständliche Belehrung zu verschaffen. Aber entweder, weil dieses Land zu seiner Zeit noch nicht vollständig erforscht war, oder weil er zu viel Vertrauen auf die Berichte der Personen setzte, die es mit geringer Aufmerksamkeit oder Beurtheilungskraft besucht hatten **); ist sein allgemeiner Entwurf von der Gestalt des Landes Indien der fehlerhafteste von allen, die aus dem Alterthum auf uns gekommen sind. Durch einen in Erstaunen

---

*) M. s. Anmerkung XXVIII.

**) Geogr. lib. I, cap. 17.

setzenden Irrthum, läßt er die Halbinsel Indien von dem *Sinus Barygazenus*, oder dem Meerbusen von Cambaya an, sich von Westen nach Osten erstrecken, da sie doch, nach ihrer wahren Richtung, von Norden nach Süden gehen sollte *). Von diesem Irrthume läßt sich um so weniger ein Grund angeben, wenn man sich erinnert, daß Megasthenes eine Vermessung der Indischen Halbinsel, welche ihren wahren Dimensionen ziemlich nahe kommt, bekannt gemacht, und daß Eratosthenes, Strabo, Diodorus Siculus und Plinius, welche eher als Ptolemäus schrieben, sie mit einigen Veränderungen angenommen hatten **).

Obgleich Ptolemäus sich zu einer so irrigen Meinung über die allgemeinen Dimensionen von Indien verleiten ließ, so hatte er doch von den einzelnen Theilen des Landes und von der Lage der besonderen Plätze genauere Nachrichten. Er ist der erste Schriftsteller, den seine Kenntniß in Stand setzte, die Seeküste zu zeichnen, die vorzüglichsten darauf gelegenen Oerter zu nennen, und die Länge und Breite eines jeden, vom Kap Comorin ostwärts bis an die äußerste Gränze der alten Schifffahrt, anzugeben. In Ansehung einiger Distrikte, besonders derer längs der Ostseite der Halbinsel, bis nach der Mündung des Ganges hin, scheinen die Nachrichten, die er hatte, in so weit genau zu seyn, daß sie vielleicht besser mit der wirklichen Beschaffenheit des Landes übereinkommen, als seine Beschreibungen von irgend einem andren Theile Indiens. Herr d'Anville hat mit seinem gewöhnlichen Fleiß und

---

*) M. f. Anmerkung XXIX.
**) *Strabo*, lib. XV, 1010. B. *Arrian*. Hist. Indiae, c. 3. 4. *Diodor. Sicul.* lib. II, 148. *Plin.* Nat. Hist. lib. VI, c. 21. — M. f. Anmerkung XXX.

Scharfsinn die vornehmsten Stationen, so wie sie von ihm bestimmt werden, in Erwägung gezogen, und er findet, daß sie mit Kilkar, Megapatam, der Mündung des Flusses Cauveri, Masulipatam, der Spitze Gordeware u. s. w. übereinkommen. Für den Gegenstand dieser Schrift gehört es nicht, uns in eine so specielle Untersuchung einzulassen; aber wir können in verschiedenen Fällen bemerken, daß nicht nur die Uebereinstimmung der Lage, sondern auch die Aehnlichkeit der alten und der neuen Namen sehr auffallend ist. Den großen Fluß Cauveri nennt Ptolemäus: Chaberis; Arkot in dem Innern des Landes ist *Arcati Regia;* und wahrscheinlich hat die ganze Küste ihren gegenwärtigen Namen Coromandel von Sor Mandulam, oder dem Königreiche Sorå, welches auf dieser Küste liegt *).

In den hundert und sechs und dreißig Jahren, die zwischen dem Tode des Strabo und des Ptolemäus verliefen, war das Verkehr mit Indien sehr erweitert worden. Der letztere Geograph hatte so viel Belehrung in Ansehung des Ganges mehr bekommen, daß er sechs verschiedene Mündungen dieses Flusses nennt und ihre Lagen angiebt. Doch seine Zeichnung von dem Theile Indiens, der jenseits des Ganges liegt, ist in der allgemeinen Gestalt um nichts minder falsch, als die von der Halbinsel, und hat eben so wenig Aehnlichkeit mit der wirklichen Lage dieser Länder. Er wagt es indeß doch, eine Uebersicht davon mitzutheilen, welche der, schon oben geprüften von dem andren großen Theile Indiens ähnlich ist. Er nennt die bedeutenden Oerter längs der Küste, von denen er einige als *Emporia* unterscheidet; aber ob sie deshalb so benennt würden,

---

*) *Ptolem.* Geograph. lib. VII, c. 1. *D'Anville* Antiq. de l'Inde, 127 &c.

weil sie den Eingebornen zu Stapelorten des Handels dienten, den sie von einem Distrikte Indiens zu dem andren führten, oder ob es Häfen waren, nach welchen die Schiffe aus dem Arabischen Meerbusen unmittelbar hinfuhren, wird nicht angegeben. Das letztere will Ptolemäus, wie es mir scheint, andeuten; aber diese Gegenden von Indien waren so entfernt, und wurden, bei der alten, sehr ängstlichen und langsamen Schifffahrt, wahrscheinlich so wenig besucht, daß seine Kenntnisse davon äußerst mangelhaft, und seine Beschreibungen dunkler, weniger genau und weniger auf die wirkliche Beschaffenheit des Landes passend sind, als in irgend einem andren Theile seiner Geographie. Die Halbinsel, welche er die goldne Chersonesus nennt, zeichnet er so, als erstrecke sie sich gerade von Norden nach Süden; und die Breite von dem Emporium Sabana, ihrer südlichsten Spitze, bestimmt er auf drei Grade jenseits der Linie. Oestlich von dieser Halbinsel setzt er die von ihm so genannte große Bay (den großen Meerbusen) hin, und in den entferntesten Theil derselben die Station Catigara, die äußerste Gränze der alten Schifffahrt, welcher er nicht weniger als $8\frac{1}{2}$ Grad südlicher Breite giebt. Alles jenseits derselben erklärt er für völlig unbekannt; auch behauptet er, das Land wende sich von da westwärts, und erstrecke sich in dieser Richtung, bis es an das Vorgebirge Prassum in Aethiopien stoße, von welchem er glaubt, daß es die Südspitze von Afrika ausmache*). Diesem eben so unerklärbaren, als ungeheuren Irrthume gemäß, muß er der Meinung gewesen seyn, das Erythräische Meer sey in seinem ganzen Umfange, von der Afrikanischen Küste bis zu der von Cambodia, ein unge-

---

*) Ptolem. Geogr. lib. VII. c. 3. 5. D'Anville, Ant. de l'In-
   de, 187.

heures, rings umschlossenes Wasser, welches gar nicht mit dem Ocean in Verbindung stehe*).

Herr d'Anville hat diese verwirrten, seltsamen Begriffe, welche durch Nachrichten von unwissenden oder fabelhaften Reisenden in des Ptolemäus Geographie gekommen sind, in Ordnung zu bringen gesucht, auch mit vielem Scharfsinn Hypothesen, und zwar, wie es scheint, wohlgegründete, über verschiedene Hauptörter vorgetragen. Ihm zufolge, ist die goldne Chersonesus des Ptolemäus die Halbinsel M a l a k k a; aber, anstatt die Richtung zu haben, die Ptolemäus ihr giebt, wendet sie sich, wie uns jetzt bekannt ist, einige Grade nach Osten, und das Kap de Romania, ihre südliche Spitze, liegt um mehr als einen Grad nordwärts von der Linie. Den Meerbusen von Siam hält er für die g r o ß e B a y des Ptolemäus; aber die Lage an der Ostseite derselben, welche mit Catigara übereinkommt, ist wirklich eben so viele Grade nordwärts von dem Aequator, als sie, nach seiner Meinung, südlich davon seyn soll. Jenseits derselben liegt, ihm zufolge, eine Stadt im Inneren des Landes, die er *Thinae* oder *Sinae Metropolis* nennt. Er giebt ihr hundert und achtzig Grad Länge von seinem ersten, über die glückliche Insel gezogenen Meridian, und sie ist der äußerste Punkt nach Osten zu, wohin die Alten auf ihren Seefahrten gekommen sind. Ihre Breite berechnet er auf 3° Südlich. Wenn wir, mit Herrn d'Anville, annehmen, daß Sin-hoa in dem westlichen Theile des Königreiches Kochin-China in der Lage mit *SinaeMetropolis* übereinkomme, so hat Ptolemäus sich in seinen Angaben um nicht weniger als fünfzig Grad der Länge, und zwanzig Gr. der Breite geirrt.

*) M. f. Anmerkung XXXI.
**) *Ptolem.* Geograph. lib. VII, c. 3. *D'Anville,* Limites du

in älteren Zeiten.

Diese Irrthümer des Ptolemäus in Ansehung der entlegenen Theile von Asien sind durch ein auf sie gegründetes Mißverständniß der neueren Zeiten noch auffallender geworden. Sinae, die entfernteste von allen in seiner Geographie erwähnten Stationen, hat in dem Klange so viele Aehnlichkeit mit China, dem Namen, unter dem das größte und civilisirteste Reich im Orient den Europäern bekannt ist, daß diese, als sie dasselbe zuerst kennen lernten, beide für einerlei hielten; daher glaubte man, die Alten hätten China gekannt, obgleich nichts ausgemachter zu seyn scheint, als daß sie zur See niemals über die Gränzen hinausgekommen sind, die ich oben ihrer Schifffahrt zuschrieb.

Jtzt, da ich gezeigt habe, was die Alten von Indien zur See entdeckten, will ich auch untersuchen, was für Kenntnisse von demselben sie sich durch ihre Fortschritte zu Lande erwarben. Es scheint, wie ich schon oben erwähnte, als wäre frühzeitig ein Handel mit Indien durch die Provinzen getrieben worden, welche sich längs den nördlichen Gränzen desselben erstrecken. Seine mannichfaltigen Produkte und Manufakturwaaren wurden zu Lande nach den inneren Theilen des Persischen Gebietes, oder auch, vermittelst der schiffbaren Flüsse welche Ober-Asien durchströmen, nach dem Kaspischen Meere, und von da nach dem schwarzen gebracht. So lange die Nachfolger des Seleukus Herren des Orients blieben, erhielten ihre Unterthanen die Waaren Indiens auf diesem Wege. Als die Römer ihre Eroberungen so weit ausgebreitet hatten, daß der Euphrat die östliche Gränze ihres Reiches aus-

---

Monde connû des Antiens au-delà du Gange. Mém. de Litterat. XXXII. 604. seq. Ant. de l'Inde, Supplem. I, 161. seq. — M. s. Anmerkung XXXII.

machte, fanden sie diesen Handel noch im Gange; und da er ihnen eine neue Communication mit dem Orient eröffnete, wodurch die Waaren des Luxus, an denen sie so großen Geschmack gefunden hatten, ihnen noch reichlicher zuströmten, so war ihre Staatskunst darauf bedacht, diesem Handel Schutz und Aufmunterung zu geben. Die Reisen der Karavanen, oder der Gesellschaften von Kaufleuten, nach Ländern, von woher sie die schätzbarsten Manufakturwaaren, besonders seidene, bekamen, wurden von den Parthern, die sich aller Provinzen von dem Kaspischen Meere an bis zu dem an China gränzenden Theile von Scythien und der Tatarei bemächtigt hatten, oft unterbrochen; die Römer suchten daher durch Unterhandlungen mit einem von den Monarchen dieses großen Reiches, jenem Verkehre größere Sicherheit zu verschaffen. Von diesen sonderbaren Unterhandlungen finden wir bei den Griechischen und Römischen Schriftstellern wirklich keine Spur; unsre Kenntniß davon verdanken wir gänzlich Chinesischen Schriftstellern, die uns belehren, daß An-tun, (der Kaiser Marcus Antonius) König des Volkes an dem westlichen Ocean, in der erwähnten Absicht eine Gesandtschaft an Un-ti sandte, der im hundert und sechs und sechzigsten Jahre der christlichen Zeitrechnung China beherrschte *). Was für einen Erfolg dieser Versuch hatte, ist nicht bekannt; auch können wir nicht sagen, ob er zwischen diesen beiden von einander entfernten Nationen ein solches Verkehr beförderte, daß dadurch ihren wechselseitigen Bedürfnissen mehr abgeholfen ward. Gewiß war aber die Absicht, des einsichtsvollen Römi-

---

*) Mémoire sur les Liaisons & le Commerce des Romains avec les Tartares & les Chinois, par M. de Guignes. Mém. de Littérat. XXXII. 355. seq.

schen Kaisers, dem man sie zuschreibt, nicht unwürdig.

Es ist übrigens augenscheinlich, daß man bei diesem Handel mit China einen beträchtlichen Theil der ausgebreiteten Länder ostwärts vom Kaspischen Meere durchreist haben muß; und obgleich die Liebe zum Gewinn die hauptsächlichste Anlockung zu so weiten Reisen war, so müssen sich doch in dem Verlaufe mehrerer Menschenalter unter die Abentheurer auch Personen von Wißbegierde und Geschicklichkeit gemischt haben, die ihre Aufmerksamkeit von Handelsangelegenheiten weg, auf allgemeiner interessirende Dinge wandten. Diese letzteren verschafften dann den wissenschaftlichen Forschern solche Belehrung, daß Ptolemäus in Stand gesetzt ward, von jenen inneren und entfernten Gegenden Asiens völlig eben so genaue Beschreibungen zu geben *), wie von verschiedenen andren Ländern, von denen er, wie man glauben sollte, wegen ihrer Nähe, bestimmtere Nachrichten hätte haben müssen. Der östlichste Punkt, bis wohin sich seine Kenntniß dieses Theils von Asien erstreckte, ist *Sera Metrapolis*, welches, verschiedenen Umständen zufolge, mit Kant-tschu, einer ziemlich bedeutenden Stadt in Tschen-si, der westlichsten Provinz des Chinesischen Reiches, einerlei Lage gehabt zu haben scheint. Dieses *Sera Metropolis* legt er in 177° 15' östlicher Länge, beinahe drei Grade westlich von *Sinae Metropolis*, welches er als die äußerste zur See entdeckte Gränze Asiens angegeben hatte. Seine Kenntniß von dieser Gegend Asiens war indeß nicht bloß auf den Theil eingeschränkt, durch welchen, wie man annehmen kann, die Karavanen auf ihrem Wege nach Osten unmittelbar gekommen sind; vielmehr hatte er auch einige allge-

*) Lib. VI, c. 11—18.

meine Belehrung über verschiedene nördlichere Nationen eingesammelt, welche, der Lage die er ihnen giebt zufolge, Theile von der großen Ebene der Tatarei bewohnten, die sich um ein beträchtliches jenseits Lassa, der Hauptstadt von Thibet und der Residenz des Dalai Lama, hinaus erstreckten.

Die Breiten verschiedener Oerter in diesem Theile von Asien hat Ptolemäus mit ungewöhnlicher Genauigkeit angegeben, und wir können daher kaum zweifeln, daß sie durch wirkliche Beobachtungen bestimmt worden sind. Aus mehreren Beispielen hiervon, will ich drei Breiten von Oertern in verschiedenen Theilen des Landes auswählen und genauer prüfen. Die Breite von Nagara, an dem Flusse Cophenes (dem neueren Attock) ist nach Ptolemäus 32° 30', welches genau mit der Beobachtung eines Orientalischen, von Herrn d'Anville*) angeführten Geographen übereinstimmt.

Die Breite von Marakanda, oder Samarkand, ist nach seiner Angabe 39° 15'. Nach den astronomischen Tafeln des Ulug Beg, eines Enkels von Timur, der in dieser Stadt residirte, beträgt sie 39° 37'**). Die Breite von *Sera Metropolis* ist bei Ptolemäus 38° 15'; die von Kant-tschu, nach der Bestimmung der Jesuiten-Missionarien, 39°. Ich habe diese auffallenden Beispiele, wie genau die Angaben des Ptolemäus mit den durch neuere Beobachtungen gefundenen übereinstimmen, aus zwei Ursachen angeführt: einmal, weil sie deutlich zeigen, daß jene entfernten Gegenden von Asien mit einem beträchtlichen Grade von Aufmerksamkeit untersucht worden sind; und dann, weil es mir viel Vergnügen macht, nachdem ich in des Ptolemäus

*) Eclaircissemens, &c. Engl. Ueberf. S. 10.
**) Tab. Geogr. apud *Hudson*, Geogr. Minores III, 145.

in älteren Zeiten. 79

Geographie verschiedene Irrthümer und Mängel habe zeigen müssen, einem Gelehrten, der so viel zur Beförderung der Erdkunde beigetragen hat, auch Gerechtigkeit widerfahren zu lassen. Was ich angeführt habe, giebt den stärksten Beweis sowohl von seinen ausgebreiteten Kenntnissen, als von der Richtigkeit seiner Schlüsse in Ansehung solcher Länder, mit denen er, wie man glauben sollte, wegen ihrer entfernten Lage am wenigsten hätte bekannt seyn können.

Bisher habe ich meine Untersuchungen über die Kenntnisse der Alten von Indien auf das feste Land eingeschränkt; itzt komme ich wieder auf ihre Entdeckung der Inseln in den verschiedenen Theilen des Oceans, der es umgiebt, und rede, meinem Vorsatze gemäß, zuerst von Taprobana, der größten und wichtigsten. Diese Insel liegt so gerade in dem Laufe der Seefahrer, die sich über das Kap Comorin hinaus zu fahren unterstanden, besonders wenn sie nach der alten Art sich selten weit von der Küste weg wagten, daß man glauben sollte, ihre Lage müßte mit der äußersten Genauigkeit bestimmt gewesen seyn. Indeß ist kaum irgend etwas in der Geographie der Alten schwankender und ungewisser. Vor den Zeiten Alexanders des Großen war der Name Taprobana in Europa unbekannt; aber durch die thätige Wißbegierde, mit der er jedes von ihm bezwungene oder besuchte Land erforschte, scheint man einige Kenntniß davon erlangt zu haben. Von seiner Zeit an nennen beinahe alle geographische Schriftsteller diese Insel; aber ihre Nachrichten davon sind so verschieden, und oft einander so widersprechend, daß man kaum glauben kann, es werde eine und eben dieselbe Insel von ihnen beschrieben. Strabo, der älteste noch vorhandene Schriftsteller, der uns einige besondere Nachricht von ihr giebt, behauptet, sie sey so groß wie Britannien, und liege, nach einigen Berichten, sieben Tagereisen, nach andren aber zwanzig von dem südlichsten Ende der Indischen Halbinsel, von der sie sich, ganz dem zuwider, was wir von ihrer wahren Lage wissen, seiner Beschreibung zufolge über fünfhundert Stadia westwärts erstrecken soll *).

Pomponius Mela, der nächste Schriftsteller nach ihm in der Zeitfolge, ist ungewiß, ob er Taprobana als eine Insel, oder als den Anfang einer andren Welt ansehen müsse; doch da er sagt, es sey niemals jemand rings um sie herum gesegelt, so scheint er sich zu der leßteren Meinung hin zu neigen**). Plinius giebt von Taprobana eine ausführliche Beschreibung, die aber, anstatt einiges Licht über diese Insel zu verbreiten, Alles was sie betrift, nur noch mehr in Dunkelheit hüllt. Nachdem er die verschiedenen, nicht übereinstimmenden Meinungen der Griechischen Schriftsteller angeführt hat, erzählt er uns, ein König dieser Insel habe an den Kaiser Claudius Gesandten abgeschickt; von ihnen hätten die Römer verschiedene sie betreffende und vorher unbekannte Umstände erfahren, besonders, daß fünfhundert Städte auf der Insel wären, und daß sich in der Mitte derselben ein See befände, der dreihundert und fünf und siebzig (Römische) Meilen im Umfange hätte. Diese Gesandten wären über den Anblick des Großen Bären und der Plejaden erstaunt, da diese Gestirne in ihrem Horizonte nicht sichtbar würden; noch mehr aber, als sie gesehen hätten, daß ihr Schatten nach Norden hin falle, und daß die Sonne ihnen

---

*) *Strabo*, lib. II. 194 B. 180 B. 192 A. lib. XV. 1012. B.
**) De situ Orbis, lib. III. c. 7.

ihnen zur Linken auf, zur Rechten aber untergehe. Sie hätten auch versichert, daß in ihrem Lande der Mond nie eher als am achten Tage nach dem Neumonde sichtbar werde, und es nur bis zum sechzehnten bleibe*). Es ist befremdend, daß ein so einsichtsvoller Schriftsteller wie Plinius alle diese Umstände ohne sie zu tadeln anführt, und besonders daß er gar nicht bemerkt: was die Gesandten von den Erscheinungen des Mondes erzählt haben, könne in keiner Gegend der Erde Statt finden.

Ptolemäus scheint, ob er gleich so nahe an Plinius Zeitalter lebte, dessen Beschreibung von Taprobana oder die an den Kaiser Claudius geschickte Gesandtschaft gar nicht gekannt zu haben. Nach ihm, liegt diese Insel dem Kap Comorin gegenüber, nicht weit vom festen Lande, und erstreckt sich von Norden nach Süden nicht weniger als funfzehn Grade, von denen, wie er glaubt, zwei südwärts über den Aequator hinausgehen; und wenn seine Vorstellungen von den Dimensionen der Insel richtig wären, so könnte sie in Ansehung ihrer Größe allerdings mit Britannien verglichen werden **). Agathemerus, der nach dem Ptolemäus schrieb und die Geographie desselben sehr wohl kannte, hält Taprobana für die größte von allen Inseln, und giebt Britannien nur den zweiten Platz ***).

Bei dieser Verschiedenheit in den Beschreibungen der alten Schriftsteller darf man sich nicht wundern, daß die Neueren in ihren Meinungen über die Frage getheilt gewesen sind, welche Insel des Indischen Oceans man für das Taprobana der Griechen und Römer halten müsse? Da Plinius und Ptole-

*) Plin. Nat. Hist. lib. VI, c. 22.
**) Ptol. lib. VII. c. 4. D'Anville, Ant. de l'Inde, p. 144.
***) Lib. II, c. 8. apud Hudson Geogr. Minor. Vol. II.

maus sie so beschreiben, als liege ein Theil von ihr südlich vom Aequator, so behaupten einige Gelehrten, die Insel, auf welche dies passe, sey Sumatra. Doch die große Entfernung des letzteren von der Indischen Halbinsel stimmt mit keiner von den Nachrichten überein, welche die Griechischen oder Römischen Schriftsteller uns über die Lage von Taprobana geben; auch haben wir kein Zeugniß, daß die Schiffahrt der Alten sich jemals bis nach Sumatra erstreckt hat. Viel allgemeiner glaubt man, das Taprobana der Alten sey die Insel Ceilan; und nicht nur die Nähe derselben an dem festen Lande von Indien, sondern auch der allgemeine Umriß, wie Ptolemäus ihn beschreibt, und die Lage verschiedener von ihm erwähnter Oerter darauf, giebt dieser Meinung (ungeachtet einiger außerordentlichen Irrthümer, von denen ich in der Folge reden werde) einen hohen Grad von Gewißheit.

Von den andern, östlich von Taprobana gelegenen Inseln, deren Ptolemäus erwähnt, ließe sich, wenn eine solche specielle Untersuchung nöthig wäre, wohl zeigen, daß sie die Andaman und die Nikobarischen Inseln in dem Bengalischen Meerbusen sind.

Nach dieser langen, und, wie ich fürchte, auch langweiligen Untersuchung über die Fortschritte, welche die Alten in der Erforschung der verschiedenen Theile von Indien gemacht hatten, und nach dieser Uebersicht, wie weit sie zur See oder zu Lande nach Osten gekommen sind, will ich meinen Lesern einige allgemeine Bemerkungen über die Art, wie ihre Entdeckungen gemacht wurden, und über den Grad von Vertrauen vorlegen, mit dem wir uns auf ihre Nachrichten davon verlassen können; welches ich nicht eher so gut thun konnte, als bis ich diese Untersuchung geendigt hatte.

in älteren Zeiten.

Die Kunst, Karten zu zeichnen, welche entweder die ganze Erde, so weit sie damals erforscht war, oder besondre Länder vorstellten, war den Alten bekannt; und ohne den Gebrauch derselben zum Beistande der Imagination wäre es ihnen auch unmöglich gewesen, sich von der einen oder den andren einen richtigen Begriff zu machen. Einige solche Karten werden von Herodot und anderen frühzeitigen Geschichtschreibern der Griechen erwähnt. Doch sind keine älteren Karten, als die zur Erläuterung von des Ptolemäus Geographie verfertigten, bis auf unsre Zeiten gekommen; und daher ist es denn sehr schwer einzusehen, welches die verhältnißmäßige Lage der verschiedenen, von den alten Geographen erwähnten Oerter war, wenn sie anders nicht durch Vermessung genau bestimmt ist*). Sobald indeß die Methode, die Lage jedes Ortes durch Angabe seiner Länge und Breite zu bezeichnen, eingeführt und allgemeiner geworden war, konnte man jeden Punkt mit kurzen und wissenschaftlichen Ausdrücken bestimmen; und noch beruhet die Genauigkeit dieser neuen Methode und die Verbesserung, welche die Geographie dadurch erhielt, auf der Art, wie die Alten die Länge und Breite der Oerter schätzten.

Ob sie gleich bei der Bestimmung der Länge und Breite nach eben den Grundsätzen verfuhren, die uns noch jetzt zur Richtschnur dienen, so thaten sie es doch nur mit viel schlechteren Instrumenten, als die unsrigen, und ohne die geschärfte Aufmerksamkeit auf jeden Umstand, welcher der Genauigkeit einer Beobachtung nachtheilig werden kann; eine Aufmerksamkeit, von der man nur durch lange Erfahrung lernt, wie nothwendig sie ist. Um die Breite

*) M. s. Anmerkung XXXIII.

eines Ortes zu bestimmen, beobachteten die Alten die Sonnenhöhe im Meridian, entweder am Schatten eines perpendikulären Sonnenzeigers, oder durch ein Astrolabium, woraus sich denn leicht berechnen ließ, wie viele Grade und Minuten der Ort der Beobachtung von dem Aequator entlegen wäre. War keine von diesen Methoden anwendbar, so schlossen sie die Breite eines Ortes aus den besten Nachrichten, die sie von der Dauer seines längsten Tages haben konnten.

Bei dem Bestimmen der Länge eines Ortes befanden sie sich noch weit mehr in Verlegenheit, da sie nur zu Einer Art von himmlischen Phänomenen ihre Zuflucht nehmen konnten. Dies waren die Mondfinsternisse; (denn auf die Beobachtung der Sonnenfinsternisse verstand man sich nicht so gut, daß sie zum Behuf der Geographie hätten dienen können:) der Unterschied zwischen den Zeiten, in denen der Anfang oder das Ende einer Finsterniß an zwei verschiedenen Orten beobachtet ward, gab sogleich die Differenz zwischen ihren Meridianen. Aber bei der Schwierigkeit, dergleichen Beobachtungen genau anzustellen, und bei der Unmöglichkeit sie oft zu wiederholen, waren sie für die Geographie von so geringem Nutzen, daß die Alten in Bestimmung der Längen ihre Zuflucht meistentheils zu wirklichen Vermessungen nehmen mußten, oder auch zu den unbestimmten Nachrichten, die sie aus Rechnungen von Seefahrern oder Tagebüchern von Reisenden erhalten konnten.

Doch obgleich die Alten, auf die erwähnten Arten die Lagen der Oerter zu Lande mit einem ziemlichen Grade von Genauigkeit zu bestimmen wußten, so ist es doch sehr ungewiß, ob sie eine gehörige Methode kannten, sie zur See zu bestimmen. Die alten Seefahrer scheinen selten astronomische Beobachtungen angestellt zu haben. Sie hatten keine Instrumente, die für ein bewegliches, unstätes Observatorium taugten; und ob sie gleich durch ihre Gewohnheit oft zu landen, diesen Mangel einigermaßen ersetzt haben können, so hat doch, meines Wissens, kein alter Schriftsteller Nachricht von irgend einer astronomischen Beobachtung gegeben, die sie während ihrer Reisen selbst angestellt hätten. Aus dem Ptolemäus, der in einigen Kapiteln zeigt, wie die Geographie durch die Berichte der Seefahrer verbessert und die Irrthümer darin berichtigt werden könnten,*) scheint zu erhellen, daß alle ihre Bestimmungen der Oerter bloß auf Rechnung gegründet und nicht das Resultat von Beobachtungen waren. Aber selbst nach allen Verbesserungen, welche die Neueren in der Schifffahrtskunde gemacht haben, ist die Art, die Länge eines Weges durch die Schiffsrechnung zu bestimmen, so schwankend und ungewiß, daß aus ihr allein gar kein sehr genauer Schluß gezogen werden kann. Bei den Alten muß dieser Mangel an Genauigkeit noch weit größer gewesen seyn, da sie, anstatt einen geraden Lauf zu halten, der sich leichter hätte messen lassen, bei ihren Reisen an Umwege länge der Küste gewöhnt waren, und nichts von dem Kompaß oder einem andren Instrumente wußten, wodurch die Richtung derselben mit Gewißheit hätte bestimmt werden können. Dem gemäß finden wir die Lage mancher Oerter, von denen wir annehmen können, daß man sie zur See bestimmt hat, mit weniger Genauigkeit angegeben. Wenn um eines lebhaften Handels willen die Häfen irgend eines Landes sehr stark besucht wurden, so können die Schiffsrechnungen verschiedener Seefahrer einiger-

*) Lib. I. c. 7 — 14.

maßen zu gegenseitigen Berichtigungen derselben gedient und die Geographen in Stand gesetzt haben, in ihren Schlüssen der Wahrheit näher zu kommen. Aber in entfernten Ländern, die weder jemals der Schauplatz von kriegerischen Unternehmungen gewesen, noch oft von durchreisenden Karavanen erforscht worden sind, ist alles schwankender und unbestimmter, und die Aehnlichkeit zwischen den alten Beschreibungen von ihnen und ihrer wirklichen Gestalt so schwach, daß man sie kaum auffinden kann. Auch war, wie sich erwarten läßt, die Breite der Oerter den Alten im Ganzen weit genauer bekannt, als ihre Länge. Die Beobachtungen, wodurch sie die erstere bestimmten, sind einfach, leicht anzustellen, und nicht vielen Irrthümern unterworfen. Die letztere aber läßt sich nicht anders genau bestimmen, als durch zusammengesetztere Operationen und durch weit vollkommnere Instrumente, als die Alten besessen zu haben scheinen*). Ich weiß nicht, ob Ptolemäus unter der großen Menge von Oertern, deren Lage er angegeben hat, in der Länge eines einzigen der Wahrheit so nahe kommt, wie in der Bestimmung der Breite von den drei Städten, die ich oben als ein auffallendes, obgleich nicht einzelnes, Beispiel von seiner Genauigkeit anführte.

Diese Bemerkungen bewegen mich, einer Meinung treu zu bleiben, die ich an einem andren Orte **) geäußert habe; nehmlich: daß die Griechen und Römer bei ihrem Handelsverkehr mit Indien selten, entweder durch Neugierde oder durch Liebe zum Gewinn angetrieben worden sind, die östlicheren Theile

*) M. s. Anmerkung XXXIV.
**) Geschichte von Amerika. B. I. S. 73.

desselben zu besuchen. Dies wird durch mancherlei besondere Umstände bestätigt. Obgleich Ptolemäus verschiedene Oerter längs der Küste, welche sich von der östlichen Mündung des Ganges bis nach dem äußersten Ende der goldenen Cherfonesus erstreckt, *Emporia* nennt; so bleibt es, wie ich schon oben bemerkte, doch ungewiß, ob wir sie wegen dieses Umstandes als Häfen ansehen sollen, die von Aegyptischen oder bloß von inländischen Schiffen besucht worden sind. Es ist merkwürdig, daß er nur Ein *Emporium* jenseits der goldenen Cherfonesus nennt*), woraus man deutlich sieht, daß das Verkehr mit dieser Gegend von Indien sehr unbeträchtlich gewesen seyn muß. Wären Reisen von dem Arabischen Meerbusen nach jenen Gegenden von Indien so häufig gewesen, daß Ptolemäus auf ihre Autorität die Länge und Breite der vielen von ihm erwähnten Oerter so pünktlich hätte angeben können; so müßte er, dem zufolge, Nachrichten gehabt haben, die ihn vor den großen Irrthümern, worin er oft gefallen ist, gesichert hätten. Wäre man gewöhnlich um das Kap Comorin herum den Bengalischen Meerbusen hinauf nach der Mündung des Ganges gefahren, so könnten Einige von den alten Geographen über die Lage und Größe der Insel Ceilan nicht so ungewiß, und Andre nicht so sehr irriger Meinung gewesen seyn. Hätten die Kaufleute von Alexandrien die Häfen der goldenen Cherfonesus und des großen Meerbusens (*Magnus Sinus*) oft besucht; so müßten des Ptolemäus Beschreibungen besser auf ihre wirkliche Figur passen; auch hätte er nicht verschiedne Oerter jenseits der Linie hinsetzen können, da sie doch in der That einige Grade diesseits derselben liegen. Allein, wenn gleich die Schifffahrt der Alten sich nicht bis zu dem

---

*) Lib. VII, c. 2.

entfernteren Indien erstreckt haben mag, so wissen wir doch gewiß, daß verschiedene Waaren dieses Landes nach Aegypten, von da aber nach Rom und anderen Theilen des Reiches verführt worden sind. Aus Umständen, die ich schon erwähnt habe, dürfen wir schließen, daß man die Waaren in inländischen Schiffen nach Musiris und andren Häfen der Küste Malabar brachte, welche damals die Stapelörter des Handels mit Aegypten waren. In einem Lande von solchem Umfange wie Indien, wo der natürlichen Produkte so viele sind, und wo sie durch Kunst und Betriebsamkeit noch mannichfaltiger werden, muß frühzeitig ein thätiger inländischer Handel, sowohl zur See als zu Lande, zwischen den verschiedenen Provinzen Statt gefunden haben. Hierüber finden wir einige Winke in den alten Schriftstellern; und wo die Quellen der Kenntniß so wenig zahlreich und so dürftig sind, müssen wir mit Winken zufrieden seyn. Unter den verschiedenen Klassen oder Kasten, in welche die Indier getheilt waren, wird auch eine von Kaufleuten erwähnt*); und daraus können wir denn schließen, daß der Handel unter ihnen ein ordentliches Gewerbe gewesen ist. Von dem Verfasser der „Umschiffung des Erythräischen Meeres„ lernen wir, daß die Bewohner der Küste Coromandel in eignen Schiffen nach der Küste Malabar handelten, daß der inländische Handel von Barygaza beträchtlich war, und daß man in dem Hafen Musiris zu allen Jahrszeiten eine Menge inländischer Schiffe antraf**). Strabo belehrt uns, daß die schätzbarsten Produkte von Taprobana nach den verschiedenen Handelsplätzen in Indien verführt wur-

---

*) *Plin.* Nat. Hist. lib. VI, c. 22.

**) Peripl. Mar. Erythr. 34. 30.

den *). Auf diese Art konnten die Aegyptischen Kaufleute damit versehen werden, und ihre Reisen innerhalb eines Jahres endigen, welches lange nicht hingereicht hätte, wenn sie so weit nach Osten gefahren wären, als man gewöhnlich glaubt.

Aus dem Allen ist es wahrscheinlich, daß Ptolemäus seine Kenntniß von den östlichen Theilen Indiens, auf die er seine Berechnungen gründete, nicht sowohl durch ein unmittelbares und regelmäßiges Verkehr zwischen Aegypten und jenen Gegenden hatte, als vielmehr durch die Berichte einiger wenigen Abentheurer, welche Unternehmungsgeist oder Liebe zum Gewinn antrieb, über die gewöhnlichen Gränzen der Schifffahrt hinaus zu gehen.

Obgleich von den Zeiten des Ptolemäus an, der Handel mit Indien in seinem bisherigen Kanale blieb, und sowohl Rom, die alte Hauptstadt des Reiches, als Constantinopel, der neue Sitz der Regierung, durch die Kaufleute von Alexandrien mit den reichen Waaren jenes Landes versehen wurden; so haben wir doch bis auf die Zeiten des Kaisers Justinian keine neuen Nachrichten über das Verkehr zur See mit Indien, oder über die Fortschritte, die man in der Entdeckung von dessen entfernten Gegenden machte. Unter Justinian reiste Kosmas, ein Aegyptischer Kaufmann, in dem Verfolge seines Gewerbes verschiedene male nach Indien, woher er den Beinamen Indikopleustes (der Indienfahrer) bekam; aber durch einen, in jenem abergläubigen Zeitalter nicht ungewöhnlichen Uebergang entsagte er allen Geschäften dieses Lebens, und ward ein Mönch. In der Muße und Einsamkeit einer Zelle schrieb er verschiedene Werke, von denen eins, das er mit dem Titel Christliche Topographie beehrte, bis auf uns gekommen ist. Die Hauptabsicht

---

*) Lib. II. 114. B.

desselben geht dahin, die Meinung gewisser Philosophen zu bestreiten, welche der Erde eine sphärische Gestalt beilegen. Er will beweisen, daß sie eine längliche Ebene sey, die von Osten nach Westen zwölftausend (Englische) Meilen in der Länge und von Norden nach Süden sechstausend in der Breite habe, und von hohen Mauern umgeben werde, auf denen das Firmament, wie ein Himmel oder ein Gewölbe, ruhe; daß der Wechsel von Tag und Nacht durch einen erstaunlich hohen Berg verursacht werde, der in dem äußersten Norden liege, und um welchen die Sonne sich herum bewege; daß wenn die Sonne an Einer Seite dieses Berges stehe, die Erde erleuchtet, wenn aber der Berg sie verstecke, in Dunkelheit verhüllt sey *). Doch mitten unter diesen wilden Träumereien, die mehr für die Leichtgläubigkeit seines neuen Berufes passen, als für die gesunde Vernunft, die seinen vormaligen Stand charakterisirt, scheinet Kosmas, was ihm selbst auf seinen Reisen begegnet ist, oder was er von Andren gelernt hat, mit großer Aufrichtigkeit und Achtung für die Wahrheit zu erzählen.

Dem Anschein nach ist er mit der Westküste der Indischen Halbinsel wohl bekannt gewesen, und nennt verschiedne auf derselben liegende Oerter. Er beschreibt sie als den Hauptsitz des Pfefferhandels, und nennt insbesondere Male als einen von den in dieser Rücksicht am häufigsten besuchten Häfen**). Von Male hat wahrscheinlich diese Seite der Halbinsel ihren neueren Namen Malabar bekommen; und wahrscheinlich auch die nicht weit von ihr liegende Gruppe von Inseln, welche wir die Malediwischen

------

*) *Cosmas* ap. *Montfaucon* Collect. Patrum, lib. II, 113, seq. 138.

**) *Cosm.* lib. II. p. 138. lib. XI. 337.

nennen. — Kosmas belehrt uns auch, daß die Insel Taprobana, von der er annimmt, sie liege eben so weit von dem Persischen Meerbusen in Westen, als von dem Lande Sinä in Osten, wegen dieser bequemen Lage ein großer Stapel für den Handel geworden sey; ferner, daß man ihr die Seide aus Sinä und die kostbaren Specereien der östlichen Länder zuführte, die dann von da nach allen Theilen Indiens, nach Persien und nach dem Arabischen Meerbusen gebracht wurden. Er nennt diese Insel Sielediba *), welches der Name Selendib oder Serendib ist, unter dem man sie noch jetzt in dem ganzen Orient kennt.

Eben diesem Kosmas verdanken wir auch die erste Nachricht von einem neuen Handels-Concurrenten der Römer, der sich in den Indischen Meeren zeigte. Die Perser scheinen, als sie das Reich der Parther umgestürzt und die Familie ihrer alten Monarchen wieder auf den Thron gesetzt hatten, den Abscheu ihrer Vorfahren gegen Seeunternehmungen ganz besiegt und sich bald sehr lebhaft um einen Antheil an dem einträglichen Handel mit Indien beworben zu haben. Alle beträchtliche Häfen dieses Landes wurden von Persischen Kaufleuten besucht. Diese erhielten gegen einige von ihren bei den Indiern beliebten Landes-Produkten, die köstlichen Waaren, die sie dann den Persischen Meerbusen hinauf führten, und vermittelst der großen Flüsse Tigris und Euphrat durch alle Provinzen ihres Reiches vertheilten. Da die Reise von Persien nach Indien viel kürzer, als die von Aegypten eben dahin, auch weniger kostbar und gefährlich war; so nahm das Verkehr zwischen jenen beiden Ländern sehr schleu-

*) Lib. XI, 336.

nig zu. Ein auffallender Beweis hiervon ist ein Umstand, den Kosmas erwähnt. In den meisten Indischen Städten von einiger Bedeutung fand er Christliche Kirchen gegründet, wo der Gottesdienst von Priestern verrichtet ward, die der Erzbischof von Seleucia, der Hauptstadt des Persischen Reiches, geweihet hatte, und die seiner Gerichtsbarkeit unterworfen blieben *). Indien scheint in dieser Periode vollständiger erforscht worden zu seyn, als es zu den Zeiten des Ptolemäus geschehen war; auch scheinen sich mehr Fremde darin niedergelassen zu haben. Es ist indeß merkwürdig, daß, dem Berichte des Kosmas zufolge, keiner von diesen Fremden die östlichen Gegenden Asiens zu besuchen pflegte, sondern daß Alle sich begnügten, die Seide, die Specereien und andre schätzbare Produkte von daher zu erhalten, so wie sie nach Ceilan und von dort nach den verschiedenen Indischen Märkten gebracht wurden **).

Die häufigen offenbaren Feindseligkeiten zwischen den Griechischen Kaisern und den Persischen Monarchen, wozu noch die steigende Rivalität ihrer Unterthanen in dem Handel mit Indien kam, gab Gelegenheit zu einem Ereigniß, das eine beträchtliche Veränderung in der Beschaffenheit dieses Handels hervorbrachte. Da an den Höfen der Griechischen Kaiser, welche die Asiatischen Monarchen in Glanz und Pracht nachahmten und übertrafen, der Gebrauch der Seide, sowohl in Kleidung als in Hausgeräth, nach und nach allgemeiner ward; und da China, wo man, dem übereinstimmenden Zeugnisse der Orientalischen Schriftsteller zufolge, den Bau der Seide ursprünglich kennen lernte, noch immer das

*) Cosm. lib. III. 178.
**) Lib. XI, 337.

in älteren Zeiten.

einzige Land war, das diese köstliche Waare hervorbrachte*): so benußten die Perser die Vortheile, welche sie durch ihre Lage über die Kaufleute im Arabischen Meerbusen hatten, und verdrängten sie von allen Indischen Märkten, wohin man zur See Seide aus dem Orient brachte. Da es auch in ihrer Gewalt stand, die Karavanen zu beunruhigen oder abzuschneiden, die, um etwas Seide für das Griechische Reich anzuschaffen, zu Lande durch die nördlichen Provinzen nach China reisten: so rissen sie diesen Handelszweig gänzlich an sich. Constantinopel mußte nun in Ansehung eines Artikels, den der Luxus als wesentlich zur Eleganz gehörig ansah und verlangte, von einer rivalisirenden Macht abhangen. Die Perser erhöheten, mit der gewöhnlichen Monopolisten-Raubgier, den Preis der Seide so übermäßig **), daß Justinian, voll Begierde nicht nur einen hinlänglichen und gewissen Vorrath von einer unentbehrlich gewordenen Waare zu erhalten, sondern auch, den Handel seiner Unterthanen von den Bedrückungen seiner Feinde zu befreien, sich Mühe gab, vermittelst seines Bundesgenossen, des Christlichen Monarchen von Abyssinien, den Persern einen Theil des Seidenhandels zu entreißen. Dieser Versuch schlug ihm fehl; aber als er es am wenigsten erwartete, erhielt er (im Jahre 551.) durch ein unvorhergesehenes Ereigniß einigermaßen eben das, wonach er gestrebt hatte. Zwei Persische Mönche, die als Missionarien in einigen von den, nach Kosmas Bericht in verschiedenen Theilen Indiens gestifteten Christlichen Kirchen gestanden hatten, waren bis nach dem Lande der Serer, oder China,

---

*) *Herbelot* Biblioth. Orient. artic. *Harir.*
**) *Procop.* Hist. Arcan. c. 25.

vorgebrungen. Sie beobachteten daselbst die Arbeit des Seidenwurms, und wurden mit der ganzen Kunst, dessen Gespinnst in so vielerlei schöne Fabrikwaaren zu verarbeiten, bekannt. Die Aussicht auf Gewinn, oder vielleicht auch ihr Unwille, der dadurch erregt ward und in Eifer entbrannte, daß sie einen so einträglichen Handelszweig ganz in den Händen ungläubiger Völker sahen, bewog sie, nach Constantinopel zurückzureisen. Hier erklärten sie dem Kaiser so wohl den Ursprung der Seide, als die verschiedenen Arten sie zuzurichten und zu verarbeiten, welches bis dahin in Europa völlige, oder doch nur sehr wenig bekannte, Geheimnisse waren. Durch seine großen Versprechungen aufgemuntert, unternahmen sie es, eine hinreichende Anzahl von diesen wunderbaren Insekten, deren Arbeiten der Mensch so viel verdankt, nach der Hauptstadt zu bringen. Sie bewerkstelligten es dadurch, daß sie in einem hohlen Rohre Eier von Seidenwürmern mitnahmen. Diese wurden dann durch die Hitze eines Düngerhaufens ausgebrütet, und die Würmer mit Laub von einem wilden Maulbeerbaume gefüttert; sie vermehrten sich und arbeiteten auf eben die Art, wie in dem Lande, wo sie zuerst Gegenstände für die Aufmerksamkeit und Sorgfalt der Menschen wurden*). Bald zog man in verschiedenen Theilen von Griechenland, besonders in dem Peloponnesus, eine große Menge solcher Insekten. Nachher unternahm es auch Sicilien mit gleichem Glück, Seidenwürmer zu ziehen, und dieses Beispiel befolgte man von Zeit zu Zeit in verschiedenen Städten von Italien. An allen diesen Orten wurden ausgebreitete Manufakturen angelegt und mit einheimischer Seide betrieben. Natürlicher Weise verminderte sich also die Nachfrage

*) Procop. de Bello Gothic. lib. 4. c. 17.

nach Seide aus dem Orient; die Unterthanen der Griechischen Kaiser durften wegen eines Vorraths davon nicht länger ihre Zuflucht zu den Persern nehmen, und es ereignete sich eine beträchtliche Veränderung in der Beschaffenheit des Handelsverkehrs zwischen Europa und Indien*).

*) M. s. Anmerkung XXXV.

Dritter Abschnitt.

Verkehr mit Indien, von der Eroberung Aegyptens durch die Mohammedaner an, bis dahin daß der Weg um das Vorgebirge der guten Hoffnung entdeckt ward, und die Portugiesen ihre Herrschaft im Orient gründeten.

Ungefähr achtzig Jahre nach dem Tode Justinians ereignete sich eine Begebenheit, die in dem Verkehr zwischen Europa und dem Orient eine noch größere Revolution bewirkte. Mohammed scheint durch die Bekanntmachung einer neuen Religion seine Landsleute mit einem neuen Geiste belebt, und ihre versteckten Leidenschaften und Talente zur Thätigkeit hervorgerufen zu haben. Die meisten Araber waren von den frühesten Zeiten an mit National-Indepedenz und persönlicher Freiheit zufrieden, pflegten ihre Kameele, oder zogen Palmbäume in dem Umfange ihrer Halbinsel, und hatten wenig Verkehr mit dem übrigen Menschengeschlechte, außer wenn sie Ausfälle thaten, um eine Karavane zu plündern oder einen Reisenden zu berauben. In einigen Gegenden hatten sie indeß doch angefangen, neben den Beschäftigungen des Hirtenlebens, auch Ackerbau und Handel zu treiben. Als die Leute von allen diesen Lebensarten von dem enthusiastischen Feuer aufgereizt wurden, das Mohammed durch Ermunterungen und Beispiel in ihnen anfachte, zeigten sie auf einmal allen Eifer der Bekehrer und alle Ehrsucht der Eroberer. Mit einem so schleunigen Erfolge, daß man in der Geschichte des Menschengeschlechtes nichts Aehnliches antrift, breiteten sie die Lehre ihres Propheten aus, und machten, daß die Herrschaft seiner Nachfolger sich von den Küsten des
Atlan-

Atlantischen Meeres bis an die Gränzen von China erstreckte. Aegypten war eine ihrer frühesten Eroberungen (J. C. 640); und so wie sie sich in diesem einladenden Lande niederließen und es in Besitz hatten, wurden die Griechen von dem Verkehr mit Alexandrien, welches sie, als den Hauptmarkt der Indischen Waaren, lange besucht hatten, gänzlich ausgeschlossen. Doch dies war nicht die einzige Wirkung von den Fortschritten der Mohammedanischen Waffen auf den Europäischen Handel mit Indien. Noch vor ihrem Einbruch in Aegypten hatten die Araber das große Königreich Persien unterjocht und die Herrschaft ihrer Kaliphen damit vergrößert. Sie fanden, daß ihre neuen Unterthanen mit Indien und den ostwärts davon gelegenen Ländern jenen ausgebreiteten Handel trieben, dessen Anfang und Fortschritte in Persien ich schon oben erwähnt habe; und die großen, daraus entspringenden Vortheile leuchteten ihnen so stark ein, daß sie begierig wurden, auch einigen Antheil daran zu bekommen. Da die wirkenden Kräfte des menschlichen Geistes, wenn sie einmal zu lebhafter Thätigkeit in einer Richtung geweckt worden sind, die größte Fähigkeit haben, auch in anderen mit Nachdruck zu wirken; so wurden die Araber aus tapferen Kriegern bald unternehmende Kaufleute. Sie fuhren fort, den Handel mit Indien auf dem bisherigen Wege durch den Persischen Meerbusen zu treiben; aber sie thaten es mit dem Feuer, welches alle früheren Unternehmungen der Mohammedaner auszeichnet. In kurzer Zeit drangen sie weit über die Gränzen der alten Schifffahrt hinaus, und holten manche von den schätzbarsten Waaren des Orients unmittelbar aus den Ländern, wo sie hervorgebracht wurden. Um allen aus dem Verkaufe derselben entstehenden Ge-

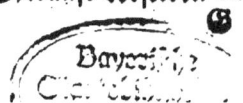

wann an sich zu reißen, gründete der Kaliph Omar *), wenige Jahre nach der Eroberung von Persien, an dem westlichen Ufer des großen Stroms der durch die Vereinigung des Euphrats und des Tigris gebildet wird, die Stadt Bassora (Basra). Diese sicherte ihm die Herrschaft über die beiden Flüsse zu, auf denen die aus Indien geholten Waaren in alle Theile von Asien geführt wurden; er hatte in der That die Lage von Bassora mit solcher Unterscheidungskraft gewählt, daß der neue Handelsort in Kurzem kaum Alexandrien nachstand.

Diese allgemeine Kenntniß von dem Handel der Araber mit Indien — und mehr kann aus den Geschichtschreibern jener Periode nicht hergeleitet werden — wird durch den Bericht von einer Reise aus dem Persischen Meerbusen nach Osten, den ein Arabischer Kaufmann im Jahre 851 der Christlichen Zeitrechnung, ungefähr zwei Jahrhunderte nach der Eroberung Persiens durch die Kaliphen, geschrieben hat, erläutert und bestätigt, und von einem andren Araber, der ebenfalls in den östlichen Theilen von Asien gewesen war, durch einen Commentar erklärt **). Dieser merkwürdige Bericht, durch den wir eine Lücke in der Geschichte des Handelsverkehrs mit Indien ausfüllen können, giebt uns Stoff, umständlicher zu beschreiben, wie weit die Arabischen Entdeckungen im Osten sich erstreckten, und auf welche Art sie gemacht wurden.

Ob sich gleich Manche eingebildet haben, die wunderbare Eigenschaft des Magnets, vermöge deren er einer Nadel oder einem dünnen eisernen Stäbchen die Kraft nach den Polen der Erde hinzuzeigen mittheilt, sey im Orient lange vorher, ehe

*) Herbel. Bibl. Orient. artic. Basrah.
**) M. s. Anmerkung XXXVI.

wan sie in Europa bemerkte, bekannt gewesen; so erhellet doch, sowohl aus der Nachricht des Arabischen Kaufmanns, als aus vielen zusammentreffenden Zeugnissen augenscheinlich, daß nicht nur die Araber, sondern auch die Chineser diesen sichern Wegweiser entbehrten, und daß ihre Seefahrten um nichts kühner waren, als die Griechischen und Römischen *). Sie steuerten ängstlich längs der Küste hin, und gingen selten so weit in See, daß sie das Land aus dem Gesichte verlieren konnten; und bei diesem furchtsamen Laufe war überdies ihre Art zu rechnen mangelhaft und eben den Irrthümern unterworfen, die ich bei den Griechischen und Römischen Schiffsrechnungen angemerkt habe **).

Ungeachtet dieser nachtheiligen Umstände, erstreckten sich die Fortschritte der Araber nach Osten doch weit über den Meerbusen von Siam, die Gränze der Europäischen Schifffahrt, hinaus. Sie wurden mit Sumatra und den andren Inseln im großen Indischen Archipelagus bekannt, und kamen bis nach der Stadt Canton in China. Diese Entdeckungen muß man übrigens nicht als Folgen der unternehmenden Wißbegierde einzelner Personen ansehen; vielmehr entstanden sie durch einen regelmäßigen Handel, der von dem Persischen Meerbusen aus mit China und allen zwischenliegenden Ländern getrieben ward. Viele Mohammedaner befolgten das Beispiel der Perser, wovon Kosmas Indikopleustes uns Nachricht giebt, und ließen sich theils in Indien, theils in den jenseits gelegenen Ländern wohnhaft nieder. In der Stadt Canton waren sie so zahlreich, daß (wie die Arabischen Schriftstel-

---

*) Bericht, p. 2. 5. 8. seq.

**) Renaudots Untersuchung, zu welcher Zeit die Mohammedaner zuerst nach China gekommen sind. S. 143.

ler erzählen) der Kaiser ihnen erlaubte, einen Rabi oder Richter von ihrer Sekte zu haben, der die Streitigkeiten seiner Landsleute nach ihren eigenen Gesetzen schlichtete, und bei allen Religions-Handlungen den Vorsitz hatte *). In andren Städten wurden Proselyten für den Mohammedanischen Glauben angeworben, und fast in jedem nur einigermaßen bedeutenden Seehafen verstand und sprach man das Arabische. Schiffe aus China und verschiedenen Indischen Oertern handelten in dem Persischen Meerbusen **); und durch häufiges, gegenseitiges Verkehr wurden alle Nationen im Orient besser mit einander bekannt ***).

Ein auffallender Beweis hiervon ist die neue Belehrung über China und Indien, die wir von den zwei erwähnten Schriftstellern erhalten. Sie bestimmen die Lage von Canton, das die Europäer jetzt wohl kennen, mit ziemlicher Genauigkeit. Sie sprechen von dem allgemeinen Gebrauche der Seide unter den Chinesern; sie erwähnen zuerst, daß von diesen das berühmte Porzellan verfertigt wird, welches sie wegen seiner Zartheit und Durchsichtigkeit mit dem Glase vergleichen. Sie beschreiben ferner den Theebaum und die Art, dessen Blätter zu gebrauchen; und, aus den großen Einkünften zu schließen, die, nach ihrem Berichte, von der Consumption des Thees erhoben wurden, scheint dieser im neunten Jahrhundert eben so allgemein, wie jetzt, das Lieblingsgetränk der Chineser gewesen zu seyn ****).

*) Bericht. p. 7. Bemerkungen, p. 19. Untersuchungen ꝛc. p. 171 f.
**) M. s. Anmerkung XXXII.
***) Bericht, p. 8.
****) Bericht, p. 21. 25.

in älteren Zeiten.

Selbst über die Theile von Indien, welche die Griechen und Römer zu besuchen pflegten, hatten die Araber sich vollständigere Belehrung verschafft. Sie erwähnen eines großen, auf der Küste Malabar gegründeten Reiches, dessen Monarchen die Oberlehnsherren über alle Indische Mächte waren. Diese Monarchen wurden durch den, noch jetzt in Indien bekannten Namen Balchara unterschieden; *) und es ist wahrscheinlich, daß der Samorin oder Kaiser von Calicut, der in den Berichten von den ersten Portugiesischen Reisen nach Indien so häufig erwähnt wird, einen Theil von ihrem Gebiete besaß. Sie rühmen ferner die außerordentlichen Fortschritte, welche die Indier in den astronomischen Kenntnissen gemacht hatten, (ein Umstand, von dem die Griechen und Römer nichts gewußt zu haben scheinen,) und behaupten, sie überträfen bei weitem in diesem Theile der Wissenschaften die gebildetsten Nationen des Orients, weshalb auch ihr Beherrscher mit dem Namen König der Weisheit bezeichnet ward**). Auch andre besondere Umstände, von denen sie Nachricht geben, z. B. gewisse Staatseinrichtungen, die Art des gerichtlichen Verfahrens, die Zeitvertreibe und der mancherlei Aberglaube der Indier, vorzüglich die marternden Kasteiungen und Büßungen der Fakiren, können als Beweise aufgestellt werden, daß die Araber sich von den Sitten der Indier vollständigere Kenntnisse erworben hatten.

Eben der Handelsgeist oder Religionseifer, der die Mohammedaner in Persien antrieb, die entferntesten Gegenden des Orients zu besuchen, belebte auch die Christen jenes Königreiches. Es waren in Persien, zuerst unter dem Schutze der eingebornen Für-

*) *Herbelot*, artic. *Hend & Belhar.*
**) Bericht. p. 37. 53.

sten, und nachher auch unter den Eroberern dieses Reiches, den Kaliphen, viele Nestorianische Kirchen gegründet, welche von hochachtungswürdigen Geistlichen regiert wurden. Diese hatten frühzeitig Missionarien nach Indien geschickt, und in verschiedenen Theilen desselben, besonders (wie ich schon oben erwähnt habe) auf der Insel Ceilan, Kirchen gestiftet. Als nun die Araber ihre Schifffahrt bis nach Indien erstreckten, eröffnete sich ihnen ein weiteres Feld, sowohl für ihren Handel, als für ihren Religionseifer. Dürfen wir dem zusammentreffenden Zeugnisse christlicher Schriftsteller sowohl im Orient als im Occident glauben, das noch durch die beiden Mohammedanischen Reisenden bestätigt wird; so hatten ihre frommen Bemühungen solchen glücklichen Erfolg, daß im neunten und zehnten Jahrhundert die Anzahl der Christen in China und Indien sehr beträchtlich war*). Die Kirchen in diesen beiden Ländern erhielten alle ihre Geistlichen aus Persien, und der Katholikus oder Nestorianische Primas daselbst, dessen höchste Autorität sie anerkannten, ordinirte sie. Dieser Umstand eröffnete ihnen einen regelmäßigen Kanal zu einem Verkehr, so wie zur Belehrung; und den vereinigten Wirkungen aller dieser Umstände verdanken wir die Nachrichten, welche wir von jenen beiden Arabischen Schriftstellern**) über die, von den Griechen und Römern nie besuchten Gegenden Asiens erhalten.

Doch, indeß die Mohammedanischen sowohl, als die Christlichen Unterthanen der Kaliphen ihre Kenntnisse von dem Orient zu erweitern, fortfuhren, waren die Europäischen Völker von allem Verkehr mit demselben beinahe gänzlich ausgeschlossen. Für

*) M. s. Anmerkung XXXVIII.
**) Bericht, S. 139.

… sie war jetzt der große Hafen von Alexandrien gesperrt; die neuen Herren des Persischen Meerbusens begnügten sich, die Nachfrage nach den Orientalischen Waaren nur in ihrem eignen ungeheuren Gebiete zu befriedigen, und brachten auf keinem der gewöhnlichen Wege etwas davon nach den Handelsstädten am Mittelländischen Meere. Die reichen Einwohner von Constantinopel und andren großen Städten in Europa, ertrugen diese Beraubung von Artikeln des Luxus, an die sie so lange Zeit gewöhnt waren, so äußerst ungern, daß alle Thätigkeit des Handels aufgeboten ward, um ein Mittel gegen ein Uebel ausfindig zu machen, welches sie für unerträglich hielten. Die Schwierigkeiten, die man, um es dahin zu bringen, überwinden mußte, beweisen sehr einleuchtend, in welcher hohen Achtung die Waaren des Orients damals standen. Die Seide von China ward in Tschensi, der westlichsten Provinz dieses Reiches, gekauft und von da vermittelst einer Karavane auf einem Wege von achtzig bis hundert Tagereisen nach dem Ufer des Oxus gebracht, wo man sie dann einschiffte und den Strom hinunter nach dem Kaspischen Meere verführte. Nach einer gefährlichen Reise über dieses Meer, und nach einer Fahrt den Fluß Cyrus, so weit er schiffbar ist, hinauf, brachte man die Seide auf einem kurzen Landwege von sieben Tagereisen nach dem Flusse Phasis *), der in den *Pontus Euxinus*, oder das schwarze Meer fällt, und von dort aus ward sie dann auf einem leichten und wohlbekannten Wege nach Constantinopel gebracht. Der Transport von Handelsartikeln aus der Gegend des Orients, die wir jetzt unter dem Namen Indostan kennen, war noch etwas langwieriger und mühseliger. Sie wurden

*) *Plin. Nat. Hist. lib.* VI. c. 17.

nehmlich von dem Ufer des Indus, auf einem bereits in früheren Zeiten gewöhnlichen und schon oben von mir beschriebenen Wege, entweder nach dem Flusse Oxus, oder geradezu nach dem Kaspischen Meere gebracht, von wo sie dann eben den Weg nach Constantinopel gingen.

Augenscheinlich konnten nur Waaren von geringer Größe und von beträchtlichem Werthe die Kosten eines solchen Transportes tragen; und bei der Bestimmung ihres Preises mußte nicht nur dieser Aufwand, sondern auch die Gefahr mit in Anschlag gebracht werden. Die Karavanen waren auf ihrer Reise durch die große Ebne, die sich von Samarkand bis nach den Gränzen von China erstreckt, den Anfällen und Räubereien der Tataren, Hunnen und Türken und anderer herumschweifenden Volksstämme ausgesetzt, welche das nordöstliche Asien beunruhigen und von jeher Reisende und Kaufleute als ihre rechtmäßige Beute angesehen haben; auch waren sie nicht vor Angriffen und Plünderungen sicher, wenn sie von dem Cyrus nach dem Phasis durch das Königreich Kolchis reisten, das in alten und neueren Zeiten durch die diebische Gemüthsart seiner Einwohner bekannt war und ist. Doch selbst bei allen diesen ungünstigen Umständen ward der Handel mit dem Orient begierig getrieben. Constantinopel ward ein ansehnlicher Markt für Indische und Chinesische Waaren, und der Reichthum, welcher auf solche Art dorthin floß, vermehrte nicht nur den Glanz dieser großen Stadt, sondern verzögerte auch, wie es scheint, auf einige Zeit den Verfall des Reiches, dessen Hauptstadt sie war.

So viel wir aus den unvollständigen Nachrichten der gleichzeitigen Schriftsteller vermuthen dürfen, ward Europa länger als zweihundert Jahre hauptsächlich auf die vorhin beschriebene Art, so gefährlich und mühsam sie auch seyn mochte, mit den Orientalischen Waaren versorgt. Während dieses ganzen Zeitraums herrschten zwischen den Christen und den Mohammedanern fast ununterbrochene Feindseligkeiten, und diese wurden mit aller der Erbitterung verübt, welche Rivalität um Macht, wenn sie noch durch Religionseifer erhöhet wird, natürlicher Weise erregt. Unter Umständen, welche einen solchen Haß verursachten, konnte kaum ein Handelsverkehr Statt finden; und die Kaufleute der Christenheit gingen, als Alexandria und die Syrischen Häfen, die ehemaligen Stapelörter der Orientalischen Waaren, sich im Besitz der Mohammedaner befanden, entweder gar nicht mehr dorthin, oder, wenn die Gewinnsucht bei ihnen stärker war als der Abscheu vor den Ungläubigen, und sie bewog, die so lange von ihnen bereisten Marktplätze noch ferner zu besuchen, so thaten sie es doch nur mit großer Behutsamkeit und vielem Mißtrauen.

Indeß die Schwierigkeiten, die Produkte des Orients zu erhalten, sich auf diese Weise vergrößerten, wurden die Europäischen Völker danach nur noch begieriger. Um diese Zeit machten einige Städte in Italien, besonders Amalphi und Venedig, welche mehr Unabhängigkeit, als sie vorher gehabt, erlangt hatten, den Anfang, mit einer Lebhaftigkeit und einer Erfindungskraft, wie sie in dem Mittelalter nicht gewöhnlich waren, die Künste der häuslichen Betriebsamkeit zu üben. Die Wirkung dieser Thätigkeit war eine solche Vermehrung des Reichthums, daß sie neue Bedürfnisse und Wünsche hervorbrachte und Geschmack an Eleganz und Luxus erregte, woher denn die Einwohner, um ihn zu befriedigen, entlegene Länder besuchten. Bei Leuten

auf dieser Stufe des gesellschaftlichen Lebens haben
die Indischen Produkte immer in hoher Achtung gestanden, und von itzt an wurden sie in größerer
Menge nach Itálien gebracht und kamen allgemeiner in Gebrauch. Verschiedene Umstände, welche
dieses Wiederaufleben des Handelsgeistes anzeigen,
hat der fleißige Muratori gesammelt; und schon
von dem Ende des siebenten Jahrhunderts an kann
ein aufmerksamer Beobachter schwache Spuren von
den Fortschritten desselben unterscheiden*).

   Selbst in aufgeklärteren Zeitaltern, wo man die
Begebenheiten der Nationen mit der größten Sorgfalt beobachtete und aufzeichnete, und wo der Vorrath von historischen Materialien so überflüssig groß
zu seyn scheint, hat man doch auf die Handelsunternehmungen so wenig Aufmerksamkeit gewendet, daß
jeder Versuch, sie regelmäßig aus einander herzulei-
ten, immer äußerst schwer gefunden worden ist. Doch
der Zeitpunkt, bis zu dem ich diese Untersuchung geleitet habe, gehört zu denen Perioden in den Schick-
salen des Menschengeschlechtes, über welche uns die
Geschichte nur höchst dürftige Belehrung giebt. Da
man hauptsächlich in dem Griechischen Reiche und
in einigen Städten von Italien sich einigermaßen
bestrebte, die Waaren aus Indien und den andren
Gegenden des Orients herbeizuschaffen; so können
wir nur in den Geschichtschreibern jener Länder einige
Nachrichten von diesem Handel zu finden erwarten.
Aber von der Periode Mohammeds an, bis auf
den Punkt, da die Komnenen den Thron von
Constantinopel bestiegen, folglich in einem Zeitraum
von mehr als fünftehalb Jahrhunderten, ist die Byzantinische Geschichte in magern Chroniken enthal-

---

  *) Antiquit. Ital. medii Aevi. II, 300. 408. 410. 583. 887.
894. Rer. Ital. Script. II, 487.

ten, deren Compilatoren ihren Gesichtskreis selten weiter erstreckten, als auf die Intriguen im Pallaste, die Partheien im Theater, oder die Streitigkeiten der Theologen. Ein, wo möglich, weit geringeres Verdienst haben die gleichzeitigen mönchischen Annalisten der verschiedenen Staaten und Oerter in Italien; und in den früheren Nachrichten von denen Städten, welche durch ihren Handelsgeist die berühmtesten geworden sind, suchen wir mit wenig Erfolg nach dem Ursprunge oder der Beschaffenheit des Handels, durch den sie zuerst emporkamen *). Wenn man indeß die Vorfälle des siebenten und achten Jahrhunderts nur mit der mindesten Aufmerksamkeit betrachtet, so sieht man offenbar, daß die Italiänischen Staaten nicht mit großer Zuversicht und Sicherheit nach Aegypten und Syrien handeln konnten, da ihre eigenen Küsten unaufhörlich von den Mohammedanern beunruhigt wurden, welche auf denselben Niederlassungen angelegt und auch Sicilien fast ganz ihrer Herrschaft unterworfen hatten. Man weiß, wie unversöhnlich die Christen die Mohammedaner, als Anhänger eines Betrügers, haßten; und da auf der anderen Seite alle Nationen, die sich zu dem Christlichen Glauben bekannten, sowohl im Osten als im Westen, neben dem höchsten Wesen auch Engel und Heilige verehrten und ihre Kirchen mit Gemälden und Bildsäulen schmückten: so betrachteten die wahren Moslemin sich als die einzigen Vertheidiger der Einheit Gottes, und sahen die Christen von jeder Sekte, als Götzendiener, mit Abscheu an. Es mußte eine lange Zeit verstreichen, ehe diese gegenseitige Erbitterung sich in so weit milderte, daß einigermaßen ein aufrichtiges Verkehr Statt finden konnte.

*) M. s. Anmerkung XXXIX.

Während der Zeit breitete sich der Geschmack an den Orientalischen Waaren des Luxus nicht nur in Italien immer weiter aus, sondern, aus Nachahmungstrieb, oder wegen einiger Verbesserung in ihrer eigenen Lage, bekamen auch die Einwohner von Marseille und andren Französischen Städten am Mittelländischen Meere gleiche Begierde, sie zu besitzen. Aber der Gewinn, den die Kaufleute von Amalphi oder Venedig — von diesen erhielten sie nehmlich jene köstlichen Waaren — dafür forderten, war so übermäßig groß, daß sie dadurch bewogen wurden, sich selbst anzustrengen, um ihr eignes Bedürfniß befriedigen zu können. In dieser Absicht eröffneten sie nicht nur einen Handel mit Constantinopel, sondern wagten es bisweilen auch, die Aegyptischen und Syrischen Häfen zu besuchen*). Die Begierde der Europäer nach den Indischen Produkten auf der Einen Seite, und auf der andern der unermeßliche Vortheil, den sowohl die Kaliphen als ihre Unterthanen von dem Verkaufe derselben hatten, bewog beide Theile, ihre gegenseitige Antipathie in so weit zu verbergen, daß sie einen Handel führen konnten, der augenscheinlich zu ihrem gemeinschaftlichen Vortheile gereichte. Wie weit dieser Handel sich erstreckte und auf welche Art er von den neuen Abentheurern getrieben ward, kann ich nicht mit Genauigkeit bestimmen, weil sich aus den gleichzeitigen Schriftstellern nur sehr dürftige Belehrung hierüber sammeln läßt. Es ist indeß wahrscheinlich, daß dieses Verkehr unvermerkt seine gewöhnliche Wirkung gethan, d. i. Leute von feindseligen Grundsätzen und ganz und gar verschiedenen Sitten, einander näher gebracht und sie ausgesöhnt hätte, und daß nach und nach zwischen den Christen und

*) Mém. de Littérat. Tom. XXXVII, p. 467. seq. 483.

den Mohammedanern ein regelmäßiger Handel auf solche billige Bedingungen entstanden wäre, daß die Europäischen Nationen alle Orientalische Waaren des Luxus auf eben den Wegen hätten erhalten können, auf denen sie ihnen in früheren Zeiten zuerst von den Syriern, dann von den Griechen in Alexandria, hierauf von den Römern und endlich von den Unterthanen des Byzantinischen Reiches zugeführt worden waren.

Doch, was auch immer der Einfluß dieses zunehmenden Verkehrs gewesen seyn möchte — es ward verhindert, seine volle Wirkung zu thun, und zwar durch die Kreuzzüge, oder die Unternehmungen zur Wiedereroberung des heiligen Landes, welche zwei Jahrhunderte hindurch die Bekenner der beiden rivalisirenden Religionen beschäftigten, und dazu beitrugen, sie mehr als jemals von einander zu entfernen. Ich habe in einem andren Werke *) das Menschengeschlecht in demjenigen Zeitraume betrachtet, da es von diesem Wahnsinne, vielleicht dem sonderbarsten und dem anhaltendsten, der in der Geschichte unserer Gattung vorkommt, ergriffen war; und eben daselbst habe ich dessen Wirkungen auf die Regierung, auf das Eigenthumsrecht, auf Sitten und auf Geschmack angegeben, insofern sie für den Gegenstand meiner dortigen Untersuchung gehörten. Gegenwärtig schränke ich mich aber darauf ein, zu beobachten, welche Folgen die Kreuzzüge für den Handel hatten, und in wie fern sie dazu beitrugen, den Transport Indischer Waaren nach Europa zu verzögern oder zu befördern.

Den Begriff einer besonderen Heiligkeit an das Land zu heften, welches der Stifter unserer Religion zu seinem Aufenthalte gewählt hatte und in

*) Geschichte Karls V, B. I, S. 35. der Deutsch. Uebers.

welchem er die Erlösung des Menschengeschlechtes vollbrachte, ist ein der menschlichen Seele so natürlicher Gedanke, daß man von der ersten Gründung des Christenthums an das Besuchen der heiligen Oerter in Judäa als eine Religionsübung ansah, welche den Geist der Andacht mächtig erwecken und nähren könnte. Dieser Gebrauch erhielt sich mehrere Menschenalter hindurch, und nahm in jedem Theile der Christenheit zu. Als Jerusalem dem Mohammedanischen Reiche unterworfen war und zu den Beschwerlichkeiten und den Kosten einer weiten Pilgrimschaft auch Gefahr hinzu kam, ward das Unternehmen als noch verdienstlicher angesehen. Bisweilen legte man es abscheulichen Sündern als Büßung auf; und noch häufiger ward es aus freiwilligem Religionseifer ausgeführt, in beiden Fällen aber für eine Versöhnung aller vorhergegangenen Sünden gehalten. Aus verschiedenen Ursachen, die ich anderswo genannt habe*), vervielfältigten sich diese frommen Wallfahrten nach dem Heiligen Lande im zehnten und elften Jahrhundert in einem erstaunlichen Grade. Nicht nur einzelne Menschen von geringem und vom Mittelstande, sondern auch Personen von höherem Range gingen, von einem großen Gefolge und von starken Karavanen reicher Pilgrimme begleitet, nach Jerusalem.

Doch der Mensch hat in allen seinen Unternehmungen eine wunderbare Geschicklichkeit auch mit jenen Handlungen, deren Zweck rein geistlich zu seyn scheint, einige Aufmerksamkeit auf seinen Vortheil zu verbinden. Die Karavanen der Mohammedaner, welche, den Vorschriften ihrer Religion gemäß, den heiligen Tempel zu Mekka besuchen, bestehen, wie ich weiterhin umständlicher zeigen werde, nicht

*) Geschichte Karl V., B. I. S. 36 und 323.

bloß aus andächtigen Pilgrimmen, sondern zum Theil aus Kaufleuten, die sowohl bei der Hin-, als bei der Zurückreise mit einem solchen Sortiment von Waaren versehen sind, daß sie einen beträchtlichen Handel treiben können *). Selbst die Indischen Fakire, von denen man glauben sollte, daß ihr unsinniger Enthusiasmus sie über alle Angelegenheiten dieser Welt weit hinaussetzte, haben doch ihre häufigen Pilgrimschaften zu ihrem Vortheile benutzt, und handeln in jedem Lande, durch das sie reisen **). Eben so wenig bewog die Andacht allein so zahlreiche Schaaren von christlichen Pilgrimmen, Jerusalem zu besuchen. Bei vielen von ihnen war Handel der Hauptbewegungsgrund, weshalb sie diese ferne Reise unternahmen; und indem sie Europäische Produkte gegen die schätzbareren Asiatischen, besonders die Indischen, vertauschten, die man damals in allen Theilen des Gebiets der Kaliphen verbreitet fand, bereicherten sie sich selbst, und versahen ihre Landsleute auch von dieser Seite in solcher Menge mit Orientalischen Waaren des Luxus, daß ihr Geschmack daran noch allgemeiner und leidenschaftlicher ward ***).

Doch, so schwach auch die Spuren seyn mögen, welche, vor den Kreuzzügen, den Einfluß der häufigen Wallfahrten nach dem Orient auf den Handel bezeichnen; so werden sie doch, nach dem Anfange dieser Expeditionen, so sichtbar, daß sie jedem Beobachter auffallen. Hierzu vereinigten sich mehrere Umstände, aus denen, wenn ich sie anführe, erhellen wird, daß die Aufmerksamkeit auf die Fortschritte und die Wirkungen der Kreuzzüge beträchtliches

*) Viaggi di *Ramusio*, vol. I. p. 151. 152.
**) M. s. Anmerkung XL.
***) *Guil. Tyr.* lib. XVII c. 4. p. 933. ap. Gesta Dei per Francos.

Licht über den Gegenstand meiner Untersuchung verbreitet. Große Armeen, die von dem vornehmsten Adel Europens angeführt wurden und aus den unternehmendsten Männern in allen Königreichen dieses Welttheils bestanden, kamen auf ihrem Zuge nach Palästina durch Länder, die in jeder Art von Cultur ihr Vaterland weit übertrafen. Sie sahen die Dämmerung des Wohlstandes in den Italiänischen Freistaaten, welche angefangen hatten, in den Künsten der Industrie und in dem Bestreben den einträglichen Handel mit dem Orient an sich zu ziehen, mit einander zu wetteifern. Zunächst bewunderten sie den noch höheren Grad von Reichtum und Pracht in Constantinopel, welches durch seinen ausgebreiteten Handel, besonders durch den mit Indien und den jenseits desselben gelegenen Ländern, über alle damals bekannten Städte hervorragte. Nachher dienten sie in denen Provinzen von Asien, durch welche die Waaren des Orients gewöhnlich gingen, und bemächtigten sich verschiedener Städte, welche Stapelörter dieses Handels gewesen waren. Sie stifteten das Königreich Jerusalem, das sich beinahe zwei hundert Jahre erhielt; sie nahmen ferner den Thron des Griechischen Reiches in Besitz, und regierten es über ein halbes Jahrhundert. Mitten unter so mannichfaltigen Ereignissen und Unternehmungen erweiterten und berichtigten sich nach und nach die Begriffe der wilden Europäischen Krieger. Sie wurden mit der Verfassung und den Künsten der von ihnen unterjochten Völker bekannt; sie beobachteten die Quellen ihres Reichthums, und benutzten alle diese Kenntnisse. Antiochia und Tyrus waren, als sie von den Kreuzfahrern erobert wurden, blühende Städte, und ihre Einwohner reiche Kaufleute, welche alle im Mittelländischen Meere Handel

in älteren Zeiten.

del treibende Nationen mit den Produkten des Orients verfahren*); und so viel sich aus manchen Nebenumständen in den Geschichtschreibern des heiligen Krieges schließen läßt, welche, da sie größtentheils Priester und Mönche waren, freilich ihre Aufmerksamkeit eher auf ganz andre Gegenstände, als auf den Handel richteten — hat man Grund zu glauben, daß sowohl in Constantinopel, so lange es unter den Franken stand, als in den Syrischen Häfen, welche die Christen erobert hatten, der längst bestehende Handel mit dem Orient noch weiter beschützt und ermuntert ward.

Doch obgleich der Handel für die kriegerischen Anführer der Kreuzzüge, da sie auf der Einen Seite mit den Türken, und auf der anderen mit den Sultanen von Aegypten in immerwährenden Feindseligkeiten lebten, nur eine Nebensache gewesen seyn mag, so sahen doch ihre Bundesgenossen, mit denen sie ihre Unternehmungen gemeinschaftlich betrieben, ihn als die Hauptsache an. So zahlreich auch die Heere waren, die das Kreuz annahmen, und so unternehmend der fanatische Religionseifer war, der sie beseelte, so hätten sie doch ihre Absicht nicht durchsetzen, ja nicht einmal den Schauplatz ihres Krieges erreichen können, wenn ihnen die Italiänischen Staaten nicht Beistand geleistet hätten. — Keine von den übrigen Europäischen Mächten konnte weder eine hinreichende Anzahl von Transportschiffen liefern, um die Armeen der Kreuzfahrer nach der Küste von Dalmatien überzusetzen, von wo sie dann nach Constantinopel, ihrem allgemeinen Sammelplatze, marschirten, noch sie mit Kriegesbedürfnissen und Mundvorräthen in solcher Menge versehen, daß sie dadurch

---

*) *Gul. Tyr.* lib. XIII, c. 5. *Alb. Aquens.* Hist. Hierof. ap. Gesta Dei &c. Vol. I, p. 247.

in Stand gesetzt worden wären, ein entferntes Land anzugreifen. Bei allen den auf einander folgenden Kriegeszügen, hielten sich die Flotten der Genueser, der Pisaner und der Venetianer, so wie die Armeen zu Lande fortrückten, an die Küste, versorgten sie von Zeit zu Zeit mit Allem, was sie nur immer bedurften, und rissen den sämtlichen Gewinn von einem Handelszweige an sich, der in jedem Zeitalter äußerst einträglich gewesen ist. Die Italiäner leisteten ihre Hülfe mit aller der eigennützigen Aufmerksamkeit, die den Kaufmann jederzeit auszeichnet. Bei der Eroberung irgend eines Ortes, wo sie Niederlassungen ihrem Vortheile gemäß fanden, erhielten sie von den Kreuzfahrern mancherlei schätzbare Vorrechte: Handelsfreiheit; Herabsetzung der gewöhnlichen Abgaben für die ein- und ausgeführten Waaren, oder gänzliche Befreiung von denselben in manchen Handelsplätzen ganze Vorstädte, und in andern große Straßen als Eigenthum, so daß für alle Personen, die in denselben wohnten, oder unter ihrem Schutze handelten, das Privilegium, nach ihren eigenen Gesetzen, und von Richtern, die sie selbst ernannt hatten, Recht und Gerechtigkeit zu erhalten *). Bei so vielen Vortheilen vermehrten sich, während die Kreuzfahrer fortschritten, in allen Handelsstaaten von Italien Reichthum und Macht sehr schleunig. Jeder dem Handel geöffnete Hafen ward von ihren Kaufleuten besucht, die nunmehr, da sie sich des Handels mit dem Orient ganz bemächtigt hatten, mit solchem thätigen Wetteifer neue Märkte für die von daher gezogenen Waaren zu finden suchten, daß sie den Geschmack an denselben in manchen Theilen von Europa verbreiteten, wo man sie bis dahin nur wenig gekannt hatte.

*) Geschichte Karls V. B. I. S. 45.

Noch vor der Beendigung des heiligen Krieges ereigneten sich zwei Begebenheiten, welche den Venetianern und Genuesern den Besitz verschiedener Provinzen im Griechischen Reiche verschafften und sie in Stand setzten, Europa reichlicher mit allen Produkten des Orients zu versehen. Die erstere war die, daß im Jahr 1204 die Venetianer und die Häupter des vierten Kreuzzuges Constantinopel eroberten. Eine Nachricht von dem verschiedenen Staatsinteresse und den Ränken, welche dieses Bündniß zu Stande brachten und zugleich bewirkten, daß die geweiheten Waffen, welche die heilige Grabe von der Herrschaft der Ungläubigen befreien sollten, nun gegen einen Christlichen Monarchen gekehrt wurden, gehört nicht in den Plan dieser Untersuchung. Genug, die Bundesgenossen nahmen Constantinopel mit Sturm ein, und plünderten es; ein Graf von Flandern ward auf den kaiserlichen Thron gesetzt; die Besitzungen, welche Constantins Nachfolgern noch übrig geblieben waren, wurden in vier Theile getheilt; einen bekam der neue Kaiser zur Aufrechthaltung seiner Würde und zur Bestreitung der Regierungskosten; die übrigen drei aber nahmen die Venetianer und die Anführer des Kreuzzuges zu gleichen Theilen. Die ersteren, die bei der Verabredung und Ausführung dieses Unternehmens beständig darauf sahen, was am meisten zur Beförderung ihres Handels beitragen könnte, sicherten sich die Provinzen zu, die für ein Handel treibendes Volk den größten Werth hatten. Sie erhielten einen Theil des Peloponesus (Morea,) welcher damals der Sitz blühender Manufakturen, besonders in Seide, war. Ferner wurden sie Herren einiger der größten, bebautesten Inseln im Archipelagus, und legten nun eine Kette, theils von Militair- theils von Handelsposten an, die sich von dem

H 2

Adriatischen Meere bis nach dem Bosphorus erstreckten *). Viele Venetianer ließen sich in Constantinopel nieder, und rissen, ohne daß ihre kriegerischen, auf die Künste der Industrie nur wenig aufmerksamen Bundesgenossen ihnen ein Hinderniß in den Weg legten, die verschiedenen Zweige des Handels an sich, welche diese Hauptstadt so lange Zeit bereichert hatten. Zweie von diesen erregten besonders ihre Aufmerksamkeit: der Seiden- und der Indische Handel. Von Justinians Regierung an zog man Seidenwürmer, die er zuerst in Europa eingeführt hatte, meistentheils in Griechenland und einigen nahe dabei liegenden Inseln. Ihr Gespinnst ward in mehreren Städten des Reiches zu verschiedenen Arten von Zeugen verarbeitet. Doch in Constantinopel, dem Sitze des Reichthums und des Luxus, war die Nachfrage nach einer so hoch im Preise stehenden Waare am stärksten, und folglich mußte es natürlicher Weise der Mittelpunkt des Seidenhandels seyn. Die Venetianer hatten bei dem Sortiren der Ladungen für die verschiedenen Häfen, nach denen sie handelten, schon seit einiger Zeit gefunden, daß Seide ein wesentlicher Artikel wäre, weil man in jedem Theile von Europa fortfuhr, immer stärker und stärker darnach zu verlangen. Da so viele von ihren Mitbürgern in Constantinopel wohnten, und da ihnen so große Vorrechte bewilligt waren, so schafften sie nicht nur in solcher Menge und auf solche Bedingungen Seide an, daß sie ihren Handel weiter ausbreiten und mit größerem Vortheile führen konnten, als vorher; sondern sie wurden auch mit jedem Theile der Seiden-Manufaktu-

*) *Danduli* Chronic. ap. *Murator*. Script. Rer. Ital. vol XII. p. 328. *Mar. Sanuto* Vite de Duchi di Venez. *Murat.* vol. XXII. p. 532.

in älteren Zeiten. 117

ren so vollständig bekannt, daß dies sie zu dem Versuche bewog, in ihren eigenen Besitzungen dergleichen anzulegen. Sowohl die Maßregeln, welche einzelne Personen in dieser Absicht nahmen, als die vom Staate getroffenen Einrichtungen, waren mit so vieler Klugheit entworfen und wurden mit solchem Erfolge ausgeführt, daß in kurzem die Seidenfabriken in Venedig mit denen in Griechenland und Sicilien wetteiferten, und dazu beitrugen, theils die Republik zu bereichern, theils den Umfang ihres Handels zu erweitern. Zu eben der Zeit benutzten die Venetianer auch den Einfluß, den sie sich in Constantinopel verschafft hatten, um ihren Indischen Handel zu befördern. Die Hauptstadt des Griechischen Reiches ward nicht nur auf dem Wege, der ihr so wie allen andren Hauptstädten in Europa diente, mit den Produkten des Orients versehen, sondern erhielt auch einen beträchtlichen Theil derselben durch einen ihr eigenthümlichen Kanal. Einige von den schätzbarsten Indischen und Chinesischen Waaren wurden zu Lande auf Wegen, die ich oben beschrieben habe, nach dem schwarzen Meere, und von da durch eine kurze Schifffahrt nach Constantinopel gebracht. Zu diesem Markte, der nächst Alexandrien am besten versehen war, hatten die Venetianer itzt leichten Zutritt, und die Güter, die sie daselbst kauften, gaben ihnen einen sehr wichtigen Beitrag zu denen, die sie sich in den Aegyptischen und Syrischen Häfen zu verschaffen pflegten. Auf diese Art besaßen denn die Venetianer, so lange das Lateinische Reich in Constantinopel währte, solche Vortheile über ihre Nebenbuhler, daß ihr Handel sich sehr erweiterte und daß jeder Theil Europens hauptsächlich von ihnen die Waaren des Orients erhielt.

Der andre Vorfall, den ich oben im Sinne hatte, ist der Umsturz der Lateinischen Herrschaft in Constantinopel, und die Wiedereinsetzung der Kaiserlichen Familie auf den Thron. Dies ward nach einem Zeitraume von sieben und funfzig Jahren bewirkt, theils durch eine vorübergehende Anstrengung des Muthes, womit Unwille über ein fremdes Joch die Griechen belebte, theils aber auch durch den mächtigen Beistand, den sie von der Republik Genua erhielten. Die Genueser empfanden sehr, welche Vortheile ihre Nebenbuhler im Handel, die Venetianer, durch ihre Verbindung mit den Lateinischen Kaisern von Constantinopel genossen. Daß sie, um jene derselben zu berauben, die eingewurzeltsten Vorurtheile ihres Zeitalters besiegten, und sich mit den schismatischen Griechen vereinigten, einen Monarchen, den die päpstliche Macht beschützte, vom Throne zu stoßen, wobei sie den Bannstrahlen des Vatikans, vor denen zu jener Zeit die größten Fürsten zitterten, Trotz boten. Für so vermessen und ruchlos man dieses Unternehmen damals auch hielt, so ging es doch glücklich von Statten. Aus Dankbarkeit oder aus Schwäche gaben nun die Griechischen Kaiser den Genuesern für ihre ausgezeichneten Dienste, unter andren Schenkungen auch Pera, die beträchtlichste Vorstadt von Constantinopel, die sie vom Reiche zu Lehen tragen sollten, nebst solchen Befreiungen von den gewöhnlichen Abgaben für aus- und einzuführende Waaren, daß sie dadurch ein entschiedenes Uebergewicht über jeden Mitbewerber im Handel erhielten. Die Genueser benutzten diese günstige Lage mit kaufmännischer, wachsamer Aufmerksamkeit, umgaben ihr neues Etablissement in Pera mit Festungswerken, und machten ihre Faktoreien an den anliegenden Küsten zu festen

Plätzen*). Sie waren mehr Herren des Hafens von Constantinopel, als die Griechen. Der ganze Handel des schwarzen Meeres gerieth in ihre Hände; und dies genügte ihnen noch nicht: sie nahmen auch einen Theil des Tautischen Chersonesus, der jetzigen Krimm, in Besitz, und machten Kaffa, dessen vorzüglichste Stadt, zum Hauptsitz ihres Handels mit dem Orient und zu dem Hafen, in welchen alle dessen Produkte, wenn sie auf den verschiedenen oben beschriebenen Wegen nach dem schwarzen Meere gebracht waren, gelandet wurden**).

Durch diese Revolution ward Genua die größte Handelsmacht in Europa; und hätten die unternehmende Industrie und der unerschrockene Muth seiner Bürger unter der Leitung einer weisen inneren Staatsverfassung gestanden, so würde es diesen Rang vielleicht lange behauptet haben. Aber wohl nie gab es einen auffallenderen Contrast, als zwischen den inneren Verhältnissen der beiden wetteifernden Freistaaten, Venedig und Genua. In dem ersteren ward die Regierung mit steter systematischer Klugheit geführt; in dem letzteren war nichts beständig, als die Liebe zur Freiheit und dem Hange zur Veränderung. Jener genoß einer beständigen Ruhe; dieser ward von allen Stürmen und allem Wechsel des Parteygeistes erschüttert. Der Zuwachs an Reichthum, der zu Genua durch die Thätigkeit seiner Kaufleute zusammenfloß, hielt den Mängeln der Staatsverfassung gleichsam das Gleichgewicht; und selbst in dem mißlichsten Zustande der Republik lassen sich

*) *Niceph. Greg. lib. XI. c. 1. & lib. XVII.*
**) *Folieta Hist. Genuens. ap. Gryp. Thes. Antiq. Ital. I. 387. De Marinis de Genuens. Dignit. ibid. 1486. Niceph. Greg. lib. XIII. c. 1. Muratori. Anthal. d'Ital. lib. VII. c. 351.* — M. s. Anmerkung XLI.

Symptomen unterscheiden, welche eine Verminderung ihres Reichthums und ihrer Macht ankündigten.

Indeß, so lange die Genueser die Ueberlegenheit behielten, die sie im Griechischen Reiche erlangt hatten, empfanden die Venetianer, daß ihre Handelsgeschäfte mit demselben auf einem sehr ungleichen Fuße von Statten gingen, und ihre Kaufleute besuchten folglich Constantinopel nur selten und mit Widerwillen. Um also die Waaren des Orients in solchen Quantitäten anzuschaffen, wie sie in den verschiedenen Theilen von Europa, die sie damit zu versehen pflegten, verlangt wurden, sahen sie sich genöthigt, wieder die alten Stapelplätze des Indischen Handels zu besuchen. Von diesen war Alexandrien der vorzüglichste, und auch am besten verlegen, da der Landtransport der Indischen Güter durch Asien nach den Häfen am Mittelländischen Meere oft durch die Streifereien der Türken, der Tataren und anderer Horden gehindert ward, welche nach einander jenes fruchtbare Land verheerten, oder um die Herrschaft darüber stritten. Doch, unter der militairischen und nachdrucksvollen Regierung der Mameluckischen Sultane, wurden beständig Sicherheit und Ordnung in Aegypten behauptet, und der Handel stand Allen offen, ob er gleich mit schweren Abgaben belastet war. So wie die Genueser den Handel von Constantinopel und dem schwarzen Meere immer stärker und stärker an sich zogen **), fanden die Venetianer es immer nöthiger, ihre Geschäfte mit Alexandrien zu erweitern.

Doch, da ein solches öffentliches Verkehr mit Ungläubigen in jenem Zeitalter als ungeziemend für den Charakter der Christen angesehen ward, so nahm

*) M. f. Anmerkung XLII.

der Senat von Venedig, um sein oder seiner Unterthanen Gewissen zu beruhigen, seine Zuflucht zu der unfehlbaren Autorität des Pabstes, von dem man glaubte, er besitze die Macht, von strenger Beobachtung der heiligsten Gesetze zu dispensiren; und wirklich erhielt er die Erlaubniß, jährlich eine bestimmte Anzahl von Schiffen für die Aegyptischen und Syrischen Häfen auszurüsten *). Unter dieser Sanktion schloß die Republik auf billige Bedingungen einen Handels-Traktat mit den Sultanen von Aegypten; und dem gemäß ernannte der Senat einen Consul für Alexandrien, und einen andren für Damaskus, welche beide mit einem öffentlichen Charakter daselbst wohnen, und, unter Autorität der Sultane, eine mercantilische Gerichtsbarkeit ausüben sollten. Unter ihrem Schutze ließen sich nun Venetianische Kaufleute und Handwerker in beiden Städten nieder. Man vergaß die alten Vorurtheile und die gegenseitige Abneigung; gemeinschaftliches Interesse gründete zum erstenmal einen billigen und offenen Handel zwischen Christen und Mohammedanern **).

Indeß die Venetianer und Genueser wechselsweise sich so außerordentlich bemüheten, den Vortheil des Geschäftes, Europa mit den Produkten des Orients zu versehen, ganz an sich zu reißen, legte die Republik Florenz, ursprünglich ein demokratischer Handelsstaat, sich mit so beharrlichem Eifer auf den Handel, und der Charakter des Volkes sowohl, als die Beschaffenheit ihrer Einrichtungen waren den Fortschritten desselben so günstig, daß der Staat schleunig an Macht, und seine Bewohner an Reichthum gewannen. Doch, da die Florentiner keinen bequemen Seehafen besaßen, so

*) M. s. Anmerkung XLIII.
**) Sandi Storia Civile Veneziana, lib. V. c. 15. p. 248. &c.

Unterſuchung über Indien

waren die Anſtrengungen ihrer Thätigkeit hauptſäch-
lich auf die Verbeſſerung ihrer Manufakturen und
auf inländiſche Induſtrie gerichtet. Zu Anfange des
vierzehnten Jahrhunderts ſcheinen die Florentiniſchen
Manufakturen von verſchiedenen Arten, beſonders in
ſeidenen und wollenen Waaren, dem Verzeichniſſe zu
folge, das ein vollumreichiger Geſchichtſchreiber
davon giebt, ſehr beträchtlich geweſen zu ſeyn *).
Die Verbindungen, die ſie ſich in verſchiedenen Theilen von Europa erworben, und den Flößen, die Produkte ihres eigenen Fleißes abſetzen, gaben ihnen
Gelegenheit, ſich auch in einem andern Handelszweig
einzulaſſen, nehmlich ihre Waaren anzulegen. Worin
zeichneten ſie ſich beſonſs ſehr aus? daß die Geldgeſchäfte beinahe von jedem Europäiſchen Königreiche
durch ihre Hände gingen, und daß man ihnen in
manchen Ländern die Gebühr und Verwaltung der
öffentlichen Einkünfte anvertraute. Durch die Thätigkeit und den Erfolg, womit ſie ihre Manufakturen
und Geldgeſchäfte führten, von denen die erſtern
mit einem ſichern, obgleich mäßigen Gewinne verbunden, die letztern aber zu einem Betrag, wo weder
die Zinſen vom Gelde, noch die Prämien der Wech-
ſel genau beſtimmt waren, in hohem Grade beträchtlich ſeyn mußten, ward Florenz eine der erſten
Städte in der Chriſtenheit, und manche von ſeinen
Bürgern erwarben ſich einen ungeheuren Reichthum.
Cosmo di Medici, das Haupt einer Familie,
die ſich durch ihr Glück im Handel aus der Dunkelheit hervorarbeitete, ward für den reichſten von allen jemals in Europa bekannt gewordenen Kaufleuten gehalten **); in der Freigebigkeit, die er als Bür-

*) Gior. Villani Hiſtor. Florent. ap. Murat. Scipt. Rer. Ital.
 vol. XIII. pag. 823.
**) Fr. Mich. Brutus Hiſt. Florent. p. 33, 62. Chronis. Eugubi

in älteren Zeiten. 123

ger und als Privatmann zeigte, auch in dem Schutze, den er der Gelehrsamkeit, und in der Aufmunterung, die er den nützlichen und schönen Künsten angedeihen ließ, konnte kein Monarch seiner Zeit mit ihm wett-eifern. Ob die Mediceer bei ihren ersten kaufmännischen Geschäften, auch mit dem Oriente Handel getrieben, habe ich nicht entdecken können *); und es ist, sollte ich glauben, wahrscheinlicher, daß sie nur mit ihren Landsleuten einerlei Handelsartikel führten. Doch, sobald der Staat durch die Eroberung von Pisa Communication mit dem Meere bekommen hatte (1405) bemühete sich Cosmo di Medicis, der hauptsächlich dessen Geschäfte leitete, seinem Vaterlande Antheil an dem einträglichen Handel und Verkehr, welcher Venedig und Genua so weit über alle anderen Staaten in Italien erhoben hatte. In dieser Absicht wurden Gesandten nach Alexandrien geschickt (1473) um den Sultan von Aegypten dahin zu vermögen, daß er diesen und die andern Spezereien in seinem Gebiete, den Unterthanen der Republik Venedig, und auch ihnen alle die Handelsprivilegien, welche die Venetianer damals genossen, bewilligte. Die Negociation schlug so glücklich aus, daß die Florentiner, wie es scheint, einigen Antheil an dem Indischen Handel erhielten **); und bald nach dieser Periode finden wir unter den Waaren, die von den Florentinern nach England gebracht wurden, auch Spezereien genannt ***).

num ap. *Murat.* Script. Rer. Ital. vol. XIV. p. 1007. *Denina* Revol. d'Italie. tom. VI, p. 263. sqq.
*) M. s. Anmerkung XLIV.
**) M. s. Anmerkung XLV.
***) *Hakluyt*. Vol. I. p. 193.

124 Untersuchung über Indien

In einigen Theilen dieser Untersuchung über die Beschaffenheit und den Gang des Handels mit dem Orient, bin ich genöthigt gewesen, meinen Weg nur im Finstern tappend, oder oft nur bei sehr schwachem Lichte zu suchen. Doch, da wir uns itzt der Periode nähern, wo die neueren Begriffe von der Wichtigkeit des Handels sich zu entwickeln anfingen, und Aufmerksamkeit auf dessen Fortschritte und Wirkungen ein beträchtlicher Gegenstand der Regierungen ward; so dürfen wir hoffen, daß wir die noch übrigen Nachforschungen mit mehr Sicherheit und Bestimmtheit werden anstellen können. Dieser steigenden Aufmerksamkeit verdanken wir die Nachricht, welche Marino Sanudo, ein Venetianischer Nobile, von dem Indischen Handel giebt, so wie seine Landsleute ihn zu Anfange des vierzehnten Jahrhunderts trieben. Wie er uns belehrt, erhielten sie die Produkte des Orients auf zwei verschiedenen Wegen. Die von geringer Größe und von hohem Werthe, z. B. Gewürznelken, Muskatennüsse und Blumen, Edelsteine, Perlen u. s. w. wurden aus dem Persischen Meerbusen den Tigris hinauf nach Basra, von da nach Bagdad, und dann nach irgend einem Hafen am Mittelländischen Meere transportirt. Alle einen größeren Raum einnehmende Güter, als Pfeffer, Ingwer, Zimmt u. s. w. nebst einem Theile der köstlicheren Artikel wurden auf dem alten Wege nach dem rothen Meere gebracht, und gingen von da queer durch die Wüste und den Nil hinunter nach Alexandrien. Die Güter, die man auf dem ersteren Wege erhielt, waren, nach Sanudo's Bemerkung, von besserer Beschaffenheit; aber bei der Langwierigkeit und den Kosten einer weiten Landfracht, konnte man oft nur sehr wenig davon bekommen. Auch kann Sanudo, (ganz dem Lieblings-Projekte zuwider, das er zum Augenmerk hatte, als er die Abhandlung schrieb, auf die ich mich hier beziehe,) nicht verhehlen, daß bei dem Zustande der Länder, durch welche die Karavanen gingen, diese Art von Transport oft ungewiß und mit Gefahr verknüpft war *).

Nur in Alexandrien fanden die Venetianer immer einen gewissen und zureichenden Vorrath von Indischen Waaren; und da diese fast ganz zu Wasser dorthin gebracht wurden, so wären sie für einen mäßigen Preis zu kaufen gewesen, wenn nicht die Sultane Abgaben darauf gelegt hätten, welche sich bis auf den dritten Theil des vollen Werthes beliefen. Doch, auch unter diesem und jedem andren nachtheiligen Umstande mußten die Orientalischen Waaren nothwendig angeschafft werden, da durch mehrere zusammentreffende Umstände, besonders durch ein ausgebreiteteres Verkehr das unter den verschiedenen Europäischen Nationen entstanden war, die Nachfrage nach ihnen während des vierzehnten Jahrhunderts immer stärker zu werden fortfuhr. Durch die Einbrüche der verschiedenen feindlichen Stämme von Barbaren, welche den größten Theil von Eurpa in Besitz nahmen, war das starke Band, womit die Römer alle Völker ihres weiten Reiches vereinigt hatten, gänzlich zerrissen, und dem wechselseitigen Verkehre der verschiedenen Nationen wurden solche Hindernisse in den Weg gelegt, daß sie ganz unglaublich scheinen müßten, wenn sie bloß das Zeugniß der Geschichtschreiber für sich hätten und nicht durch etwas von noch mehr Zuverlässigkeit, durch ausdrückliche Verordnungen der Gesetze, bestätigt würden. Verschiedene Statuten dieser Art,

*) *Mar. Sanuti* Secreta Fidelium Crucis. p. 22 &c. ap. *Bongarsium.*

welche die Justiz beinahe jeder Europäischen Nation beschimpfen, habe ich in einem andern Werke genannt und auseinander gesetzt *). Doch als die Bedürfnisse und Wünsche der Menschen sich vervielfältigten; und als sie sahen, daß andere Länder ihnen Mittel geben könnten, sie zu befriedigen, ließ die feindliche Denkart nach, welche die Nationen von einander entfernt hielt, und es kam allmählich zu einem wechselseitigen Verkehr. Von den Zeiten der Kreuzzüge an, welche zuerst Völker, die einander kaum bekannt waren, dahin brachten, daß sie sich verbündeten und zwei Jahrhunderte hindurch gemeinschaftlich an der Erreichung Eines Endzweckes arbeiteten — hatten mehrere Umstände dazu mitgewirkt, dieses allgemeine Verkehr zu beschleunigen. Die Völker an dem Baltischen Meere, die das übrige Europa bisher als Seeräuber und Feinde gefürchtet und verabscheuet hatte, nahmen friedlichere Sitten an, und besuchten nun ihre Nachbaren als Kaufleute. Vorfälle, die nicht für die gegenwärtige Untersuchung gehören, vereinigten sie zusammen in das mächtige Handelsbündniß, das in dem Mittelalter unter dem Namen des Hanseatischen Bundes so berühmt war, und bewogen sie, Brügge zum Stapelort ihres Handels mit den südlichen Theilen von Europa zu machen. Dahin giengen nun die Italiänischen Kaufleute, besonders die aus Venedig, und gegen die Produkte des Orients, so wie auch die Manufakturarbeiten ihres eigenen Landes, erhielten sie nicht nur Schiffsvorräthe und andre nordische Waaren, sondern auch eine beträchtliche Quantität Gold und Silber aus den Bergwerken in verschiedenen Provinzen von Deutschland, den schätzbarsten und ergiebigsten von allen, die man

*) Geschichte Karls V. B. I. S. 111. 133. u. f.

in älteren Zeiten.

damals in Europa kannte. Brügge blieb während der Periode, auf die sich meine Untersuchung erstreckt, der große Markt oder das Magazin des Europäischen Handels. Dort ward eine, vorher unbekannte, regelmäßige Communication zwischen allen Reichen unseres Welttheils unterhalten; und wir können uns den Grund angeben, woher die Italienischen Staaten so schleunig an Reichthum und Macht zunahmen, wenn wir bemerken, wie sehr die Quelle von beiden, ihr Handel, durch die ungeheure Vermehrung in der Consumption Asiatischer Waaren zugenommen haben muß, als diesen der Weg nach allen den großen Ländern im Nordosten von Europa eröffnet war.

Während dieses glücklichen und sich noch verbessernden Lage des Verkehrs mit Indien, erhielt Venedig durch einen seiner Bürger über die Länder, welche jene köstlichen Waaren, die schätzbarsten Artikel ihres Handels überbrachten, solche neue Belehrung, daß es sich von dem Reichthume, der Bevölkerung und Größe derselben einen weit höheren Begriff machen konnte, als die Europäer es jemals vorher hatten thun können. Da es, von der Zeit an, als die Mohammedanen Herren von Egypten wurden, keinem Christen erlaubt worden war, durch ihr Gebiet nach dem Oriente zu gehen **), so hatte das unmittelbare Verkehr der Europäer mit Indien gänzlich aufgehört. Die Nachricht, die Kosmas Indikopleustes im sechsten Jahrhundert von diesem Lande gab, ist, so viel ich weiß, die letzte, welche die Nationen in Westen durch irgend jemand, der selbst dort gewesen war, erhielten. Aber um die Mitte des dreizehnten Jahrhunderts bewog der Han-

*) Zimmermann's polit. Ueberf. von Europa. S. 102.
**) [illegible footnote]

128 Unterſuchung über Indien

delsgeiſt, der nun unternehmender und begieriger nach der Entdeckung neuer, zu Reichthümern führender Wege geworden war, den Marco Polo, einen Venetianer von edler Abkunft, nachdem er einige Zeit in verſchiedenen reichen Städten von Klein-Aſien gehandelt hatte, weiter in die öſtlichen Theile Aſiens bis zu dem Hofe des Großen Khans an der Gränze von China vorzudringen. Während des Verlaufs von ſechs und zwanzig Jahren, die er theils zu kaufmänniſchen Geſchäften, theils zu Unterhandlungen verwandte, die der Große Khan ihm anvertrauete, erforſchte er viele Gegenden des Orients, die noch niemals ein Europäer beſucht hatte.

Er beſchreibt das große Königreich Katay, unter welchem Namen China noch itzt in vielen Theiles des Orients bekannt iſt *), und reiſte von Chambalu, oder Peking an deſſen nördlicher Gränze, nach einigen der ſüdlichſten Provinzen des Reiches. Außer dem, was er auf ſeinen Reiſen zu Lande entdeckte, machte er auch mehr als Eine Reiſe in den Indiſchen Ocean, und erhielt ferner einige Belehrung von einer Inſel, die er Zipangri oder Cipango nennt, und die wahrſcheinlich Japan (Niphon) iſt. Er beſuchte in Perſon Java und verſchiedene nahe dabei liegende Inſeln, ferner die Inſel Ceilan, und die Küſte Malabar bis an den Meerbuſen von Cambay; und allen dieſen Inſeln und Ländern giebt er die Namen, die ſie noch itzt führen. In einem ſolchen Umfange war bisher der Orient noch von niemand erforſcht worden; auch hatte kein Europäer jemals eine ſo vollſtändige Beſchreibung davon gegeben.

---

*) *Herbelot* Bibl. Orient. artic. Khathai. *Stewart*, Account of Thibet, Philoſ. Transact. LXVII, 474. Voyage of A. *Jenkinſon*; Hakluyt, I. 333.

geben. In einem Zeitalter, wo man von diesen Gegenden kaum weitere Kenntnisse besaß, als die man aus des Ptolemäus Geographie erhielt, erstaunten nicht allein die Venetianer, sondern auch alle andre Völker in Europa, über die Entdeckung unermeßlicher Länder, die weit über die Gränze hinaus lagen, welche man bis dahin der Erde in jener Weltgegend zugeschrieben hatte *).

Doch, indeß Männer, denen es nicht an Muße und Nachdenken fehlte, sich damit beschäftigten, Marco Polo's Entdeckungen zu prüfen, da diese Vermuthungen und Theorieen erzeugten, aus denen sich die wichtigsten Folgen herleiten ließen: ereignete sich eine Begebenheit, welche die Aufmerksamkeit des ganzen Europa erregte, und sehr augenscheinlich auf den Gang des Handels wirkte, dessen Fortschritte ich zu zeichnen suche; diese nehmlich, das Mahomed II (1453) das Griechische Reich gänzlich eroberte und Constantinopel zum Sitze der Türkischen Regierung machte. Es folgte aus dieser großen Revolution unmittelbar, daß die in Pera wohnenden Genueser mit in das allgemeine Unglück verwickelt wurden, und nicht nur diese Besitzung, sondern auch alle anderen, die sie an der benachbarten Seeküste hatten, verlassen mußten, nachdem sie beinahe zwei Jahrhunderte Herren derselben gewesen waren. Nicht lange nachher (1474) vertrieben die siegreichen Waffen des Sultans sie aus Kaffa und allen andren Orten, die sie in der Krimm besaßen **). Constantinopel war nun nicht länger ein Marktplatz für die Indischen Waaren, der den westlichen Nationen offen stand; und man konnte nirgends etwas davon

---

*) M. s. Anmerkung XLVI.
**) Folieta, Hist. Genu. 602, 626. Murat. Annali d'Ital. IX, 451.

erhalten, außer in Aegypten und den Syrischen Häfen, über welche die Sultane der Mamelucken herrschten. Dem Schuße und den Vorrechten gemäß, welche die Venetianer sich durch ihren Handels-Traktat mit diesen mächtigen Fürsten zugesichert hatten, trieben sie in jeder Gegend ihres Gebiets mit solchem Vortheile ihre kaufmännischen Geschäfte, daß sie dadurch das Uebergewicht über alle ihre Mitbewerber erhielten. Die Genueser, so lange ihre furchtbarsten Nebenbuhler, wurden ißt durch den Verlust ihrer Besißungen im Osten gedemüthigt, so wie durch innerlichen Zwist geschwächt, und kamen so schnell herunter, daß sie sich um fremden Schuß bewerben mußten und sich wechselsweise den Herzogen von Mailand und den Königen von Frankreich unterwarfen. Bei dieser Verminderung ihrer politischen Macht verlor auch ihre Handelsthätigkeit allen Nachdruck. Ein schwacher Versuch, den Antheil am Indischen Handel, den sie ehemals gehabt hatten, dadurch wieder zu erlangen, daß sie den Sultanen von Aegypten einen Commerz-Traktat auf eben die Bedingungen anboten, die den Venetianern bewilligt worden waren, schlug ihnen fehl; und während des Ueberrestes vom funfzehnten Jahrhundert versorgte Venedig den größeren Theil von Europa mit den Produkten des Orients, und trieb einen viel weiter ausgebreiteten Handel, als man bis dahin jemals gekannt hatte.

Der Zustand der andren Europäischen Nationen begünstigte die Handelsfortschritte der Venetianer aufs äußerste; England war durch die bürgerlichen Kriege verheert, welche der unglückliche Streit zwischen den Häusern York und Lancaster erregte, und hatte kaum angefangen, seine Aufmerksamkeit auf die Gegenstände und die Bestrebungen zu richten, denen es jetzt seinen Reichthum und seine Macht verdankt. In Frankreich fühlte man noch die verderbliche Wirkung der Englischen Waffen und Eroberungen; der König hatte weder die Macht, noch das Volk die Neigung, den Nationalgeist und seine Thätigkeit auf die Künste des Friedens zu richten. Die Vereinigung der verschiedenen Königreiche in Spanien war noch nicht ganz zu Stande gebracht; einige der fruchtbarsten Provinzen standen noch unter der Herrschaft der Mauren, mit denen die Spanischen Monarchen immerwährende Kriege führten; auch wendeten die Einwohner, die Catalonier ausgenommen, wenig Aufmerksamkeit auf den ausländischen Handel. Portugall hatte zwar die Entdeckungs-Laufbahn, die es späterhin mit dem glänzendsten Erfolge beendigte, schon angetreten, aber noch nicht solche Fortschritte darauf gemacht, daß es zu einem hohen Range unter den Europäischen Handelsstaaten berechtigt gewesen wäre. So waren denn die Venetianer, einige geringere Italiänische Staaten ausgenommen, fast ganz ohne Rival oder Mitbewerber, und in völliger Freiheit, ihre kaufmännischen Plane anzulegen und auszuführen. Auch den Handel mit den Hansee-Städten, der das nördliche Europa mit dem südlichen vereinigte, und den bisher alle Italiäner zugleich getrieben hatten, zogen die Venetianer nun größtentheils allein an sich.

Indeß vergrößerte Nachfrage nach den Produkten Asiens alle Europäische Völker bewog, ein Verkehr mit den Venetianern so begierig zu suchen, daß sie dieselben durch verschiedene Bewilligungen anlockten, nach ihren Seehäfen zu kommen — läßt sich in der Art, wie die letzteren den Handel mit dem Orient trieben, ein besonderer Umstand bemerken, durch den er sich von allem, was in irgend einer Periode der Geschichte bei andren Nationen Statt gefunden hat, unterscheidet. In alten Zeiten segelten die Tyrier, die Griechen als sie Aegypten beherrschten, und die Römer, nach Indien, um die Waaren zu holen, mit denen sie die Nationen im Westen versahen; und in neueren Zeiten sind die Portugiesen, die Holländer, die Engländer und, ihrem Beispiele zufolge, auch andre Nationen eben so verfahren. Aber in beiden Perioden hat man laute Klagen darüber geführt, daß bei diesem Handel jeder Staat seines edlen Metalles beraubt werden müsse, welches, im Verfolge desselben, unaufhörlich von Westen nach Osten fließe, um niemals zurückzukehren. Von allem Verluste, den die allmähliche, aber unvermeidliche Verminderung ihres Goldes und Silbers verursacht haben könnte, — ob der Verlust wirklich oder nur eingebildet war, habe ich hier nicht zu untersuchen oder zu bestimmen — waren die Venetianer großentheils ganz frei geblieben. Sie hatten kein unmittelbares Verkehr mit Indien, und fanden in Aegypten oder Syrien Lagerhäuser mit allen Orientalischen, von den Mohammedanern eingeführten Waaren angefüllt; und den besten Nachrichten zufolge, die wir von der Beschaffenheit ihres Handels haben, tauschten sie dieselben öfter ein, als sie baares Geld dafür gaben. Aegypten, der Hauptmarkt der Indischen Güter, ist zwar ein sehr fruchtbares Land; aber es fehlt ihm manches, dessen eine höhere Stufe des gesellschaftlichen Lebens entweder zur Bequemlichkeit oder zur Zierde bedarf. Es ist von zu kleinem Umfange und zu stark angebauet, als daß für Wälder Raum wäre; zu flach, als daß es Bergwerke von nützlichen Metallen haben könnte; und es muß also durch Einfuhr aus andren Ländern mit Zimmerholz, Eisen, Blei, Zinn und Kupfer versehen werden. Die Aegyptier selbst scheinen, indeß sie unter der Herrschaft der Mamelucken standen, nicht nach den Häfen irgend eines christlichen Staates gehandelt zu haben; und sie erhielten alle die vorhin genannten Artikel hauptsächlich von den Venetianern. Außerdem lieferte die Erfindungskraft der Venetianischen Manufakturisten mancherlei wollene Zeuge, seidene Stoffe von verschiedener Fabrikation, Kamelotte, Spiegel, Waffen, goldene und silberne Zierrathen, Glas und verschiedene andre Artikel, welche alle in Aegypten und Syrien guten Absatz fanden. Dagegen bekamen die Venetianer von den Kaufleuten in Alexandrien alle Arten von Specereien, einfache Arzeneien, Edelsteine, Perlen, Elfenbein, Baumwolle und Seide, sowohl roh als in mancherlei verschiedene Gestalten verarbeitet, und andre Orientalische Produkte, nebst mehreren schätzbaren Artikeln, die in Aegypten gewachsen oder fabricirt waren. In Aleppo, Barut und andren Städten erhielten sie, außer den eigentlichen Indischen zu Lande dahin gebrachten Waaren, noch Persische Teppiche, reiche Seidenzeuge von Damaskus welche noch itzt nach dieser Stadt benannt werden, und mancherlei Erzeugnisse der Natur und der Kunst, die Syrien, Palästina und Arabien eigenthümlich besitzen. Wenn ja einmal ihr Einkauf Orientalischer Produkte über den Werth hinaus ging, den sie aus ihren eigenen Manufaktur-Arbeiten lösen konnten, so lieferte ihnen der schon erwähnte Handel mit den Hansee-Städten regelmäßig Gold und Silber aus den Deutschen Bergwerken, das sie dann mit Vortheil nach den Märkten in Aegypten und Syrien bringen konnten.

Aus einem in allen Handelsstaaten zu bemerkenden Hange, die Handelsoperationen politischen

Anordnungen und Einschränkungen zu unterwerfen, scheint die Autorität der Venetianischen Regierung sich in diese Geschäfte eingemischt, und sowohl die Einfuhr der Asiatischen Güter, als die Art sie unter die verschiedenen Europäischen Nationen zu vertheilen, bestimmt zu haben. Nach jedem beträchtlichen Stapelort im Mittelländischen Meere ward eine gewisse Anzahl von großen, unter dem Namen Galeonen und Caracken bekannten Schiffen für Rechnung des Staates ausgerüstet. Sie kehrten mit den reichsten Waaren beladen zurück*); und der Verkauf derselben muß die Einkünfte der Republik nicht unbeträchtlich vergrößert haben. Indeß wurden doch Bürger von allen Klassen, besonders Personen aus edlen Familien, zu dem auswärtigen Handel aufgemuntert; und wer ein Schiff von einer gewissen Größe zu diesem Endzwecke gebrauchte, erhielt von dem Staat eine beträchtliche Prämie **). Auf eben die Art, theils in Schiffen die dem gemeinen Wesen, theils in solchen die Privat-Eigenthümern gehörten, verbreiteten die Venetianer sowohl die aus dem Orient eingeführten Waaren, als die Produkte ihrer eigenen Besitzungen und Manufakturen, durch ganz Europa.

Es giebt zwei verschiedene Wege, auf denen wir einige Kenntniß von der Größe dieser Venetianischen Handelszweige erlangen können: einmal, wenn wir auf die große Mannichfaltigkeit und den hohen Werth der Waaren Acht haben, welche sie nach Brügge, dem Vorrathshause brachten, aus dem die übrigen Europäischen Nationen versorgt wurden; und von diesen Waaren giebt ein wohlunterrichteter

---

*) Sabellicus, Hist. Rer. Venet. Dec. IV. lib. III. p. 868. Denina Revol. d'Italie. Tom. VI, 340.

**) Sandi, Stor. Civ. Venez. lib. VIII. 891.

Schriftsteller ein vollständiges Verzeichniß, worin beinahe jeder Artikel vorkommt, der in jenem Zeitalter als wesentlich zur Bequemlichkeit oder zur Eleganz gehörig angesehen ward*). Zweitens, wenn wir auf die Wirkungen sehen, die der Venetianische Handel in denen Städten hervorbrachte, welche an dem Gewinne desselben Antheil nehmen konnten. Nie sahe man den Reichthum so auffallend im Gefolge des Handels. Die Bürger von Brügge, die dadurch bereichert waren, zeigten in Kleidung, Gebäuden und Lebensweise solche Pracht, daß sie selbst den Stolz der Könige beschämten und ihren Neid erregten**). Antwerpen wetteiferte, als der Stapel dahin verlegt war, bald mit Brügge in Reichthum und Glanz. In einigen Städten von Deutschland, besonders in Augsburg, dem Hauptmarkte Indischer Waaren für das Innere dieses großen Landes, treffen wir frühzeitige Beispiele von solchem, durch kaufmännische Betriebsamkeit gesammelten großen Vermögen an, daß die Besitzer desselben dadurch zu hohem Range und Ansehen im Reiche gelangten.

Durch Beobachtung dieser merkwürdigen Zunahme an Reichthum in allen denen Städten, wo die Venetianer einen Handel gegründet hatten, werden wir zu dem Schlusse geleitet, daß der Gewinn, der ihnen selbst aus den verschiedenen Zweigen desselben, besonders aus dem Indischen, erwuchs, noch beträchtlicher gewesen seyn muß. Es ist indeß, ohne weit speciellere Nachrichten, als wir uns verschaffen können, unmöglich, eine genaue Berechnung darüber anzustellen; doch lassen sich verschiedene Umstände angeben, um die Richtigkeit jenes Schlusses im Allgemeinen zu bestätigen. Von dem

---

*) *Lud. Guicciardini* Descript. de Paesi Bassi, p. 173.
**) M. s. Anmerkung XLVII.

erſten Wiederaufleben des Europäiſchen Handels-
geiſtes an, beſaßen die Venetianer einen großen
Theil des Handels mit dem Orient. Er fuhr fort
ſtufenweiſe zu wachſen; und während eines großen
Theils vom funfzehnten Jahrhundert führten ſie ihn
beinahe als ausſchließenden Alleinhandel, der aber
auch genau dieſelben Folgen, wie jedes andere Monopolium, hatte. Wo keine Concurrenz iſt und der
Kaufmann es in ſeiner Gewalt hat, den Markt anzuordnen und den Preis der Waaren, die er verkauft,
zu beſtimmen, muß ſein Gewinn übermäßig ſeyn.
Wie groß er verſchiedene Jahrhunderte hindurch
war, davon kann man ſich einigermaßen einen Begriff machen, wenn man das Verhältniß der Prämien oder Zinſen erwägt, die damals von geborgtem
Gelde entrichtet wurden. Dies iſt unſtreitig der ge-
naueſte Maaßſtab, nach welchem ſich der Gewinn
von einem im Handel angelegten Kapitale beſtimmen läßt; denn, je nachdem die Zinſen vom Gelde
hoch oder niedrig ſtehen, muß der damit erworbene
Gewinn verſchieden ſeyn. Von dem Ende des elften Jahrhunderts bis zum Anfange des ſechzehnten,
alſo in der Periode, wo die Italiäner ihren Handel
mit vorzüglicher Anſtrengung führten, ſtanden die
Zinſen äußerſt hoch. Gewöhnlich betrugen ſie zwanzig Procent, ja bisweilen darüber; und noch im
Jahre 1500 waren ſie in keinem Theile von Europa
unter zehn bis zwölf Procent geſunken*). Wenn
der Gewinn von einem ſo ausgebreiteten Handel,
wie der Venetianiſche, mit dieſem hohen Werthe
des Geldes in Verhältniß ſtand, ſo mußte er nothwendig ſowohl für den Staat, als für die einzelnen
Bürger, eine Quelle von großem Reichthum ſeyn**).

*) Geſchichte Karls V, B. I. S. 444.
**) M. ſ. Anmerkung XLVIII.

in älteren Zeiten.

Dem gemäß wird der Zustand von Venedig während der Periode, die wir hier betrachten, von Schriftstellern jenes Zeitalters in Ausdrücken beschrieben, die sich auf kein andres Land in Europa anwenden lassen. Sowohl die Einkünfte der Republik, als die von einzelnen Personen gehäuften Reichthümer, überstiegen Alles, was man sonst irgendwo kannte. In Pracht der Häuser, in reichem Ameublement, in Menge des goldenen und silbernen Geschirres, und in Allem was zur Eleganz oder zur Pracht in der Lebensweise beitrug, übertrafen die edlen Venetianer die größten Monarchen jenseits der Alpen. Auch war alle diese Pracht nicht die Wirkung einer prahlerischen, unüberlegten Verschwendung; sondern die natürliche Folge von glücklicher Betriebsamkeit, die, wenn sie Reichthum mit leichter Mühe gesammelt hat, auch zum glänzendsten Genusse desselben berechtigt ist*).

Nie hielten die Venetianer die Macht ihres Landes für fester gegründet, und nie vertraueten sie mit mehr Zuversicht auf die Fortdauer und Vergrößerung ihres Reichthums, als gegen den Ausgang des funfzehnten Jahrhunderts; aber itzt ereigneten sich — was sie freilich weder voraussehen noch verhindern konnten — zwei Begebenheiten, die beiden verderblich wurden. Die eine war die Entdeckung von Amerika; die andere die Eröffnung einer unmittelbaren Seefahrt um das Vorgebirge der guten Hoffnung herum nach Ostindien. Von allen Begebenheiten in der Geschichte des Menschengeschlechtes gehören diese unstreitig mit unter die wichtigsten; und da sie eine merkwürdige Veränderung in dem Verkehr zwischen den verschiedenen Theilen der Erde bewirkten und endlich die Handelsbegriffe und Anord-

*) M. s. Anmerkung XLIX.

nungen festsetzten, welche den Hauptunterschied in den
Sitten und der Staatsverfassung der alten und der
neueren Zeiten ausmachen: so ist eine Nachricht von
ihnen genau mit dem Gegenstande dieser Untersuchung verbunden, und wird diese bis zu der Periode hinleiten, die ich mir zur Gränze gesetzt habe.
Doch, da ich den Ursprung und Fortgang dieser Entdeckungen in einem andren Werke*) sehr ausführlich
erzählt habe, so bedarf es hier nur einer flüchtigen
Uebersicht.

Die Bewunderung und der Neid, womit die
übrigen Europäischen Nationen die Macht und den
Reichthum von Venedig betrachteten, veranlaßten
sie natürlicher Weise, nach den Ursachen dieses Ue-
bergewichtes zu forschen; und darunter schien der
einträgliche Handel mit dem Orient bei weitem die
beträchtlichste zu seyn. Voll Verdruß darüber, daß
sie von einer Quelle des Reichthums ausgeschlossen
waren, welche sich für die Venetianer so ergiebig
zeigte, hatte man in verschiedenen Ländern einen Versuch gemacht, sich Antheil an dem Indischen Handel zu verschaffen. Einige Italiänische Staaten
bemüheten sich, (wie ich schon oben kurz erwähnte)
auf eben die Bedingungen, wie die Venetianer, Zutritt zu den Aegyptischen und Syrischen Häfen zu
erhalten; aber entweder schlugen, weil die Venetianer größeren Einfluß an dem Hofe der Sultane
hatten, ihre Unterhandlungen zu diesem Endzwecke
fehl, oder alle ihre Bemühungen brachten keine bedeutende Wirkung hervor, weil Kaufleute, die schon
lange im Besitz eines Handelszweiges sind, bei der
Concurrenz mit neuen Nebenbuhlern mannichfache
Vortheile haben**). In anderen Ländern machte

*) Geschichte von Amerika. Erstes und zweites Buch.
**) M. s. Anmerkung L.

man verschiedene Plane in eben der Absicht. Bereits im Jahre 1480 faßte endlich Columbus, ein Mann von erfinderischem und thätigem Geiste, den Gedanken, eine kürzere und zuverläßigere Gemeinschaft mit Indien dadurch zu eröffnen, daß er einen westlichen Lauf nach denen Gegenden hin hielte, die sich, dem Marco Polo und andren Reisenden zufolge, ostwärts weit über die den Griechen und Römern bekannten Gränzen von Asien hinaus erstreckten. Diesen Plan, unterstützt mit Gründen, die aus wissenschaftlicher Kenntniß der Kosmographie, aus seiner eigenen praktischen Schifffahrtskunde, aus den Berichten geschickter Seeleute und den Theorieen und Vermuthungen der Alten hergenommen waren, legte er zuerst seinen Landsleuten, den Genuesern, und zunächst dem Könige von Portugal vor, in dessen Diensten er stand. Die ersteren verwarfen ihn aus Unwissenheit, und der letztere auf eine Art, die ein edles Herz sehr demüthigen mußte. Indeß durch Beharren und Geschicklichkeit bewog er zuletzt den Hof in Europa, der kriegerischer als alle andren, aber auch weniger zum Wagen geneigt war, die Ausführung seines Planes zu übernehmen; und Spanien hatte nun, zur Belohnung dafür, daß es einmal von seinen gewöhnlichen vorsichtigen Grundsätzen abging, die Ehre, eine neue Welt zu entdecken, die an Größe fast den dritten Theil der bewohnbaren Erde ausmacht. So erstaunlich der Erfolg des Columbus war, so erfüllte er doch dessen Wünsche nicht, und brachte ihn nicht nach jenen Gegenden des Orients, wohin er, dem ursprünglichen Plane seiner Reise zufolge, zu gelangen erwartet hatte. Die Folgen seiner Entdeckungen waren indeß groß und ausgebreitet. Da Spanien dadurch zu dem Besitz unermeßlicher Länder gelangte, die an ergiebigen Bergwerken und vielen schäßbaren Naturprodukten reich waren, von denen man verschiedene bisher als nur in Indien einheimisch angesehen hatte: so floß nun nach jener Monarchie Reichthum in solcher Menge hin, und ward in der Maaße von dortaus über ganz Europa verbreitet, daß nach und nach ein allgemeiner Geist der Betriebsamkeit erwachte und Anstrengungen aufbot, die schon für sich allein den Lauf des Handels in kurzem hätten in neue Kanäle leiten müssen.

Doch dies ward sowohl schleuniger als vollständiger durch die andre große Begebenheit bewirkt, deren ich erwähnte; nehmlich durch die Entdeckung eines neuen Weges nach dem Osten, um das Vorgebirge der guten Hoffnung herum. Als die Portugiesen, denen das Menschengeschlecht die Eröffnung dieser Communication zwischen den entferntesten Theilen der bewohnbaren Erde verdankt, ihre erste Entdeckungsreise vornahmen, hatten sie wahrscheinlich nichts weiter zur Absicht, als die Theile der Afrikanischen Küste, die zunächst an ihrem Lande lagen, zu erforschen. Doch Unternehmungsgeist, wenn er einmal erweckt und in Bewegung gesetzt ist, geht immer weiter; und die Portugiesen bekamen, ob sie gleich in ihren ersten Operationen langsam und furchtsam waren, durch ihn nach und nach mehr Thatkraft, und wurden bewogen, längs der westlichen Küste des Afrikanischen Welttheils weit über den Punkt hinaus zu segeln, bis wohin die äußerste Gränze der alten Seefahrt in dieser Richtung ging. Durch glücklichen Erfolg aufgemuntert, wurden sie kühner, verachteten Gefahren vor denen sie ehemals erschraken, und überwanden Schwierigkeiten die ihnen vorher unüberwindlich schienen. Als die Portugiesen in den heißen Zonen, welche die Alten für unbewohnbar erklärt hatten, fruchtbare, von zahlreichen Völkern bewohnte Gegenden fanden; und als sie merkten, daß das feste Land von Afrika, anstatt sich, wie Ptolemäus glaubte, in der Breite nach Westen auszudehnen, sich vielmehr zusammen zu ziehen und nach Osten zu wenden schien: eröffneten sich für sie weitere Aussichten, und erregten bei ihnen die Hoffnung, Indien zu erreichen, wenn sie fortführen, eben den Lauf zu halten, den sie so lange verfolgt hatten.

Nach verschiedenen unglücklichen Versuchen, ihre Absichten zu erreichen, segelte endlich aus dem Tagus ein kleines Geschwader, unter dem Befehl des Vasco de Gama, eines hohen Seeofficiers, den Geschicklichkeit und Muth in Stand setzten, die schwersten Unternehmungen auszuführen. Doch weil er die rechte Jahrszeit und den Weg in dem ungeheuren Ocean nicht kannte, durch welchen er steuern mußte, so war seine Reise lang und gefährlich. Endlich umschiffte er das Vorgebirge, das einige Jahre hindurch für seine Landsleute ein Gegenstand der Furcht und der Hoffnung gewesen war. Von da gelangte er, nach einer glücklichen Fahrt längs dem südöstlichen Afrika, nach der Stadt Melinda, und hatte das Vergnügen, dort sowohl, als an andren Orten, die er berührte, Völker von einem ganz anderen Stamme zu finden, als die rohen Bewohner der westlichen Küste dieses Welttheils, welche die Portugiesen bisher allein besucht hatten. Er fand jene so weit in der sittlichen Bildung fortgeschritten und mit den mancherlei Künsten des Lebens so bekannt, daß sie nicht nur mit den Nationen auf ihrer eigenen Küste, sondern auch mit entfernten Gegenden von Asien einen thätigen Handel trieben. Unter Anführung ihrer Piloten, und in der Richtung, womit die Erfahrung sie vertraut gemacht hatte, segelte er über den Indischen Ocean, und landete am 22sten Mai 1498, zehn Monate und zwei Tage nach seiner Abfahrt aus dem Hafen von Lissabon, zu Kalikut auf der Küste Malabar.

Der Samorin, oder Monarch des Landes, erstaunte über diesen unerwarteten Besuch von einem unbekannten Volke, das in Ansehen, Waffen und Sitten keine Aehnlichkeit mit irgend einer andren von den Nationen hatte, die seine Häfen zu besuchen pflegten, und das auf einem bisher für unmöglich gehaltenen Wege nach seinen Besitzungen gekommen war. Er nahm die Portugiesen anfangs mit der thörichten Bewunderung auf, die oft durch Neuheit rege wird; aber bald machte er mancherlei Plane, Vasco de Gama und seine Begleiter abzuschneiden, als hätte er alles Unglück vorausgesehen, welches durch die itzt eröffnete verderbliche Communication mit den Europäern für Indien heran nahete. Doch der Portugiesische Admiral zog sich mit großer Klugheit und unerschrocknem Muth aus allen Gefahren, denen entweder offenbare Angriffe, oder geheime Nachstellungen der Indier ihn aussetzten, und segelte endlich von Kalikut mit seinen Schiffen ab, die nicht nur mit den dieser Küste eigenthümlichen Gütern, sondern auch mit vielen von den reichen Produkten aus den östlichen Theilen Indiens beladen waren.

Bei seiner Zurückkunft nach Lissabon ward er mit Bewunderung und Dankbarkeit aufgenommen, wie sie dem Manne gebührten, der durch ausgezeichnete Geschicklichkeit und Entschlossenheit ein höchstwichtiges Unternehmen, das die Gedanken seines Königs lange beschäftigt und die Hoffnungen seiner Untergebenen erregt, so glücklich geendigt hatte *). Uebri-

---

*) Asia de *Joanno de Barros*, Dec. I. lib. IV. c. II. *Castagneda*, Hist. de l'Inde, trad. en François, lib. I. c. 2 — 28.

in älteren Zeiten. 143

gens war diese Begebenheit nicht für Portugal allein wichtig; keine Nation in Europa sah sie mit Gleichgültigkeit an. Denn obgleich die Entdeckung einer neuen Welt (mögen wir sie nun als Darstellung der Geistesgröße des Mannes ansehen, der den ersten Gedanken eines Unternehmens faßte, wodurch das Menschengeschlecht zu dieser Kenntniß gelangte; oder ihren Einfluß auf die Wissenschaften betrachten, da sie uns mit einer vollständigeren Kenntniß der von uns bewohnten Erde beschenkte; oder mögen wir ihre Wirkungen auf das Handelsverkehr des Menschengeschlechtes erwägen) bei weitem ein glänzenderes Ereigniß, als Gama's Reise ist: so scheint doch die letzte ursprünglich allgemeinere Aufmerksamkeit erregt zu haben. Zwar bewirkte die erstere bei den Menschen Erstaunen; indeß verging einige Zeit, ehe sie von dem, ihrem Blicke nun eröffneten Theile der Erde hinlängliche Kenntniß erhielten, um sich einen richtigen Begriff davon machen, oder auch nur wahrscheinliche Vermuthungen darüber anstellen zu können, was wohl die Folgen einer Communication mit demselben seyn würden. Hingegen mit dem unermeßlichen Gewinne des Indischen Handels, der sowohl in alten, als in neueren Zeiten jede ihn treibende Nation bereichert hatte, waren alle Leute von Einsicht völlig bekannt; sie begriffen ungesäumt, daß die Entdeckung dieses neuen Weges nach Osten nicht nur in dem Gange des Handels, sondern auch in dem politischen Zustande von Europa große Revolutionen veranlassen müßte.

Was diese Revolutionen wahrscheinlich seyn und was für Wirkungen sie haben würden, das ward in den Städten Lissabon und Venedig mit besonderer Aufmerksamkeit, aber mit sehr verschiedenen Gefühlen, untersucht. Die Portugiesen gründeten sich auf die Rechte, welche man in jenen Zeiten durch frühere Entdeckung, wenn sie durch päbstliche Schenkung bestätigt ward, zu erlangen glaubte, und meinten also, es komme ihnen ein ausschließender Handel mit den zuerst von ihnen entdeckten Ländern zu; daher genossen sie gleichsam schon im Voraus alle dorther zu hoffenden Vortheile, und bildeten sich ein, daß ihre Hauptstadt bald seyn würde, was Venedig damals war: das große Magazin Orientalischer Waaren für ganz Europa, und der Sitz des Reichthums und der Macht. Bei der ersten Nachricht von Gama's glücklicher Reise sahen die Venetianer mit dem schnell unterscheidenden Blicke von Kaufleuten voraus, daß die unmittelbare Folge davon Vernichtung des lukrativen Handelszweiges seyn würde, der so stark dazu beigetragen hatte, ihr Land zu bereichern und zu vergrößern; und ihre Besorgnisse waren um so schmerzlicher, da sie zugleich befürchten mußten, daß ihnen gar kein wirksames Mittel übrig bliebe, diese Wirkung zu verhindern oder auch nur zu verzögern.

 Die Hoffnungen und die Besorgnisse Beider waren wohl gegründet. Die Portugiesen betraten die ihnen eröffnete neue Laufbahn mit Thätigkeit und Feuer, und leisteten sowohl im Handels- als im Kriegesfache weit mehr, als man von einem Königreiche, das einen so unbeträchtlichen Umfang hat, hätte erwarten sollen. Alles ward nehmlich von einem einsichtsvollen Monarchen geleitet, der die größten Plane mit ruhiger, systematischer Weisheit zu entwerfen und sie mit unabläßigem Beharren auszuführen fähig war. Seine klugen und nachdrücklichen Maaßregeln würden indeß wenig genützt haben, wenn er nicht gute Werkzeuge zur Ausführung derselben gehabt hätte. Zum Glück für Portugal wählte Emanuel

mit

mit scharfem Blick zu Oberbefehlshabern in Indien eine Reihe von Officieren, die durch unternehmende Tapferkeit, militairische Talente und scharfsichtige Politik, verbunden mit uneigennütziger Redlichkeit, mit Gemeingeist und Liebe zu ihrem Vaterlande, Anspruch darauf machen können, unter diejenigen Männer gerechnet zu werden, die in jedem Zeitalter oder unter jedem Volke durch Tugend und Geschicklichkeit am höchsten hervorgeragt haben. Sie vollbrachten vielleicht größere Dinge, als man jemals in so kurzer Zeit errungen hat. Noch vor dem Ende von Emanuels Regierung, nur vier und zwanzig Jahre nach Gama's Reise, hatten die Portugiesen sich der Stadt Malakka bemächtigt, wo damals der große Stapel des Handels zwischen den Bewohnern aller der Gegenden von Asien war, welche von den Europäern den allgemeinen Namen Ostindien bekommen haben. Nach diesem Hafen, der beinahe in gleicher Entfernung von den östlichsten und westlichsten Gegenden dieser Länder liegt, und die Straße beherrscht, durch welche sie Gemeinschaft mit einander hielten, kamen von Osten die Kaufleute aus China, Japan, allen Königreichen des festen Landes, den Molukken und den sämtlichen Inseln im östlichen Archipelagus; von Westen aber die aus Malabar, Ceilan, Coromandel und Bengalen *). Diese Eroberung sicherte den Portugiesen großen Einfluß auf den inneren Handel von Indien zu, indeß zu gleicher Zeit ihre Niederlassungen in Goa und Diu sie in Stand setzten, den Handel der Malabarischen Küste an sich zu ziehen und das lange eingeleitete Verkehr zwischen Aegypten und Indien vermittelst des rothen Meeres, größentheils zu hemmen. Ihre

*) Decad. de *Barros*, dec. I. lib. VIII. c. 1. *Osor. de reb. Emanuel.* lib. VII. 213 seq.

Schiffe besuchten jeden Hafen im Orient, wo man kostbare Waaren antraf, von dem Vorgebirge der guten Hoffnung an bis zu dem Flusse von Canton. Längs dieser unermeßlichen Strecke von Küsten, die gegen viertausend Seemeilen beträgt *), hatten sie, zur Bequemlichkeit und zur Beschützung ihres Handels, eine Kette von Forts und Faktoreien angelegt, imgleichen die dem Handel günstigsten Stationen längs der Südostküste von Afrika und auf verschiedenen zwischen Madagaskar und den Molukken liegenden Inseln in Besitz genommen. In allen Gegenden des Orients nahm man sie mit Hochachtung auf, und an vielen Orten konnten sie unumschränkt gebieten. Sie handelten daselbst ohne Concurrenten und ohne Zwang; schrieben den Eingebornen die Bedingungen ihres wechselseitigen Verkehres vor; bestimmten den Preis für die Güter, die sie kauften, oft, wie es ihnen beliebte, und waren auf diese Art im Stande, aus Indostan und den Gegenden jenseits desselben alles Nützliche, Seltene oder Angenehme in größerer Menge und von mannichfacherer Art einzuführen, als es jemals vorher in Europa geschehen war.

Mit dem Uebergewichte, das sie in Indien erlangt hatten, noch nicht zufrieden, entwarfen die Portugiesen frühzeitig einen eben so kühnen als eigennützigen Plan: alle anderen Nationen von der Theilnahme an dem Gewinn des Handels mit dem Orient auszuschließen. Um dies zu bewirken, mußten sie nothwendig solche Stationen in dem Arabischen und dem Persischen Meerbusen besitzen, durch welche sie Herren der Schiffahrt auf diesen beiden inländischen Meeren werden, und welche sie in Stand setzen könnten, sowohl das alte Handelsverkehr zwi-

*) Hist. génér. des Voyages, Tom. I. p. 140.

schen Aegypten und Indien zu hindern, als den Eingang der großen Flüsse zu beherrschen, welche den Transport der Indischen Güter nicht nur durch die inneren Provinzen von Asien, sondern auch bis nach Constantinopel hin, erleichtern. Die Ausführung der hierzu erforderlichen Maaßregeln ward dem Alphonso Albuquerque anvertrauet, dem größten von allen den Portugiesischen Feldherren, die sich in Indien ausgezeichnet haben. Aber nach den äußersten Anstrengungen des Geistes und der Tapferkeit konnte er doch nur die eine Hälfte des Plans ausführen, den seine ehrgeizigen Landsleute entworfen hatten. Dadurch, daß er die Insel Ormus, welche den Eingang des Persischen Meerbusens beherrscht, den kleinen Fürsten entriß, die, den Persischen Monarchen zinsbar, ihre Herrschaft daselbst gegründet hatten, sicherte er Portugal den ausgebreiteten Handel mit dem Orient zu, der, wie ich oben beschrieben habe, von den Persern viele Jahrhunderte lang getrieben worden war. In den Händen der Portugiesen ward Ormus bald der große Markt, von dem das Persische Reich, und alle westlich von demselben gelegenen Provinzen Asiens mit den Indischen Produkten versorgt wurden; und eine Stadt, die sie auf dieser unfruchtbaren, wasserlosen Insel baueten, ward eine von den Hauptsitzen des Reichthums, des Glanzes und des Luxus in der östlichen Welt*).

Albuquerque's Unternehmungen im Rothen Meere wurden bei weitem nicht von gleichem Glücke begleitet. Theils durch den lebhaften Widerstand der Arabischen Fürsten, deren Häfen er angriff, theils durch die Beschädigung, die seine Flotte in

---

*) *Osorius* de reb. gest. Eman. lib. X. p. 274 seq. Taverniers Reisen, Buch V. K. 23.

einem Meere litt, wo die Schifffahrt vorzüglich schwierig und gefährlich ist, ward er genöthigt, sich zurückzuziehen, ohne irgend eine bedeutende Niederlassung zu Stande gebracht zu haben*). Der alte Weg des Verkehrs mit Indien über das Rothe Meer blieb den Aegyptiern noch offen; aber ihre Handelsgeschäfte in jenem Lande wurden sehr beengt und gehindert, da die Portugiesen in jedem Hafen, den die ersteren zu besuchen gewohnt waren, sich so vielen Einfluß verschafft hatten.

Dem gemäß fühlten die Venetianer bald die Abnahme ihres eignen Indischen Handels, die sie vorhergesehen und befürchtet hatten. Den Sultan der Mamelucken, der mit ihnen über das rasche Glück der Portugiesen im Orient gleiche Besorgnisse hegte, und kein geringeres Interesse hatte, diese Nation an dem Alleinhandel zu hindern, der für die Beherrscher und Bewohner Aegyptens so lange Zeit eine Hauptquelle des Reichthums gewesen war, — bewogen sie, daß er mit dem Papst und dem Könige von Portugal in Unterhandlungen trat, um dadurch dem weiteren Fortgange des Uebels Einhalt zu thun. Der Ton, den der Sultan bei diesem Geschäfte annahm, war dem wilden Oberhaupt einer militairischen Regierung angemessen. Erst behauptete er sein ausschließendes Recht zu dem Handel mit Indien, und dann drohete er Julius II und Emanuel: wenn die Portugiesen die neue Schifffahrt, wodurch sie in den Indischen Ocean gedrungen wären, nicht aufgäben, und noch länger Eingriffe in den Handel thäten, der seit undenklichen Zeiten zwischen dem Osten von Asien und seinen Besitzungen bestanden hätte, so würde er alle Christen in Aegypten, Syrien und Palästina umbringen lassen, ihre

*) *Osorius*, lib. IX. p. 248 seq.

in älteren Zeiten. 149

Kirchen verbrennen, und selbst das heilige Grab
zerstören *). Diese furchtbare Drohung, vor der
einige Jahrhunderte früher die ganze Christenheit ge-
zittert hätte, scheint so wenig Eindruck gemacht zu
haben, daß den Venetianern am Ende nichts übrig
blieb, als ihre Zuflucht zu einer Maßregel zu nehmen, die man in jenem Zeitalter nicht bloß für ta-
delnswerth, sondern für ruchlos hielt. Sie reizten
den Sultan, eine Flotte im Rothen Meere auszurüsten und einen Angriff auf die unerwarteten Nebenbuhler bei dem einträglichen Alleinhandel zu thun,
den er und seine Vorfahren so lange Zeit ungestört
besessen hatten. Da Aegypten kein Bauholz hervorbringt, das zu Kriegesschiffen tauglich wäre, so
erlaubten die Venetianer dem Sultan, es in ihrem
Dalmatien zu fällen, von wo man es nach Alexandrien, und hierauf theils zu Wasser, theils zu Lande
nach Suez brachte. Dort wurden zwölf Kriegesschiffe gebauet; und ein Corps von Mamelucken bekam Befehl, an Bord desselben unter einem erfahrnen Officier zu dienen. Die Portugiesen stellten sich
diesen neuen Feinden, die bei weitem furchtbarer waren, als die Eingebornen von Indien gegen die sie
bisher gekämpft hatten, mit unerschrocknem Muth entgegen, zerstörten nach einigen blutigen Gefechten das
ganze Geschwader, und blieben Herren des Indischen
Oceans **). Nicht lange nach diesem Unglück ward
die Herrschaft der Mamelucken gestürzt, und Aegypten, Syrien und Palästina durch die siegreichen Waffen Selims I. der Türkischen Herrschaft unterworfen. Wechselseitiges Interesse bewog nun bald die

*) Osorius de reb. Emanuel. lib. IV. p. 110. edit. 1580.
Asia de Barros, Decad. I. lib. VIII. c. 2.

**) Asia de Barros, dec. II. lib. II. c. 6. Lafiteau Hist. des
Découvertes des Portugais, I, 292 seqq. Osor. lib. IV. p.120.

Türken und die Venetianer, ihre alte Erbitterung aufzugeben und gemeinschaftlich zur Vernichtung des Portugiesischen Handels in Indien zu wirken. In dieser Absicht bestätigte Selim den Venetianern die großen Handelsprivilegien, die sie unter der Regierung der Mamelucken genossen hatten, und machte eine Verordnung bekannt, die allen Orientalischen Produkten, welche geradezu von Alexandrien kamen, freie Einfuhr in allen Theilen seines Gebietes erlaubte, die von Lissabon kommenden aber mit schweren Abgaben belegte*)

Doch dies alles waren vergebliche Bemühungen gegen die überwiegenden Vortheile, womit die Portugiesen, durch die Eröffnung eines neuen Weges nach Indien, den Vertrieb der orientalischen Waaren in Europa fortsetzen konnten. Zu gleicher Zeit waren die Venetianer durch die Ligue von Cambray, welche die Macht der Republik schwächte und ihren Stolz demüthigte, am Rande des Verderbens, und unfähig, solche Anstrengungen zur Erhaltung ihres Handels zu machen, wie sie vielleicht in den blühenden Zeiten ihrer Regierung gemacht hätten, und sahen sich genöthigt, zu den schwachen Hülfsmitteln eines verfallenden Staates zu greifen. Hiervon sieht man ein merkwürdiges Beispiel an dem Erbieten, welches sie dem Könige von Portugal im Jahre 1521 thaten; nehmlich, daß sie alle in Lissabon eingeführte Gewürze, welche die Consumption seiner eigenen Unterthanen überstiegen, zu einem festgesetzten Preise kaufen wollten. Wäre Emanuel so unüberlegt gewesen, diesen Vorschlag anzunehmen, so würde Venedig den ganzen Gewinn des einträglichen Monopoliums, das es verloren hatte, wieder erlangt

---

*) Sandi Stor. Civ. Venez. part. II. 901. part. III. 432.

in älteren Zeiten.

haben. Aber ihr Antrag fand die Aufnahme, die er verdiente, und ward ohne Bedenken verworfen*).

Die Portugiesen gingen, beinahe ohne alles Hinderniß, im Orient immer weiter, bis sie daselbst ein Handelsreich stifteten, dem — man sehe nun auf seine Ausdehnung, auf die mittelmäßige Macht die es gegründet hatte, oder auf den Glanz womit die dortige Regierung geführt ward — dem bis dahin nichts in der Geschichte der Menschheit zu vergleichen war. Emanuel, der den Grund zu diesem erstaunlichen Gebäude legte, hatte das Vergnügen, es beinahe ganz vollendet zu sehen. Die Portugiesen versahen jeden Theil von Europa mit den Produkten des Orients; und wenn man eine unbeträchtliche Quantität davon ausnimmt, welche die Venetianer noch ferner auf den alten Wegen erhielten, so hatte unser Welttheil mit Indien und den jenseits desselben liegenden Gegenden von Asien kein anderes Verkehr, als auf dem Wege um das Vorgebirge der guten Hoffnung.

Obgleich von dieser Zeit an die Europäer dabei geblieben sind, ihren Handel mit Indien zur See zu treiben, so wird doch ein beträchtlicher Theil von den kostbaren Produkten des Orients noch zu Lande nach andren Gegenden der Erde gebracht. Bei einem Entwurf von den Fortschritten des Handels mit Indien, ist dieser Zweig desselben ein Gegenstand von beträchtlicher Größe, den man noch nicht mit gehöriger Aufmerksamkeit untersucht hat. Daß die Asiaten häufig ihre Zuflucht zu dem langwierigen und kostbaren Land-Transport genommen haben, darf uns nicht befremden, wenn wir uns erinnern, wie unvollkommen der Zustand der Schifffahrt bei ihnen war. Aber weshalb diese Art von Transport in

*) Osor. de reb. Emanuel. lib. XII. 265.

K 4

neueren Zeiten nicht nur fortgedauert, sondern auch zugenommen hat, bedarf einiger Erörterung.

Wenn wir eine Karte von Asien ansehen, müssen wir nothwendig bemerken, daß die Communication durch alle die westwärts von Indostan und China gelegenen Länder dieses großen Welttheils, ob sie gleich gegen Süden durch die schiffbaren Ströme Euphrat und Tiger, und gegen Norden durch zwei inländische Meere, das Schwarze und das Kaspische, erleichtert wird, doch in mehreren großen Provinzen ganz zu Lande geschehen muß. Dies war, wie ich schon oben bemerkte, die erste Art von Verkehr zwischen verschiedenen Ländern, und, so lange die Schifffahrt sich noch in ihrer Kindheit befand, auch die einzige. Selbst nachdem man diese Kunst schon bis zu einem gewissen Grade verbessert hatte, ging der Waarentransport auf den beiden erwähnten Flüssen nur eine so geringe Strecke in das innere Land hinein, und der Handel über das Schwarze und das Kaspische Meer ward so oft durch die längs den Küsten derselben zerstreueten barbarischen Nationen unterbrochen, daß man, theils aus dieser Ursache, theils aus Aushänglichkeit des Menschengeschlechtes an alte Gewohnheiten, den Handel der verschiedenen Provinzen von Asien, besonders den mit Indien und den Gegenden jenseits desselben, noch immer zu Lande führte.

Eben die Umstände, welche die Asiaten bewogen, einen so beträchtlichen Theil ihres Handels mit einander auf diese Art zu treiben, wirkte noch viel mächtiger in Afrika. Dieses große Continent, das mit den übrigen Theilen der Erde wenig Aehnlichkeit hat, ist nicht von mittelländischen Meeren wie Europa und Asien, oder von einer Kette von Seen wie Nordamerika, auch nicht (den Nil allein ausgenom-

in älteren Zeiten.

men) von weit ins Innere schiffbaren Flüssen durchschnitten. Es bildet eine ununterbrochene Oberfläche ohne Abwechselung, zwischen deren verschiedenen Theilen von den frühesten Zeiten an kein anderes Verkehr, als zu Lande, Statt haben konnte. So roh auch alle Völker in Afrika sind, und so mittelmäßige Fortschritte sie auch in den Künsten des Lebens gemacht haben, so scheint doch ein solches Verkehr immer unterhalten worden zu seyn. Wie weit es sich in den früheren Perioden, auf welche meine Nachforschungen gerichtet sind, erstreckt habe und auf was für verschiedenen Wegen es getrieben worden sey, kann ich, aus Mangel an hinlänglicher Belehrung, nicht genau bestimmen. Es ist indeß höchst wahrscheinlich, daß seit undenklichen Zeiten das Gold, das Elfenbein und die köstlichen wohlriechenden Waaren (*perfumes*) sowohl aus den südlichen, als aus den nördlicheren Theilen von Afrika entweder nach dem Arabischen Meerbusen, oder nach Aegypten gebracht und gegen Specereien und andre Produkte des Orients vertauscht worden sind.

Die Mohammedanische Religion, die sich mit erstaunlicher Geschwindigkeit über ganz Asien und einen beträchtlichen Theil von Afrika verbreitete, trug viel dazu bei, das Handelsverkehr zu Lande in diesen beiden Welttheilen zu vergrößern, und ihm einen höheren Grad von Lebhaftigkeit zu geben, indem sie einen neuen Grund der Thätigkeit hinein mischte und das Verkehr nach einem gemeinschaftlichen Mittelpunkte hinleitete. Mohammed machte es allen seinen Anhängern zur Pflicht, Einmal in ihrem Leben die Kaaba oder das viereckte Gebäude in dem Tempel zu Mekka zu besuchen, welches seit undenklichen Zeiten von seinen Landsleuten verehrt ward, und, ihrer Tradition zufolge, der erste Platz auf un-

154 Untersuchung über Indien

srer Erde ist, den man dem Dienste der Gottheit weihete. Damit er in ihren Herzen unaufhörlich ein Gefühl von ihrer Verpflichtung, dieses Gebot zu erfüllen, erhielte, verordnete er, daß bei allen den vielfachen Andachtshandlungen, welche seine Religion vorschreibt, die wahren Gläubigen ihr Gesicht jedesmal nach jenem heiligen Orte hinwenden sollten *). Um einem feierlich gegebenen und sorgfältig eingeprägten Gebote nachzukommen, versammeln sich jährlich in jedem Lande, wo der Mohammedanische Glaube gegründet ist, zahlreiche Karavanen von Pilgrimmen. Von den Küsten des Atlantischen Meeres auf der Einen Seite, und von den entferntesten Gegenden des Orients auf der andren, gehen die Anhänger des Propheten nach Mekka. Es mischen sich aber Ideen und Gegenstände des Handels in die Andacht. Die zahlreichen Kameele aller Karavanen **) sind mit denen Waaren aus jedem Lande beladen, die sich am leichtesten transportiren und am schnellsten verkaufen lassen. Zu der heiligen Stadt drängen sich nicht nur eifrige Andächtige, sondern auch reiche Kaufleute. Während der wenigen Tage, die sie daselbst bleiben, ist der Markt von Mekka vielleicht der größte auf der Erde. Man treibt dort kaufmännische Geschäfte bis zu einem unermeßlichen Werthe, wovon die Schnelligkeit, die Stille, das gegenseitige Zutrauen und die Redlichkeit, womit sie abgethan werden, zum zuverläßigsten Beweise dienen. Die Produkte und Manufakturen von Indien machen einen Haupt-Artikel in diesem großen Handel aus, und die Karavanen verbreiten sie bei ihrer Zurückkunft durch jeden Theil von Asien und Afrika. Einige von diesen

---

*) *Herbelot* Biblioth. Orient. artic. *Caabah & Koblah*.

**) M. s. Anmerkung LI.

Waaren hält man für nothwendig, nicht nur zur Annehmlichkeit, sondern auch zur Erhaltung des Lebens; andre tragen zur Eleganz und zum Vergnügen desselben bei. Ihre Mannichfaltigkeit ist dem Geschmack des Menschengeschlechtes in jedem Klima und auf jeder Stufe der Kultur angemessen; ihrer harren mit Verlangen sowohl die rohen Eingebornen von Afrika, als die im Luxus weiter gekommenen Bewohner von Asien. Um den Geschmack dieser verschiedenen Völker zu befriedigen, laden die Karavanen bei ihrer Rückkehr Musseline und Zitze aus Bengalen und Dekan, Schahls aus Kaschmir, Pfeffer aus Malabar, Diamanten aus Golconda, Perlen aus Kilkar, Zimmt aus Ceilan, Gewürznelken, Muskaten-Nüsse und Blüthen aus den Molukken, nebst einer ungeheuren Menge von andren Indischen Waaren.

Außer diesen großen Karavanen, die zum Theil Ehrfurcht vor einer Religions-Vorschrift, zum Theil die Absicht, einen einträglichen Handelszweig zu treiben, zusammenführt, giebt es auch noch andre, und zwar nicht unbeträchtliche, die gänzlich aus Kaufleuten bestehen und nur Handel zum Endzweck haben. Diese brechen zu bestimmten Jahreszeiten aus verschiedenen Theilen des Türkischen und des Persischen Gebietes auf, gehen durch die schon vor Alters bekannten Wege nach Indostan, ja selbst nach China, und bringen die schätzbarsten Waaren dieser Gegenden zu Lande nach den entfernten Provinzen jener beiden Reiche. Nur indem wir den weiten Weg ermessen, auf welchem so beträchtliche Quantitäten dieser Waaren transportirt werden, und zwar oft durch große Wüsten, die man ohne Hülfe der Kameele gar nicht durchreisen würde, können wir uns von der Größe des Handel über Land nach Indien einigen Begriff machen, und dadurch einsehen, daß er in einer Untersuchung über die verschiedenen Arten dieses Verkehr zu treiben, wohl zu der Aufmerksamkeit berechtigt ist, welche ich, bei meiner Bemühung es zu schildern, darauf verwendet habe *).

*) M. f. Anmerkung LII.

in älteren Zeiten.

Vierter Abschnitt.
Allgemeine Bemerkungen.

So habe ich denn die Fortschritte des Handels mit Indien, sowohl zur See als zu Lande zu beschreiben gesucht, und zwar von den frühesten Zeiten an, in denen die Geschichte uns irgend eine zuverlässige Nachricht davon giebt, bis dahin, wo durch die große Entdeckung, welche ich eigentlich zu der äußersten Gränze meiner Nachforschungen bestimmte, eine gänzliche Revolution in der Beschaffenheit desselben und in der Art ihn zu treiben, bewirkt ward. Hier hätte sich also diese Untersuchung endigen können; aber da ich meine Leser bis zu der Periode hin geführt habe, wo in Europa eine neue Ordnung der Begriffe und neue Einrichtungen in der Staatsverfassung eingeführt zu werden anfingen, weil man itzt den Werth und die Wichtigkeit des Handels so vollkommen einsah, daß beinahe in jedem Lande die Ermunterung desselben ein Hauptgegenstand der öffentlichen Aufmerksamkeit ward; und da wir itzt den Punkt erreicht haben, wo sich eine Linie ziehen läßt, welche den Hauptunterschied zwischen den Sitten und den politischen Einrichtungen der alten und der neuen Zeiten angiebt: so wird meine Schrift belehrender und nützlicher werden, wenn ich sie mit einigen allgemeinen Bemerkungen endige, welche natürlicher Weise aus einer Uebersicht und Vergleichung beider entspringen. Man wird, wie ich zuversichtlich hoffe, finden, daß diese Bemerkungen nicht nur mit dem Gegenstande meiner Nachforschungen in genauer Verbindung stehen, und noch mehr Licht über ihn verbreiten, sondern daß sie auch dazu dienen, viele besondere Umstände in der allgemeinen Geschichte des Handels zu erläutern und Wirkungen oder Folgen von verschiedenen Begebenheiten anzuzeigen, die man entweder nicht allgemein bemerkt, oder nicht mit der verdienten Aufmerksamkeit erwogen hat.

I.

Nachdem wir die großen und ausgebreiteten Folgen von der Auffindung eines neuen Weges nach Indien um das Vorgebirge der guten Hoffnung kennen gelernt haben, kann es einem neueren Beobachter vielleicht befremdend scheinen, daß keiner von den Handelsstaaten der alten Welt eine so wichtige Entdeckung gemacht, oder auch nur versucht hat. Doch in unseren Urtheilen über das Verfahren alter Nationen irren wir niemals stärker, als wenn wir, nicht nach den Begriffen und Absichten ihrer eigenen Zeiten, sondern der unsrigen, entscheiden. Dies ist vielleicht in keinem Beispiele sichtbarer, als in dem gegenwärtigen. Die verschiedenen Europäischen Völker wurden zuerst von den Tyriern und von den Griechen, welche Aegypten in Besitz hatten, mit den Produkten des Orients versehen. Aus der oben gegebenen Nachricht von der Art, wie sie sich dieselben verschafften, ist es offenbar, daß sie nicht eben die Bewegungsgründe wie die Neuern hatten, sich eine andre Communication mit Indien zu wünschen, und auch nicht eben die Mittel sie zu bewirken. Alle Handelsgeschäfte der Alten mit dem Orient schränkten sich auf die Häfen an der Küste Malabar ein, oder erstreckten sich höchstens bis nach der Insel Ceilan. Nach diesen Stapelplätzen brachten die Eingebornen aller Gegenden von den östlichen Theilen Asiens in ihren eigenen Fahrzeugen die Güter, welche entweder in den verschiedenen Ländern gewachsen oder Produkte ihres erfinderischen Fleißes waren; und damit ergänzten denn die Schiffe aus Tyrus und Aegypten ihre Ladung. Indeß die Unternehmungen ihres Indischen Handels sich auf eine so enge Sphäre beschränkten, war der Transport einer Ladung durch den Arabischen Meerbusen, ungeachtet der Kosten für eine Landfracht, entweder von Elath nach Rhinokolura, oder queer durch die Wüste nach dem Nil, so sicher und bequem, daß die Kaufleute von Tyrus und Alexandrien wenig Ursache hatten, sich um die Entdeckung irgend eines anderen zu bekümmern. Sowohl diese beiden Städte, als andere beträchtliche Handelsstaaten des Alterthums hatten eine ganz andere Lage, als die Länder, denen in neueren Zeiten das Menschengeschlecht die Unterhaltung eines Verkehrs mit den entferntesten Theilen der Erde verdankt. Portugal, Spanien, England und Holland, welche in dieser Richtung des Unternehmungsgeistes am thätigsten und glücklichsten gewesen sind, liegen alle an dem Atlantischen Meere, in welchem jede Europäische Entdeckungsreise anfangen muß, oder sie haben doch unmittelbaren Zutritt dazu. Aber Tyrus lag an dem östlichen Ende des Mittelländischen Meeres, und Alexandrien nicht weit davon; auch Rhodus, Athen und Korinth, die späterhin unter die thätigsten Handelsplätze des Alterthums gehörten, lagen beträchtlich weit nach eben der Seite jenes Meeres hin. Der Handel aller dieser Staaten war lange in die Gränzen des Mittelländischen Meeres eingeschränkt, und in einigen von ihnen erstreckte er sich niemals bis jenseits desselben. Die Säulen des Herkules, oder die Straße von Gibraltar, sah man lange Zeit als die äußerste Gränze der Schifffahrt an. Sie zu erreichen, ward für eine ausgezeichnete Probe von nautischer Geschicklichkeit gehalten; und ehe einer von

Untersuchung über Indien

den genannten Staaten nur den Anfang zu dem Versuche machen konnte, den jenseits derselben liegenden ungeheuren Ocean zu erforschen, hatten sie (nach ihren Begriffen) erst eine weite und sehr gefährliche Reise zu vollenden. Dies war hinreichend, sie von einem schweren Unternehmen abzuschrecken, von dem sie, selbst wenn es auch glücklich ausfiel, wegen ihrer Lage doch keinen großen Vortheil hoffen durften *).

Gesetzt aber, wir könnten auch annehmen, die Entdeckung eines neuen Weges nach Indien sey für irgend einen dieser Staaten ein Gegenstand seiner Wünsche und seines Bestrebens geworden; so war doch ihre Schifffahrtskunde, sowohl die theoretische als die praktische, so mangelhaft, daß es ihnen kaum möglich gewesen wäre, ihren Endzweck zu erreichen. Die Fahrzeuge, welche die Alten zum Handel gebrauchten, waren so klein, daß sie nicht Raum genug zu Lebensmitteln darboten, die für eine Schiffsmannschaft auf einer langen Reise hingereicht hätten. Auch war ihre Bauart so beschaffen, daß sie es selten wagen konnten, sich weit von der Küste zu entfernen; und ihre Art längs der Küste zu steuern (die ich oft habe erwähnen müssen) so mit Umwegen verbunden und so langsam, daß wir sowohl wegen dieser als anderer Umstände, die ich noch hätte anführen können**), das Urtheil fällen dürfen, eine Reise aus dem Mittelländischen Meere um das Vorgebirge der guten Hoffnung nach Indien sey viel zu weit über ihre Kräfte hinaus gegangen, um das Unternehmen so auszuführen, daß es dem Handel nur einigermaßen hätte nützen können. Zwar erzählt uns Herodot, daß ein König

*) M. s. Anmerkung LIII.
**) *Goguet*, Orig. des Loix, des Arts &c. II, 303, 319.

in älteren Zeiten.

König von Aegypten einige Aegyptische Schiffe ausgeschickt habe, die aus dem Arabischen Meerbusen abgesegelt, um die südlichste Spitze von Afrika herumgefahren und nach Verlauf dreier Jahre durch die Straße von Gades (Cadix) oder Gibraltar an die Mündung des Nils gekommen wären *); aber diese Nachricht kann man kaum als jenem Urtheil widersprechend betrachten; denn verschiedene der angesehensten alten Schriftsteller, die sich durch ihre Kenntnisse in der Geographie am meisten auszeichneten, hielten diese Nachricht mehr für ein unterhaltendes Mährchen, als für die Erzählung eines wirklichen Vorfalles, und bezweifelten entweder die Möglichkeit Afrika zu umsegeln, oder leugneten sie geradezu **). Doch, wäre das, was Herodot von der Fahrt jener Phönicischen Schiffe erzählt, auch jemals von den Alten allgemein geglaubt worden, so läßt sich doch kaum annehmen, daß irgend ein Staat so unsinnig verwegen gewesen seyn würde, sich einzubilden, eine Reise, zu deren Vollendung drei Jahre erforderlich waren, könne mit Aussicht auf Handelsgewinn unternommen werden.

II.

Sowohl die schleunigen Fortschritte der Neueren in der Erforschung Indiens, als die ausgebreitete Macht und die schätzbaren Niederlassungen, welche sie sich daselbst frühzeitig verschafften, bezeichnen zwischen ihrer und der alten Art Seeunternehmungen auszuführen, einen Unterschied, der mit Aufmerksamkeit betrachtet und erläutert zu werden verdient. Von der Regierung des Ersten Ptolemäus bis

---

*) *Herodot*, lib. IV, c. 42.
**) *Polyb.* lib. III. p. 193. edit. *Casaub.* — *Plin.* Nat. Hist. lib. II, c. 6. *Ptol.* Geograph. lib. IV. c. 9. — M. f. Anmerkung LIV.

zur der Eroberung Aegyptens durch die Mohammedaner erhielt Europa die Produkte des Orients durch die Griechen in Alexandrien, durch die Römer als sie Herren von Aegypten waren, und durch die Unterthanen der Byzantinischen Kaiser, als diese jenes Reich zu einer Provinz ihres Gebietes machten. Während dieses langen Zeitraums, der beinahe tausend Jahre in sich faßt, drang keins von diesen Völkern, unstreitig den aufgeklärtesten in der alten Welt, jemals zur See weiter ostwärts vor, als bis zum Meerbusen von Siam; auch hatte keins einen regelmäßigen Handel, außer mit den Häfen an der Küste Malabar oder auf der Insel Ceilan. In keinem Theile von Indien versuchten sie Eroberungen zu machen; auch legten sie weder Pflanzörter noch feste Posten darin an. Sie begnügten sich mit einem bloßen Handelsverkehr, und strebten nicht danach, in den Ländern, wo sie es trieben, irgend einen Grad von Macht oder Herrschaft zu erlangen, ob es gleich wahrscheinlich ist, daß sie es gekonnt hätten, ohne von den Eingebornen, einem sanften weibischen Volke, mit dem sich damals noch kein fremder kriegerischer Stamm vermischt hatte, vielen Widerstand zu erfahren. Doch die unternehmende Thätigkeit der Portugiesen blieb nicht lange in eben diese Gränzen eingeschränkt; schon wenige Jahre nach ihrer Ankunft in Kalikut drangen sie ostwärts in Gegenden vor, von denen die Alten nie etwas gewußt hatten. Die Königreiche Cambodia, Kochin-China, Tonquin, das große Kaiserthum China, und alle die fruchtbaren Inseln des großen Indischen Archipelagus, von Sumatra an bis nach den Philippinen, wurden entdeckt; und die Portugiesen verschafften sich daselbst den ausgebreiteten Einfluß und die Herrschaft, welche ich oben beschrieben habe, ob sich gleich

in älteren Zeiten.

in jeder Gegend viel furchtbarere Feinde, als die Eingebornen, ihnen widersetzten, nehmlich die Mohammedaner von Tatarischer oder Arabischer Abkunft, die sich in vielen Theilen von Indien niedergelassen hatten.

Von diesem merkwürdigen Unterschiede zwischen den Fortschritten und Unternehmungen der Alten und der Neueren in Indien scheint die unvollkommene Kenntniß der Ersteren in der Schifffahrt, sowohl der theoretischen als der praktischen, die Hauptursache gewesen zu seyn. Von der Küste Malabar bis nach den Philippinen ist die Reise viel weiter, als die Alten eine zu unternehmen gewohnt waren, und bei ihrer Art zu segeln, hätte sie auch eine sehr lange Zeit erfordert. Ihr Handel mit Indien war, wie ich schon oben bemerkt habe, von der Beschaffenheit, daß sie nicht eben so viele Bewegungsgründe wie die Neueren hatten, Entdeckungen mit Lebhaftigkeit weiter zu treiben; und die Schiffe, mit denen die Kaufleute in Alexandrien von dem Arabischen Meerbusen aus, ihren Handel führten, scheinen, den davon vorhandenen Beschreibungen zufolge, zu dieser Absicht sehr untauglich gewesen zu seyn. Aus allen diesen Ursachen begnügten die Alten sich immer an einer mittelmäßigen Kenntniß von Indien, und aus Gründen, welche eben die Quelle hatten, versuchten sie es nicht, dort Eroberungen zu machen oder Handelsposten anzulegen. Um eins von beiden zu bewerkstelligen, müßten sie eine beträchtliche Anzahl von Mannschaft nach Indien transportirt haben. Aber theils wegen der mangelhaften Bauart ihrer Schiffe, theils wegen ihrer geringen Geschicklichkeit in der Kunst sie zu steuern, wagten sie es selten, ein Corps Truppen zur See etwas weit zu schicken. Auf der Reise von Berenice nach Musiris brachten sie, selbst nachdem Hippalus die Methode einen geraden Lauf dahin zu halten entdeckt und als ihre nautische Geschicklichkeit den höchsten Grad erreicht hatte, nicht weniger als siebzig Tage zu. Bei dem alten Laufe längs der Küste von Persien muß eine Reise aus dem Arabischen Meerbusen nach irgend einem Theile von Indien noch länger gedauert haben und langsamer von Statten gegangen seyn. Da in alten Zeiten nie ein feindlicher Angriff zur See auf Indien gethan worden ist, weder von den Griechischen Monarchen Aegyptens, obgleich die beiden ersten fähige und ruhmbegierige Fürsten waren, noch von den Römischen Kaisern: so müssen sie augenscheinlich einen solchen Versuch als über ihre Kräfte hinausgehend betrachtet haben. Alexander der Große, und, seinem Beispiele zufolge, dessen Nachfolger, die Könige von Syrien, waren in der alten Welt die einzigen, die den Gedanken faßten, ihre Herrschaft in irgend einem Theile von Indien zu gründen; sie hofften dies aber durch zu Lande dahin geführte Armeen zu bewerkstelligen.

III.

Die plötzliche Wirkung, welche die Eröffnung eines unmittelbaren Verkehrs mit dem Orient that, indem sie den Preis der Indischen Waaren verminderte, ist ein bemerkenswerther Umstand. Wie eingeschränkt auch das alte Verkehr mit Indien gewesen zu seyn scheinen mag, so war es doch mit beträchtlichen Kosten verbunden. Die Produkte der entferntesten Theile von Asien wurden von den Eingebornen nach Ceilan oder den Häfen auf der Malabarischen Küste gebracht, dann an Bord der Schiffe verladen, die aus dem Arabischen Meerbusen kamen, hierauf in Berenice gelandet und mit Kameelen zwei hundert und acht und funfzig (Engtifche) Meilen weit bis an das Ufer des Nils transportirt. Dort schiffte man sie wieder ein, und führte sie den Fluß hinunter nach Alexandrien, von wo sie dann nach den verschiedenen Marktplätzen verschickt wurden. Durch so vielfache Operationen muß der Preis der Waaren beträchtlich vermehrt worden seyn, besonders da die Erhöhung desselben bei jeder Operation durch Monopolisten festgesetzt ward, die unter keiner Oberaufsicht standen. Doch, als man den Weg nach Indien um das Vorgebirge der guten Hoffnung entdeckt hatte, kaufte man dessen verschiedene Waaren in den Ländern, wo sie wuchsen oder gearbeitet wurden, aus der ersten Hand. In allen diesen Ländern, besonders in Indostan und China, sind Lebensmittel für die Menschen in größerem Ueberflusse vorhanden, als in irgend einem andren Theile der Erde. Das Volk lebt hauptsächlich von Reis, der ergiebigsten unter allen Getreide-Arten. Daher ist denn die Bevölkerung so groß, und Arbeit so wohlfeil, daß alle Produkte der Natur und der Kunst zu sehr niedrigen Preisen verkauft werden. Wenn nun diese in den verschiedenen Theilen von Indien eingeschifft waren, wurden sie, zwar auf einer langen, aber ununterbrochenen und sicheren Fahrt geradesweges nach Lissabon gebracht, und von dortaus durch Europa vertheilt. Der Waaren-Transport zu Wasser ist um so viel wohlfeiler als jeder andre, daß die Portugiesen, sobald sie die Produkte des Orients in hinlänglicher Menge einführen konnten, um die Nachfrage in Europa zu befriedigen, auch im Stande waren, sie zu so verringerten Preisen zu geben, daß die Concurrenz der Venetianer fast gänzlich aufhörte und der volle Strom des Handels in seiner natürlichen Richtung nach dem wohlfeilsten Markte hinfloß. In welchem Verhältnisse die Portugiesen den

Preis der Indischen Waaren verminderten, kann ich nicht genau bestimmen, da ich in den gleichzeitigen Schriftstellern keine hinlängliche Belehrung über diesen Punkt finde. Indeß kann man sich aus den Berechnungen des Herrn Munn, eines einsichtsvollen Englischen Kaufmanns, einigermaßen einen Begriff davon machen, der vielleicht der Wahrheit ziemlich nahe kommt. Er hat nehmlich eine Tabelle von den Preisen bekannt gemacht, die man für verschiedene Waarenartikel in Indien bezahlt, verglichen mit denen die sie in Aleppo kosten. Daraus ergiebt sich, daß das Verhältniß beinahe wie Eins zu Drei ist; und nun berechnet er, daß nach einem billigen Anschlage der Kosten, welche die Reise von Indien erfordert, eben die Waaren in England für die Hälfte des Preises verkauft werden können, den sie in Aleppo gelten. Die Ausgaben für den Transport Indischer Produkte den Persischen Meerbusen hinauf bis nach Bassora, und entweder durch die große, oder die kleine Wüste nach Aleppo, konnten, sollte ich glauben, nicht viel anders ausfallen, als die auf dem Wege über das Rothe Meer nach Alexandrien. Es läßt sich also annehmen, daß die Venetianer sie von den Kaufleuten der letzteren Stadt beinahe zu eben dem Preise erhalten haben mögen, zu dem sie in Aleppo verkauft wurden; und wenn wir dann noch hinzurechnen, was sie in allen Handelsplätzen, die sie besuchten, als ihren eigenen Gewinn aufgeschlagen haben müssen: so ist es augenscheinlich, daß die Portugiesen die Waaren des Orients unter dem erwähnten Preise geben und alle Theile von Europa um die Hälfte wohlfeiler, als vorher, damit versehen konnten. Die unternehmenden Plane der Portugiesischen Monarchen wurden geschwinder und vollständiger ausgeführt, als sie es auch in den Stunden der lebhaftesten Hoffnung hatten erwarten können; und schon früh im sechzehnten Jahrhundert besaßen ihre Unterthanen ein Monopolium des Handels mit Indien, welches sich auf den einzigen billigen Anspruch gründete, auf den, daß sie die Produkte jenes Landes in größerer Menge und zu mäßigeren Preisen lieferten.

IV.

Wir können ferner bemerken, daß nunmehr, da größere Quantitäten von Indischen Waaren und zu wohlfeileren Preisen eingeführt wurden, in jedem Theile von Europa die Nachfrage nach ihnen sich schleunig vermehrte. Es würde mich weit über die Periode hinausführen, die ich zur Gränze meiner Untersuchung bestimmt habe, wenn ich die Fortschritte hierin einzeln angeben wollte; aber einige allgemeine Bemerkungen darüber wird man mit dem Gegenstande meiner Nachforschungen genau zusammenhangend finden. Was, so lange die Römer den Handel mit Indien in Händen hatten, die hauptsächlichsten Einfuhr-Artikel von daher waren, habe ich schon oben erwähnt. Doch als der Umsturz ihres Reiches erfolgte, und die wilden Krieger aus Scythien und Deutschland sich in den verschiedenen Ländern von Europa niederließen, veränderte sich sowohl der Zustand der menschlichen Gesellschaft, als die Lage der einzelnen Personen so außerordentlich, daß die Bedürfnisse und Wünsche der Menschen nicht mehr die vorigen blieben. Barbaren, von denen viele noch nicht über die niedrigsten Stufen des gesellschaftlichen Lebens hinaus gekommen waren, fanden wenig Geschmack an den Bequemlichkeiten und der Eleganz, die für gebildete Nationen so anlockend sind. Die seidenen Zeuge, die Edelsteine und die Perlen des Orients, welche den reichen und dem Luxus ergebenen Bürgern von Rom zur Zierde und zum Stolz gedient hatten, erregten die Wünsche solcher Leute nicht, die eine beträchtliche Zeit nach der Besitznehmung ihrer neuen Eroberungen noch die ursprüngliche Einfalt ihrer nomadischen Lebensart behielten. Sie schritten indeß auf der gewöhnlichen Laufbahn, welche alle Völker zu gehen bestimmt sind, von Rohheit zu Verfeinerung fort; und da Vermehrung der Bedürfnisse und Wünsche neue Gegenstände zur Befriedigung derselben erforderte, so bekamen sie nach und nach Geschmack an einigen Indischen Waaren des Luxus. Unter diesen liebten sie ganz vorzüglich Specereien und Gewürze, welche jenes Land in solcher Menge und Mannichfaltigkeit liefert. Woher diese besondre Vorliebe entstand, ist eine nicht wichtige Untersuchung; aber wer die Schriftsteller des Mittel-Alters liest, wird manchen Umstand darin finden, der meine Bemerkung bestätigt. In jedem Verzeichnisse von Indischen Waaren das sie geben, werden immer Gewürze als der beträchtlichste und schätzbarste Artikel genannt *). Alle ihre Speisen wurden stark damit gewürzt. Bei jeder feierlichen Lustbarkeit hielt man eine verschwenderische Menge derselben für wesentlich zur Pracht erforderlich. In jeder medicinischen Vorschrift machten sie die Haupt-Ingredienzien aus **). Doch so beträchtlich auch die Nachfrage nach Gewürzen zugenommen hatte, so war doch die Art, auf welche die Europäischen Nationen bisher damit versehen wurden, äußerst unvortheilhaft. Die Schiffe der Kaufleute von Alexandrien wagten

---

*) Jac. de Vitriac. Hist. Hierol. ap. Bongars. I, p. 1099. Wilh. Tyr. lib. XII. c. 23.

**) Du Cange Glossar. Verb. Aromata. Species. — Henry's Hist. of Great Brit. vol. IV. p. 597. 598.

es nie, jene entfernten Gegenden zu besuchen, welche die kostbarsten Gewürze hervorbringen; und ehe diese durch Europa vertheilt werden konnten, wurden sie durch den darauf geschlagenen Gewinn vertheuert, den vier oder fünf Leute, durch deren Hände sie gingen, davon erhoben. Doch als die Portugiesen mit kühnerem Seefahrergeist in alle Theile Asiens vorgedrungen waren, nahmen sie ihre Ladungen von Gewürzen dort ein, wo sie wachsen, und konnten sie zu einem solchen Preise wieder verkaufen, daß sie aus einem theuren Artikel des Luxus ein allgemein gebräuchlicher wurden, und daß sich daher die Nachfrage nach ihnen sehr vermehrte. Eine ähnliche Wirkung läßt sich auch bei der Nachfrage nach andren aus Indien eingeführten Waaren bemerken, als die Portugiesen den Preis derselben heruntergesetzt hatten. Von diesem Zeitpunkt an kann man dem Zunehmen des Geschmackes an Asiatischen Waaren des Luxus in jedem Europäischen Lande nachspüren, und die Anzahl der Schiffe, die in Lissabon zu dem Orientalischen Handel ausgerüstet wurden, fuhr fort, sich mit jedem Jahre zu vermehren *).

V.

Da der Handel mit Indien sehr einträglich war, und man ihn auch seit langer Zeit dafür hielt; so ist es merkwürdig, daß man die Portugiesen beinahe ein Jahrhundert hindurch ungestört in dem ausschließenden Besitze desselben ließ. In den alten Zeiten konnte Alexandrien, wegen seiner besonders glücklichen Lage, zwar einen Verkehr zur See mit dem Orient treiben, und dessen Produkte mit solchem Vortheil durch Europa verbreiten, daß es dadurch ein entschiedenes Uebergewicht über jeden Concurrenten bekam; aber doch wurden, wie ich es an den

*) M. s. Anmerkung LV.

gehörigen Orten beschrieben habe, von Zeit zu Zeit verschiedene Versuche gemacht, einigen Antheil an einem so augenscheinlich einträglichen Handel zu erlangen. Sowohl wegen der zunehmenden Thätigkeit des Handelsgeistes im sechzehnten Jahrhundert, als wegen des Beispiels, das man an den Venetianern und Genuesern hatte, die sich mit ängstlichem Bestreben wechselsweise von allem Antheil an dem Indischen Handel auszuschließen suchten, sollte man erwartet haben, daß irgend ein Concurrent aufgetreten seyn würde, um die Ansprüche der Portugiesen auf ein ausschließendes Recht zum Handel mit dem Orient in Zweifel zu ziehen und ihnen einen Theil desselben zu entreißen. Es waren aber damals in der politischen Lage aller Europäischen Nationen, von denen die Portugiesen diese Concurrenz zu fürchten einige Ursachen hatten, gewisse besondere Umstände, die ihnen den ruhigen Genuß ihres Monopols in dem Indischen Handel auf einen so langen Zeitraum zusicherten. Von Karl's V Thronbesteigung an, war Spanien entweder so sehr durch die vielfachen Unternehmungen, in die der Ehrgeiz dieses Monarchen und seines Sohnes Philipps II es verwickelte, beschäftigt, oder so sehr auf den Verfolg seiner eigenen Entdeckungen und Eroberungen in der Neuen Welt bedacht, daß es, obgleich durch Magellans glückliches Unternehmen (1521) seine Flotten unerwartet auf einem neuen Wege nach jener entfernten Gegend von Asien kamen, wo sich der gewinnreichste und anlockendste Handelszweig der Portugiesen befand, keine beträchtliche Anstrengungen machen konnte, um die Vortheile, die es vielleicht aus jenem Vorfalle hätte ziehen können, wirklich zu benutzen. Durch die Erwerbung der Krone von Portugal im Jahr 1580, wurden die Könige von

Spanien, nicht Nebenbuhler, sondern Beschützer des Portugiesischen Handels, und bewachten alle dessen weit um sich greifende Rechte. — Das sechzehnte Jahrhundert hindurch wurden die Kräfte und die Hülfsquellen Frankreichs durch die fruchtlosen Feldzüge seiner Monarchen nach Italien, durch ihren ungleichen Streit mit Karl's V Macht und Politik, und durch das mannichfaltige Unglück des bürgerlichen Krieges, der das Königreich über vierzig Jahre verheerte, so sehr erschöpft, daß es weder viele Aufmerksamkeit auf Handelsgegenstände richten, noch sich auf irgend einen Plan zu entfernten Unternehmungen einlassen konnte. — Die Venetianer waren (so stark sie auch den kränkenden Unfall empfinden mochten, beinahe gänzlich von dem Indischen Handel ausgeschlossen zu seyn, der seinen vorzüglichsten Sitz ehemals in ihrer Hauptstadt gehabt hatte) durch die Ligue von Cambray so geschwächt und gedemüthigt, daß sie nicht mehr Kräfte genug zu irgend einem großen Unternehmen besaßen. England, wie ich oben bemerkte, hatte der lange Streit zwischen den Häusern York und Lancaster geschwächt, und gerade als es anfing seine gehörigen Kräfte wieder zu erlangen, ward es in einem Theile des sechzehnten Jahrhunderts durch Heinrich's VII. vorsichtige Maaßregeln von Anstrengungen der Thätigkeit zurückgehalten, und verschwendete in dem anderen seine Kräfte dadurch, daß es sich unüberlegt in die Kriege zwischen den Fürsten auf dem festen Lande einließ. Die Nation die dazu bestimmt war, größere und schätzbarere Länder in Indien zu erlangen, als jemals irgend eine Europäische Macht darin besessen, hatte kein solches Vorgefühl von ihrer künftigen Ueberlegenheit daselbst, daß sie an dem Handel und den Begebenheiten dieses Landes Antheil genommen hätte, und es verfloß ein großer Theil des Jahrhunderts, ehe sie anfing, ihre Aufmerksamkeit gegen Osten hin zu wenden.

Indeß die beträchtlichsten Nationen in Europa wegen der erwähnten Umstände es nöthig fanden, bei den Vorfällen im Orient unthätige Zuschauer zu bleiben, wagten es die sieben vereinigten Provinzen der Niederlande, die sich erst vor kurzem zu einem kleinen Staate gebildet hatten, noch für ihre politische Existenz kämpften und sich noch in der Kindheit ihrer Macht befanden, sich in dem Indischen Ocean als Nebenbuhler der Portugiesen zu zeigen; sie verachteten die Ansprüche der letzteren auf ein ausschließendes Recht zum Handel mit den großen Ländern ostwärts vom Vorgebirge der guten Hoffnung, und thaten Eingriffe in das Monopolium, das jene bisher mit solcher eifersüchtigen Aufmerksamkeit bewacht hatten. Bald folgten auch die Engländer dem Beispiele der Holländer, und beide Nationen machten mit erstaunlichem Feuer und Glück Fortschritte auf der neuen ihnen eröffneten Laufbahn, zuerst durch die unternehmende Betriebsamkeit kühner Privatleute, und hernach durch die mächtigeren Anstrengungen der Handels-Gesellschaften unter dem Schutze öffentlicher Autorität. Das ungeheure Gebäude von Macht, das die Portugiesen im Orient gegründet hatten — es war für die Grundlage auf der es ruhen sollte, viel zu groß — ward in kurzer Zeit beinahe gänzlich umgestürzt, und zwar eben so leicht, wie es aufgeführt worden war. England und Holland vertrieben die Portugiesen aus ihren schätzbarsten Besitzungen, bemächtigten sich ihrer einträglichsten Handelszweige, und erreichten dadurch im See-

in ältern Zeiten.

wesen und Handelsreichthum den hervorragenden Rang, durch den sie sich unter den Europäischen Nationen auszeichnen.

VI.

Daß Columbus im Westen, und Gama im Osten zu gleicher Zeit Entdeckungen machten, ist ein sonderbarer Umstand, der wegen seines merkwürdigen Einflusses in diese Begebenheiten beobachtet zu werden verdient, da er die wechselseitige Handelsverbindung zwischen den verschiedenen Theilen der Erde stiftete oder befestigte. In allen Zeitaltern sind Gold und Silber, besonders das letztere, die Waaren gewesen, die man mit dem größten Vortheil nach Indien ausgeführt hat. Nirgends auf der Erde hangen die Eingebornen, sowohl in den Bedürfnissen als in den Annehmlichkeiten des Lebens, so wenig von fremden Ländern ab. Ein gesegnetes günstiges Klima und ein fruchtbarer Boden, wozu noch ihre Erfindsamkeit kommt, geben ihnen Alles, was sie sich nur wünschen. Daher ist der Handel mit ihnen immer auf eine gleichmäßige Art getrieben worden, und man hat edle Metalle gegen ihre eigenthümlichen Produkte der Natur und der Kunst in Tausch gegeben. Doch, als die Communication mit Indien um so viel leichter ward, daß die Nachfrage nach den Waaren desselben bei weitem höher stieg, als man sie jemals gesehen hatte, würde Europa, wenn es mit Gold und Silber, die es nothwendig nach den Märkten im Orient bringen mußte, nicht aus reicheren und ergiebigeren Quellen, als aus seinen eigenen dürftigen und erschöpften Bergwerken, versehen worden wäre, entweder genöthigt gewesen seyn, den Handel mit Indien ganz aufzugeben, oder ihn mit offenbarem Nachtheil zu führen. Sowohl durch einen solchen unaufhörlichen

Abfluß des Goldes und Silbers, als durch den unvermeidlichen Verbrauch beider Metalle in der Circulation und in den Manufakturen, müßte sich die Quantität beider immer vermindert haben, und ihr Werth würde so hoch gestiegen seyn, daß sie in den Handelsgeschäften zwischen beiden Ländern nicht lange hätten von gleichem Nutzen bleiben können. Doch, ehe sich die Wirkungen dieser Verminderung sehr merklich fühlen ließen, eröffnete Amerika seine Bergwerke, und ergoß in den stärksten Strömen, zu denen das Menschengeschlecht jemals Zutritt gehabt hat, Schätze über Europa. Diese Schätze flossen dann, ungeachtet unzähliger sorgfältiger Anstalten es zu verhüten, nach den Märkten hin, wo die Spanier die Waaren fanden, die zur Befriedigung ihrer Bedürfnisse oder ihres Luxus dienten; und von der Zeit an, bis jetzt, haben die Engländer und Holländer die Produkte von China und Indostan mit Silber gekauft, das aus den Bergwerken in Peru und Mexiko gezogen war. Die unermeßliche Menge von Silber, die man während zweier Jahrhunderte nach dem Orient ausgeführt hat, ist durch den unaufhörlichen Zufluß aus Amerika nicht nur ersetzt, sondern die Quantität desselben beträchtlich vermehrt worden; und zu gleicher Zeit hat sich auch der verhältnißmäßige Werth in Europa und Indien so wenig verändert, daß viele von den Hauptartikeln, die man aus dem Orient einführt, noch itzt vorzüglich mit Silber bezahlt werden.

Indeß Amerika auf diese Art dazu beitrug, das Verkehr zwischen Europa und Asien zu erleichtern und zu erweitern, gab es auch Anlaß zu einem Handel mit Afrika, der, so unbedeutend er in seinem Anfange war, so beträchtlich geworden ist, daß er das vorzüglichste Band des Verkehrs mit jenem Welttheil ausmacht. Bald nachher, als die Portugiesen mit ihren Entdeckungen an der Küste von Afrika bis jenseits des Flusses Senegal hinaus gegangen waren, bemüheten sie sich, durch den Verkauf von Sklaven einigen Vortheil aus ihren daselbst angelegten Etablissements zu ziehen. Es vereinigten sich mehrere Umstände, das Wiederaufleben dieses hassenswerthen Handels zu begünstigen. In jedem Theile von Amerika, den die Spanier in Besitz nahmen, fanden sie, daß die Eingebornen wegen ihres schwachen Körperbaues, wegen ihrer Indolenz, oder wegen der unverständigen Behandlungsart, die sie erfuhren, unfähig zu den Anstrengungen waren, die zu den Arbeiten in Bergwerken oder zum Landbau erforderlich sind. Voll Begierde, fleißigere und stärkere Arme zu finden, wandten die Spanier sich an ihre Nachbarn, die Portugiesen, und kauften von ihnen Negersklaven. Die Erfahrung zeigte bald, dies wären Leute von einem stärkeren Stamme, und so viel tauglicher, Beschwerlichkeiten zu ertragen, daß man die Arbeit von Einem Neger der von vier Amerikanern gleich schätzte*); und von der Zeit an hat sich die Anzahl der in der neuen Welt gebrauchten Neger sehr schnell vermehrt. In diesem Verfahren, das eben so sehr den Gefühlen der Menschlichkeit, als den Grundsätzen der Religion widerstreitet, sind die Spanier leider von allen Europäischen Nationen nachgeahmt worden, die sich Besitzungen in denwärmeren Himmelsstrichen der Neuen Welt erworben haben. Gegenwärtig beträgt die Anzahl der Negersklaven in den Westindischen Kolonieen von Großbritannien und Frankreich über eine Million; und da man sowohl in älteren als in neueren Zeiten die Sklaverei der Bevölkerung äußerst ungünstig befun-

*) Geschichte von Amerika. B. I, S. 331.

den hat, so ist, um die ursprüngliche Anzahl zu behalten, eine jährliche Einfuhr aus Afrika wenigstens von acht und funfzig tausend Sklaven erforderlich *). Wenn es möglich wäre, die Anzahl der Sklaven in den Spanischen Besitzungen und in Nord-Amerika mit eben der Genauigkeit zu bestimmen, so würde die Totalsumme vielleicht noch einmal so viel betragen.

So hat der Handelsgeist der Europäer, der ihnen ein sichtbares Uebergewicht über die drei andren Welttheile gab, indem er die Bedürfnisse und Hülfsquellen eines jeden unterschied, und sie einander wechselseitig nützlich machte, eine Vereinigung zwischen ihnen gestiftet, aus der sie selbst eine unermeßliche Vermehrung an Reichthum, Macht und Genuß hergeleitet haben.

VII.

Obgleich die Entdeckung einer neuen Welt in Westen, und die Eröffnung eines leichteren und unmittelbaren Verkehrs mit den entferntesten Gegenden in Osten, gemeinschaftlich wirkten, den Handel zu erweitern und den Genuß der Europäer zu vermehren, so läßt sich doch in Ansehung der Zeit und der Art, in denen sie diese Wirkungen hervorbrachten, ein merkwürdiger Unterschied wahrnehmen. Als die Portugiesen zuerst die verschiedenen Gegenden von Asien besuchten, die sich von der Küste Malabar bis nach China erstrecken, fanden sie dieselben von sehr civilisirten Nationen bewohnt, die sowohl in den schöneren als in den nützlichen Künsten beträchtliche Fortschritte gemacht hatten, die ferner an ein Verkehr mit Fremden schon gewöhnt und mit allen Vortheilen des Handels bekannt waren. Doch als die Spanier anfingen, die von ihnen ent-

*) Report of Lords of the Privy Council. A. D. 1788.

in älteren Zeiten. 177

entdeckte neue Welt zu erforschen, zeigte sich ihnen ein ganz anderer Anblick. Die Inseln waren von nackten Wilden bewohnt, welche von den einfachsten und nothwendigsten Künsten des Lebens so wenig wußten, daß sie sich hauptsächlich von den freiwillig wachsenden Produkten eines fruchtbaren Bodens und eines milden Klima's ernährten. Das feste Land schien ein Wald von unermeßlicher Größe zu seyn, und längs dessen Küste waren einige schwache Stämme zerstreuet, die in Betriebsamkeit und Cultur nicht weit über den Insulanern standen. Selbst die beiden darin befindlichen großen Monarchien, die man mit der Benennung: civilisirte Staaten, beehrt hat, standen nicht so hoch über ihren Landsleuten, daß sie diese Benennung verdienten. Die Bewohner sowohl von Mexiko als von Peru waren nicht mit den nützlichen Metallen bekannt, und es fehlte ihnen an der Geschicklichkeit sich solche Herrschaft über die niedrigeren Thiere zu erwerben, daß sie von der Arbeit derselben einige Hülfe hätten erhalten können; daher hatten sie in dem Ackerbau, der ersten von allen Künsten, so geringe Fortschritte gemacht, daß die kleine Anzahl von Spaniern, welche diese so hoch gepriesenen Reiche umstürzten, hauptsächlich mit der großen Schwierigkeit kämpfen mußten, wie sie sich in denselben das zu ihrem Unterhalt Erforderliche verschaffen sollten.

Natürlicher Weise ward also das Verkehr mit beiden Ländern, die einander im Grade der Cultur so wenig glichen, mit sehr verschiedenem Geiste angefangen und weiter getrieben. Die Portugiesen waren gewiß, daß sie im Orient nicht nur die Produkte finden würden, mit denen die gütige Hand der Natur jenen Theil der Erde bereichert hat, sondern auch verschiedene Manufaktur-Arbeiten, die man in Europa schon lange kannte und bewunderte; daher ließen sie sich mit der größten Begierde auf diesen anlockenden Handel ein. Ihre Monarchen sahen die Ermunterung desselben als einen Hauptgegenstand der Regierung an, auf den sie alle Macht des Königreiches richteten, und erweckten ihre Unterthanen zu solchen lebhaften Anstrengungen, ihn weiter zu treiben, daß dadurch die oben beschriebenen erstaunlich schnellen Fortschritte verursacht wurden. Die feurigen Hoffnungen, mit denen die Spanier ihre Entdeckungslaufbahn antraten, wurden nicht eben so schnell erfüllt. Die rohen Einwohner der Neuen Welt gaben ihnen durch Industrie nicht einen einzigen Handelsartikel. Selbst die natürlichen Produkte des Bodens und des Klima's waren, als sie nicht von der pflegenden und thätigen Hand des Menschen gewartet und vervielfältigt wurden, von wenigem Belang. Hoffnung, mehr als glücklicher Erfolg, reizte sie an, bei der Erweiterung ihres Nachforschens und ihrer Eroberungen zu beharren; und da die Regierung hiervon wenig unmittelbaren Gewinn hatte, so überließ sie die Fortsetzung größtentheils Privat-Abentheurern, und die wichtigsten Spanischen Besitzungen in Amerika wurden mehr durch deren unternehmende Thätigkeit, als durch irgend eine Anstrengung des Staates erworben. Anstatt daß die Portugiesen von ihren Entdeckungen unmittelbare und große Vortheile hatten, verging über ein halbes Jahrhundert, ehe die Spanier einigen bedeutenden Gewinn von ihren Entdeckungen einerndteten, ausgenommen die kleinen Quantitäten von Gold, welche die Insulaner zu sammeln gezwungen wurden, und das geplünderte Gold und Silber, das die Mexikaner und Peruaner als Zierrathen ihrer Personen und ihrer Tempel, oder als Geräth zu heiligem und häus-

in älteren Zeiten.

lichem Gebrauche verwendeten. Erst als die Bergwerke von Potosi in Peru im Jahre 1545, und die von Sakotekas in Mexiko bald nachher entdeckt wurden, gaben die Spanischen Besitzungen in der Neuen Welt dem Mutterlande eine bleibende und schätzbare Vermehrung von Reichthum und Einkünften.

Uebrigens war der Handel mit Indien von dem mit Amerika in Rücksicht des erläuterten Umstandes nicht stärker verschieden, als in Rücksicht auf die Art ihn zu treiben, nachdem er hoch genug gestiegen war, um ein beträchtlicher Gegenstand der politischen Aufmerksamkeit zu werden. Der Handel mit Indien war ein bloßes kaufmännisches Geschäft, das sich auf den Ankauf entweder von den Produkten des Landes, z. B. Specereien, Edelsteine, Perlen u. s. w. oder von den Manufaktur-Arbeiten einschränkte, welche es unter einem betriebsamen Menschenstamm in Ueberfluß gab, z. B. seidene und baumwollene Zeuge, Porzellan u. s. f. Zur Führung dieses Handels war weiter nichts nöthig, als daß man an tauglichen Plätzen einige wenige geschickte Agenten anstellte, welche ein angemessenes Sortiment von Waaren in Bereitschaft setzten, um die Ladungen der Schiffe unmittelbar nach ihrer Ankunft aus Europa vollständig zu machen; oder höchstens, daß man sich die Herrschaft einiger wenigen befestigten Stationen erwarb, welche den Schiffen den Eingang in die Häfen zusicherten, wo sie sich mit Sicherheit kalfatern, und Schutz vor den Anfällen aller feindlichen Mächte finden könnten. Man brauchte gar keinen Versuch zu machen, Kolonieen entweder zum Anbau des Bodens oder zum Betrieb der Manufakturen anzulegen; denn beides behielten, wie vorher, die Eingebornen in Händen.

Doch, sobald der wilde Unternehmungsgeist, der die ersten Spanischen Entdecker und Unterjocher der Neuen Welt belebte, nachzulassen anfing, und als sie, anstatt wie Abentheurer von Provinz zu Provinz herumzuschwärmen und nach Gold und Silber zu suchen, ihre Gedanken ernstlich darauf richteten, ihre Eroberungen durch Landbau und Betriebsamkeit vortheilhaft zu machen, fanden sie es nöthig, in jedem Lande, das sie zu bebauen wünschten, Kolonieen anzulegen; und ihr Beispiel ward von anderen Nationen in den Niederlassungen befolgt, welche sie späterhin auf einigen Inseln und auf dem festen Lande von Amerika anlegten. Nachdem Europa die Neue Welt verheert hatte, fing es auch an, sie wieder zu bevölkern; und vermittelst eines Colonisirungs-Systems, dessen Geist und Anordnungen in der gegenwärtigen Untersuchung nicht können erörtert werden, hat sich der Europäische Stamm daselbst erstaunlich vermehrt. Jeder Handels-Artikel, der aus der neuen Welt eingeführt wird, ist das Erzeugniß von betriebsamen Europäern, die sich daselbst niedergelassen haben, wenn man die Felle und Häute ausnimmt, die von den unabhängigen Jägerstämmen in Nord-Amerika und von einigen wenigen in gleichem Zustande befindlichen Stämmen in den südlichen Theilen dieses festen Landes gekauft werden. Ihren Bemühungen oder den Händen, welche sie arbeiten gelehrt oder dazu gezwungen haben, verdanken wir Zucker, Rum, Baumwolle, Tabak, Indigo, Reis und selbst das aus dem Inneren der Erde hervorgezogene Gold und Silber. Die Einwohner der Neuen Welt sind gegenwärtig ganz auf diese einträglichen Zweige der Industrie bedacht, wenden wenig Aufmerksamkeit auf die Arten von Arbeiten, welche in andren menschlichen Gesell-

schaften einen beträchtlichen Theil der Mitglieder beschäftigen, und hangen in Ansehung ihres Lebens-
unterhalts einigermaßen, in Ansehung aller Artikel der Eleganz und des Luxus aber gänzlich von der
alten Welt ab. So sind die Europäer Manufakturisten für Amerika geworden; und ihre Industrie
hat sehr stark durch die ungeheure Nachfrage zur Befriedigung der Bedürfnisse in jenen weitläuftigen
Ländern zugenommen, deren Bevölkerung noch immer größer wird. Auch ist der Einfluß dieser Nachfrage nicht bloß auf die Nationen eingeschränkt,
welche in unmittelbarer Verbindung mit den Ameri-
kanischen Kolonieen stehen; man fühlt ihn in jedem
Theile von Europa, der irgend einen Artikel zur
Ausfuhr dahin liefert, und er giebt sowohl in den
inneren Provinzen von Deutschland, als in Groß-
Britannien und anderen Ländern, welche einen unmittelbaren Handel mit der Neuen Welt treiben,
dem Handwerker Thätigkeit und Leben.

Doch, indeß die Entdeckung und Eroberung von
Amerika als eine Hauptursache von der schleunigen
Zunahme der Betriebsamkeit und des Reichthums
anerkannt wird, die sich während der letzten zwei
Jahrhunderte in Europa so sichtbar zeigen, haben
einige furchtsame Theoristen behauptet, während
eben dieses Zeitraums sey Europa nach und nach
verarmt, da es sich seiner Schätze habe berauben
müssen, um seinen Handel mit Indien führen zu
können. Aber diese Besorgniß ist daher entstanden,
daß man auf die Beschaffenheit und den Gebrauch
der edlen Metalle nicht Acht gegeben hat. Diese
müssen von zwei verschiedenen Seiten betrachtet
werden: entweder als Zeichen, welche alle civilisirte Nationen angenommen haben, um danach den
Werth der Arbeit und aller Waaren zu schätzen

oder ihn sich darunter vorzustellen und auf diese Art die Bezahlung der ersteren, und das Uebertragen der letzteren von Einem Besitzer auf den anderen zu erleichtern; oder auch selber als Waaren oder Handelsartikel, für welche jemand, der sie zu erlangen wünscht, ein Aequivalent geben muß. Und von der letzteren Seite sollte man die Ausfuhr der edlen Metalle nach dem Orient ansehen; denn da die Nation, von der sie ausgeführt werden, sie mit den Erzeugnissen ihres eignen Fleißes und ihrer Erfindsamkeit zu kaufen genöthigt ist, so muß dieser Handel, obgleich nicht auf eben die auffallende und unmittelbare Art, wie der mit Amerika, dazu beitragen, die allgemeine Industrie und den Reichthum von Europa zu vermehren. Wenn England, als Werth für die Mexikanischen und Peruvianischen Thaler, die zum Betrieb seines Handels mit Indien nothwendig sind, eine gewisse Quantität von seinen baumwollenen Zeugen oder von seiner Eisenwaare geben muß, dann wird eine größere Anzahl von Manufakturisten in Thätigkeit gesetzt und es muß Arbeit bis zu einem gewissen Betrage verfertigt werden, welche, ohne diesen Handel, gar nicht verlangt worden wäre. Die Nation erndtet allen den Gewinn, der aus einer neuen Schöpfung der Industrie entsteht. Mit dem Golde und Silber, das sie für ihre Manufaktur-Waaren im Westen gekauft hat, kann sie nun auf den Märkten im Orient handeln; und die so sehr gefürchtete Ausfuhr der Schätze nach Indien bereichert den Staat, anstatt ihn arm zu machen.

VIII.

Der Entdeckung des Weges nach Indien um das Vorgebirge der guten Hoffnung herum, und dem glücklichen Muthe, womit die Portugiesen ihre Eroberungen verfolgten und ihre Herrschaft daselbst

in älteren Zeiten.

gründeten, verdankt es Europa, daß es von der unedelsten und erniedrigendsten Sklaverei frei geblieben ist, die jemals gebildete Nationen bedrückte. Diese Bemerkung entlehne ich aus einem Schriftsteller, der die Geschichte der Kolonieen und des Handels der neueren Nationen in Ost- und Westindien mit Scharfsinn erläutert und mit Beredsamkeit erzählt hat *); sie scheint mir so wohl gegründet, daß sie eine weitere Nachforschung verdient. Wenige Jahre, nachdem die Portugiesen zuerst in Indien auftraten, ward die Herrschaft der Mamelucken von der unwiderstehlichen Macht der Türkischen Waffen verschlungen, und Aegypten und Syrien wurden als Provinzen zum Reiche der Osmanen geschlagen. Wäre nach dieser Begebenheit das Handelsverkehr mit Indien noch länger auf den alten Wegen getrieben worden, so müßten die Türkischen Sultane, als Gebieter von Aegypten und Syrien, unumschränkte Herrschaft darüber gehabt haben, die Produkte des Orients möchten nun entweder über das Rothe Meer nach Alexandrien, oder zu Lande aus dem Persischen Meerbusen nach Constantinopel und den Häfen am Mittelländischen Meere gebracht worden seyn. Den Monarchen, welche damals an der Spitze des großen Osmanischen Reiches standen, fehlte es weder an Talenten, um einzusehen, welches Uebergewicht ihnen dieser Vortheil gegeben hätte, noch an Ehrgeiz, um wirklich danach zu streben. Dadurch daß Selim, der Eroberer des Mameluckischen Reiches, den Venetianern ihre alten Privilegien in Aegypten und Syrien bestätigte, und die schon erwähnten Anordnungen in Betreff der Abgaben von den Indischen Waaren machte, zeigte er frühzeitig seine Sorgfalt, alle Vortheile des Han-

*) Dem Abbé Raynal.

bels mit dem Orient seinen eigenen Besitzungen zuzusichern. Solimann der Prächtige, sein
Nachfolger, scheint gleichfalls seine Aufmerksam-
merksamkeit auf eben diesen Gegenstand gerichtet
zu haben. Bei mehr Einsicht, als jemals ein Monarch
vom Stamme der Osmanen gehabt hat, war er auf
alle Ereignisse in den Europäischen Staaten aufmerksam, und bemerkte sowohl die Macht als den Reichthum, zu denen die Republik Venedig durch den
Alleinhandel mit dem Orient gelangt war. Itzt sah
er Portugal durch gleiche Mittel zu eben dem Range
empor steigen. Voll Begierde, sie nachzuahmen und
zu verdrängen, entwarf er einen Plan, wie er seiner weisen Staatsklugheit und dem Namen: Vor-
schriftgeber, (*Institutor of Rules*,) wodurch die
Türkischen Geschichtschreiber ihn ausgezeichnet haben,
angemessen war; er gründete nehmlich bald nach
dem Antritt der Regierung in seinen Staaten ein
System von Handelsgesetzen, wodurch er Constantinopel zum großen Stapel des Indischen Handels
zu machen hoffte, wie es in den glücklichen Zeiten
des Griechischen Kaiserthums gewesen war*). Indeß verließ er sich, um diesen Plan auszuführen,
nicht auf die Wirkungen der Gesetze allein; er rü-
stete zu gleicher Zeit im Rothen Meere eine furchtbare
Flotte aus, die unter dem Befehl eines bewährten Offi-
cieres stand und ein Corps von Janitscharen an Bord
hatte, von dem er glaubte, daß es hinlänglich wäre,
nicht nur die Portugiesen aus allen ihren neuen Niederlassungen in Indien zu vertreiben, sondern sich
auch einiger bequemen Posten in diesem Lande zu
bemächtigen und seine Fahne daselbst aufzupflanzen.
Die Portugiesen, die durch Anstrengungen des Mu-

*) *Parut.* Hist. Venet. lib. VII. p. 589. *Sandi* Stor. Civil.
Venez. part. II. p. 901.

thes und der Standhaftigkeit das sie belohnende Glück verdienten, schlugen dieses mächtige Geschwader bei jeder Unternehmung, die es wagte, zurück, und zwangen die zerstreueten Ueberreste von der Flotte und den Landtruppen der Türken, schimpflich nach den Häfen zurückzukehren, aus denen die Schiffe mit den lebhaftesten Hoffnungen, den Kriegeszug ganz anders zu endigen, ausgesegelt waren *). Zwar gab Soliman den Plan, die Portugiesen aus Indien zu vertreiben und sich einige Besitzungen darin zu erwerben, niemals auf; aber er ward in seiner noch übrigen Regierungszeit durch die vielfachen schweren Unternehmungen, in die seine unersättliche Ehrsucht ihn verwickelte, so sehr beschäftigt, daß er nie Muße hatte, die Ausführung desselben mit Nachdruck wieder vorzunehmen.

Hätten entweder Selims Maßregeln die Wirkungen, die er erwartete, hervorgebracht, oder wäre der kühnere und größere Plan Solimans zur Ausführung gekommen; so müßte die Herrschaft über den Reichthum Indiens, nebst einer solchen Marine, wie die Macht, welche den Alleinhandel mit jenem Lande besaß, eben durch ihn in jedem Zeitalter hat errichten und unterhalten können, die Kräfte eines dem Menschengeschlecht ohnedies schon furchtbaren Reiches so sehr vermehrt haben, daß es unwiderstehlich geworden wäre. Europa befand sich damals nicht in einer solchen Lage, daß es sich gegen die vereinigten Kräfte einer solchen See- und Landmacht, wenn Handelsreichthum sie unterstützte, hätte vertheidigen können, zumal da sie dem Befehl eines Monarchen gehorchte, der durch seinen Verstand aus jedem Theile derselben dessen besonderen Nutzen ziehen und alle mit der größten Wirkung anwenden

*) Asia de *Barros,* dec. IV. lib. X. c. 1. seqq.

konnte. Aber das despotische System der Türkischen Regierung, welches sich auf einen so unedlen Fanatismus gründet, daß es die Wissenschaften in Aegypten, Assyrien und Griechenland, ihren drei Lieblingswohnplätzen in alten Zeiten, vernichtet hat, ward zum Glück für die Menschheit verhindert, seine Herrschaft über Europa auszubreiten und Freiheit, Wissenschaften und Geschmack zu unterdrükken, als sie in diesem Weltheile sich mit Erfolg anstrengten, wieder zu erwachen und die Menschheit aufs neue zu segnen, aufzuklären und zu bilden.

Anmerkungen
und
Erläuterungen.

I. (Erster Abschnitt. S. 8.)

Leichtgläubigkeit und Skepticismus sind zwei entgegengesetzte Extreme, in die man leicht verfallen kann, wenn man die Begebenheiten untersucht, die sich in den frühesten Zeiten des Alterthums ereignet haben sollen. Ohne mir den Verdacht zuzuziehen, daß ich mich zu dem letzteren hin neige, wird es mir doch erlaubt seyn, einige Zweifel über Sesostris Zug nach Indien, und seine Eroberung dieses Landes zu hegen.

1) Wenige Umstände in der alten Geschichte scheinen ausgemachter zu seyn, als der, daß die Aegyptier schon frühzeitig Abscheu vor dem Seefahrer-Leben hatten. Selbst die Macht des Despotismus kann die Begriffe und Sitten einer Nation nicht auf einmal ändern, besonders wenn sie durch lange Gewohnheit befestigt und durch die Bestätigung der Religion geheiligt sind. Daß Sesostris in dem Verlauf weniger Jahre die Vorurtheile eines abergläubischen Volkes so gänzlich besiegt haben sollte, um außer einer andren Flotte, die er im Mittelländischen Meere hatte, auch in dem Arabischen Meerbusen vierhundert Kriegesschiffe ausrüsten zu können, ist höchst unwahrscheinlich. Solche Ausrüstungen würden die äußerste Anstrengung von einer großen und schon lange gegründeten Seemacht erfordern.

2) Es ist merkwürdig, daß Herodot, der mit dem beharrlichsten Fleiße nach der alten Geschichte von Aegypten forschte, und alle Belehrung darüber erhielt,

welche die Priester zu Memphis, Heliopolis und Theben ihm nur mittheilen konnten, (Herod. ed. Welleling. lib. II. c. 3.) ob er gleich die Geschichte des Sesostris ziemlich umständlich erzählt (Lib. II. c. 102, seq.), doch seiner Eroberung von Indien nicht erwähnt. Wahrscheinlich erfand man dieses Mährchen in dem Zeitraume zwischen dem Herodot und dem Diodorus Siculus, der uns eine besondere umständliche Nachricht von Sesostris Indischem Kriegeszuge giebt. Dieser beruhet gänzlich auf der Autorität der Aegyptischen Priester; und Diodor selbst äußert nicht nur im Allgemeinen als seine Meinung, „daß Manches in ihren Erzählungen mehr aus dem Verlangen, die Ehre ihres Landes zu vergrößern, als aus Achtung für die Wahrheit hergeflossen sey;" (lib. I. p. 34. edit. Welleling. Amst. 1746.) sondern merkt auch noch besonders an, daß sowohl die Aegyptischen Priester, als die Griechischen Schriftsteller in ihren Berichten von den Thaten des Sesostris weit von einander abweichen; (lib. I. p. 62.).

3) Obgleich Diodorus versichert, er habe bei seiner Erzählung von Sesostris Geschichte sich bemühet, das auszuwählen, was ihm am wahrscheinlichsten und mit den noch in Aegypten vorhandenen Denkmälern jenes Monarchen am übereinstimmendsten vorgekommen sey; so hat er doch so viele wunderbare Umstände darin aufgenommen, daß das Ganze äußerst verdächtig wird. Wie er erzählt, ließ der Vater des Sesostris alle die Knaben zusammen bringen, die in Aegypten mit seinem Sohne an Einem Tage geboren waren, daß sie mit diesem zugleich auf eine von ihm vorgeschriebene Art erzogen werden sollten, und zwar in der Absicht, um aus ihnen gute Werkzeuge zur Ausführung der großen Unternehmungen zu bilden, zu denen er den Sesostris bestimmte. Als nun dieser zu seinem Indischen Kriegeszuge aufbrach, (welches er, den von Diodorus erwähnten

Erläuterungen.

Umständen zufolge, ungefähr im vierzigsten Jahre seines Alters gethan haben muß) sollen noch tausend und siebenhundert von seinen Jugendgefährten am Leben gewesen seyn und er ihnen hohe Befehlshaberstellen in seiner Armee anvertrauet haben. Aber wenn wir zur Prüfung dieser Geschichte die zuverläßigen Principien der politischen Rechenkunst anwenden, so ist es augenscheinlich, daß, wenn von den mit Sesostris an Einem Tage gebornen Knaben, als er seinen großen Kriegeszug anfing, noch tausend und siebenhundert am Leben waren, in Aegypten an jedem Tage wenigstens zehn tausend Kinder geboren seyn und die Bevölkerung dieses Königreiches über sechzig Millionen betragen haben müßte; (Goguet l'Origine des Loix, des Arts etc. tom. II. p. 12. seq.) Allein diese Anzahl geht weit über die Gränzen aller Wahrscheinlichkeit hinaus, da Aegypten, nach Herrn d'Anville's genauen Berechnungen (Mémoire sur l'Egypte anc. et. moderne. p. 23. seq.) nicht mehr als zweitausend einhundert Quadrat-Meilen (leagues) bewohnbares Land enthält. — Ein andrer wunderbarer Umstand ist die Beschreibung eines Schiffes von Cedernholz, das 490 Fuß lang, und von außen mit Gold, inwendig aber mit Silber überzogen war, und das Sesostris der Gottheit weihete, welche bei dem Religionsdienste in Theben hauptsächlich verehrt ward; (Lib. I. p. 67.). Von eben der Art ist auch seine Nachricht von dem Aegyptischen Heere, in welchem, außer sechshundert tausend Mann Fußvolk und vier und zwanzig tausend Reitern, siebzig tausend Streitwagen gewesen seyn sollen; (Ibid. p. 64.).

4) Diese und andere besondre Umstände scheinen so weit über die Gränzen der Wahrscheinlichkeit hinaus zu gehen, daß der gesunde Verstand des Geographen Strabo die Nachrichten von Sesostris Indischem Kriegeszuge ohne Bedenken verwarf. Er behauptet nicht nur in den bestimmtesten Ausdrücken, daß dieser

Monarch nie nach Indien gekommen sey; (lib. XV. p. 1007. C. edit. *Cafaub.* Amst. 1707.) sondern setzt auch Alles, was von dessen Unternehmungen in jenem Lande erzählt worden ist, in Eine Klasse mit den fabelhaften Thaten des Bacchus und Herkules; (p. 1007. D. 1009. B.). Der philosophische Geschichtschreiber Alexanders des Großen scheint über Sesostris Thaten in Indien eben so gedacht zu haben; (Hist. Ind. c. 5. *Arriani* Exped. *Alex.* edit. *Gronov.* Lugd. Batav. 1704.). Die wenigen Nachrichten, die Herodot über Indien oder dessen Bewohner hatte, scheint er nicht von den Aegyptiern, sondern von den Persern erhalten zu haben; (lib. III. c. 105.) und daher ist es wahrscheinlich, daß zu seiner Zeit wenig Verkehr zwischen Aegypten und Indien Statt fand.

II. (Erster Abschnitt. S. 10.)

Wenn wir den Umfang und die Wirkungen des Phönicischen Handels betrachten; so muß uns die dürftige Belehrung, welche die alten Schriftsteller davon geben, auf den ersten Anblick befremdend scheinen. Doch, wenn wir uns erinnern, daß alle Griechischen Geschichtschreiber (Herodot ausgenommen), welche einige Nachricht von den Phöniciern geben, ihre Werke lange nachher, als Alexander der Große Tyrus zerstört hatte, schrieben; so werden wir uns nicht länger wundern, daß sie sich nicht in einzelne und specielle Umstände über einen Handel einlassen, der damals nach neuen Sitzen verlegt und in andren Kanälen geführt ward. Aber der Reichthum und die Macht von Tyrus müssen in den glücklichen Zeiten von dessen Handel allgemeine Aufmerksamkeit erregt haben. In den Weißagungen Ezechiels, der zweihundert und sechzig Jahre vor dem Fall von Tyrus lebte, findet man von der Art und Mannichfaltigkeit

tigkeit der dortigen Handelsangelegenheiten die speciellste Nachricht, die irgend ein alter Schriftsteller davon giebt, und die zugleich einen großen Begriff von der ausgebreiteten Macht jenes Staates erregt. (Kap. XXVI bis XXVIII.)

III. (Erster Abschnitt. S. 14.)

Die Nachricht, die Herodot von den Einkünften der Persischen Monarchie giebt, ist merkwürdig, und scheint aus den ihm mitgetheilten öffentlichen Urkunden genommen zu seyn. Ihr zufolge war das Persische Reich in zwanzig Satrapien oder Gouvernements eingetheilt. Der Tribut, der von jeder erhoben ward, ist einzeln angegeben, und belief sich überhaupt auf 14,560 Euböische Talente, welche, nach Dr. Arbuthnot's Berechnung, 2,807,437 Pfd. Sterling (beinahe siebzehn Millionen Thaler) betragen: für die Einkünfte des Großen Königs eine außerordentlich kleine Summe, die schlecht mit dem übereinstimmt, was man in alten Schriftstellern häufig von den Reichthümern, der Pracht und dem Luxus des Orients findet.

IV. (Erster Abschnitt. S. 19.)

Es ist befremdend, daß Alexander nicht in den an Indien stoßenden Provinzen solche Nachrichten von dem periodischen Regen dieses Landes erhielt, welche ihn belehrten, wie übel dort, so lange derselbe dauerte, militairische Operationen zu unternehmen wären. Er eröffnete seinen Zug nach Indien gegen Ende des Frühlings, (*Arrian.* lib. IV. c. 22.) als der Regen schon in den Bergen angefangen hatte, auf denen alle Flüsse des Pandschab entspringen; und diese mußten also, ehe Alexander an ihr Ufer kam, natürlicher Weise sehr stark angeschwollen seyn. (*Rennell*, p. 268.) — Er ging über den Hydaspes mitten im Sommer, ungefähr als die regenichte Jahrszeit am stärksten war. In einem Lande, das von so vielen großen Flüssen durchströmt wird, muß eine dienstthuende Armee in dieser Jahreszeit sehr viel ausgestanden haben. Eine genaue Beschreibung von der Beschaffenheit der Regen und Ueberschwemmungen in diesem Theile von Indien giebt uns Arrian; (lib. V. c. 9.) und eine noch vollständigere findet man bei Strabo (lib. XV. 1013.). — Ueber das, was sie hierdurch litten, beklagten sich Alexanders Soldaten, (*Strabo* XV. 1021. D.) und nicht ohne Grund, da es siebzig Tage hindurch unaufhörlich geregnet hatte: (*Diod. Sicul.* XVII. c. 94.) ein Umstand, aus dem man sieht, wie genau Alexanders Officiere auf alles Acht gaben, was in jenem Theile von Indien merkwürdig ist. Aristobulus erwähnt in seinem schon oben angeführten Tagebuche, daß, obgleich in den Bergen und in dem ihnen nahe gelegenen Lande schwerer Regen fällt, doch in den Ebenen unterhalb kein Regenschauer kommt. (*Strabo*, lib. XV. 1013. B. 1015. B.) Major Rennell erfuhr von einem angesehenen Manne, der sich in diesen, jetzt selten von Europäern besuchten Gegenden aufgehalten hatte, daß während des größten Theils von dem Südwest-Monsuhn, oder wenigstens in den Monaten Julius, Augustus und der ersten Hälfte des Septembers, wo die meisten anderen Gegenden von Indien die regenichte Jahrszeit haben, in dem Delta des Indus die Atmosphäre zwar gemeiniglich bezogen ist, aber, ausgenommen dicht an der See, kein Regen fällt. In der That kommen während der ganzen Jahrszeit sehr wenige Regenschauer. Kapitain Hamilton erzählt, daß es, als er Tatta besuchte, drei Jahre lang vorher nicht geregnet hatte. (Memoirs, p. 288.) Tamerlan, der, weil der Sitz seiner Regierung nahe bei Indien war, sich von der Beschaffenheit dieses Landes wohl unterrichten konnte, vermied Alexanders Fehler, und machte seinen Indi-

Erläuterungen.

schen Feldzug während der trocknen Jahrszeit. Da Nadir Schach, sowohl bei seinem Einbruch in Indien 1738, als bei seinem Rückzuge im folgenden Jahre, durch eben die Länder wie Alexander, und auch beinahe in eben der Richtungslinie marschirte, so kann uns nichts von dem ausdauernden Muthe des Macedonischen Eroberers einen deutlicheren Begriff geben, als die Schwierigkeiten, die Nadir Schach zu überwinden und das Ungemach, das seine Armee zu ertragen hatte. Obgleich der Letztere unbeschränkte Macht nebst unermeßlichem Reichthum besaß, und sich eben so durch große Talente, wie durch lange Erfahrung im Kriege, auszeichnete, hatte er doch den Verdruß, einen großen Theil seiner Truppen zu verlieren, da er über die Flüsse des Pandschab ging, durch die Berge im Norden von Indien drang und mit den wilden Bewohnern der Gegenden focht, welche sich von dem Ufer des Oxus bis nach den Gränzen von Persien erstrecken. Eine interessante Nachricht von seinem Rückzuge und seinem Ungemach findet man in den Memoiren des Khojeh Abdulkurrihm, eines Kaschemirers von Rang, der in seiner Armee diente.

V. (Erster Abschnitt. S. 21.)

Daß man in einer so kurzen Zeit eine so zahlreiche Flotte habe zusammen bringen können, sollte auf den ersten Anblick unglaublich scheinen; Arrian versichert uns indeß, er sey bei der Angabe dieser Zahl dem Ptolemäus Lagi gefolgt, dessen Autorität er als vom größten Gewichte ansah. (lib. VI, c. 3.). Doch da das Pandschab voll schiffbarer Flüsse ist, auf denen die Eingebornen ihr ganzes Verkehr mit einander trieben; so hatte es auch eine Menge für den Eroberer gleich fertig liegender Schiffe, so daß er die Anzahl leicht zusammen bringen konnte. Wäre der Nachricht von Semiramis Einbruch in Indien Glauben beizumessen; so würden nicht weniger als viertausend Schiffe im Indus zusammengebracht, um sich ihrer Flotte zu widersetzen. (*Diodor. Sicul.* lib. II. c. 74.). Es ist merkwürdig, daß man, als Mahmud von Gaznah Indien angriff, auf dem Indus eine Flotte gegen ihn versammelte, die aus eben der Anzahl von Schiffen bestand. Wir lernen aus dem Ajihn Akbery, daß die Bewohner dieser Gegend von Indien noch itzt ihr Verkehr mit einander ganz zu Wasser treiben; bloß die Einwohner des Circars von Tatta haben nicht weniger als vierzig tausend Schiffe von verschiedener Bauart. Vol. II. p. 143.

VI. (Erster Abschnitt. S. 22.)

Alle diese Umstände sind aus Arrians Indischer Geschichte genommen, einem Werke das von dem schon erwähnten verschieden und von allen aus dem Alterthum auf uns gekommenen Schriften eine der merkwürdigsten ist. Der erste Theil enthält Auszüge aus des Nearchus Nachricht von dem Klima und dem Boden Indiens, und von den Sitten der Eingebornen; der zweite das Tagebuch dieses Officiers von seiner Reise aus der Mündung des Indus bis nach dem Ende des Persischen Meerbusens. Dieses Werk giebt Anlaß zu mehreren Betrachtungen. I. Es ist merkwürdig, daß weder Nearchus, noch Ptolemäus und Aristobulus, ja selbst Arrian der Reise des Skylax ein einzigesmal erwähnen. Dies konnte nicht aus Unbekanntschaft mit ihr herrühren; denn Herodot war ein Lieblingsschriftsteller für jeden Griechen, der nur einigen Anspruch auf Litteratur machte. Wahrscheinlich lag es daran, daß sie Gründe hatten, in Skylax Glaubwürdigkeit Mißtrauen zu setzen, wie ich auch schon angemerkt habe. Dem gemäß sagt Alexander in einer Rede, die Arrian ihm in den Mund legt: er sey, den Bacchus ausgenommen, zuerst über den Indus gegangen. Darin liegt

Erläuterungen.

denn, daß er die den Skylax betreffende Erzählung nicht glaubte, und nichts von dem wußte, was Darius Hystaspis gethan haben soll, um jenen Theil von Indien der Persischen Krone zu unterwerfen. (*Arrian.* VII. c. 10.) Diese Meinung bestätigt Megasthenes, der sich eine beträchtliche Zeit in Indien aufhielt. Er behauptet nehmlich, daß, den Bacchus und Herkules ausgenommen, — und daß er deren fabelhaften Kriegeszügen hat einigen Glauben beimessen können, darüber erstaunt Strabo (Lib. XV. p. 1007. D.) — Alexander der erste gewesen sey, der einen Einfall in Indien gethan habe. (*Arrian.* Hist. Indic. c. 5.). Arrian belehrt uns, daß die Affacaner und andre Völker in dem Lande, welches jetzt das Königreich Kandahar genannt wird, zuerst den Assyriern, hernach aber den Medern und Persern Tribut bezahlten. (Hist. Indic. c. 1.) Da man in alten Zeiten alle die nordwestlich vom Indus gelegenen fruchtbaren Provinzen als einen Theil von Indien ansah; so ist wahrscheinlich, was von ihnen erhoben ward, die Summe, welche in der Tribut-Liste vorkam, aus der Herodot seine Nachricht von den jährlichen Einkünften des Persischen Reiches zog, und es ist niemals eine südlich vom Indus gelegene Provinz den Königen von Persien unterworfen gewesen. — II. Diese Reise des Nearchus zeigt durch einige auffallende Beispiele, wie unvollkommen die Kenntniß der Alten von jeder Schifffahrt gewesen ist, die von der im Mittelländischen Meere gewöhnlichen verschieden war. Obgleich Alexander durch unternehmenden Geist und große Pläne zu dem Versuche bewogen ward, ein Verkehr zur See zwischen Indien und seinen Persischen Besitzungen zu eröffnen, so wußten doch er und Nearchus von dem Ocean, den sie zu erforschen wünschten, so wenig, daß sie besorgt waren, es möchte wegen undurchdringlicher Straßen oder anderer Hindernisse unmöglich seyn, ihn zu beschiffen.

(Hist. Indic. c. 20. Quint. Curt. lib. IX. c. 9.) Ein anderer Beweis von ihrer Unwissenheit im Seewesen ist der Umstand, daß, als die Flotte nahe an die Mündung des Indus kam, über die außerordentlich starke Ebbe und Fluth in dem Indischen Ocean alles in Erstaunen gerieth, weil, dem Arrian (lib. VI. c. 19.) zufolge, Alexander und seine Soldaten mit diesem Phänomen ganz unbekannt waren. Ihr Erstaunen ist übrigens nicht befremdend, da im Mittelländischen Meere, über welches die Kenntniß der Griechen und Macedonier nicht hinausging, Ebbe und Fluth kaum merklich sind. Aus eben der Ursach erregte dies neue Phänomen auch bei den Römern Bewunderung und Schrecken, als sie ihre siegreichen Waffen in den Ländern verbreiteten, die am Atlantischen Ocean oder an den mit diesem zusammenhangenden Meeren liegen. Cäsar (de bello Gallic. lib. IV. c. 29.) beschreibt das Erstaunen seiner Soldaten bei einer großen Fluth, welche seine zum Angriff von Britannien bestimmte Flotte sehr stark beschädigte, und gesteht, daß sie einer solchen Erscheinung nicht gewohnt waren. An der Küste, die der Mündung des Indus nahe liegt, ist die Fluth ungewöhnlich hoch und ihre Wirkung sehr groß, besonders bei dem plötzlichen und abgebrochenen Einströmen in die Mündungen von Flüssen oder engen Straßen, das man in Indien unter dem Namen the Bore kennt, und das der Major Rennell (Introduct. XXIV. Mem. 278.) genau beschrieben hat. In dem Periplus Maris Erythraei, p. 26., werden diese hohen Fluthen erwähnt, und die Beschreibung von ihnen hat viele Aehnlichkeit mit der von dem Bore. Eine sehr übertriebene Nachricht von den Fluthen im Indischen Ocean giebt Plinius (Nat. Hist. lib. XIII. c. 25.) Major Rennell scheint zu glauben, Alexander und seine Nachfolger könnten mit dem Phänomen der Fluth doch nicht so ganz unbekannt gewesen seyn, da Herodot

Erläuterungen.

(lib. II. c. 11.) die Griechen ja belehrt habe, "daß es im Rothen Meere täglich eine regelmäßige Ebbe und Fluth gebe." Weiter giebt Herodot von diesem Phänomen keine Erläuterung. Aber man findet bei den Alten mehrere uns jetzt befremdend scheinende Beispiele von Mangel an Aufmerksamkeit auf Dinge, die von achtungswerthen Schriftstellern erzählt werden. Wie ich oben erwähnt habe, gab Herodot Nachricht von der beträchtlich langen Reise des Skylax; und doch bekümmern sich weder Alexander, noch seine Geschichtschreiber, im mindesten um dieses Ereigniß. Weiterhin werde ich Gelegenheit haben, noch ein merkwürdigeres Beispiel anzuführen, wie wenig Aufmerksamkeit spätere Schriftsteller auf eine genaue Beschreibung wandten, die Herodot von dem Kaspischen Meere gegeben hatte. Aus diesen, und anderen ähnlichen Beispielen, die ich noch hätte anführen können, läßt sich schließen, daß jene flüchtige Erwähnung der regelmäßigen Ebbe und Fluth im Rothen Meere kein hinlänglicher Grund ist, Arrians Nachricht von dem Erstaunen, worin Alexanders Soldaten bei dem ersten Anblick der außerordentlichen Wirkungen geriethen, welche die Fluth in der Mündung des Indus hervorbrachte, als unglaublich zu verwerfen. — III. Der Lauf des Nearchus, die Vorgebirge, die Buchten, die Städte und die Berge, die ihm nach und nach zu Gesicht kamen, sind so deutlich beschrieben, und die Entfernungen der merkwürdigsten so bestimmt angegeben, daß Herr d'Anville, durch Vergleichung derselben mit der wirklichen Lage des Landes, den besten sowohl alten als neueren Nachrichten zufolge, im Stande gewesen ist, die meisten von Nearchus erwähnten Oerter mit einem Grade von Gewißheit anzugeben, welcher der Wahrheitsliebe des Griechischen Seefahrers eben so viel Ehre macht, wie dem Fleiße, der Gelehrsamkeit und dem Scharfsinne des Französischen

Geographen. (Mém. de Litterature tom. XXX. p. 132. seqq.)

In neueren Zeiten nennt man den Arabischen Meerbusen das Rothe Meer; aber die Alten nannten den Ocean, der sich von diesem Busen bis nach Indien erstreckt, das Erythräische Meer, und zwar nach dem Könige Erythras, von dem weiter nichts bekannt ist, als der Name, der im Griechischen roth bedeutet. Von dieser zufälligen Bedeutung des Namens rührte es her, daß man glaubte, jenes Meer habe eine andre Farbe, als die übrigen, und sey folglich auch gefährlicher zu beschiffen.

VII. (Erster Abschnitt. S. 28.)

Alexander war so sehr darauf bedacht, diese Vereinigung mit seinen Unterthanen ganz zu bewirken, daß man nach seinem Tode in seinen Täfelchen oder Tagebüchern unter anderen herrlichen Planen, auf die er dachte, auch den fand, mehrere neue Städte theils in Asien, theils in Europa zu bauen, und jene mit Europäern, diese aber mit Asiaten zu bevölkern, damit (wie der Geschichtschreiber sagt) durch wechselseitige Heirathen und gute Dienste die Einwohner beider großen Welttheile nach und nach zu einer ähnlichen Denkart gebildet und durch gegenseitige Zuneigung mit einander verbunden würden." *Diodor. Sicul.* lib. XVIII. c. 4.

VIII. (Erster Abschnitt. S. 29.)

Es scheint eine durchgängig angenommene Meinung zu seyn, daß Alexander nur zwei Städte in Indien gebauet, nehmlich Nicäa und Bucephalia an dem Hydaspes, dem jetzigen Tschelum (Chelum,) und daß Kraterus bei dem Baue beider die Oberaufsicht geführt habe. Allein aus dem Arrian (lib. V. c. ult.) sieht man augenscheinlich, daß er noch eine dritte, unter Hephästions Direktion, an dem Acesines, dem jetzigen

Erläuterungen.

Dschenab (*Jenaub*, und auf der Karte *Chunab*) erbauet hat; und wenn er die Herrschaft über das Land behaupten wollte, so scheint auch ein fester Platz an irgend einem der Flüsse südlich vom Hydaspes zu dieser Absicht nothwendig gewesen zu seyn. Dieser Theil von Indien ist in neueren Zeiten so wenig besucht worden, daß man unmöglich die Lage jener Städte bestimmt angeben kann. Wenn Pater Tieffenthalers (Bernouillis Ausgabe B. I. S. 17.) Vermuthung, daß der jetzige Fluß Rawih (*Rauvee*) Arrians Acesines sey, gegründet wäre, so hätte diese Stadt wahrscheinlich irgendwo nahe bei Lahor gelegen, welches eine von den wichtigsten Stationen in dem Theile von Indien ist und in dem Ajihn Akbery unter die Städte von sehr hohem Alterthume gerechnet wird. Aber der Major Rennell giebt, nach meiner Meinung gute Gründe für die Vermuthung an, daß der Dschenab der Acesines der Alten sey.

IX. (Erster Abschnitt S. 30.)

Die Alten kannten die Religions-Bedenklichkeiten, welche die Perser abhielten, Seereisen zu unternehmen. Plinius erzählt von einem Magus, der als Gesandter von Tiridates an den Kaiser Nero geschickt ward: Navigare noluerat, quoniam exspuere in maria, aliisque mortalium necessatibus violare naturam eam, fas non putant. (Nat. Hist. lib. XXX. c. 2.) Diesen Abscheu vor der See trieben die Perser so weit, daß, nach der Bemerkung eines wohlunterrichteten Geschichtschreibers, nicht eine einzige bedeutende Stadt in ihrem Reiche an der Seeküste lag. (*Ammian. Marcell.* lib. XXIII. c. 6.) Hyde (Relig. vet. Pers. cap. VI.) zeigt uns, wie genau diese Begriffe mit Zoroasters Lehren zusammen hingen. In allen Kriegen der Perser mit Griechenland bestanden die Flotten des Großen Königs gänzlich aus Schiffen, welche die Phönicier, die Syrer, die eroberten Provinzen von Klein-Asien und die anliegenden Inseln ihm lieferten. Herodot und Diodorus Siculus erwähnen, wie viele Schiffe jedes Land zu der Flotte gab, mit welcher Xerxes Griechenland angriff; allein unter allen den zwölfhundert Schiffen, aus denen sie bestand, ist nicht ein einziges Persisches. Zugleich aber müssen wir bemerken, daß, dem Herodot zufolge dessen Autorität in diesem Punkte gar keinen Widerspruch leiden kann, die Flotte unter dem Befehl des Ariabigines, eines Sohns des Darius stand, der mehrere Satrapen von hohem Range unter sich hatte, und daß sowohl Perser als Meder an Bord derselben dienten. (Herod. lib. VII. c. 96. 97.) Durch welche Bewegungsgründe oder durch welche Autorität sie bewogen wurden, auf diese Art zu handeln, kann ich nicht erklären. Aus Religions-Bedenklichkeiten, die den Persischen ähnlich sind, weigern sich auch noch zu unserer Zeit die Eingebornen von Indostan, an Bord eines Schiffes zu gehen und Seedienste zu thun; doch haben die Sipois in Diensten der Europäischen Mächte sich bei einigen Gelegenheiten über diese Bedenklichkeiten weggesetzt.

X. (Erster Abschnitt, S. 31.)

Der Baron de Sainte-Croix scheint in seiner scharfsinnigen und gelehrten Kritik über die Geschichtschreiber Alexanders des Großen p. 96. einige Zweifel über die Anzahl der Städte zu hegen, die Alexander gebauet haben soll. Plutarch (de Fort. *Alex.*) versichert, es wären ihrer nicht weniger als siebzig gewesen. Aus vielen Stellen in den alten Geschichtschreibern erhellet, daß das Anlegen von Städten, oder — was man als einerlei damit ansehen kann — von festen Posten, die Methode war, deren sich nicht nur Alexander, sondern auch seine Nachfolger bedienten, um ihre Autorität über die besiegten Nationen zu behaupten.

Seleukus und Antiochus, denen der größte Theil
des Persischen Reiches unterwürfig ward, zeichneten sich
nicht weniger als Alexander dadurch aus, daß sie
neue Städte gründeten; und diese Städte scheinen den
Absichten ihrer Stifter vollkommen entsprochen zu haben,
da sie, wie ich in der Folge zu bemerken Gelegenheit
haben werde, wirklich die Empörung der eroberten Pro=
vinzen verhinderten. Obgleich die Griechen von Liebe
zur Freiheit und zu ihrem Vaterlande beseelt, wie Herr
de Sainte-Croix bemerkt, sich nicht in dem Persi=
schen Reiche niederlassen wollten, als dies noch un=
ter der Herrschaft seiner eingebornen Monarchen stand;
so war doch der Fall ganz anders, als es unter ihre eigne
Herrschaft kam, und sie ließen sich nun nicht als Unter=
thanen, sondern als Herren, darin nieder. Sowohl
Alexander als seine Nachfolger zeigten viele Beur=
theilungskraft bei der Wahl der Städte, die sie anlegten.
Seleucia, das Seleukus bauete, stand an Bevöl=
kerung, Reichthum und Wichtigkeit nur Alexandrien
nach. Gibbon, Vol. I. p. 250. *D'Anville*, Mém. de
Littérat. XXX.

XI. (Erster Abschnitt. S. 33.)

Unsre geringe Kenntniß von den Fortschritten, die
Seleukus in Indien machte, verdanken wir dem
Justin (lib. XV. c. 4.). Doch wir können uns auf sein
Zeugniß nicht verlassen, wenn es nicht von anderen
Schriftstellern bestätigt wird. Plutarch scheint zu
behaupten, Seleukus sey weit in Indien vorgedrun=
gen; aber dieser achtungswerthe Schriftsteller zeichnet
sich mehr durch seine Kenntniß der Charaktere und durch
seine glückliche Wahl der Umstände aus, welche dieselben
andeuten und unterscheiden, als durch Genauigkeit in
historischen Nachforschungen. Plinius, dessen Auto=
rität von größerem Gewicht ist, scheint es als zuverläß

fig anzusehen, daß Seleukus seine Waffen in Gegenden von Indien verbreitet habe, wohin Alexander nie gekommen war. (*Plin.* Nat. Hist. lib. VI. c. 17.) Die Stelle, wo er dies erwähnt, ist etwas dunkel; indeß scheint darin zu liegen, daß Seleukus von dem Hyphasis nach dem Hysudrus, von da nach Palibothra, und von da nach der Mündung des Ganges marschirt sey. Er giebt die Hauptstationen auf diesem Wege an, und sie betragen 2244 Römische Meilen. So versteht Bayer (Histor. Regni Graecor. Bactriani, p. 37.) die Worte des Plinius. Mir aber kommt es höchst unwahrscheinlich vor, daß der Indische Feldzug des Seleukus lange genug gedauert haben könne, um ihm zu so ausgebreiteten Operationen Zeit zu lassen. Wenn Seleukus bis zur Mündung des Ganges vorgedrungen wäre, so hätten die Alten von dem Theile des Landes wohl etwas Genaueres gewußt, als sie jemals gewußt zu haben scheinen.

XII. (Erster Abschnitt. S. 34.)

Major Rennell giebt eine große Idee hiervon, indem er uns belehrt, „daß der Ganges, nachdem er aus dem gebirgigen Striche, in welchem er über achthundert (Englische) Meilen fortgeflossen, hervorgekommen ist," (Mem. p. 233.) „in seinem Laufe durch die Ebene elf Flüsse aufnimmt, von denen mancher so groß wie der Rhein, keiner aber kleiner als die Themse ist, eben so viele von geringerer Bedeutung ungerechnet." (p. 257.)

XIII. (Erster Abschnitt. S. 35).

Bei Bestimmung der Lage von Palibothra, habe ich es gewagt, von dem Major Rennell abzugehen; allein ich thue es nicht ohne Schüchternheit. Dem Strabo zufolge, lag Palibothra bei dem Zusammenflusse des Ganges und eines anderen Stromes. (lib. XV. p. 1028. A.) Arrian ist noch deutlicher. Er setzt Palibothra

Erläuterungen.

an den Zusammenfluß des Ganges und des Errakaboas, welcher letztere, nach seiner Beschreibung, kleiner als der Ganges oder Indus, aber größer als irgend ein andrer bekannter Fluß ist. (Hist. Ind. c. 10.) Nach dieser Beschreibung kommt die Lage jener Stadt genau mit der von Allahabad überein. Pat. Boudier, dessen Bemerkungen für die Geographie von Indien so nützlich gewesen sind, sagt: der Dschumna (Jumna) sey ihm bei seinem Einfluß in den Ganges nicht kleiner vorgekommen, als dieser Strom. (*D'Anville* Antiq. de l'Inde. p. 53.) Den Namen Allahabad bekam jene Stadt von dem Kaiser Akbar, der daselbst eine starke Festung errichtete, von welcher Hodges (N. IV. seiner ausgewählten Prospekte in Indien) eine schöne Zeichnung bekannt gemacht hat. Ihr alter Name, unter dem die Hindus sie noch kennen, ist Praeg oder Piyag, und die Bewohner des Distriktes werden Praegi genannt, welches viele Aehnlichkeit mit Prasii, dem alten Namen des Königreiches hat, worin Palibothra die Hauptstadt war. (P. Tieffenthaler, Bernoulli, B. I. S. 159. *D'Anville*, p. 56.) Allahabad ist ein so ausgezeichneter Sitz des Gottesdienstes der Hindus, daß es die Königin der gottesdienstlichen Oerter genannt wird. (Ajihn Akbery, Vol. II. p. 35.). „Das Land, vierzig Meilen weit rings umher, wird für heiligen Boden gehalten. Die Hindus glauben, wenn ein Mann an diesem Orte stirbt, so werde er bei seinem nächsten Wiederaufleben Alles erhalten, was er sich nur wünsche. Ob sie gleich lehren, daß Selbstmord im Ganzen nach diesem Leben mit Qualen bestraft werden soll, so sehen sie es doch als verdienstlich an, wenn jemand sich in Allahabad das Leben nimmt." Ajihn Akbery III, 256. — P. Tieffenthaler beschreibt die verschiedenen Gegenstände der Verehrung in Allahabad, die noch von einer unermeßlichen Anzahl Pilgrimme mit großer Ehrfurcht

besucht werden. (Bernoulli, Th. I. S. 160.) Aus allen
diesen Umständen können wir schließen, daß es ein sehr
alter Ort ist und mit dem ehemaligen Palibothra einerlei
Lage hat.

Major Rennell ist hauptsächlich durch zwei Rücksichten bewogen worden, Palibothra in die Lage des jetzigen Patna zu setzen: 1. weil er erfahren, daß an oder
nahe bei dem Orte, wo Patna liegt, vor alten Zeiten
eine sehr große Stadt, Namens Patelput-her, oder
Patalipputra, gestanden habe, welches mit dem
alten Namen Palibothra viele Aehnlichkeit hat. Zwar
fließen jetzt bei Patna nicht zwei Ströme zusammen; aber
er erfuhr, daß der Einfluß des Soane in den Ganges,
der jetzt zwei und zwanzig Meilen oberhalb Patna Statt
findet, ehemals unter den Mauern dieser Stadt gewesen sey. Die Indischen Flüsse ändern ihren Lauf bisweilen auf eine sonderbare Weise, wovon er mehrere
merkwürdige Beispiele anführt. Aber räumte man auch
ein, daß die Nachrichten der Eingebornen von dieser
Veränderung in dem Laufe des Soane völlig genau wären: so frage ich, ob Arrian's Nachricht von der
Größe des Erranaboas auf jenen Fluß anwendbar sey;
und das ist sie auf ihn gewiß nicht in dem vollkommnen
Maße, wie auf den Dschumna. — 2. Einigermaßen
scheint des Plinius Itinerarium, oder Verzeichniß
der Entfernungen von Taxila (dem jetzigen Attack) bis
nach der Mündung des Ganges, Einfluß auf ihn gehabt
zu haben. (Nat. Hist. lib. VI. c. 17.) Aber die Entfernungen in diesem Tagebuche sind mit so geringer Genauigkeit angegeben und in einigen Fällen so handgreif-
lich falsch, daß man sich nicht mit vieler Sicherheit darauf verlassen kann. Ihm zufolge liegt Palibothra 425
Meilen unterhalb der Stelle, wo der Dschumna und
der Ganges zusammen fließen; die wirkliche Entfernung
zwischen Allahabad und Patna ist aber nicht mehr, als

Erläuterungen.

zweyhundert Englische Meilen. Von einer so beträchtlichen Abweichung läßt sich kein Grund angeben, wenn man nicht annimmt, es finde in dem Tagebuche ein außerordentlicher Irrthum Statt, oder der Zusammenfluß des Dschumna mit dem Ganges habe eine große Veränderung erlitten. Für die erstere von diesen Vermuthungen hat man, so viel ich weiß, in keiner Handschrift, und für die letztere in keiner Tradition eine Autorität. Major Rennell giebt die Gründe an, aus denen er annimmt, daß die Lage von Palibothra mit der von Patna einerlei sey; (Memoir. p. 49 — 54.) Einige von den Einwürfen, die sich gegen diese Hypothese machen lassen, hat er vorausgesehen und ihnen zu begegnen gesucht. Doch ungeachtet alles dessen, womit ich sie noch vermehrt habe, wird es mich gar nicht befremden, wenn bei einer geographischen Erörterung meine Leser geneigt sind, seine Entscheidung der meinigen vorzuziehen.

XIV. (Erster Abschnitt. S. 37.)

Ich erwähne eines kurzen feindlichen Einfalls nicht, den Antiochus der Große ungefähr 197 Jahr nach dem Einbruche seines Vorfahren Seleukus in Indien that. Wir wissen von dieser Begebenheit weiter nichts, als daß der Syrische Monarch, nachdem er den Krieg gegen die beiden sich empörenden Provinzen Parthien und Baktrien geendigt hatte, in Indien einrückte, mit Sophagasenus, einem Könige dieses Landes, Frieden schloß, und von ihm eine Anzahl Elephanten, nebst einer Summe Geldes bekam. Polyb. lib. X. p. 597. seq. lib. XI. p. 651. edit. Casaub. — Justin. lib. XV. c. 4. — Bayer, Hist. Regn. Graecor. Bactr. p. 59. seq.

XV. (Erster Abschnitt. S. 38.)

Ein Umstand, den Strabo beiläufig erzählt, und der dem nachforschenden Fleiße des Herrn de Guignes entgangen ist, stimmt auf eine merkwürdige Art mit der Erzählung der Chinesischen Schriftsteller überein, und bestätigt sie. „Den Griechen, sagt er, ward Baktria von Stämmen oder Horden Scythischer Nomaden weggenommen, die aus dem Lande jenseits des Jaxartes kamen, und unter den Namen Asii, Pasiani, Tachari und Sakarauli bekannt sind. (Strab. lib. XI. p. 779. A.) Die Nomaden der Alten waren Nationen, die, gleich den Tataren, entweder ganz, oder doch beinahe ganz, als Hirten ohne Ackerbau lebten.

XVI. (Erster Abschnitt. S. 41.)

Da Arsinoe, das jetzige Suez, viel näher am Nil liegt, als Berenike an Koptos, so hätten alle in den Arabischen Meerbusen eingeführte Waaren auf diesem Wege geschwinder und wohlfeiler nach Aegypten gebracht werden können. Aber die Schifffahrt in dem Arabischen Meerbusen, die selbst bei dem jetzigen verbesserten Zustande der nautischen Wissenschaft langsam und schwierig ist, ward in alten Zeiten von den rings umher wohnenden Nationen für so äußerst gefährlich angesehen, daß sie deshalb verschiedenen darin befindlichen Vorgebirgen, Bayen und Häfen solche Namen gaben, aus denen man sehr deutlich sieht, welchen Eindruck die Furcht vor dieser Gefahr auf ihre Imagination gemacht hatte. Den Eingang in den Meerbusen nannten sie Bab=el=mandeb, das Thor oder die Pforte der Noth. Einen nicht weit davon gelegenen Hafen nannten sie: Mete; d. i. Tod; eine benachbarte Landspitze: Gardefan, das Leichen = Vorgebirge. Der Schriftsteller, dem ich diese Belehrung verdanke, Herr Bruce, (Travels, vol. I. p. 442. etc.) erwähnt noch andre Benennungen von ähnlicher Bedeutung. Es ist also nicht befremdend, daß man den Stapel des Indischen Handels von dem nördlichen Ende des Arabischen Meer=

Erläuterungen.

Meerbusens nach Berenice verlegt hat, da durch diese Veränderung eine gefährliche Schifffahrt sehr abgekürzt ward. Dies scheint die Hauptursache gewesen zu seyn, weshalb Ptolemäus den Hafen für die Communication mit Indien in Berenice anlegte, obgleich andre Häfen in dem Arabischen Meerbusen um ein beträchtliches näher am Nil lagen. In einer späteren Periode, als der Kaiser Diokletian Koptos verheert hatte, wurden, wie Abulfeda (Descript. Aegypt. edit. *Michaëlis*, p. 77) uns belehrt, die Indischen Waaren auf dem kürzesten Wege von dem Rothen Meere nach dem Nil gebracht; nehmlich von Coseir, wahrscheinlich dem Philoteras Portus des Ptolemäus, nach Cous, dem Vicus Apollinis, welches vier Tagereisen beträgt. Eben so weit gaben die Eingebornen dem Dr. Pococke die Entfernung an; (Travels, vol. I. p. 87.) Dadurch wurde Cous aus einem kleinen Dorfe in Ober-Aegypten die nächstgroße Stadt nach Fostat, oder Alt-Cairo. In der Folge der Zeit ward, aus Ursachen, die ich nicht erklären kann, der Handel des Rothen Meeres von Coßseir nach Kene verlegt, welches den Fluß weiter hinunter liegt, als Cous; (*Abulfeda*, p. 13. 77. *D'Anville* Egypte, 196—200.) In neueren Zeiten werden alle in Aegypten eingeführte Indische Waaren entweder zur See von Dschidda (Gidda) nach Suez, und von da auf Kameelen nach Kahira (Cairo) gebracht, oder zu Lande mit der Karavane transportirt, die von ihrer Wallfahrt nach Mekka zurückkommt. (Niebuhrs Reise, B. I, S. 280. *Volney*, I, 188 u. f.). Dies ist, so weit ich habe nachspüren können, eine vollständige Nachricht von allen den verschiedenen Wegen, auf denen die Produkte des Orients, seit der ersten Eröffnung dieser Communication, nach dem Nil gebracht worden sind. Es ist sonderbar, daß P. Sicard (Mém. des Missions dans le Lévant, Tom. II. p. 157.) und einige andre achtungswürdige

O

Schriftsteller angenommen haben, Cosseir sey das von Ptolemäus gegründete Berenice, obgleich Ptolemäus dessen Breite auf 23° 50' angiebt, und Strabo (lib. II. p. 195. D.) es so beschreibt, als ob es mit Syene beinahe unter demselben Parallel liege. Diesem Irrthume zufolge, hat man des Plinius Berechnung der Entfernung zwischen Berenice und Koptos, nehmlich daß sie zweihundert und acht und funfzig Meilen betrage, für irrig gehalten. (Pococke, p. 87.) Doch, da Plinius nicht bloß die Entfernung im Ganzen erwähnt, sondern auch die verschiedenen Stationen auf der Reise nennt und die Anzahl von Meilen zwischen jeder angiebt; ferner da das Itinerarium des Antonin genau mit diesem Bericht übereinstimmt: (d'Anville Egypte, p. 21.) so hat man keine Ursache, dessen Genauigkeit in Zweifel zu ziehen.

XVII. (Erster Abschnitt. S. 42.)

Major Rennell (Indrod. XXXVI.) ist der Meinung, „daß die Aegyptier unter den Ptolemäern ihre Schifffahrt bis zu der äußersten Spitze der Indischen Halbinsel erstreckt haben, und sogar den Ganges hinauf bis nach Palibothra (dem jetzigen Patna) gesegelt sind." Doch, wäre man gewöhnlich den Ganges bis nach Patna hinauf gefahren, so müßten die Alten die inneren Theile von Indien besser gekannt haben, als es jemals der Fall gewesen ist, und sie hätten ihre Kenntniß von demselben nicht immer bloß aus dem Megasthenes geschöpft. Strabo fängt seine Beschreibung von Indien (lib. XV. p. 1005. B). auf eine sehr merkwürdige Art an. Er ersucht seine Leser um Nachsicht bei derselben, da Indien ein sehr entferntes Land und nur von wenigen Personen besucht worden sey, und da von diesen Wenigen manche, weil sie nur einen kleinen Theil des Landes gesehen, entweder vom Hörensagen, oder,

Erläuterungen

wenn es hoch käme, nur das erzählten, was sie flüchtig bemerkt hätten, indeß sie entweder in Kriegesdiensten oder auf einer Reise durch das Land gekommen wären. Er erwähnt auch, (p. 1006. C.) daß nur wenige Handelsleute aus dem Arabischen Meerbusen jemals nach dem Ganges gekommen sind; ferner behauptet er, (1011. C.) der Ganges ergieße sich nur mit Einer Mündung in das Meer: ein Irrthum, den er nicht begangen haben könnte, wenn die Beschiffung dieses Flusses zu seiner Zeit gewöhnlich gewesen wäre. Er erwähnt zwar die Fahrt den Ganges hinauf, (ibid. 1010.) aber nur flüchtig in einem einzigen Perioden; da doch eine so beträchtliche, über vier hundert Meilen lange inländische Reise durch ein sehr bevölkertes und reiches Land, wenn sie gewöhnlich gewesen oder auch von den Römischen, Griechischen und Aegyptischen Handelsleuten nur jemals gemacht worden wäre, nothwendig eine besondere Beschreibung verdient hätte, und von Plinius und andern Schriftstellern erwähnt seyn müßte, weil in der Schifffahrt der Alten nichts Aehnliches vorkam. Arrian (oder wer sonst der Verfasser von dem Periplus Maris Erythraei seyn mag) bemerkt, (p. 32. ap. Huds. Geogr. Minor.) daß vor der Entdeckung eines neuen Weges nach Indien, deren in der Folge Erwähnung geschehen soll, der Handel mit diesem Lande in kleinen Fahrzeugen geführt ward, welche um jede Bay herum segelten. Fahrzeuge von solcher leichten Bauart und die auf diese Weise fuhren, paßten sehr schlecht zu einer so weiten Reise, wie die um Kap Comorin, und den Bengalischen Meerbusen hinauf, nach Patna. Es ist nicht unwahrscheinlich, daß die Kaufleute, von denen Strabo sagt, sie hätten den Ganges erreicht, zu Lande dahin gegangen sind, entweder von den Gegenden an der Mündung des Indus, oder von irgend einem Theile der Malabarischen Küste, und daß die Fahrt den Ganges hinauf, deren er zufälliger Weise erwähnt, von den Eingebornen in ihren eignen Schiffen unternommen ward. Diese Meinung wird durch seine Bemerkungen über die schlechte Bauart der Schiffe, welche jenen Theil des Indischen Oceans besuchten, einigermaßen bestätigt. Aus seiner Beschreibung derselben (p. 1012. C.) sieht man augenscheinlich, daß es inländische Fahrzeuge waren.

XVIII. (Erster Abschnitt. S. 44).

Die irrigen Begriffe, welche verschiedene einsichtsvolle Schriftsteller des Alterthums in Ansehung des Kaspischen Meeres hatten, kennt zwar jeder Gelehrter; aber sie sind so merkwürdig, und geben ein so auffallendes Beispiel von der Unvollkommenheit ihrer geographischen Kenntniß, daß eine vollständigere Nachricht von ihnen nicht nur einigen meiner Leser vielleicht angenehm seyn könnte, sondern daß es, wenn ich es versuche die verschiedenen Wege nachzuzeichnen, auf denen die Waaren des Orients den Europäischen Nationen zugeführt wurden, auch nothwendig wird, mich etwas genauer auf die verschiedenen Meinungen einzulassen, welche sie in Ansehung jenes Meeres hatten. I. Nach Strabo (lib. XI. p. 773. A.) ist das Kaspische Meer eine Bay, die Zusammenhang mit dem großen Nördlichen Oceane hat, aus dem es zuerst durch eine Straße ausläuft und sich dann in eine fünfhundert Stadien breite See erweitert. Mit ihm stimmt Pomponius Mela (lib. III. c. 5.) überein; er beschreibt die Straße, durch die das Kaspische Meer mit dem Ocean zusammenhange, als beträchtlich lang, und als so enge, daß sie das Ansehen eines Flusses habe. Plinius (Nat. Hist. lib. VI. c. 13.) giebt ebenfalls eine ähnliche Beschreibung davon. Noch zu Justinians Zeit herrschte die Meinung, daß das Kaspische Meer mit dem Ocean in Verbindung stehe. (*Kosm. Indicopl.* Topogr. Christ. lib. II. p. 138. C.) —

II. Einige frühzeitige Schriftsteller haben aus einem noch sonderbareren Irrthum angenommen, es hange mit dem Schwarzen Meere zusammen; z. B. Quintus Curtius, dessen Unwissenheit in der Geographie man allgemein kennt. (lib. VII. c. 7.) — III. Arrian, ob er gleich ein Schriftsteller von weit mehr Beurtheilungskraft ist, und dadurch, daß er sich einige Zeit in der Römischen Provinz Kappadocien, als Gouverneur derselben, aufhielt, genauere Belehrung hätte erhalten können; sagt doch an einem Orte: (lib. VII. c. 16.) der Anfang des Kaspischen Meeres sey noch unbekannt, und es bleibe zweifelhaft, ob es mit dem Schwarzen Meere, oder dem großen östlichen Ocean, welcher Indien umgiebt, zusammenhange. An einem andren Orte (lib. V. c. 26.) behauptet er, es gebe eine Verbindung zwischen dem Kaspischen Meere und dem östlichen Ocean. Diese Irrthümer scheinen um so außerordentlicher, da schon Herodot, bei nahe fünfhundert Jahre vor Strabo's Zeit, eine richtige Beschreibung von dem Kaspischen Meere gegeben hatte. „Das Kaspische Meer, sagt er, (lib. I. c. 203.) ist ein Meer für sich selbst, und hängt mit keinem anderen zusammen. Ein Fahrzeug mit Rudern kann es der Länge nach in funfzehn, und der Breite nach in acht Tagen durchsegeln." Aristoteles beschreibt es auf gleiche Art, und behauptet mit seiner gewöhnlichen Genauigkeit: man müsse es einen großen See, und nicht ein Meer nennen. (Meteorolog. lib. II.) Diodorus Siculus tritt ihrer Meinung bei (Vol. II. lib. XVIII. p. 261.) Keiner von diesen Schriftstellern bestimmt übrigens, ob die größte Länge des Kaspischen Meeres sich von Norden nach Süden, oder von Osten nach Westen erstrecke. In den alten Karten, welche die Geographie des Ptolemäus erläutern, ist es so gezeichnet, als wenn die größte Länge von Osten nach Westen gehe. In neueren Zeiten haben die Europäer die erste Belehrung über die wahre Gestalt

Anmerkungen und des Kaspischen Meeres von **Anthony Jenkinson**, einem Englischen Kaufmanne erhalten, der im Jahr 1558 mit einer Karavane aus Rußland längs einem beträchtlichen Theile der Küste desselben reiste. (*Hakluyt* Collect. vol. I, p. 334.) Daß Jenkinsons Beschreibung richtig sey, ward durch eine wirkliche Untersuchung dieses Meeres bestätigt, die **Peter der Große** im Jahre 1718 anstellen ließ; und es ist nunmehr ausgemacht, daß das Kaspische Meer mit keinem anderen in Verbindung steht, und daß es sich von Norden nach Süden beträchtlich weiter erstreckt, als in seiner größten Breite von Osten nach Westen. Aus dieser Erörterung lernen wir übrigens, wie die ungegründeten, aber allgemein angenommenen Vorstellungen von diesem Meere mancherlei romantische Plane veranlassen konnten, vermittelst seines vermeinten Zusammenhanges mit dem Schwarzen Meere oder dem Nördlichen Ocean Indische Waaren nach Europa zu bringen. Es ist noch ein Beweis mehr von **Alexanders des Großen** Aufmerksamkeit auf Alles, was den Handel befördern konnte, daß er kurze Zeit vor seinem Tode Befehl gab, ein Geschwader in dem Kaspischen Meere auszurüsten, um dasselbe aufnehmen, und entdecken zu lassen, ob es entweder mit dem Schwarzen Meere oder mit dem Indischen Ocean zusammen hinge. (*Arrian.* lib. VII. c. 16.)

XIX. (Zweiter Abschnitt. S. 53.)

Aus diesen merkwürdigen Nachrichten lernen wir, wie unvollkommen die alte Schifffahrt, selbst in ihrem besten Zustande, war. Die Reise von Berenice nach Ocelis könnte nicht dreißig Tage erfordert haben, wenn man bei dem Laufe nicht ängstlich den Krümmungen der Küste gefolgt wäre. Den Weg von Ocelis nach Musiris würde, dem Major Rennell zufolge, ein Europäisches Schiff bei der neueren Art zu fahren in funfzehn Tagen

Erläuterungen.

zurücklegen, da er in gerader Richtung ungefähr siebenhundert und funfzig Seemeilen beträgt. (Introd. p. XXXVII.) Es ist merkwürdig, daß, obgleich der Periplus Maris Erythraei nach der Reise des Hippalus geschrieben ist, der Verfasser desselben doch hauptsächlich die alte Fahrt längs den Küsten von Arabien und Persien nach der Mündung des Indus, und von da die westliche Küste der Halbinsel bis nach Musiris hinunter, beschreibt. Ich kann hiervon keinen Grund angeben, außer wenn ich annehme, daß, bei der Abgeneigtheit des Menschengeschlechtes, alte Gewohnheiten aufzuopfern, die meisten Handelsleute von Berenice noch immer den Lauf hielten, dessen sie gewohnt waren. Der Weg von Alexandria nach Musiris erforderte (dem Plinius zufolge) vier und neunzig Tage. Im Jahre 1788 brauchte der Boddam, ein der Englischen Ostindischen Compagnie gehöriges Schiff von tausend Tonnen Last, nur vierzehn Tage mehr, um die ganze Reise von Portsmouth nach Madras zurückzulegen. So sehr hat man die Schifffahrt verbessert!

XX. (Zweiter Abschnitt. S. 54.)

Plato war der Meinung, in einem wohleingerichteten Staate müßten die Bürger sich nicht auf den Handel einlassen, noch der Staat selbst nach einer Seemacht streben. Der Handel, behauptet er, werde die Reinheit ihrer Sitten verderben, und durch den Seedienst würden sie sich daran gewöhnen, Vorwände zur Rechtfertigung eines Verhaltens zu finden, welches sich mit dem, was männlich und schicklich sey, so wenig vertrage, daß es nach und nach das straffe Band der Kriegeszucht erschlaffen müsse. Es wäre, nach seiner Behauptung, für die Athenienser besser gewesen, noch länger jährlich die Söhne von sieben ihrer vornehmsten Bürger dem Minotaurus zum Verschlingen zu schicken, als ihre alten Sitten zu ändern und eine Seemacht zu werden. In der vollkommnen Republik, von der er ein Bild entwirft, soll die Hauptstadt wenigstens zehn Meilen weit von der See entlegen seyn. (De legib. lib. IV, ab initio.) Diese Platonischen Ideen haben auch andre Philosophen angenommen. Aristoteles läßt sich auf eine förmliche Erörterung der Frage ein, ob ein nach richtigen Grundsätzen eingerichteter Staat handeltreibend seyn solle, oder nicht; und ob er gleich sehr geneigt ist, das Gegentheil von Platons Meinungen zu vertheidigen, so wagt er es doch nicht, ausdrücklich hierüber zu entscheiden. (De Republ. lib. VII. c. 6.) In Zeitaltern, wo solche Meinungen herrschend sind, läßt sich nur wenige Belehrung über den Handel erwarten.

XXI. (Zweiter Abschnitt. S. 58.)

Plinius, lib. X, c. 35. Principium ergo culmenque omnium rerum praetii Margaritae tenent. — Libr. XXXVII, c. 4. sagt er: Maximum in rebus humanis praetium, non solum inter gemmas, habet Adamas. Diese beiden Stellen sind so geradezu mit einander in Widerspruch, daß man sie unmöglich vereinigen, oder bestimmen kann, welche am besten mit der Wahrheit übereinkomme. Ich habe mich nach der ersteren gerichtet, weil wir mehrere Beispiele von dem übermäßigen Preise der Perlen, aber, so viel ich weiß, nicht Eins haben, daß Diamanten so theuer gekauft worden wären; und in dieser Meinung bestärkt mich eine Stelle des Plinius (lib. XX. c. 1.). Er erwähnt daselbst den ungeheuren Preis des Asbests, und sagt dann: aequat praetia excellentium Margaritarum. Darin liegt, daß er die Perlen für theurer hielt, als irgend eine andre Waare.

XXII. (Zweiter Abschnitt. S. 58.)

Plinius hat zwei ganze Bücher seiner Naturalis Historia (XII und XIII) zur Aufzählung und Beschrei-

Erläuterungen. 217

bung der Specereien, Gewürze, Salben und Riechwaaren bestimmt, deren Gebrauch der Luxus bei seinen Landsleuten eingeführt hatte. Da viele von diesen Artikeln Produkte Indiens oder der jenseits desselben gelegenen Länder waren, und da in dem Zeitalter des Plinius ein sehr ausgebreiteter Handel mit dem Orient geführt ward, so können wir aus dem hohen Preise, zu dem sie in Rom noch immer verkauft wurden, uns einigermaßen einen Begriff von der unermeßlichen Nachfrage nach ihnen machen. Eine Vergleichung der Preise, in welchen einerlei Waaren in dem alten Rom standen, mit denen, welche man bei uns dafür bezahlt, befriedigt nicht bloß die Neugierde, sondern giebt auch einen Maßstab an die Hand, nach welchem wir die verschiedenen Grade des Erfolges messen können, womit der Indische Handel in alten und neueren Zeiten getrieben worden ist. Meursius (de lux. Romanorum, c. 5.) und Stanislaus Robierzyckius (in seiner Abhandlung über eben diesen Gegenstand, lib. II. c. 3.) haben aus den Alten viele merkwürdige Stellen gesammelt, die sowohl den übermäßigen Preis der Perlen und Edelsteine bei den Römern, als den allgemeinen Gebrauch derselben unter Personen von jedem Stande betreffen. Englische Leser finden hinlängliche Belehrung in Dr. Arbuthnot's schätzbaren Tabellen über die alten Münzen, Gewichte und Maaße, p. 172, seq.

XXII. (Zweiter Abschnitt. S. 60.)

Herr Mahudel hat (in einem Aufsatze, den er im Jahre 1719 der Akademie der Inschriften und schönen Wissenschaften vorgelesen) die verschiedenen Meinungen der Alten über die Beschaffenheit und den Ursprung der Seide gesammelt; alle aber zeigen, wie unwissend dieselben in diesem Stücke waren. Seit Herrn Mahudel's Aufsatze hat der Pater du Halde (Beschreibung von China,

Deutsch. Ueberf. B. II. S. 244.) eine Art von Seide beschrieben, von der die Neueren, glaube ich, vorher nichts gewußt haben. „Diese wird von kleinen Insekten hervorgebracht, welche beinahe den nackten Schnecken gleichen. Sie spinnen weder runde noch ovale Cocons, wie der Seidenwurm, sondern lange Fäden, die, wenn der Wind sie fortwehet, an Bäumen und Büschen hangen bleiben. Diese Fäden sammelt man, und verarbeitet sie in seidene Zeuge, welche indeß gröber sind, als die aus dem Gespinnste des im Hause gezogenen Seidenwurms. Die Insekten, welche diese grobe Seide hervorbringen, werden nicht von Menschen gewartet." Dieß kommt beinahe mit Virgils Beschreibung überein:

Velleraque ut foliis depectant tenuia Seres.
Georg. II, 121.

Ein aufmerksamer Leser Virgils wird finden, daß er, neben allen anderen Eigenschaften eines malerischen Dichters, auch eine ausgebreitete Kenntniß der Naturgeschichte hatte. — Die Beschaffenheit und die Erzeugnisse der wilden Seidenwürmer werden ausführlicher erläutert in der großen Sammlung von Mémoires concernant l'Historie, les Sciences, les Arts etc. des Chinois, tom. II, pag. 575 seqq., und von dem Pater de Mailla in seiner weitläuftigen Geschichte von China, tom. XIII. p. 434. Es ist ein besonderer Umstand in der Geschichte der Seide, daß die Mohammedaner, weil dieselbe das Exkrement eines Wurmes ist, Kleidung davon als unrein betrachten; und alle ihre Lehrer haben einstimmig entschieden, daß eine Person, die ganz in Seide gekleidet sey, das im Koran vorgeschriebene tägliche Gebet nicht gesetzmäßig verrichten könne. *Herbel. Bibl. Oriental, artic. Harir.*

Erläuterungen.

XXIV. (Zweiter Abschnitt. S. 61.)

Wäre der Gebrauch der Indischen Baumwollen-Zeuge unter den Römern gemein gewesen, so würde man die verschiedenen Arten derselben, eben so wie die Specereien und Edelsteine, in dem Gesetze de Publicanis et Vectigalibus aufgezählt finden. Eine solche Specification wäre für die Kaufleute und für die Zoll-Einnehmer gleich nöthig gewesen.

XXV. (Zweiter Abschnitt. S. 61.)

Diesen Theil von Arrian's Periplus hat der Lieutenant Wilford sehr genau und mit vieler Gelehrsamkeit geprüft; und aus seiner Untersuchung erhellet, daß Arrians Plithana das neuere Pultanah ist, welches an dem südlichen Ufer des Flusses Godvery, zweihundert und siebzig Englische Meilen südlich von Barohtsch (Baroach) liegt; ferner, daß Tagara die Lage des jetzigen Daulatabad hatte, und daß das hohe Land, über welches die Waaren nach Barohtsch zugeführt wurden, die Ballagat-Berge sind. Die Richtungen und Entfernungen dieser verschiedenen Oerter, so wie Arrian sie einzeln anzeigt, geben (wenn das nöthig wäre) einen Beweis mehr, daß er über diese Gegend von Indien genaue Belehrung bekommen hatte. (Asiatic Researches, vol. I. p. 369. seqq.)

XXVI. (Zweiter Abschnitt. S. 69.)

Strabo räumt ein, daß er die Verbesserungen, welche Hipparchus aus astronomischen Beobachtungen für die Geographie hergeleitet hatte, vernachlässigt habe, und rechtfertiget sie durch eine von den logischen Subtilitäten, welche die Alten in alles, was sie schrieben, so geschickt zu bringen wußten. Er sagt: „ein Geograph (d. i. ein Erdbeschreiber) hat auf nichts, was außerhalb der Erde ist, Aufmerksamkeit zu wenden;

auch werden Leute, die in dem bewohnten Theile der Erde Geschäfte zu betreiben haben, die Diſtinktion und die Eintheilungen des Hipparchus keiner Aufmerkſamkeit werth finden." (lib. II. 134. O)

XXVII. (Zweiter Abſchn. S. 69.)

Welche hohe Meinung die Alten von dem Ptolemäus hatten, lernen wir von dem Agathemerus, der nicht lange nach ihm lebte. „Ptolemäus," ſagt er, der die Geographie in ein regelmäßiges Syſtem brachte, behandelte Alles, was dahin einſchlägt, nicht ſorglos, oder bloß nach ſeinen eigenen Ideen, ſondern er gab Acht auf das, was ältere Schriften gelehrt hatten, und nahm aus ihnen, was er der Wahrheit gemäß fand." (Epitom. geogr. lib. I. c. 6. edit. *Hudson*.) Aus gleicher Bewunderung ſeines Werkes, verfertigte Agathodämon, ein Künſtler in Alexandrien, zur Erläuterung deſſelben eine Anzahl von Karten, worin die Lagen aller von Ptolemäus erwähnter Oerter mit ihrer Länge und Breite genau nach deſſen Vorſtellungen verzeichnet ſind. (*Fabric*. Bibliotheca Graeca. Vol. III. p. 412.)

XXVIII. (Zweiter Abſchn. S. 70).

Da dieſe öffentlichen Vermeſſungen und Itineraria den alten Geographen die beſte Belehrung über die Lage und Entfernungen vieler Oerter gaben, ſo iſt es vielleicht nicht unſchicklich, hier anzuzeigen, auf welche Art ſie von den Römern zu Stande gebracht wurden. Julius Cäſar hatte zuerſt die Idee, eine allgemeine Vermeſſung des ganzen Reiches zu veranſtalten; er fing, unter Autorität eines Senatſchluſſes, die Arbeit an, und Auguſtus vollendete ſie. Da Rom in den Wiſſenſchaften noch weit hinter Griechenland zurück war, ſo wurde die Ausführung dieſes großen Unternehmens dreien Grie-

Erläuterungen. 221

chen anvertrauet, Männern von großer Geschicklichkeit und von Erfahrung in jedem Theile der Wissenschaften. Den östlichen Theil des Reiches vermaß Zenodoxus in vierzehn Jahren, fünf Monathen und neun Tagen; den nördlichen, Theodotus in zwanzig Jahren, acht Monathen und zehn Tagen; und die Vermessung des südlichen ward in 25 Jahren, 1 Monath und zehn Tagen vollendet. (*Aethici* Cosmographia apud Geographos, editos a *Henr. Stephano*, 1577. p. 107.) Dieses Unternehmen war jener hohen Personen würdig, und der Majestät eines großen Volkes gemäß. Außer dieser allgemeinen Vermessung veranlaßte jeder neue Krieg eine neue Zeichnung und Vermessung des Landes, worin er geführt ward. Aus dem Vegetius (Instit. Rei Militaris, lib. III. c. 6.) können wir schließen, daß jeder Statthalter einer Römischen Provinz eine Beschreibung derselben erhielt, worin die Entfernung der Oerter in Meilen, die Beschaffenheit der Landstraßen, die Nebenund abkürzenden Wege, die Berge, die Flüsse ꝛc. angegeben wurden. Dies alles, sagt er, war nicht bloß mit Worten beschrieben, sondern auf einer Karte gezeichnet, damit ein Feldherr bei dem Ueberdenken seiner kriegerischen Operationen nach dem Anblicke derselben desto leichter seinen Entschluß fassen könnte.

XXIX. (Zweiter Abschnitt. S. 71.)

Die Folge dieses Irrthums ist merkwürdig. Ptolemäus berechnet (lib. VIII. c. 1.) die Länge von Barygaza oder Barohtsch (Baroach) auf 17° 20′; und die von Cory, oder Kap Comorin, auf 13° 20′, welches genau einen Unterschied von vier Graden ausmacht, da doch der wirkliche Abstand zwischen diesen beiden Oertern beinahe vierzehn beträgt.

XXX. (Zweiter Abschnitt. S. 71.)

Ramusio, der Herausgeber der ältesten und vielleicht schätzbarsten Sammlung von Reisen, ist, so viel ich weiß, der erste, der diesen sonderbaren Irrthum des Ptolemäus erwähnt. (Viaggi, vol. I. p. 181.) Er bemerkt ganz richtig, daß der Verfasser der Umschiffung des Erythräischen Meeres genauer gewesen sey, und die Halbinsel Indien so beschreibe, als erstrecke sie sich von Norden nach Süden. (Peripl. p. 24. 29.)

XXXI. (Zweiter Abschnitt. S. 74.)

Dieser Irrthum des Ptolemäus kann mit Recht ungeheuer heißen, wie ich ihn genannt habe; und er scheint noch auffallender, wenn man sich erinnert, daß Ptolemäus nicht nur das gewußt haben muß, was Herodot (lib. IV. c. 4.) von der Umschiffung Afrika's auf Befehl eines Aegyptischen Königs erzählt, sondern auch die Meinung des Eratosthenes, welcher behauptete, nur die große Ausdehnung des Atlantischen Meeres hindere ein Verkehr zwischen Europa und Indien zur See. (Strab. Geogr. lib. I. p. 113. A.) Dieser Irrthum darf übrigens nicht gänzlich dem Ptolemäus zugeschrieben werden. Hipparchus, den man als seinen Führer ansehen kann, hatte gelehrt: die Erde sey nicht von einem zusammenhangenden Ocean umgeben, sondern dieser werde durch verschiedne Erdengen getrennt und in mehrere rings umschlossene Wasser getheilt. (Strab. lib. I. p. 11. B.) Ptolemäus trat dieser Meinung bei, und ward dadurch zu der Behauptung veranlaßt, daß sich von Cattigara ein unbekanntes Land bis nach Prassum an der Südostküste von Afrika erstrecke. (Geograph. lib. VII. c. 3. und 5.) Da das Ptolemäische System der Geographie allgemein angenommen war, so verbreitete sich mit demselben dieser Irrthum. Ihm zufolge lehrte der Arabische Geograph Edrisi, der im zwölf-

Erläuterungen.

ten Jahrhunderte schrieb, es erstrecke sich ein fortlaufender Strich Landes ostwärts von Sofala an der Afrikanischen Küste, bis er sich mit irgend einem Theile des festen Landes von Indien vereinige. (*D'Anville* Antiq. p. 187.) Dem ersten Bande der Gesta Dei per Francos ist eine alte und sehr rohe, nach dieser Idee des Ptolemäus gezeichnete Karte von der bewohnbaren Erde angehängt. Herr Gosselin hat auf seiner Karte unter dem Titel *Ptolemaei* Systema Geographicum diesen erträumten Strich Landes, wovon Ptolemäus glaubte, er verbinde Afrika mit Asien, vorgestellt. (Géographie des Grecs analysée.)

XXXII. (Zweiter Abschnitt. S. 74.)

In diesem Theile meiner Untersuchung sowohl, als in der zur Erläuterung derselben verfertigten Karte, sind im Ganzen Herrn d'Anville's geographische Ideen befolgt worden, die der Major Rennell (Introd. p. XXXIX.) gebilligt und bestätigt hat. Aber neuerlich hat Herr Gosselin ein gelehrtes und scharfsinniges Werk unter folgendem Titel herausgegeben: „Erläuterung der Geographie der Griechen; oder die Systeme des Eratosthenes, Strabo und Ptolemäus, mit einander und mit den Kenntnissen der Neueren verglichen." Er weicht hierin von seinem Landsmann in Ansehung vieler Bestimmungen ab. Ihm zufolge ist das Magnum Promontorium, welches Herr d'Anville für das Kap de Romania an dem südlichen Ende der Halbinsel Malakka hält, die Spitze Bragu an der Mündung des großen Flusses Ava; und nahe bei diesem hin setzt er Zaba, wovon d'Anville und Barros (Decad. II. lib. VI, c. 1.) vermuthen, daß es an der Straße von Sinkapura oder Malakka liege. Den Magnus Sinus des Ptolemäus hält er für den Meerbusen von Martaban, nicht aber für den von Siam, wofür Herr d'Anville ihn erklärt. Die Lage von Cattigara kommt, wie er zu zeigen sucht, mit der von Mergui, einem beträchtlichen Hafen an der Westküste des Königreiches Siam, überein; und Thinae oder Sinae Metropolis, welches Herr d'Anville bis nach Sin-hoa in dem Königreiche Kochin-China hin verlegt, liegt, ihm zufolge, mit Mergui an einem und eben demselben Flusse, und hat jetzt den Namen Tana-serim. Die Ibadii Insula des Ptolemäus, welche Herr d'Anville für Sumatra hält, ist, nach seiner Behauptung, eine von den kleinen Inseln in der Gruppe, welche vor diesem Theile der Küste von Siam liegt; (p. 137 — 148.) Herrn Gossetin's System zufolge, segelten die Alten niemals durch die Straße von Malakka, hatten keine Kenntniß von der Insel Sumatra, und waren mit dem östlichen Oceane gänzlich unbekannt. Sollten einige von meinen Lesern diese Meinungen wohl gegründet finden, so müßten die Schifffahrt und der Handel der Alten in Indien in noch engere Gränzen eingeschlossen werden, als ich ihnen angewiesen habe. Aus dem Asihn Akbery, (vol. II, p. 7.) lernen wir, daß das Königreich Pegu ehemals Tschihn (Cheen) hieß. Da dieses Land an Ava gränzt, wohin Herr Gosselin das große Vorgebirge, Magnum Promontorium, setzt, so könnte die große Aehnlichkeit in den Namen vielleicht seine Meinung bestätigen, daß Sinae Metropolis an dieser Küste, und nicht so weit ostwärts gelegen habe, wie Herr d'Anvile es angiebt.

Des Ptolemäus Beschreibung von diesem östlichen Theile Asiens ist irriger, dunkler und widersprechender, als irgend ein andrer Abschnitt seines Werkes; auch sind alle Handschriften desselben, die Griechischen sowohl als die Lateinischen, in den beiden Kapiteln, welche die Beschreibung der Länder jenseits des Ganges enthalten, ganz besonders fehlerhaft. Daher hat Herr d'Anville in seiner Abhandlung über die dem Alterthum bekann-

Erläuterungen.

kannten Gränzen der Erde jenseits des Ganges mehr Conjekturen aufgenommen, als man in den anderen Untersuchungen dieses vorsichtigen Geographen findet. Auch bauet er darin mehr als gewöhnlich auf die Aehnlichkeiten zwischen den alten und neuen Namen von Oertern, wiewohl er immer vielleicht allzu sehr geneigt ist, dergleichen aufzusuchen und sich daran zu halten. In der That sind diese Aehnlichkeiten oft sehr auffallend, und haben ihn auf viele glückliche Entdeckungen gebracht. Aber bei dem Lesen seiner Schriften ist es, sollte ich denken, unmöglich, nicht zu bemerken, daß einige, die er erwähnt, weit hergeholt und grillenhaft sind. So oft ich ihm folge, thue ich es nur da, wo er seine Schlüsse mit seiner gewöhnlichen Genauigkeit gemacht zu haben scheint.

XXXIII. (Zweiter Abschnitt. S. 83.)

Der Verfasser des Periplus Maris Erythraei hat die Entfernungen vieler von ihm erwähnten Oerter mit solcher Genauigkeit angegeben, daß man dadurch näher, als durch irgend einen anderen Schriftsteller des Alterthums, an eine vollständige Uebersicht der Küste kommt, nehmlich von Myos-hormus an der Westseite des Arabischen Meerbusens, längs den Küsten von Aethiopien, Arabien, Persien und Caramanien nach der Mündung des Indus hin, und von da die Westseite der Indischen Halbinsel hinunter bis nach Musiris und Barace. Dies vermehrt den Werth dieses kurzen Aufsatzes, der auch in jeder anderen Rücksicht großes Verdienst hat. Man kann es als einen merkwürdigen Beweis von dieses Schriftstellers ausgebreiteter und genauer Kenntniß Indiens ansehen, daß er unter den Alten der einzige ist, der einigermaßen mit der noch jetzt subsistirenden Haupteintheilung dieses Landes bekannt gewesen zu seyn scheint; nehmlich in das eigentliche Indostan, welches die nördlichen Provinzen der Halbinsel, und in Decan, welches die süblichen in sich begreift. „Von Barygaza, sagt er, erstreckt sich das Land nach Süden; von hier an wird es Dachinabades genannt: denn in der Landessprache heißt der Süden Dachanos." (Peripl. p. 29.) Da die Griechen und Römer einem fremden Namen, wenn sie ihn in ihrer Sprache gebrauchten, immer eine der ihrigen angemessene Endung gaben, welches auch die grammatikalischen Formen beider Sprachen gewissermaßen nothwendig machten; so ist Dachanos augenscheinlich einerlei mit Decan, dem Worte, das noch eben die Bedeutung hat und zur Benennung jenes Theils von der Halbinsel gebraucht wird. Die nördliche Gränze von Decan ist gegenwärtig der Fluß Nerbuddah, wo auch unser Verfasser sie angiebt. (Peripl. ibid.)

XXXIV. (Erster Abschnitt. S. 86.)

Obgleich die alten Astronomen bei der Bestimmung der Breiten aus Beobachtungen der Sonne und der Sterne, gewisse nöthige Berichtigungen vernachlässigten, so sind doch ihre Resultate zuweilen bis auf wenige Minuten richtig. Bei anderen Gelegenheiten aber scheinen sie sich bis um zwei, ja selbst um drei Grade geirrt zu haben; und eins ins andre gerechnet, kann man vielleicht annehmen, daß sie bis auf einen halben Grad der Wahrheit nahe gekommen sind. Dieser Theil der alten Geographie würde also noch so ziemlich genau gewesen seyn, wenn man eine hinlängliche Anzahl solcher Bestimmungen gehabt hätte. Das war aber keineswegs der Fall, und sie scheinen sich auf einige merkwürdigere Plätze in den Gegenden rings um das Mittelländische Meer eingeschränkt zu haben.

Wenn man aus Mangel an genaueren Beobachtungen die Breite aus der Dauer des längsten oder kürzesten Tages schließen mußte, so war in keinem Falle große

Erläuterungen.

Genauigkeit zu erwarten, und am allerwenigsten in der Nähe des Aequators. Ein Irrthum von einer Viertelstunde, der sich, ohne irgend eine Art die Zeit genauer zu messen, als es die Alten konnten, nicht leicht vermeiden ließ, verursacht in solchen Lagen vielleicht einen Irrthum von vier Graden in der Bestimmung der Breite.

Bei Oertern in der heißen Zone hatte man ein anderes Mittel, die Breite zu bestimmen. Man durfte nehmlich nur die Zeit im Jahre beobachten, wenn die Sonne senkrecht über einem Orte stand, oder wenn perpendikular stehende Körper zu Mittage keinen Schatten warfen; dann war die Entfernung der Sonne vom Aequator, die man aus den Grundsätzen der Astronomie kannte, der Breite dieses Ortes gleich. Wir haben Beispiele von der Anwendung dieser Methode in der Bestimmung der Breite von Syene und Meroe. Die größtmögliche Genauigkeit dieser Methode scheint sich nur auf etwa einen halben Grad einzuschränken, und zwar bloß in der Voraußsetzung, daß der Beobachter sich an einem Orte bleibend aufhielt; denn, wenn er von einem zum anderen reiste und nicht Gelegenheit hatte, die Beobachtung eines Tages durch eine andre am folgenden zu verbessern, so mußte er wahrscheinlich noch beträchtlich weiter von der Wahrheit abweichen.

Da Mondfinsternisse nicht häufig sind und selten zu Bestimmung der Länge von Oertern angewendet werden konnten, nehmlich nur dann, wenn Astronomen zu genauer Beobachtung derselben da waren; so dürfen wir sie bei Prüfung der Geographie von entfernten Ländern gar nicht in Anschlag bringen. Die Unterschiede zwischen den Meridianen mehrerer Oerter wurden folglich in alten Zeiten gänzlich durch die Richtungen der letzteren und ihre Entfernungen von einander bestimmt; daher trafen alle Irrthümer der Rechnungen, Aufnahmen und Itinerarien hauptsächlich die Länge, gerade so, wie es jetzt einem Schiffe geht, welches weiter kein Mittel hat, seine Länge zu bestimmen, als daß es die Rechnung des Laufes mit den Beobachtungen der Breite vergleicht; doch mit dem Unterschiede, daß der geschickteste unter den alten Seefahrern in weit größere Irrthümer fallen mußte, als der unwissendste Schiffer in neueren Zeiten, wenn er nur einen Kompaß hat, begehen kann. Die Länge des Mittelländischen Meeres beträgt, von den Säulen des Herkules bis an die Bay von Issus gemessen, weniger als vierzig Grade; aber auf den Karten des Ptolemäus hat sie über sechzig, und im Ganzen weichen seine Längen, die er von dem Meridian von Alexandrien an rechnet, besonders nach Osten hin, beinahe in eben dem Verhältnisse von der Wahrheit ab. Es scheint in der That, als hätte man in entfernten Meeren die Küsten oft nach einer unvollständigen Nachricht von den durchsegelten Entfernungen, ohne die mindeste Kenntniß von den Richtungen oder der Direktion des Schiffslaufes, gezeichnet. Ptolemäus pflegte zwar ungefähr ein Drittheil für die Krümmung in dem Lauf eines Schiffes abzurechnen; (Geogr. lib. II. c. 12.) aber öffenbar konnte die Anwendung dieser allgemeinen Regel selten zu einem richtigen Schlusse führen. Hiervon ist die Figur, welche dieser Geograph der Halbinsel Indien gegeben hat, ein auffallender Beweis. Von dem Promontorium Barygazenum bis zu dem mit „Locus unde solvunt in Chrysen navigantes" bezeichneten Orte, d. i. von Surat an der Küste Malabar, bis etwa nach Narsapur an der Küste Coromandel, ist die Entfernung, längs der Seeküste gemessen, mit der wirklichen beinahe übereinstimmend, nehmlich ungefähr fünfhundert und zwanzig Seemeilen. Aber der Irrthum in der Richtung ist erstaunlich; denn, anstatt daß die Küsten Malabar und Coromandel sich nach Süden erstrecken und einander bei Kap Comorin in einem sehr spitzen Winkel durch-

Erläuterungen.

schneiden, läßt Ptolemäus sie beinahe in gerader Linie von Westen nach Osten gehen, so daß sie nur ein wenig nach Süden abweichen. Zugleich ist diese Küste mit verschiedenen Bayen und Vorgebirgen bezeichnet, die in ihrer Lage mit den wirklich darauf vorhandenen beinahe übereinkommen. Alle diese Umstände mit einander verglichen, zeigen sehr deutlich an, aus welchen Materialien die alte Karte von Indien zusammengetragen ward. Die Schiffe, welche an der Küste dieses Landes gewesen waren, hatten über die Zeit, die sie auf der Fahrt von einem Orte zum anderen zubrachten, Rechnung gehalten, und so wie sie längs der Küste hinsteuerten, immer angegeben, an welcher Seite das Land lag, wenn sie queer über eine Bay, oder um ein Vorgebirge herum fuhren. Dieses unvollkommene Tagebuch, vielleicht mit einer unbestimmten Nachricht von der Breite eines oder zweier Oerter, war vermuthlich alle die Belehrung, die Ptolemäus über die Küste von Indien erhalten konnte. Daß er von Kaufleuten, die nicht in der besonderen Absicht, die Küste zu erforschen, segelten, keine besseren Nachrichten zu erhalten im Stande war, darf uns nicht wundern, wenn wir bedenken, daß selbst Hanno's berühmter Periplus einen Geographen nicht in Stand setzt, die Küste von Afrika genauer zu entwerfen, als Ptolemäus die Indische gezeichnet hat.

XXXV. (Zweiter Abschnitt. S. 95.)

Die Einführung des Seidenwurms in Europa, und ihre Wirkungen hatte Herr Gibbon in der Geschichte des Kaisers Justinian zu berühren; und ob dies gleich unter der Menge von großen Begebenheiten, die seine Aufmerksamkeit beschäftigen mußten, nur ein Gegenstand von untergeordneter Wichtigkeit war, so hat er ihn doch so genau, so bestimmt erzählt und geprüft, daß auch ein Schriftsteller, der keinen größeren Gegenstand zu unterſuchen hätte, Ehre davon haben würde. (Vol. IV. p. 71. ſeq.) Auch iſt dies nicht der einzige Fall, wo ich ihm dieſes Verdienſt zuſchreiben muß. Der Gegenſtand meiner Unterſuchungen hat mich verſchiedenemale auf ein Feld geführt, das auch er betrat, und ich habe aus dem Fleiß und der Unterſcheidungskraft, womit er es überſchaute, jedesmal Belehrung geſchöpft.

XXXVI. (Dritter Abſchnitt. S. 98.)

Dieſe Reiſe mit den Anmerkungen des Abu Zeid al Haſan von Siraf ward von Herrn Renaudot im Jahr 1718 unter dem Titel: Anciennes Rélations des Indes et de la Chine de deux Voyageurs Mahométans, qui y allèrent dans le neuvième siècle, traduites de l'Arabe, avec des Remarques sur les principaux endroits de ces rélations, herausgegeben. Da Herr Renaudot in ſeinen Anmerkungen die Gelehrſamkeit und Staatskunſt der Chineſer mit ganz anderen Farben ſchildert, als die Jeſuiten in ihren aus blinder Bewunderung bekannt gemachten glänzenden Beſchreibungen, ſo zogen zwei eifrige Miſſionarien die Aechtheit dieſer Berichte in Zweifel, und behaupteten, daß die Verfaſſer derſelben niemals in China geweſen wären. (P. *Premare*, Lettres édifiantes et curieuses, tom. XIX. p. 420 etc. P. *Parennin*, ibid. tom. XIX. p. 158 etc.) Auch einige Gelehrte in England zweifelten einigermaßen an ihrer Aechtheit, weil Herr Renaudot von der Handſchrift, woraus er überſetzte, keine weitere Nachricht gegeben hatte, als daß er ſie in der Bücherſammlung des Herrn Grafen von Seignelay gefunden habe. Da Niemand ſeit dieſer Zeit die Handſchrift geſehen hatte, ſo wurden die Zweifel immer ſtärker, und man beſchuldigte Herrn Renaudot, er habe das Publikum hintergangen. Als aber die Colbertſchen Handſchriften in die Königliche Bibliothek gekommen waren,

Erläuterungen.

wie dies (zum Glück für die Gelehrsamkeit) mit den meisten Privatsammlungen in Frankreich zu geschehen pflegt; so entdeckte Herr des Guignes nach langem Nachforschen gerade eben die Handschrift, welche Herr Renaudot geliefert hat. Sie scheint im zwölften Jahrhundert geschrieben zu seyn. (Journal des Savans, Dec., 1764, p. 315 etc.) In Ermangelung der Französischen Ausgabe von Herrn Renaudot's Schrift, habe ich sie nur nach der Englischen Uebersetzung angeführt. Die Nachrichten der beiden Arabischen Reisenden werden in manchen Stücken von ihrem Landsmanne Massoudi bestätigt, welcher hundert und sechs Jahr später seine Abhandlung über die Universalgeschichte unter dem phantastischen Titel: „Goldwiesen und Juwelenbergwerke," herausgab. Von ihm erhalten wir ebenfalls über den Zustand Indiens im zehnten Jahrhundert Nachrichten, durch die es außer allem Zweifel gesetzt wird, daß die Araber schon damals eine ausgebreitete Kenntniß von diesem Lande hatten. Nach seiner Beschreibung war die Halbinsel Indien in vier Königreiche eingetheilt. Das erste bestand aus den Provinzen, die am Indus und an den sich in ihn ergießenden Flüssen gelegen sind, und die Hauptstadt desselben hieß Multan. Die Hauptstadt des zweiten Königreiches war Canoge, welches, nach den noch übrigen Ruinen zu urtheilen, sehr ansehnlich gewesen seyn muß. (Rennells Memoir. p. 54.) Um einen Begriff von der Bevölkerung dieser Stadt zu geben, sagen die Indischen Geschichtschreiber, es wären dreißigtausend Läden darin gewesen, worin man Betelnüsse verkauft, und sechzigtausend Gesellschaften von Tonkünstlern und Sängern, welche der Regierung Abgaben entrichtet hätten. (Ferishta, übersetzt von Dow, B. I. p. 32.) Das dritte Königreich war Kaschemir. Massoudi ist meines Wissens der erste Schriftsteller, der dieses Paradies von Indien erwähnt; er liefert darvon eine kurze, aber richtige Beschreibung. Das vierte ist das Königreich Guzerate, welches er als das größte und mächtigste schildert. Er stimmt mit den beiden Arabischen Reisenden darin überein, daß er den Beherrschern dieses Reiches den Namen Balhara giebt. Was Massoudi von Indien meldet, ist bemerkenswerther, da er dieses Land selbst besucht hatte. (Notices et Extraits des Manuscrits de la Bibliothèque du Roi, tom. I, p. 9. 10.) Massoudi bestätigt die Berichte der beiden Arabischen Reisenden von den außerordentlichen Fortschritten der Indier in der Astronomie. Ihm zufolge ward unter der Regierung Brahman's, des ersten Indischen Monarchen, ein Tempel mit zwölf Thürmen gebauet, welche die zwölf Zeichen des Thierkreises vorstellten, und in welchem alle Sterne eben so verzeichnet waren, wie sie sich am Himmel zeigen. Unter derselben Regierung ward das berühmte Sind-Hind verfaßt, welches das Hauptbuch über die Indische Astronomie zu seyn scheint. (Notices etc. tom. I. p. 7.) Ein anderer Arabischer Schriftsteller, der ungefähr in der Mitte des vierzehnten Jahrhunderts schrieb, theilt Indien in drei Theile: der nördliche begreift alle am Indus gelegenen Provinzen; der mittlere erstreckt sich von Guzerate bis an den Ganges, und der südliche, den er Comar nennt, fängt vom Kap Comorin an. (Notices, etc. tom. II. p. 46.)

XXXVII. (Dritter Abschnitt. S. 100.)

Die Schifffahrtskunde der Chineser scheint nicht vollkommner gewesen zu seyn, als sie bei den Griechen, Römern und Arabern war. Ihre eigenen Schriftsteller geben den Weg an, den sie von Kanton nach Siraf an der Mündung des Persischen Meerbusens zu nehmen pflegten. Sie hielten sich so nahe als möglich am Ufer, bis sie die Insel Ceilan erreichten, segelten nachher um das Vorgebirge Comorin, längs der Westseite der

Erläuterungen. 233

Halbinsel bis an den Ausfluß des Indus, und steuerten dann neben der Küste fort bis zum Orte ihrer Bestimmung. (Mém. de Littérat. tom. XXXII, p. 367.) Einige Schriftsteller behaupten: die Araber sowohl, als die Chineser, wären mit dem Seekompaß und seinem Gebrauche bei der Schifffahrt bekannt gewesen; aber es ist bemerkenswerth, daß es in der Arabischen, Türkischen und Persischen Sprache kein eigenes Wort für den Kompaß giebt. Sie benennen ihn sämmtlich mit dem Italiänischen Namen Bossola, zum Beweise, daß ihnen die Sache eben so fremd ist, wie das Wort. Es giebt bei den Arabern nicht eine einzige alte Bemerkung über die Abweichung der Magnetnadel, oder irgend eine Regel für die Seeleute, welche daraus hergeleitet wäre. Der Ritter Chardin, einer der gelehrtesten und einsichtsvollsten Reisenden, welche die Morgenländer besucht haben, gab auf eine Anfrage über diesen Punkt zur Antwort: „ich behaupte dreist, daß die Asiaten dies wunderbare Werkzeug uns verdanken, und es lange vor den Eroberungen der Portugiesen aus Europa erhalten haben. Fürs erste gleichen ihre Kompasse den unsrigen ganz genau, und sie kaufen von den Europäern so viele sie können, unterstehen sich auch kaum, ihre Nadeln anzurühren. Zweitens ist es gewiß, daß die älteren Seefahrer immer nur an der Küste blieben, welches ich ihrem Mangel an diesem Werkzeuge beimesse, das sie mitten im Ocean hätte führen und belehren können. Man kann nicht behaupten, daß sie sich gefürchtet haben, sich weit von ihrer Heimath weg zu wagen; denn die Araber, meinem Bedünken nach die ersten Seefahrer in der Welt, wenigstens in den östlichen Meeren, sind, so lange man denken kann, von dem Busen des Rothen Meeres längs der Küste von Afrika hingesegelt, und die Chineser haben von jeher mit Java und Sumatra gehandelt, wenn schon eine ganz beträchtliche Reise gehört. So viele unbewohnte und dennoch fruchtbare Inseln, so mancherlei Länder, die alle den Völkern, wovon ich spreche, unbekannt geblieben sind, beweisen insgesammt, daß die älteren Seefahrer nicht die Kunst verstanden, mitten im Meere zu segeln. Einen anderen Beweis über diese Materie kann ich nicht anführen, da ich in Persien und in Indien Niemand angetroffen habe, der mir hätte sagen können, wann der Kompaß zuerst unter ihnen bekannt geworden sey, ob ich mich gleich in beiden Ländern bei den gelehrtesten Männern danach erkundigt habe. Ich bin auf Indischen Schiffen, worauf sich außer mir nicht ein einziger Europäer befand, von Indien nach Persien gefahren. Die Schiffsleute waren sämtlich Indier, und bedienten sich des Jakobsstabes und des Quadranten zu ihren Beobachtungen. Diese Werkzeuge haben sie von uns, und von unseren Künstlern verfertigt; und sie unterscheiden sich nicht im geringsten von den unsrigen, außer daß Arabische Charaktere darauf stehen. Die Araber sind die geschicktesten Seeleute unter allen Asiaten und Afrikanern; aber weder sie, noch die Indier machen von Karten Gebrauch, und haben sie auch nicht sehr nöthig. Sie besitzen zwar einige, die aber von den unsrigen kopirt sind, da sie sämmtlich nichts von ihrer Verzeichnung verstehen." (Inquiry, when the Mahomedans first entered China, p. 141. etc.) Als Herr Niebuhr in Kairo war, fand er eine Magnetnadel bei einem Mohammedaner, die zur Auffindung der Kaaba diente, und die derselbe El Magnatis nannte, zu einem sicheren Beweise ihres Europäischen Ursprunges. Reise nach Arabien, B. II. S. 206.

XXXVIII. (Dritter Abschnitt. S. 102.)

Die Ausbreitung des Christenthums und der Mohammedanischen Religion, in China sowohl als in In-

Erläuterungen.

dien, ist durch so starke Beweise unterstützt, daß man gar keinen Zweifel dagegen haben kann. Diese Beweise findet man in Affemanns Biblioth. Oriental. Vol. IV. p. 437. etc., p. 521. etc.; in Renaudot's beiden an die anciennes Rélations angehängten Differtationen; auch in *de la Croze* Histoire du Christianisme des Indes. Doch wissen wir, daß zu unseren Zeiten die Anhänger beider Religionen, besonders in Indien, im mindesten nicht zahlreich sind. Ein Gentoo (Indier) sieht alle Unterscheidungszeichen und Vorrechte seiner Kaste so an, als ob sie ihm durch ein ausschließliches, eigenthümliches Recht zugehörten. Zu bekehren, oder bekehrt zu werden, sind Begriffe, welche den seiner Seele tief eingewurzelten Grundsätzen beide gleich zuwider sind; und weder der katholische noch der protestantische Missionar kann sich rühmen, diese Vorurtheile bei anderen als bei denen überwunden zu haben, die zu den niedrigsten Kasten, oder zu gar keiner gehörten. Dieser letztere Umstand ist für die Fortschritte des Christenthums in Indien ein großes Hinderniß. Da die Europäer das Fleisch des bei den Indiern für heilig gehaltenen Thieres essen und starke Getränke trinken; und da die neuen Anhänger des Christenthums sie hierin nachahmen: so hält man die Christen für eben so verächtlich, wie die Pariars, die niedrigste und verhaßteste Menschenklasse. Einige katholische Missionarien nahmen deshalb die Kleidung und Lebensart der Braminen an, und weigerten sich, mit den Pariars Umgang zu haben, oder ihnen den Gebrauch der Sakramente zu bewilligen. Allein der apostolische Legat Tournon mißbilligte dieses Verfahren als mit dem Geiste und den Lehren des Christenthums unverträglich; (Voyage aux Indes Orient. par M. *Sonnerat*, tom. I, p. 58. Anm.) „Trotz den mehr als zweihundertjährigen Bemühungen der Missionarien," sagt ein neuerer einsichtsvoller Schriftsteller, und den Besitzungen verschiedener christlichen Nationen, welche ihnen dabei Schutz und Unterstützung verliehen haben, giebt es unter etwa hundert Millionen Hindus keine zwölftausend Christen, wovon noch die meisten Tschankalas oder zu keiner Kaste gehörig sind (Sketches relating to the history, religion, learning and manners of the Hindoos, p. 48.) Man schätzt die Anzahl der Mohammedaner oder Mauren in Indostan itzt auf beinahe zehn Millionen; sie sind aber nicht Eingeborne, sondern Abkömmlinge von Abentheurern, die seit dem Einfall Mahmuds von Gazna, des ersten Mohammedanischen Eroberers in Indien, im Jahr 1002, von Persien, Arabien und der Tatarei hergekommen sind. (*Orme* Hist. of military Transact. in Indostan, vol. I, p. 24. *Herbelot*, Biblioth. Orient. artic. *Gaznaviah*.) Da die Sitten der Indier in vorigen Zeiten, wie es scheint, den jetzigen in jeder Rücksicht glichen, so sind wahrscheinlich die Christen und Mohammedaner, die hier einst so zahlreich gewesen seyn sollen, größtentheils durch den vortheilhaften Handel angelockte Fremde, oder ihre Nachkommen gewesen. Die Anzahl der Mohammedaner in China hat sehr durch die dortige Gewohnheit derselben zugenommen, daß sie in schlechten Jahren Kinder an sich kaufen, um sie in der Mohammedanischen Religion zu erziehen. Hist. Gén. des Voyages, tom. VI. p. 357.

XXXIX. (Dritter Abschnitt. S. 107.)

In der Chronik des Andreas Dandulo, Dogen von Venedig, welcher diese Ehrenstelle zu einer Zeit erhielt, da seine Landsleute einen regelmäßigen Handel nach Alexandrien trieben und alle Erzeugnisse des Morgenlandes von dort herbrachten, sollte man natürlich einige Nachricht von ihrem frühen Handel nach diesem

Erläuterungen.

Lande erwarten; allein ich finde nichts über die Verbindung zwischen diesen beiden Ländern, als eine unerhebliche Erzählung von einigen Venetianischen Schiffen, die im Jahr 828 einem Staatsbefehle zuwider nach Alexandrien gesegelt waren und den Körper des heil. Markus von da gestohlen hatten. (*Murat.* Script. Rer. Ital. vol. XII, lib. 8. c. 2. p. 170.) Im Gegentheil kommen einige Umstände vor, woraus zu folgen scheint, daß die Reisen der Europäer nach Aegypten einige Zeit lang fast gänzlich aufgehört hatten. Vor dem siebenten und achten Jahrhundert wurden die meisten öffentlichen Verhandlungen in Italien und dem übrigen Europa auf Papier aufgezeichnet, welches aus dem Aegyptischen Papierschilf (Papyrus) verfertigt war; nach diesem Zeitraum aber, da die Europäer nicht mehr nach Alexandrien handelten, schrieb man fast alle Verträge und andre Sachen auf Pergament. (*Murat.* Antiq. Ital. Med. Aevi III, p. 832.) Ich habe so wohl im Text als in dieser Note alle diese kleinen Umstände über die Unterbrechung des Handels zwischen den Christen und Mohammedanern so genau angeführt, um einen Irrthum zu berichtigen, den viele neuere Schriftsteller begehen, indem sie annehmen, daß der Handel mit Indien sogleich nach den ersten Eroberungen der Kaliphen wieder seinen alten Gang genommen, und die Europäischen Kaufleute eben so frei, wie vorher, nach Aegypten und Syrien gehandelt hätten.

XL. (Dritter Abschnitt. S. 111.)

Man muß bemerken, sagt Herr Stewart, daß die Indier einen sonderbaren Kunstgriff haben, von ihrer Religion Vortheil zu ziehen. Die Fakire nehmlich pflegen bei ihren Wallfahrten von den Seeküsten in das Land hinein, Perlen, Korallen, Specereien und andre Kostbarkeiten, die weder Raum einnehmen, noch ins Gewicht fallen, mitzubringen und sie auf der Rückreise gegen Goldstaub

Moschus und ähnliche Sachen zu vertauschen. Sie verbergen dieß Alles sehr leicht in ihren Haaren und Gürteln, und treiben auf diese Weise wegen ihrer großen Anzahl einen nicht unbeträchtlichen Handel. (Account of the Kingdom of Thibet, Phil. Transact. vol. LXVII. part. II. p. 483.)

XLI. (Dritter Abschnitt. S. 119.)

Kaffa ist der bequemste Ort zum Handel auf dem Schwarzen Meere. Als es in den Händen der Genueser war, die es länger als zweihundert Jahre besaßen, machten sie es zum Mittelpunkt eines ausgebreiteten und blühenden Handels. Selbst bei allem Nachtheil, den es jetzt von der Oberherrschaft der Türken hat, ist es doch noch ein ansehnlicher Handelsort. Der Ritter Chardin, der es im Jahr 1672 besuchte, meldet, daß während seiner vierzigtägigen Anwesenheit daselbst etwa vierhundert Schiffe ankamen und abgingen. (Voyages I. 48.) Er sah noch manche Ueberreste der Genuesischen Pracht. Die Zahl der Einwohner beläuft sich, Herrn Peyssonel zufolge, noch auf achtzig tausend. (Commerce de la Mer Noire, tom. I. p. 15.) Den dortigen Handel schildert er als sehr ansehnlich.

XLII. (Dritter Abschnitt. S. 120.)

Der Uebermuth und die Habsucht der Genueser, die sich in Constantinopel angesetzt hatten, werden von Nicephorus Gregoras, einem Augenzeugen ihres Betragens, mit sehr starken Farben geschildert. „Sie träumten," sagt er, „jetzt (im Jahre 1340) die Herrschaft über das Meer erlangt zu haben, und maßten sich ein ausschließendes Recht zu dem Handel auf dem Schwarzen Meer an, indem sie die Griechen nicht nach dem Mäotischen Meerbusen, oder dem Chersonesus, oder sonst nach irgend einem Theile der Küste jenseits der Mündung

Erläuterungen. 232

der Donau fahren ließen, wenn dieselben nicht von ihnen Erlaubniß erhalten hatten. Auch auf die Venetianer dehnte sich dieses Verbot aus, und ihre Anmaßung ging so weit, daß sie sogar den Plan machten, auf alle durch den Bosphorus fahrenden Schiffe einen Zoll zu legen." (ib. XVIII. c. 2. §. 1.)

XLIII. (Dritter Abschnitt, S. 121.)

Man hielt eine Erlaubniß von dem Papste für unentbehrlich, um mit den Ungläubigen Handel treiben zu dürfen; und weit später, im Jahr 1454, ertheilt Nikolaus V, in seiner bekannten Bulle zum Besten des Prinzen Heinrich von Portugal, unter anderen Vorrechten ihm auch die Erlaubniß, mit den Mohammedanern zu handeln, und beruft sich auf ähnliche Bewilligungen der Päpste Martin V und Eugenius an Könige von Portugal. *Leibnitz*, Codex Iur. Gent. Diplomat. Pars. I. p. 489.

XLIV. (Dritter Abschnitt. S. 123.)

Weder Jovius, der erklärte Lobredner der Medicis, nach Jo. M. Brutus, ihr Feind, erläutern die Beschaffenheit des Handels, wodurch dieses Haus zu seinem ungeheuren Reichthume gelangt war, ob sie gleich beide desselben erwähnen. Selbst Machiavel, dessen Geist sonst so gern jedem Umstande nachspürte, wodurch Nationen steigen oder fallen, scheint den Handel seines Vaterlandes für keinen Gegenstand gehalten zu haben, der besondere Erläuterungen verdiente. Denina, dessen erstes Kapitel im achtzehnten Buche die Ueberschrift hat: „Ursprung der Medici, und Anfang ihrer Macht und Größe," giebt sehr wenig Auskunft über den von ihnen getriebenen Handel. Dieses Stillschweigen so vieler Schriftsteller beweist, daß die Geschichtschreiber damals noch nicht angefangen hatten, den Handel für etwas so

Wichtiges im politischen Zustande der Nationen anzusetzen, daß sie seine Natur und seine Wirkungen genauer untersuchen dürften. Demzufolge, was mehrere Schriftsteller aus *Scipio Ammirato* Istorie Fiorentine, *Pagnini*, della Decima ed altri gravezze della Mercatura di Fiorentini, und *Balducci* Practica della Mercatura ausführen, schließe ich, daß daraus etwas mehr Befriedigendes über den Handel der Republik und der Familie Medici zu ersehen seyn möchte; allein ich habe keins von diesen Büchern weder in Edimburgh noch in London finden können.

XLV. Dritter Abschnitt. S. 123.)

Leibniz hat uns ein merkwürdiges Stück aufbewahrt, nehmlich die Anweisungen der Republik Florenz für ihre beiden an den Sultan von Aegypten abgeschickten Gesandten, welche diesen Traktat mit ihm schließen sollten, und zugleich die Berichte der Gesandten nach ihrer Rückkehr. Der große Zweck der Republik war, in allen Staaten des Sultans volle Handelsfreiheit auf eben die Art, wie die Venetianer, zu erhalten. Vorzüglich suchten sie folgende Privilegien: 1) vollkommene Freiheit, in jeden dem Sultan gehörigen Hafen einzulaufen, Schutz während ihres Aufenthaltes, und die Freiheit, wann sie wollten, abreisen zu können; 2) die Erlaubniß, einen Consul mit eben den Rechten und der Gerichtsbarkeit, wie die Venetianer, zu haben; und die Freiheit, allenthalben, wo sie sich ansetzten, eine Kirche, ein Waarenlager und ein Bad zu erbauen; 3) von ihrer Ein= und Ausfuhr nicht mehr Zoll geben zu dürfen, als die Venetianer; 4) der Nachlaß jedes Florentiners, der in den Staaten des Sultans stürbe, sollte dem Consul übergeben, und 5) die Silber= und Goldmünzen der Florentiner in Bezahlungen angenommen werden. Alle diese Privilegien, (woraus man sieht, auf welche

welche billige und eble Bedingungen damals der Handel zwischen Christen und Mohammedanern geführt ward, wurden den Florentinern zugestanden; allein an dem Handel mit Indien scheinen sie aus den im Text angeführten Gründen keinen beträchtlichen Antheil gehabt zu haben. *Leibnitz,* Mantissa Cod. Jur. Gent. Diplomat. Pars altera, p. 163.

XLVI. (Dritter Abschnitt. S. 129.)

Die östlichen Theile von Asien sind jetzt so genau erforscht, daß die frühesten unvollkommenen Nachrichten darüber von Marco Polo bei weitem nicht mehr so viele Aufmerksamkeit erregen, wie bei der ersten Bekanntmachung seiner Reisen; und einige Umstände in seiner Erzählung haben verschiedene Schriftsteller bewogen, diese Vernachlässigung zu rechtfertigen, indem sie die Wahrheit seiner Berichte bezweifeln und sogar behaupten, daß er die Gegenden, die er beschreiben will, niemals besucht habe. Er bestimmt niemals, sagen sie, die Lage eines Orts durch Angabe seiner Länge und Breite; er nennt Provinzen und Städte, vorzüglich in seiner Beschreibung von Katay, mit Namen, welche denen, die sie jetzt führen, nicht im geringsten ähnlich sind. Wir müssen aber bemerken, daß es von Marco Polo, weil er keineswegs ein Mann von wissenschaftlicher Bildung gewesen zu seyn scheint, nicht zu erwarten war, daß er die Lage der Oerter mit geographischer Genauigkeit angeben sollte. Da er durch China entweder im Gefolge des großen Khans, oder in Geschäften desselben reiste, so sind die Namen, welche er verschiedenen Provinzen und Städten giebt, wahrscheinlich die, womit sie von den Tataren, in deren Diensten er stand, belegt wurden, und nicht ihre ursprünglichen Chinesischen. Von dem Mangel an Genauigkeit, den man in seinem Reiseberichte zuweilen bemerkt, kann man zur Ursache angeben, daß er ihn nicht nach einem regelmäßigen Tagebuch abfaßte, welches er in seinen mannichfaltigen Lagen, während einer so langen Reihe von Abentheuern, wohl nicht führen oder aufbehalten konnte. Er setzte ihn nach der Rückkehr in sein Vaterland, und größtentheils aus dem Gedächtniß auf. Aber dessen ungeachtet enthält sein Bericht von denen östlichen Ländern, auf die sich meine Untersuchungen erstreckt haben, verschiedne besondre Nachrichten, die zu jener Zeit in Europa völlig unbekannt waren, deren Wahrhaftigkeit aber jetzt völlig bestätigt ist. Ich will einige derselben anführen, die zwar eben keine Sachen von Wichtigkeit betreffen, indeß doch überzeugend darthun, daß er sich in diesen Ländern aufgehalten und die Sitten und Gewohnheiten des Volkes mit Aufmerksamkeit betrachtet haben muß. Er giebt eine genaue Nachricht von der Beschaffenheit und Zubereitung des Sago, der bei allen Nationen von Malayischer Abkunft das vorzüglichste Nahrungsmittel ist, und er brachte die erste Probe von diesem sonderbaren Produkte nach Venedig. (Lib. II. c. 16.) Er erwähnt ferner die allgemeine Gewohnheit Betel zu käuen, und seine Beschreibung von der Zubereitung desselben paßt auf die noch itzt gewöhnliche. (*Ramus*. Viaggi I. p. 55. D. 56. B.) Ja, er läßt sich so sehr auf einzelne Umstände ein, daß er sogar die auch jetzt noch in Indien übliche besondere Art, die Pferde zu füttern, anführt. (*Ramus*. p. 53. F.) Wie ersehen aus seinem Bericht, und dies ist von mehr Bedeutung, daß um die Zeit, da er durch Indien reiste, der Handel mit Alexandrien noch auf dieselbe Weise geführt ward, wie ich in Ansehung der älteren Zeiten gemuthmaßt habe. Die Waaren des Orients wurden auf kleinen Fahrzeugen an die Malabarische Küste gebracht, und dort nebst Pfeffer und den übrigen Erzeugnissen, welche diesem Theile von Indien eigen sind, durch Schiffe abgeholt, die vom Rothen Meere herka-

Erläuterungen. 243

men. (Lib. III. c. 27.) Hierin liegt vielleicht der Grund von dem Vorzuge, den nach Sanudo's Behauptung die vom Persischen Meerbusen an die Küste von Syrien gebrachten Waaren vor denen hatten, welche über das Rothe Meer nach Aegypten kamen. Die ersteren wurden von den Persischen Kaufleuten an den Orten ausgesucht und erhandelt, wo sie wuchsen oder wo man sie verfertigte; denn sie bereisten alle Theile des Orients. Die Aegyptischen Kaufleute hingegen mußten bei ihren Ladungen die Waaren so nehmen, wie die Eingebornen sie an die Malabarische Küste gebracht hatten. — Was Marco Polo von den zahlreichen Armeen und unermeßlichen Einkünften der Orientalischen Regenten erzählt, schien (ob es gleich mit dem, was wir jetzt von der Bevölkerung in China und dem Reichthum Indostans wissen, vollkommen übereinstimmt) einigen seiner Zeitgenossen so übertrieben, daß sie ihm den Namen Messer Marco Millioni gaben. (Vorrede des *Ramus.* p. 4.) Allein bei einsichtsvolleren Männern fand er eine bessere Aufnahme. Columbus sowohl, als die Gelehrten mit denen er in Briefwechsel stand, setzten so viel Zutrauen auf die Wahrheit seiner Berichte, daß die Spekulationen und Theorien, welche zur Entdeckung der neuen Welt führten, größtentheils darauf gebauet sind. Leben des Columbus von seinem Sohn, Kap. 7. und 8.

XLVII. (Dritter Abschnit S. 135).

Als im Jahre 1301 Johanna von Navarra, Gemahlin Philipps des Schönen, Königs von Frankreich, einige Tage in Brügge zugebracht hatte, war sie über die Größe und den Wohlstand dieser Stadt, vorzüglich über den glänzenden Anzug der Bürgerfrauen, so erstaunt, daß sie (sagt Guicciardini) durch weiblichen Neid sich zu dem unwilligen Ausruf verleiten ließ: „ich glaubte hier die einzige Königin zu seyn; aber ich finde noch viele hundert." Descrit. de Paesi Bassi, p. 408.

XLVIII. (Dritter Abschnitt. S. 136.)

In der Geschichte Karls V. (Band. I, S. 190.) habe ich angemerkt, daß während des Krieges, welchen die bekannte Ligue von Cambray veranlaßte, Karl VIII. von Frankreich nicht anders als mit einem Interesse zu 42 vom Hundert Geld bekommen konnte, da hingegen die Venetianer so viel sie nur wollten zu 5 pro Cent aufnahmen. Ich glaube aber nicht, daß man dies für den damals im Handel üblich gewesenen Zinsfuß halten muß, sondern für ein freiwilliges durch den Gemeingeist der Bürger, welche den Staat in einer so gefährlichen Lage unterstützen wollten, bewirktes Opfer. Es giebt in der Geschichte der Republik verschiedene auffallende Beispiele von solchen löblichen Thaten. Im Jahr 1579, als die Genueser nach einem großen Siege über die Flotte der Venetianer ihre Hauptstadt angreifen wollten, setzten die Bürger durch einen freiwilligen Beitrag den Senat in Stand, eine Macht ausrüsten zu können, die ihr Vaterland rettete. (Sabellicus, Hist. Venet. Déc. II. lib. VI. p. 385. 390.) In dem 1472 angefangenen Kriege mit Ferrara forderte der Senat, in Verttrauen auf die Vaterlandsliebe der Bürger, sie auf, alles ihr goldnes und silbernes Geschirr, nebst ihren Juweelen, in den öffentlichen Schatz zu bringen, und versprach ihnen, es nach geendigtem Kriege mit fünf vom Hundert Zinsen wieder zu bezahlen; und dieses Gesuch ward mit Freuden bewilligt. Petr. Cyrnaeus de Bello Ferrar. ap. Murar. Script. Rer. Ital. vol. XXXI. p. 1016.

Erläuterungen. 245

XLIX. (Dritter Abschnitt. S. 137.)

Die außerordentliche Ausbreitung des Venetianischen Handels in diesem Zeitraume läßt sich aus zwei Thatsachen abnehmen, die ich anführen will. — 1. Man findet in Rymer's großer Sammlung (von Traktaten) eine Reihe von Bewilligungen der Könige von England, von mancherlei Privilegien und Vorrechten, welche den in England handelnden Venetianern verliehen wurden, auch einige Handelstraktate mit der Republik, woraus eine ansehnliche Vermehrung ihrer Geschäfte in diesem Lande erhellet. Sie werden der Reihe nach von Herrn Anderson erwähnt, dem sich ein jeder, der irgend eine den Handel betreffende Untersuchung anstellt, wegen seines geduldigen Fleißes und wegen seines gesunden Verstandes sehr oft verpflichtet fühlen muß. — 2. Die Errichtung einer Bank unter Autorität des Staats, deren Kredit auch auf ihm beruhete. In einem Zeitalter, und unter einer Nation, die mit den Vortheilen des Handels aus Errichtung der Banken so wohl bekannt sind, wäre es unnüß, sie aufzuzählen. Die Handelsgeschäfte mußten aber zahlreich und ausgebreitet geworden seyn, ehe der Nutzen einer solchen Anstalt völlig eingesehen, oder die Grundsätze des Handels hinlänglich verstanden werden konnten, um die gehörigen Anordnungen zu ihrer Verwaltung mit Erfolg zu treffen. Venedig kann sich rühmen, Europa das erste Beispiel von einer Anstalt gegeben zu haben, die den Alten völlig unbekannt war und der Stolz des neuen Handels-Systems ist. Die Venetianische Bank ward gleich auf so richtigen Grundsätzen gebauet, daß sie ähnlichen Anstalten in anderen Ländern zum Muster diente, und sie ist immer mit so vieler Redlichkeit verwaltet worden, daß niemals irgend etwas ihren Kredit erschüttert hat. Ich kann das Jahr nicht bestimmen, in welchem die Bank zu Venedig durch ein Staatsgesetz errichtet wurde. An-

246 **Anmerkungen und**

der ſon nimmt an, es ſey 1157 geſchehen. Chron. Deduct. Vol. I. p. 84. *Sandi* Stor. Civil. Venez. part. II. vol. II. p. 768. part. III. vol. II. p. 892.

L. (Dritter Abſchnitt, S. 138.)

Ein Italiäniſcher Schriftſteller von vieler Zuverläſſigkeit, der die alte Geſchichte der verſchiedenen Staaten in ſeinem Lande fleißig unterſucht hat, ſagt: wenn auch die Staaten, welche im mittelländiſchen Meere Handel trieben, ſich ſämtlich mit einander verbunden hätten, ſo wäre Venedig dennoch ihnen allen an Seemacht und Ausbreitung des Handels überlegen geweſen. (*Denina* Revolutions d'Italie, traduites par l'Abbé Iardin, lib. XVIII. c. 6. tom. VI. p. 339.) Um das Jahr 1420 giebt der Doge Mocenigo eine Ueberſicht von der Seemacht der Republik, wodurch dieſes Urtheil von Denina beſtätigt wird. Sie beſtand damals aus dreitauſend Kauffartheiſchiffen von verſchiedener Größe, an deren Bord ſiebzehntauſend Matroſen gebraucht wurden; aus dreihundert größeren Schiffen, die mit acht tauſend Seeleuten bemannt waren; und aus fünf und vierzig großen Galeaſſen oder Caracken, worauf ſich elf tauſend Matroſen befanden. In öffentlichen und Privat-Schiffswerften arbeiteten ſechzehntauſend Zimmerleute. (Mar. *Sanuto* Vite de Duchi di Venezia, ap. *Mur.* Script. Rer. Ital. vol. XXII. p. 959.)

LI. (Dritter Abſchnitt. S. 154.)

Wenn wir die Geſtalt und Lage der bewohnbaren Theile von Aſien und Afrika betrachten, ſo werden wir ſehr gute Gründe finden, das Kameel für das nützlichſte unter allen den Thieren zu halten, welche die Bewohner dieſer großen Welttheile gezähmt haben. In beiden find einige der fruchtbarſten Diſtrikte durch ſo ausgedehnte Strecken unfruchtbaren Sandes, den Sitzen der Ver-

Erläuterungen.

öbung und Dürre, von einander getrennt, daß man jede Verbindung zwischen ihnen für unmöglich halten sollte. So wie aber der Ocean, der auf den ersten Anblick eine unübersteigliche Scheidewand zwischen verschiedenen Erdgegenden zu seyn scheint, vermittelst der Schifffahrt zu ihrem wechselseitigen Verkehre dient; so werden durch Hülfe der Kameele, welche der Araber sehr passend das Schiff der Wüste nennt, die fürchterlichsten Einöden durchreist, und die durch sie getrennten Nationen in Stand gesetzt, mit einander zu handeln. Diese beschwerlichen Reisen, welche mit keinem anderen Thiere möglich sind, macht das Kameel mit erstaunlicher Leichtigkeit. Unter schweren Lasten von sechs-, sieben- und achthundert Pfund können diese Thiere, bei wenig Futter und Ruhe, und zuweilen ohne in acht oder neun Tagen einen Tropfen Wasser zu kosten, ihren Weg lange Zeit fortsetzen. Das Kameel scheint durch die Weisheit der Vorsehung ausdrücklich zum Lastthiere für die Länder, wo es sich aufhält und seine Dienste so unentbehrlich sind, geschaffen zu seyn. In allen Gegenden von Afrika und Asien, wo es viele und große Wüsteneien giebt, trift man das Kameel in Menge an. Diese sind sein eigentlicher Platz, und außer dieser Sphäre erstreckt sich seine Thätigkeit nicht weit. Es fürchtet sich ebenso sehr vor übermäßiger Hitze, wie vor strenger Kälte, und dauert sogar in dem milden Klima unsrer gemäßigten Zone nicht aus. Da der erste Handel mit Indischen Waaren, wovon wir sichere Nachricht haben, durch Kameele geführt ward, (1 Mose, 37, 25.) und dieselben durch ihre Hülfe so weit in Asien und Afrika verbreitet worden sind, so schien mir das, was ich von diesem sonderbaren Thiere angeführt habe, zur Erläuterung dieses Theils in meiner Untersuchung nothwendig. Wenn einige von meinen Lesern vollständigere Belehrung verlangen, und zu wissen wünschen, wie die Menschen durch

248 Anmerkungen und

Scharfsinn und Kunst die Absichten der Natur unterstützten, indem sie das Kameel von seiner Geburt an zu der thätigen und harten Lebensart erzogen, wozu es bestimmt ist; so mögen sie in der Naturgeschichte des Grafen von Büffon den Artikel Kameel und Dromedar nachschlagen, eine der schönsten und, so viel ich aus Prüfung der darin angeführten Autoritäten schließen kann, eine der genauesten Beschreibungen, welche dieser berühmte Schriftsteller geliefert hat. Herr Volney, dessen Genauigkeit bekannt ist, beschreibt die Art, wie das Kameel seine Reisen macht; und diese Beschreibung ist vielleicht manchem von meinen Lesern angenehm. „Bei Reisen durch die Wüste bedient man „sich vorzüglich der Kameele, weil sie wenig bedürfen „und eine große Last tragen. Ihre gewöhnliche Bürde „ist ungefähr siebenhundert und funfzig Pfund; ihr Fut„ter, alles was man ihnen giebt: Stroh, Disteln, Dattel„kerne, Bohnen, Gerste u. s. w. Mit einem Pfund Speise „täglich, und mit eben so viel Wasser reist ein Kameel Wo„chen lang. Auf der Reise von Kairo nach Suez, wel„che vierzig bis sechs und vierzig Stunden währt, essen „und trinken sie nicht; aber dieses lange Fasten wird, „wenn es oft kommt, ihnen schädlich. Sie gehen ge„wöhnlich ziemlich langsam, kaum über zwei Meilen in „einer Stunde; allein es ist unnütz, sie anzutreiben: sie „beschleunigen ihren Schritt nicht. Wenn man ihnen aber „einige Ruhe gönnt, so gehen sie täglich funfzehn bis „achtzehn Stunden." Voyage, tom. II. p. 383.

LII. (Dritter Abschnitt. S. 156.)

Um einen bestimmten Begriff von der ungemeinen Verbreitung Indischer Waaren zu Lande anzugeben, müßte man den Weg der verschiedenen Karavanen, von denen sie verführt werden, genau wissen, und einen Ueberschlag von ihrer Anzahl machen. Könnte man dieß

Erläuterungen.

genau, so wäre es ein merkwürdiger Gegenstand für geographische Untersuchungen, und ein schätzbarer Beitrag zur Geschichte des Handels. Ob es gleich der Kürze, deren ich mich allenthalben bei dieser Untersuchung befleißige, zuwider liefe, wenn ich mich auf eine so weitläuftige Untersuchung einlassen wollte; so wird es doch, um diesen Theil meines Gegenstandes zu erläutern, nicht undienlich seyn, von zwei Karavanen, die nach Mekka gehen, so viel anzuführen, daß die Leser im Stande sind, die Größe ihres Handels etwas genauer zu schätzen. Die erste ist die Karavane, welche von Kairo in Aegypten, die zweite, welche von Damaskus in Syrien abreist; und ich wähle diese beiden, theils weil sie die wichtigsten, theils weil sie von Schriftstellern beschrieben sind, deren Wahrheitsliebe außer Zweifel ist, und welche die beste Gelegenheit hatten, vollständige Nachrichten darüber einzuziehen. In der ersteren sind nicht nur Pilgrimme aus jedem Theile Aegyptens, sondern auch solche, die sich aus allen den kleinen Mohammedanischen Staaten in Afrika an der Küste des Mittelländischen Meeres, aus Marokko, und selbst aus den am Atlantischen Meere gelegenen Negerreichen zusammen finden. Die Karavane ist, wenn alle versammelt sind, wenigstens funfzigtausend Personen stark, und die Menge von Kameelen, womit man Wasser, Mundvorrath und Kaufmannswaaren fortbringt, ist noch größer. Die Reise, die von Kairo aus und bis dahin zurück wenigstens hundert Tage währt, wird ganz und gar zu Lande gemacht; und da der Weg meistens durch sandige Wüsten und unfruchtbare unbewohnte Einöden geht, wo man selten einige Nahrung, und oft nicht einmal Wasserquellen antrift: so müssen die Pilgrimme viel Ungemach ertragen und zuweilen unglaubliche Noth erdulden. Eine frühe und gute Beschreibung dieser Karavane findet man bei Hakluyt, vol. II.

Q 5

p. 202 u. f. w. Niebuhr liefert eine sehr umständliche und merkwürdige Beschreibung davon. (Description de l'Egypte, part. II. p. 212 etc.) Pococke hat ihren Weg und die Länge jeder Tagereise angegeben, wie er sie von einer Person erfuhr, die vierzehnmal nach Mekka gewesen war. (vol. I. pp. 188. 261. etc.) Die Karavane von Damaskus, die aus Pilgrimmen fast aller Provinzen des Türkischen Reiches besteht, giebt der vorigen an Anzahl nicht viel nach, und der Betrag ihres Handels ist ebenfalls nicht viel geringer. (Voyage de *Volney*, tom. II. p. 251. seq.) — Diese Wallfart ward im Jahr 1741 von oben dem Khojeh Abdul-Kurrihm gemacht, dessen ich schon oben (Anmerkung IV Seite 193.) erwähnt habe. Er giebt den gewöhnlichen Weg von Damaskus nach Mekka in Stunden an, welches die allgemeine Rechnungsart der Morgenländer bei Reisen in wenig besuchten Gegenden ist. Nach der mäßigsten Schätzung beträgt die Entfernung zwischen beiden Städten, seiner Rechnung zufolge, doch mehr als tausend (Englische) Meilen. Ein großer Theil der Reise geht durch eine Wüste, und die Pilgrimme müssen nicht nur viele Mühseligkeiten dulden, sondern sind auch wegen der umherstreifenden Araber großer Gefahr ausgesetzt. (Memoirs, p. 114 etc.) Es ist ein starker Beweis von der Raubgier der Araber, daß sie, obgleich alle ihre unabhängigen Stämme aus eifrigen Mohammedanern bestehen, dennoch kein Bedenken tragen, die Karavanen der Pilgrimme zu plündern, indessen diese eine der unerläßlichsten Pflichten ihrer Religion erfüllen. So groß diese Karavanen auch sind, so dürfen wir doch nicht glauben, daß alle Pilgrimme, welche Mekka besuchen, zu ihnen gehören; aus den großen Provinzen Persiens, aus jedem Theil Indostans und den noch östlicher gelegenen Ländern, aus Abyssinien, aus verschiedenen Staaten des südlichen

Erläuterungen. 251

Afrika, und aus allen Theilen Arabiens kommt noch eine so beträchtliche Menge, daß man ihre ganze Anzahl auf zweimal hunderttausend rechnet. In manchen Jahren wird die Anzahl noch durch kleine Truppe von Pilgrimmen aus den inneren Provinzen von Afrika vergrößert, deren Namen und Lage man in Europa so eben erst kennen zu lernen anfängt. Wir verdanken die Kenntniß des letzteren Umstandes der Gesellschaft zur Beförderung der Entdeckungen im Inneren von Afrika, die von einigen Britten gestiftet und nach so edlen Grundsätzen und mit so gemeinnützigen Absichten eingerichtet ist, daß die Mitglieder und ihr Vaterland Ehre davon haben. (Proceedings, etc. p. 174. Deutsch in dem Magazine merkwürdiger Reisebeschreibungen, B. V. S. 354).

In dem Berichte der Kommittee des geheimen Rathes über den Sklavenhandel findet man andere Umstände angegeben, und es erhellet daraus, daß der Handel, den die Karabanen in den inneren Theilen von Afrika treiben, nicht nur sehr ausgebreitet, sondern auch von vielem Belange ist. Außer der großen Karavane, die nach Kairo geht, und wozu aus allen Theilen von Afrika Pilgrimme stoßen, giebt es noch Karavanen, die einzig und allein Handel zum Endzweck haben, von Fez, Algier, Tunis, Tripoli und anderen Ländern an der Seeküste ausgehen und weit in das Innere des Landes hinein dringen. Einige darunter brauchen funfzig Tage, um den Ort ihrer Bestimmung zu erreichen; und da jede Tagereise sich im Durchschnitt etwa zu achtzehn Meilen abschlagen läßt, so kann man die Weite ihrer Reise leicht berechnen. Die Zeit ihres Aufbruchs und ihr Weg sind schon bekannt; daher geht ihnen allenthalben das Volk entgegen, um mit ihnen zu handeln. Indische Waaren jeder Art machen einen Hauptartikel in diesem Handel aus, und das, was man am gewöhnlichsten dafür giebt, sind Sklaven. (Part. VI.)

Da die bloß zum Handel bestimmten Karavanen nicht immer zu derselben Jahreszeit aufbrechen, und ihr Weg nach der Bequemlichkeit oder der Laune der Kaufleute, woraus sie bestehen, verschieden ist; so kann man von ihnen nicht eben so genaue Beschreibungen liefern. Wenn wir aber auf die Nachrichten einiger Schriftsteller und die gelegentlichen Winke anderer Acht haben; so finden wir Belehrung genug, um uns zu überzeugen, daß der Betrieb Orientalischer Waaren vermittelst dieser Karavanen sehr ausgebreitet ist. Dasselbe Verkehr, das vormals die nordöstlichen Provinzen Asiens mit Indostan und China hatten, und das ich oben beschrieben habe, dauert noch jetzt fort. Unter allen den zahlreichen Tataren-Stämmen, selbst unter denen, die ihre Hirtensitten in der größten Reinheit erhalten, ist große Nachfrage nach Waaren aus diesen beiden Ländern. (Voyages de *Pallas*, tom I, p. 357 etc. tom I, p. 422.) Um sie ihnen zu liefern, gehen jährlich Karavanen von Boghar (*Hackluyt*, vol. I. p. 332.) von Samarkand, Thibet und verschiedenen anderen Orten ab, und kommen mit großen Ladungen von Indischen und Chinesischen Waaren zurück. Doch der Handel zwischen Rußland und China in diesem Theile von Asien ist bei weitem am ausgebreitetsten, und auch am besten bekannt. Ein Verkehr dieser Art gab es wahrscheinlich schon von den frühesten Zeiten her; aber es hat sehr zugenommen, seitdem die inneren Theile von Rußland durch die Eroberungen Dschingis Khans und Tamerlans zugänglicher geworden sind. Die Handel treibenden Nationen in Europa waren mit dieser Art von Verkehr so wohl bekannt, daß man bald nachher, als die Portugiesen die Verbindung mit dem Orient über das Vorgebirge der guten Hoffnung eröffnet hatten, einen Versuch machte, ihnen

Erläuterungen 253

die Vortheile dieser Entdeckung zu schmälern, und die Russen dahin zu vermögen, daß sie Indische und Chinesische Waaren durch ihr ganzes Reich, theils zu Lande, theils vermittelst der schiffbaren Flüsse, nach irgend einem Hafen an der Ostsee brächten, um sie von dort durch ganz Europa zu verführen. (*Ramusio Raccolta di Viaggi*, vol. I. p. 374. B.) Dieser für den damaligen Monarchen von Rußland zu große Plan ward nachher durch die Eroberungen des Iwan Wasiliewitsch und das Genie Peters des Großen ausführbar gemacht. Obgleich die Hauptstädte beider Reiche (Rußland und China) 6378 (Englische) Meilen von einander liegen, und der Weg über vierhundert Meilen weit durch unbewohnte Wüsten geht (*Bell's Travels*, vol. II. p. 167.), so reisten doch Karabanen von der einen zur anderen. Aber obschon bei der Einrichtung dieses Verkehrs festgesetzt worden war, daß jede Karabane nicht aus mehr als zweihundert Personen bestehen sollte; obschon diese während ihres kurzen Aufenthaltes zu Peking in den Mauern eines Karavanserai eingeschlossen wurden und nur mit einigen wenigen Kaufleuten, denen man das ausschließende Recht mit ihnen zu handeln, verliehen hatte, Umgang haben durften: so gerieth, ungeachtet aller dieser Einschränkungen und vorsichtigen Maßregeln, die eifersüchtige Wachsamkeit der Chinesischen Regierung, welche alle Fremden an dem freien Verkehre mit ihren Unterthanen hindert, dennoch in Unruhe, und die Russischen Karavanen wurden bald nicht mehr in das Reich eingelassen. Nach mancherlei Unterhandlungen fand man endlich einen Ausweg, die Vortheile eines wechselseitigen Verkehrs zu sichern, ohne gegen die vorsichtigen Anordnungen der Chinesischen Staatskunst anzustoßen. An der Gränze beider Reiche bauete man nahe bei einander zwei kleine Städte, deren eine von Russen, die andere von Chinesern bewohnt wird.

Hieher brachten die Unterthanen beider Reiche alle Handelswaaren ihrer Länder; und das Pelzwerk, die leinenen und wollenen Zeuge, das Leder, das Glas u. s. w. von Rußland wurden hier gegen die Seide, die Baumwolle, den Thee, den Reis, die Spielwerke u. s. w. von China ausgetauscht. Durch vernünftige Begünstigungen der jetzigen Beherrscherin von Rußland, deren großer Geist weit über die eingeschränkten Grundsätze einiger von ihren Vorfahren erhaben ist, ward dieser Handel so blühend, daß er itzt jährlich nicht weniger als achtmal hunderttausend Pfund Sterling beträgt; und dies ist der einzige Handel mit den Chinesern, der größtentheils durch Tausch getrieben wird. Herr Coxe hat in seiner Nachricht von den Russischen Entdeckungen (Kap. II. III. und IV.) mit seinem gewöhnlichen Beobachtungsgeist und Scharfsinn alles gesammelt, was diesen Handelszweig betrift, dessen Beschaffenheit und Ausbreitung in Europa vorher wenig bekannt war. Uebrigens bekömmt Rußland nicht bloß auf diese einzige Art Chinesische und Indische Produkte. Karavanen von unabhängigen Tataren bringen großen Vorrath davon nach Orenburg am Flusse Jaik, (Voyage de Pallas, tom. I, p. 355 etc.) nach Troitzkaia am Flusse Ui, und nach anderen Orten, die ich anführen könnte. Ich habe die Art, wie die Erzeugnisse von Indien und China durch Rußland verbreitet werden, deshalb so umständlich aus einander gesetzt, weil sie den auffallendsten Beweis, den ich kenne, davon giebt, in welche große Entfernung man Handelswaren zu Lande verführen kann.

LIII. (Vierter Abschnitt. S. 160.)

Die einzige Entdeckungsreise im Atlantischen Ocean gegen Süden, die ein älterer Handelsstaat am Mittelländischen Meer unternommen hat, ist die, welche Hanno auf Befehl der Republik Karthago machte. Die Lage

Erläuterungen.

dieses Staats, da er der Meerenge viel näher war, als Tyrus, Alexandrien und die übrigen alten Handelsstädte deren ich erwähnt habe, eröffnete seinen Bürgern einen unmittelbareren Zugang in den Ocean. Dieser Umstand, zusammen genommen mit den verschiedenen Besitzungen, welche die Karthaginienser in mehreren Provinzen von Spanien hatten, brachte sie sehr natürlich auf den Gedanken dieser Unternehmung, und ließ sie von dem glücklichen Ausgange derselben ansehnliche Vortheile erwarten. Anstatt den von mir angegebenen Ursachen, weshalb kein ähnliches Unternehmen von den übrigen Handelsstaaten am Mittelländischen Meere ausgeführt worden ist, entgegen zu seyn, scheint Hanno's Reise sie im Gegentheil zu bekräftigen.

LIV. (Vierter Abschnitt. S. 161).

Obgleich die von mir angeführten einsichtsvollen Schriftsteller diese Reise der Phönicier für eine Fabel erklären, so erwähnt doch Herodot einen Umstand von ihr, woraus zu folgen scheint, daß sie wirklich gemacht worden seyn muß. „Die Phönicier," sagt er, behaupteten, daß sie, da sie um Afrika gesegelt wären, die Sonne zu ihrer Rechten gehabt hätten, was mir aber nicht glaublich scheint, ob es gleich Anderen so vorkommen mag." (Buch IV. Kap. 42.) Dies mußte geschehen, wenn sie wirklich eine solche Reise vollendeten. Die Sternkunde war aber in jenem frühen Zeitalter so unvollkommen, daß die Phönicier diese Thatsache nur aus Erfahrung gelernt haben konnten; sonst hätten sie es nicht wagen dürfen, etwas zu behaupten, das man für eine unwahrscheinliche Erdichtung halten mußte. Selbst nach ihrem Berichte glaubte es Herodot noch nicht.

LV. Vierter Abschnitt. S. 169.)

Ungeachtet dieser zunehmenden Nachfrage nach Indischen Erzeugnissen blieben dennoch — und dies ist bemerkenswerth — im sechzehnten Jahrhundert manche Waaren, welche jetzt die Hauptartikel des Indischen Handels ausmachen, entweder gänzlich unbekannt, oder doch selten. Thee, dessen Einfuhr itzt bei weitem mehr beträgt, als jedes andere Erzeugniß des Orients, war noch vor hundert Jahren in keinem Europäischen Lande in allgemeinem Gebrauche; und doch ist in diesem kurzen Zeitraum, aus einem besonderen Eigensinne des Geschmacks, oder durch die Gewalt der Mode, der Aufguß auf Blätter, die von den äußersten Enden der Erde kommen und deren größtes Lob vielleicht darin besteht, daß sie unschädlich sind, in verschiedenen Theilen von Europa beinahe ein Bedürfniß geworden, und die Leidenschaft dafür itzt in den niedrigsten Ständen der Gesellschaft eben so groß, wie in den höchsten. Im Jahr 1785 rechnete man die Quantität des aus China nach Europa gebrachten Thees auf ungefähr neunzehn Millionen Pfund, und man nimmt an, daß zwölf Millionen davon in Großbrittannien und den dazu gehörigen Ländern verbraucht worden sind. (*Dodsley's Annual Register* for 1784 and 1785, p. 156.) Das Chinesische Porcellan, welches jetzt in manchen Europäischen Ländern eben so gewöhnlich ist, als ob es einheimisch wäre, war den Alten gar nicht bekannt. Marco Polo ist unter den Neueren der erste, der desselben erwähnt. Die Portugiesen fingen bald nach ihrer ersten Reise nach China, im Jahr 1517, an, es einzuführen; aber es verfloß noch eine geraume Zeit, ehe es stark in Gebrauch kam.

Anhang.

Anhang.

Anhang.

Ich will nun mein Versprechen zu erfüllen su̇chen *) und über den Genius, die Sitten und Einrichtungen des Indischen Volkes, von so frühen Zeiten an, als uns von ihnen etwas bekannt geworden ist, einige Betrachtungen anstellen. Meine Absicht geht aber weder auf eine Uebersicht dieses weiten Feldes in seinem ganzen Umfange, noch auf die Betrachtung eines jeden Gegenstandes, wie er sich mit allen seinen verschiedenen Seiten dem philosophischen Forscher darstellt. Dieses würde mich zu Untersuchungen führen, die nicht nur sehr weitläuftig wären, sondern auch mit dem Gegenstande der gegenwärtigen Schrift keinesweges zusammenhangen. Meine Nachforschungen und Reflexionen sollen sich daher vielmehr auf das einschränken, was mit dem Zwecke dieses Werkes in genauer Verbindung steht. Ich werde das, was uns die Alten von den eigenthümlichen Verfassungen der Eingebornen Indiens überliefert haben, zusammen tragen, und es dann mit dem vergleichen, was wir jetzt von diesem Lande wissen. Daraus will ich Folgerungen zu ziehen suchen, woraus sich ergeben wird, welche Umstände die übrigen Menschen in jedem Zeitalter veranlaßt haben, mit diesem Lande ein so großes vnd ausgebreitetes Handelsverkehr zu unterhalten.

*) M. s. oben S. 24.

Anhang.

Wir finden in der Geschichte von diesem Verkehr in den frühesten Zeiten deutliche Beweise. Nicht nur die den Indiern benachbarten Völker, sondern auch die entfernteren scheinen seit undenklichen Zeiten mit den Waaren jenes Landes bekannt gewesen zu seyn und zugleich einen so hohen Werth darauf gesetzt zu haben, daß sie, um sich dieselben zu verschaffen, weder beschwerliche noch kostbare und mit Gefahren verbundene Reisen scheueten. Wenn die Menschen den Erzeugnissen eines besonderen Landes einen entschiedenen Vorzug geben; so muß es entweder irgend ein wichtiges Naturprodukt, welches es seinem Boden und Klima verdankt, ganz eigenthümlich besitzen, oder dieser Vorzug ist den größeren Fortschritten dieses Landes in Kunst, Industrie und Verfeinerung zuzuschreiben. Die Vorliebe der älteren Völker für Indische Waaren rührt aber keinesweges gänzlich von einer seinen Naturprodukten eigenen Vorzüglichkeit her, da diese Produkte, den freilich sehr wichtigen Artikel des Pfeffers ausgenommen, von denen wenig verschieden sind, welche andere innerhalb des Wendekreises liegende Länder hervorbringen. Aethiopien und Arabien würden den Phöniciern und den übrigen Handel treibenden Völkern des Alterthums Gewürz, Riechwaaren, köstliche Steine, Gold und Silber, die ihre vornehmsten Handelsartikel ausmachten, in hinlänglicher Menge geliefert haben.

Wer also das Verkehr mit Indien bis zu seiner Quelle verfolgen will, muß sie weniger in der eigenthümlichen Beschaffenheit seiner Produkte, als in der größeren Kultur seiner Einwohner suchen. Es sind uns viele Thatsachen überliefert, aus denen bei gehöriger Prüfung deutlich erhellet, daß die Eingebornen von Indien nicht allein früher civilisirt

Anhang.

worden sind, als irgend ein andres Volk, sondern auch größere Fortschritte in der Civilisirung gemacht hatten. Diese Fortschritte werde ich aufzuzählen und in einen Gesichtspunkt zu bringen suchen, der nicht nur die Einrichtungen, Sitten und Künste der Indier ins Licht setzen, sondern uns auch das begierige Verlangen aller Völker nach den Produkten ihrer sinnreichen Industrie erklären wird.

Die älteren heidnischen Schriftsteller rechneten die Indier zu jenen Menschenracen, die sie Autochthones oder Aborigines nannten und als Eingeborne des Landes ansahen, deren Ursprung unbekannt war*). Von den inspirirten Schriftstellern ward die Weisheit des Morgenlandes (worunter man die außerordentlichen Fortschritte seiner Bewohner in Künsten und Wissenschaften verstehen muß) schon in frühen Zeiten gepriesen**). Um diese ausdrücklichen Zeugnisse von der frühen und großen Civilisirung der Bewohner Indiens zu erläutern und zu bestätigen, werde ich das, was sich von ihrem individuellen Rang und Stande, von ihrer bürgerlichen Verfassung, ihren Gesetzen und ihrem gerichtlichen Verfahren, imgleichen von ihren nützlichen und schönen Künsten, ihren Wissenschaften und ihrer Religionsverfassung aus den Nachrichten der Griechischen und Römischen Schriftsteller sammeln läßt, mit dem vergleichen, was noch von ihrer alten Ausbildung und ihren Einrichtungen übrig geblieben ist.

I. Aus den ältesten Nachrichten, die wir von Indien haben, erhellet, daß ein Unterschied des Ranges und eine Absonderung der Stände von einander, darin überall eingeführt war. Ei-

---

*) *Diod. Sic. lib.* II. p. 151.
**) I. B. der Könige. IV, 31.

ner der unbezweifeltste Beweisen von beträchtlichen Fortschritten einer Gesellschaft! Auf den frühesten Stufen des gesellschaftlichen Lebens giebt es so wenige Künste, und sie sind so einfach, daß jedermann hinreichende Geschicklichkeit in ihnen allen besitzt, um jeder Forderung seiner beschränkten Wünsche Genüge leisten zu können. Ein Wilder weiß seinen Bogen zu machen, seine Pfeile zu spitzen, seine Hütte aufzubauen und sein Kanot auszuhöhlen, ohne daß er einer geschickteren Hand, als der seinigen, dazu bedarf*). Wenn aber die Zeit die Bedürfnisse der Menschen vermehrt hat, so werden die Kunstprodukte in ihrer Struktur so verwickelt, oder man verfertigt sie so künstlich, daß eine eigenthümliche Erziehungsart erfordert wird, den Künstler sinnreich in der Erfindung, und geschickt in der Ausführung zu machen. Nach dem Verhältnisse wie die Verfeinerung sich verbreitet, vermehrt sich die Verschiedenheit der Gewerbe, und sie zerfallen dann in zahlreichere und kleine Unterabtheilungen. Ehe die authentische Geschichte der Indier anfängt, und selbst noch vor dem so entfernten Zeitpunkte, bis zu welchem ihre eigenen Traditionen reichen, fand bei ihnen diese Absonderung der Stände nicht allein Statt, sondern die Fortdauer derselben ward auch durch eine Einrichtung gesichert, die als der Grundartikel in dem System ihrer Verfassung angesehen werden muß. Das ganze Volk war in vier Klassen oder Kasten getheilt. Die Mitglieder der ersteren, die man für die heiligste hielt, hatten das Geschäft, die Grundsätze der Religion zu studiren, die Obliegenheiten derselben auszuüben und die Wissenschaften zu kultiviren; sie waren die Priester, Lehrer und Philosophen der Nation. Den Mit-

*) Geschichte von Amerika, B. I. S. 428.

gliedern der zweiten Klasse hatte man die Regierung und Vertheidigung des Staates anvertrauet. In Friedenszeiten waren sie dessen Gesetzgeber und Obrigkeiten; in Kriegszeiten lieferten sie als Soldaten Schlachten für ihn. Zur dritten Klasse gehörten diejenigen, die den Ackerbau trieben, imgleichen die Kaufleute; und zur vierten die Künstler, Arbeiter und Dienstboten. Niemand kann je seine Kaste verlassen oder in eine andere aufgenommen werden *). Der Standpunkt eines jeden Individuums ist unwandelbar festgesetzt, seine Bestimmung unwiderruflich, und die Laufbahn, von der er nicht abweichen darf, ihm vorgezeichnet. Diese Gränzlinie ist nicht allein durch bürgerliche Autorität bestimmt, sondern auch durch die Religion bestätigt und geheiligt; denn man giebt vor, jede Klasse oder Kaste rühre auf eine so verschiedene Art von der Gottheit her, daß es für den verwegensten Frevel gehalten werden würde, sie unter einander zu mischen und zu verwirren**). Auch liegen nicht nur zwischen diesen vier Klassen solche unübersteigliche Scheidewände, sondern auch die einzelnen Mitglieder einer jeden Kaste hangen dem Gewerbe ihrer Voraltern unveränderlich an. Von Generation zu Generation haben dieselben Familien Eine Lebensweise gehabt, und werden sie immer haben.

Beim ersten Anblick scheinen solche willkührliche Einrichtungen unter den verschiedenen Mitgliedern, die eine Gesellschaft ausmachen, dem Wachsthume der Künste und Wissenschaften entgegen zu seyn; denn, werden verschiedenen Menschenklassen künstliche Schranken gesetzt, die nicht ohne Ruchlosigkeit über-

---

*) Ajihn Akbern, III. 81. &c. Sketches relating to the History &c. of the Hindoos p. 107. &c.

**) M. s. Anmerkung I.

schritten werden können, so scheint dieses darauf abzuzwecken, die Unternehmungen des menschlichen Geistes in eine engere Sphäre einzuschränken, als die Natur ihm angewiesen hat. Wenn es jedermann völlig frei steht, seine Kräfte auf solche Gegenstände und Zwecke zu richten, denen er aus eigener Neigung den Vorzug giebt, so kann man erwarten, daß er zu dem hohen Grade von Vorzüglichkeit gelangen wird, wohin ungehinderte Thätigkeit des Genies und des Kunstfleißes führt. In Indien aber muß die Verfassung in Ansehung der verschiedenen Menschenklassen nothwendig das Genie zuweilen in seinem Laufe hemmen, und Talente, die in einer höhern Sphäre zu glänzen geschickt wären, auf die Verrichtungen einer geringeren Kaste einschränken. Allein die Anordnungen der bürgerlichen Regierung haben nicht das Außerordentliche, sondern das Allgemeine, nicht Wenige, sondern die Menge zum Gegenstande. Die Absicht der ersten Indischen Gesetzgeber ging dahin, durch die zweckmäßigsten Mittel für die Ernährung, die Sicherheit und das Glück aller Mitglieder der Gesellschaft, der sie vorstanden, zu sorgen. Deshalb sonderten sie gewisse Menschenstämme für die verschiedenen in einer wohl eingerichteten Gesellschaft nothwendigen Gewerbe und Künste von einander ab, und setzten fest, daß deren Ausübung vom Vater auf den Sohn übergehen sollte. So äußerst auch dieses System den Ideen entgegen seyn muß, die wir in einem sehr verschiedenen Zustande des gesellschaftlichen Lebens haben; so wird man es doch bei näherer Beleuchtung dem beabsichteten Endzwecke gemäßer finden, als ein flüchtiger Beobachter es beim ersten Anblick sich vorstellt. Der menschliche Geist unterwirft sich den Gesetzen der Nothwendigkeit, und ist gewohnt, sich nach dem Zwange, den die Bedingung seines Daseyns oder die Verfassung seines Landes ihm auflegt, nicht nur zu richten, sondern ihn sich auch gefallen zu lassen. Gleich beim Eintritt in das Leben weiß ein Indier den ihm angewiesenen Standpunkt und die Verrichtungen, zu denen er durch seine Geburt bestimmt ist. Die Gegenstände, die hierauf Beziehung haben, fallen ihm zuerst ins Gesicht. Sie beschäftigen seine Gedanken oder seine Hände, und von den frühesten Jahren an wird er gewöhnt, das mit Vergnügen zu thun, was er sein ganzes Leben hindurch thun muß. Diesem Umstande kann man den hohen Grad von Vollkommenheit zuschreiben, der an vielen Manufakturarbeiten der Indier so sichtbar ist. Die Ehrfurcht, die sie für die Verfahrungsart ihrer Voreltern haben, mag allerdings den Erfindungsgeist hemmen; sie erlangen aber doch durch Anhänglichkeit daran eine solche Fertigkeit und Feinheit der Hand, daß die Europäer, bei allen Vortheilen überwiegender Wissenschaft und durch alle Hülfe vollkommnerer Werkzeuge, nie im Stande gewesen sind, es ihnen in der vortreflichen Ausführung ihrer Handarbeit gleich zu thun. Diese große Vervollkommnung ihrer kunstreicheren Manufakturen erregte die Bewunderung anderer Nationen, und gab zum Verkehr mit ihnen Anlaß; aber nur die Absonderung der Gewerbe in Indien, und die frühzeitige Eintheilung des Volkes in Klassen, die an verschiedene Arten von Arbeit gebunden waren, sicherten den Eingebornen einen solchen Ueberfluß der gewöhnlichsten und nützlichsten Artikel zu, daß sie nicht allein ihre eigenen, sondern auch die Bedürfnisse der rings um sie her liegenden Länder befriedigen konnten.

Anhang.

Dieser frühen Abtheilung des Volkes in Kasten, müssen wir auch die auffallenden Eigenthümlichkeiten des Indischen Staats, die Dauer seiner Einrichtungen, und die Unveränderlichkeit in den Sitten seiner Einwohner zuschreiben. So wie es jetzt in Indien ist, war es immer, und wird es wahrscheinlich noch länger seyn. Weder die wilde Grausamkeit und der rohe Fanatismus seiner Mohammedanischen Eroberer, noch die Macht seiner Europäischen Beherrscher, haben irgend eine beträchtliche Veränderung bewirkt *). Noch ist dieselbe Verschiedenheit der Stände da; noch bleiben eben die Einrichtungen in der bürgerlichen und häuslichen Gesellschaft; noch verehrt man die alten Grundsätze der Religion, und treibt dieselben Künste und Wissenschaften. Der Handel mit Indien ist daher in allen Zeitaltern einerlei gewesen. Man hat von jeher Gold und Silber dahin geführt, um dieselben Waaren dafür zu kaufen, mit denen das Land noch jetzt alle Nationen versorgt; und von dem Jahrhundert des Plinius bis auf die jetzigen Zeiten hat man Indien als einen Schlund angesehen und verwünscht, der den Reichthum aller anderen Länder verschlinge, und wohin er unaufhörlich ströme, ohne je wieder zurückzukehren **). Den Nachrichten zufolge, welche ich über die in alten Zeiten aus Indien geholten Waaren gegeben, scheinen diese fast aus eben den zur Kleidung gehörigen Artikeln bestanden zu haben, aus denen sie noch jetzt bestehen; und was für einen Unterschied wir auch daran bemerken mögen, so scheint er doch nicht so sehr von einer Veränderung in der eigenthümlichen Beschaffenheit der Waaren herzurühren, welche die Indier zum Verkaufe ver-

*) M. s. Anmerkung II.
**) M. s. Anmerkung III.

Anhang.

fertigten, als von Verschiedenheit im Geschmacke oder in den Bedürfnissen der Nationen, die sie verlangten.

II. Einen anderen Beweis von der frühen und großen Civilisirung des Indischen Volkes findet man, wenn man dessen politische Verfassung und Regierungsform betrachtet. Die Bewohner Indiens gehen in der Geschichte ihres Landes eine unermeßliche Reihe von Jahrhunderten zurück, und behaupten, ganz Asien, gegen Westen vom Ausfluß des Indus, gegen Osten bis zu den Gränzen von China, gegen Norden von den Tibetanischen Gebirgen, und gegen Süden bis zum Vorgebirge Comorin, habe ein weitläuftiges Reich ausgemacht, und dieses sey von einem mächtigen Monarchen beherrscht worden, unter welchem verschiedene erbliche Fürsten und Rabschahs (Rajahs) regieret hätten. Aber ihre Zeitrechnung, worin das Leben der Menschen zu tausend Jahren angenommen und die Dauer der verschiedenen Perioden, während deren die Welt, ihrer Hypothese zufolge, existirt haben soll, nach Millionen berechnet wird, ist zu sehr ein Spiel wilder Imagination, um eine ernsthafte Erwägung zu verdienen. Wir müssen uns daher, bis wir zuverläßigere Belehrung über die ältere Geschichte von Indien erhalten, damit begnügen, die ersten Nachrichten von diesem Lande, die für authentisch gelten können, aus den Griechen zu nehmen, die unter Alexander dem Großen dienten. Sie fanden in diesem Lande Königreiche von beträchtlicher Größe gestiftet. Die Gebiete des Porus und des Taxiles erstreckten sich über einen großen Theil des Pandschab, einer der fruchtbarsten und am besten angebaueten Gegenden von Indien. Das Reich der Prasier, oder der Gangariden, breitete sich in einem großen Umfange zu beiden Seiten des Ganges aus. Alle drei Reiche waren, wie es aus den alten Griechischen Schriftstellern erhellet, mächtig und volkreich.

Schon allein diese Beschreibung von der Eintheilung Indiens in Staaten von solchem Umfange, giebt einen überzeugenden Beweis, daß es in der Civilisirung sehr weit gekommen war. In jedem Erdstriche, wo man Gelegenheit gehabt hat, die Fortschritte des Menschen im gesellschaftlichen Leben zu beobachten, äußern sie sich am ersten in kleinen unabhängigen Stämmen oder Gesammtheiten. Ihre gemeinschaftlichen Bedürfnisse treiben sie an, sich zu vereinigen; und ihre gegenseitige Eifersucht sowohl, als die Nothwendigkeit sich ihren Unterhalt zuzusichern, zwingt sie, jeden Nebenbuhler entfernt zu halten, der auf das Land, welches sie als ihr eigen ansehen, Anspruch machen könnte. Es gehen viele Jahrhunderte vorüber, ehe sie sich vereinigen und ehe sie vorsichtig genug werden, für die Bedürfnisse einer zahlreichen Gesellschaft zu sorgen, oder klug genug, die Angelegenheiten derselben zu führen. Selbst bei dem milden Klima und dem reichhaltigen Boden Indiens, welches die Vereinigung und Vermehrung des Menschengeschlechtes vielleicht stärker begünstigt, als irgend ein anderer Theil des Erdballes, ist die Bildung so ausgebreiteter Staaten, wie die Europäer bei ihren ersten Besuchen dieses Landes darin fanden, das Werk langer Zeit gewesen, und die Mitglieder dieser Staaten mußten sehr lange an Ausübung nützlicher Industrie gewöhnt worden seyn.

Obgleich in allen denen Gegenden Indiens, welche die Alten kannten, die monarchische Regierungsform eingeführt war, so hatten die Beherrscher doch nichts weniger, als eine uneingeschränkte und despotische Gewalt. Zwar findet man nirgends eine Spur von einer Versammlung oder einem öffentlichen Kollegium, dessen Mitglieder, entweder ihren eigenen Gerechtsamen gemäß, oder als Repräsentanten ihrer Mitbürger, wenn Gesetze gegeben wurden, dagegen reden, oder die Aufsicht über die Ausführung derselben haben durften. Einrichtungen zu dem Zwecke, die Rechte zu behaupten und zu bewahren, die dem Menschen im gesellschaftlichen Stande zukommen, haben, so gewöhnlich auch den Europäern solche Ideen seyn mögen, nie einen Theil von der politischen Verfassung irgend eines großen Asiatischen Königreiches ausgemacht. Die Eingebornen Indiens hatten die Einschränkungen, wodurch die königliche Gewalt begränzt ward, ganz anderen Grundsätzen zu danken. Der Rang eines jeden Individuums war unwandelbar bestimmt, und die Vorrechte der verschiedenen Kasten wurden als unverletzlich angesehen. Die Monarchen Indiens gehören alle zu der zweiten von den vorhin beschriebenen vier Klassen, welche die Pflichten der Regierung nebst den Diensten im Kriege auf sich hat, und sehen unter ihren Unterthanen eine Klasse von Menschen, die ihnen selbst an Würde weit überlegen ist; und die Mitglieder dieser Klasse kennen ihren eigenen Vorzug, sowohl in Ansehung des Ranges als der Heiligkeit, so gut, daß sie es für eine Erniedrigung und Entheiligung halten würden, wenn sie mit ihrem Beherrscher gleiche Nahrung genießen sollten*). Ihre Personen sind heilig, und selbst für die schwärzesten Verbrechen können sie, da man ihr Blut nie vergießen darf, nicht am Leben gestraft werden **). Zu Männern von diesem erhabenen

---

*) *Orme's* Dissert. Vol. I. p. 4. Sketches &c. p. 113.

**) Code of Gentoo Laws, chap. XXI, §. 10. p. 275. 283. &c

Stande müssen die Monarchen mit Ehrfurcht hinauf sehen und sie als Diener der Religion und Lehrer der Weisheit verehren. In wichtigen Fällen ist es die Pflicht der Beherrscher, sie um Rath zu fragen und sich danach zu richten. Ihre Ermahnungen, und selbst ihr Tadel müssen mit unterwürfiger Ehrfurcht angenommen werden. Dieses Recht der Braminen, über die Verwaltung der öffentlichen Angelegenheiten ihre Meinung vorzutragen, war den Alten nicht unbekannt *); und in einigen Indischen Nachrichten von den im Lande vorgefallenen Begebenheiten werden Fürsten angeführt, die, weil sie die Vorrechte der Kasten verletzt und die Warnungen der Braminen verachtet hatten, ihrer Würde für verlustig erklärt und hingerichtet wurden **).

So wie auf der einen Seite die geheiligten Rechte der Braminen den Anmaßungen der königlichen Macht Schranken setzten, so ward sie auf der anderen auch von denen beschränkt, welche die höchsten Stellen in der Gesellschaft bekleideten, und dabei von ihrer eigenen Würde und ihren Vorrechten große Begriffe hatten. Nur Mitglieder der Kaste, welche im Range zunächst auf die erste, durch die Religion geheiligte, folgte, konnten zu irgend einem Staatsamte gebraucht werden. Die Beherrscher der vor Zeiten in Indien gestifteten großen Reiche fanden es daher nöthig, ihnen die Oberaufsicht über die Städte und Provinzen anzuvertrauen, welche für ihre eigene, unmittelbare Aufsicht zu entfernt lagen. In diesen Posten gelangten sie oft zu einem

---

*) *Strabo*, lib. XV. p. 1091. C.

**) Ueber die Eigenschaften, die von obrigkeitlichen Personen gefordert werden, als eine von den Pundits oder Indischen Auslegern des Gesetzes dem Gesetzbuche vorangeschickte Einleitung. Code of Gentoo Laws. p. CII. und CXVI.

Anhang.

solchen Reichthum und Einfluß, daß Aemter, die anfänglich auf willkührliche Zeit ertheilt wurden, bei ihren Familien blieben. Dadurch brachten sie es allmählich dahin, daß sie zwischen dem Beherrscher und seinen Unterthanen eine Zwischenklasse ausmachten; und durch eifersüchtige Wachsamkeit, ihre eigene Würde und ihre Vorrechte zu behaupten, nöthigten sie ihre Regenten, sie selbst in Ehren zu halten, und mit Billigkeit zu regieren.

Der Nutzen dieser Einschränkung in der Macht des Beherrschers erstreckte sich aber nicht bloß auf die beiden vornehmsten Klassen des Staats, sondern gewissermaßen auch auf die dritte, welche sich mit dem Feldbaue beschäftigte. Die Arbeiten dieser zahlreichen und nützlichen Klasse gehörten so wesentlich zur Erhaltung und zum Glück der Gesellschaft, daß man die größte Aufmerksamkeit darauf verwandte, ihre Lage sicher und angenehm zu machen. Nach den Ideen, welche, den Berichten der zuerst nach Indien gekommenen Europäer zufolge, unter den Eingebornen dieses Landes herrschten, ward der Monarch als der einzige allgemeine Eigenthumsherr aller Ländereien in seinem Reiche angesehen, und von ihm hing jede Art Pachtrecht ab, kraft dessen die Unterthanen dieselben besitzen konnten. Diese Ländereien wurden Pächtern überlassen, welche sie anbaueten, und dafür einen vorher festgesetzten Zins entrichteten, der gewöhnlich den vierten Theil von ihrem jährlichen Ertrage ausmachte und in natura erlegt ward. *) In einem Lande, wo das Arbeitslohn so außerordentlich gering und die Mühe des Feldbaues so unbeträchtlich ist, da die Erde ihre Produkte fast von selbst giebt; wo ferner die Nahrungsmittel so erstaunlich wohlfeil sind; wo man wenige Kleidungs-

*) Strabo, lib. XV. p. 1030. A. Diod. Sic, lib. II. p. 53.

stücke bedarf; wo man für geringe Kosten Häuser bauet und mit Geräthen versiehet — in einem solchen Lande kann man diese Abgabe weder als übermäßig, noch als drückend ansehen. So lange der Landmann fortfuhr, den festgesetzten Zins zu entrichten, blieb er in Besitz des gepachteten Gutes, das, wie ein Eigenthum, vom Vater auf den Sohn fortging.

Diese Nachrichten, welche uns ältere Schriftsteller von der Lage und dem Rechte der Landpächter in Indien geben, stimmen mit dem, was noch jetzt Statt findet, so vollkommen überein, daß man sie beinahe für eine Beschreibung von dem gegenwärtigen Zustande des dortigen Landbaues ansehen kann. In jedem Theile von Indien, wo den eingebornen Fürsten der Hindus Besitzungen geblieben sind, haben die Ryots (der neuere Name, womit man die Landpächter bezeichnet) ihre Ländereien vermöge eines Miethsrechtes, (lease) das man als immerwährend ansehen kann, und für einen, nach alten Vermessungen und Pachtanschlägen bestimmten Zins. Diese Einrichtung ist so lange eingeführt und stimmt mit den Begriffen der Eingebornen von der Verschiedenheit der Kasten und der einer jeden angewiesenen Verrichtungen so wohl überein, daß man sie deshalb in allen Provinzen, sie mögen unter den Mohammedanern oder den Europäern stehen, unverletzt beibehalten hat; und sie dient beiden zu der Grundlage, worauf sie ihr ganzes Finanzsystem gebauet haben *). In einer entfernteren Periode, ehe noch die ursprünglichen Einrichtungen Indiens durch fremde Einfälle umgestürzt wurden, war der Fleiß des Landmannes, wovon ein jedes Mitglied der Gesellschaft in Ansehung seines

*) M. s. Anmerkung IV.

ner Erhaltung abhing, eben so sicher, wie der Pacht-
zins, für den er sein Land besaß, billig. Selbst der
Krieg unterbrach seine Arbeiten nicht, und setzte sein
Eigenthum nicht in Gefahr. Man belehrt uns, es
sey nicht ungewöhnlich gewesen, daß, wenn in einem
Felde zwei feindliche Heere eine Schlacht lieferten,
die Landleute auf dem nächsten in der vollkommensten Ruhe pflügten und erndteten*). Diese Grundsätze und Anordnungen der alten Indischen Gesetzgeber haben große Aehnlichkeit mit dem System
jener neueren scharfsinnigen Beobachter der Staats-
wirthschaft, welche die Produkte des Bodens als die
einzige Quelle des Reichthums in jedem Lande vorstellen, und die Entdeckung dieses Grundsatzes, wonach, wie sie behaupten, die Nationen regiert
werden sollten, als eine von den größten Anstrengungen des menschlichen Verstandes ansehen. Bei einer
Regierungsform, welche auf alle die verschiedenen
Stände, aus denen die Gesellschaft besteht, besonders auf den Landbauer, eine solche Aufmerksamkeit
richtete, ist es kein Wunder, daß die Alten die Bewohner Indiens als einen höchstglücklichen Menschenstamm schildern, und daß die einsichtsvollsten neueren Beobachter die Indische Verfassung als billig,
menschlich und gelinde preisen. Wie einige, mit der
Verfassung von Indien wohl bekannte Männer mir
gesagt haben, gleicht ein Radschah (Rajah) der Hindus mehr einem Vater, der einer zahlreichen Familie von eigenen Kindern vorsteht, als einem Oberherrn, der Unterthanen regiert. Er wacht sorgsam
für die Fortdauer ihres Glücks, und sie sind ihm mit
der zärtlichsten Neigung, mit unverbrüchlicher Treue
zugethan. Wir können uns kaum denken, daß die
Menschen in irgend eine bessere Verfassung hätten ge-

*) *Strabo*, lib. XV. p. 1030. A.

274 Anhang.

setzt werden können, um alle die Vortheile zu erlangen, die aus der gesellschaftlichen Vereinigung fließen. Nur wenn die Seele vollkommen ruhig ist und Unterdrückung weder fühlt noch befürchtet, gebraucht sie ihre thätigen Kräfte, um zur Sicherung und Vermehrung ihrer Besitzthümer eine beträchtliche Anzahl Polizei-Anstalten zu machen. Manche Einrichtungen von dieser Art bemerkten und bewunderten die Griechen an den Indiern, und erwähnten derselben als Beweise von großer Civilisirung und Kultur, ob sie gleich ihrer eigenen Anordnungen, zu jener Zeit der vollkommensten in Europa, gewohnt waren. Es gab unter den Indiern drei verschiedene Klassen von Beamten. Eine derselben hatte die Aufsicht über den Ackerbau und über alle Arten von ländlichen Arbeiten. Sie maßen die Landportionen aus, die jedem Pächter zugetheilt wurden; sie verwahrten die Cisternen (*Tanks*) oder Behälter des Wassers, da ohne dessen regelmäßige Vertheilung in einem heißen Himmelsstriche die Felder nicht fruchtbar gemacht werden können. Sie bestimmten den Lauf der Landstraßen, und errichteten längs denselben in gewissen Entfernungen Steine, um den Weg abzumessen und Reisende zurecht zu weisen*). Eine zweite Klasse von Beamten hatte die Aufsicht über die Polizei in den Städten; ihre Geschäfte waren also natürlicher Weise zahlreich und mannichfaltig. Ich will nur einige davon anführen. Sie bestimmten Häuser zur Aufnahme der Fremden, schützten diese vor Beleidigungen, sorgten für ihren Unterhalt, bestellten, wenn sie krank wurden, Aerzte, die sie besuchten, und in dem Falle, daß die Fremden starben, ließen sie dieselben nicht nur anständig beerdigen, sondern sorgten auch für ihren Nachlaß, und lieferten ihn an

*) M. s. Anmerkung V.

Anhang.

die Verwandten ab. Sie hielten genaue Register von den Gebornen und Gestorbenen. Sie gingen auf die öffentlichen Marktplätze, und untersuchten Maß und Gewicht. Die dritte Klasse von Beamten hatte die Aufsicht über das Kriegeswesen; da aber die Gegenstände, worauf ihre Aufmerksamkeit ging, außer dem Plane meiner Untersuchung liegen, so ist es unnöthig, mich bei ihnen länger aufzuhalten**).

Da Sitten und Gewohnheiten in Indien fast ohne Veränderung von einer Generation zur anderen fortgehen; so findet man daselbst noch jetzt viele der von mir angemerkten besonderen Einrichtungen. Noch jetzt wendet man eben die Aufmerksamkeit auf den Bau und die Erhaltung der Cisternen (*Tanks*) und auf die Vertheilung ihres Wassers. Die Bestimmung der Landstraßen und die Errichtung von Meilenzeigern längs derselben, ist noch ein Gegenstand der Polizei. Tschoiltries (*Choultries*) oder zur Bequemlichkeit der Reisenden erbauete Häuser, sind in jedem Theile des Landes häufig, und eben so nützliche als edle Denkmäler Indischer Pracht und Menschenliebe. Nur unter Leuten in dem vollkommensten gesellschaftlichen Zustande und unter den besten Regierungsformen finden wir Einrichtungen, die den beschriebenen ähnlich sind; und viele Nationen haben sehr große Fortschritte gemacht, ohne eben so vollkommene Polizei-Anstalten zu treffen.

III. Wenn man die Fortschritte irgend eines Volkes in der Civilisirung würdiget, so verdient, nächst seinen politischen Einrichtungen, der Geist der Gesetze und die Art und Weise ihres gerichtlichen Verfahrens den höchsten Grad von Aufmerksamkeit.

*) *Strabo*, lib. XV. p. 1034. A. &c. **) *Diod. Sicul.* lib. II. p. 154.

Anhang.

In den frühen und rohen Zeitaltern der Gesellschaft werden die wenigen über das Eigenthum entstehenden Streitigkeiten durch die Vermittelung der alten Männer, oder durch das Ansehen der Oberhäupter in jedem kleinen Stamm oder jeder Gemeinheit beendigt; ihre Entscheidungen giebt ihnen entweder ihre eigne Klugheit ein, oder sie beruhen auf einfachen und augenscheinlichen Grundsätzen der Billigkeit. So wie sich aber die Streitigkeiten vermehren, müssen Fälle, die den ehemals entschiedenen ähnlich sind, wiederkommen, und die Erkenntnisse über jene werden allmählich zu Präjudicien, nach denen man sich bei künftigen Rechtsurtheilen richtet. So bildet sich lange vorher, ehe die Natur des Eigenthums durch positive Bestimmungen, oder durch eine Vorschrift über die Art es zu erwerben und zu übertragen, festgesetzt wird, in jeder Gesellschaft allmählich eine Sammlung von gewöhnlichen oder gemeinen Rechten, wonach man bei dem gerichtlichen Verfahren entscheidet, und man unterwirft sich ehrfurchtsvoll jedem ihnen gemäßen Urtheil, als dem Resultat von der vereinigten Weisheit und Erfahrung mehrerer Zeitalter.

In diesem Zustande scheint die Verwaltung der Gerechtigkeit in Indien gewesen zu seyn, als es zuerst von Europäern besucht ward. Obgleich, ihren Nachrichten zufolge, die Indier keine geschriebenen Gesetze hatten, sondern jede Streitfrage nach ehemaligen Entscheidungen darüber beendigten; *) so wurde dennoch, wie sie versichern, die Gerechtigkeit sehr genau verwaltet, und die Verbrecher aufs strengste bestraft **). Aber diese allgemeine Bemerkung

---

*) *Strabo,* lib. XV. 1035. D.
**) *Diod. Sicul.* lib. II. p. 154.

Anhang.

ist auch alles, was uns die Alten von der Beschaffenheit und den Formen des gerichtlichen Verfahrens in Indien melden. Seit dem Megasthenes scheint kein Grieche oder Römer von einiger Bedeutung sich lange genug in dem Lande aufgehalten zu haben, oder mit den Gewohnheiten der Eingebornen bekannt genug geworden zu seyn, um über einen so wichtigen Punkt in ihrer Staatsverfassung umständliche Nachricht geben zu können. Zum Glück ist dieser Mangel durch die genaueren und ausgebreitetern Nachforschungen der Neueren reichlich ersetzt worden. Seit beinahe drei Jahrhunderten ist eine große Anzahl Europäer nach Indien gegangen. Viele unter ihnen, die lange in dem Lande geblieben sind und Männer von guter Erziehung und großen Einsichten waren, haben in vertrautem Umgange mit den Eingebornen gelebt und eine hinreichende Kenntniß ihrer Sprachen erlangt, so, daß sie im Stande gewesen sind, ihre Einrichtungen aufmerksam zu beobachten und treu zu beschreiben. So viel Achtung aber auch ihre Autorität verdienen mag, so werde ich mich doch in dem, was ich zur Erläuterung des gerichtlichen Verfahrens bei den Hindus beibringe, nicht daran allein halten, sondern meine Nachrichten aus höheren und reineren Quellen schöpfen.

Gegen die Mitte des sechzehnten Jahrhunderts bestieg Akber, der sechste Abkömmling Tamerlans, den Thron von Indostan. Er ist einer von den wenigen Monarchen, die Groß und Gut genannt zu werden verdienen, und der einzige von Mohammedanischer Abkunft, dessen Geist sich über die eingeschränkten Vorurtheile der fanatischen Religion, worin er erzogen war, weit genug erhoben zu haben scheint, um einen Plan entwerfen zu können, wie er eines Monarchen würdig war, der-sein Volk liebte und es glücklich zu machen strebte. Da in jeder Provinz seiner weitläuftigen Besitzungen die Hindus den größten Theil seiner Unterthanen ausmachten, so bemühete er sich, eine vollkommene Kenntniß ihrer Religion, ihrer Wissenschaften, Gesetze und Anordnungen zu erlangen, damit er jeden Theil seiner Regierung, vorzüglich aber die Gerechtigkeitspflege, so viel als möglich nach ihren eigenen Ideen einrichten könnte *). In diesem edlen Unternehmen ward er eifrig von seinem Vezier Abul Fazel unterstützt, einem Minister, der eben so aufgeklärten Verstand hatte, wie sein Herr. Durch ihre fleißigen Nachforschungen und durch Erkundigung bei gelehrten Männern **) erhielten sie so viele Belehrung, daß Abul Fazel in Stand gesetzt ward, einen kurzen Inbegriff der Indischen Rechtsgelehrsamkeit in dem Ajihn Akbery ***) bekannt zu machen, den man als die erste ächte Mittheilung ihrer Grundsätze an Bekenner einer anderen Religion betrachten kann. Etwa zwei Jahrhunderte später (1773) ward Akbers rühmliches Beispiel von Herrn Hastings, General-Gouverneur der Englischen Besitzungen in Indien, nachgeahmt und übertroffen. Unter seiner Autorität und Aufsicht versammelten sich zu Kalkutta die vorzüglichsten Pundits, oder im Gesetz erfahrnen Braminen der Provinzen, die unter ihm standen, und trugen in zwei Jahren aus ihren ältesten und bewährtesten Schriftstellern, Urtheil für Urtheil, ohne Zusatz oder Hinweglassung, einen vollständigen Coder Indischer Gesetze zusammen ****), wel-

*) M. s. Anmerkung VI.
**) Ajihn Akbery, A. Vol. III. p. 95.
***) Vol. III. p. 197 &c.
****) Vorrede zu dem Coder, p. X.

Anhang.

cher unstreitig unter allen bis jetzt den Europäern bekannt gewordenen Erläuterungen der Indischen Verfassung und Sitten, die schätzbarste und ächteste ist.

Nach Angabe der Pundits lebten manche von den Schriftstellern, auf deren Autorität sie die in den Codex eingerückten Aussprüche gründen, mehrere Millionen Jahre vor ihrer Zeit *); und sie rühmen sich, von jener Periode bis auf die gegenwärtige eine Folge von Auslegern ihrer Gesetze zu besitzen. Ohne uns auf die Untersuchung einer so ausschweifenden Behauptung einzulassen, können wir doch annehmen, daß die Hindus weit ältere Schriften über die Gesetze und Rechtsgelehrsamkeit ihres Landes haben, als man bei irgend einem anderen Volke findet. Die Wahrheit dieses Satzes beruhet nicht auf ihrem Zeugniß allein, sondern ist auch durch den Umstand außer Zweifel gesetzt, daß alle diese Abhandlungen in der Sanskrit-Sprache geschrieben sind, die seit vielen Zeitaltern nicht mehr in irgend einem Theile von Indostan gesprochen worden ist und jetzt nur noch von den gelehrtesten Braminen verstanden wird. Daß die Hindus, als ihre Gesetze abgefaßt wurden, ein sehr civilisirtes Volk waren, wird durch innere in dem Codex selbst befindliche Beweise außer Zweifel gesetzt. Unter Völkern, die so eben anfangen sich der Barbarei zu entreißen, sind die Vorschriften der Gesetze äußerst einfach und nur auf einige wenige täglich vorkommende Fälle anwendbar. Die Menschen müssen lange im gesellschaftlichen Zustande vereinigt, ihre Verhandlungen vielfach und verwickelt gewesen seyn, und die Richter eine unzählige Menge von daraus entstandenen Streitigkeiten geschlichtet haben, ehe das System der Gesetze so groß und vielumfassend wird, daß das gerichtliche Ver-

*) Ebend. p. XXXVIII.

fahren einer in ihrer Bildung schon weit gekommenen Nation danach eingerichtet werden kann. In dem frühen Zeitalter der Römischen Republik, als die Gesetze der zwölf Tafeln bekannt gemacht wurden, brauchte man, um die Entscheidungen der Gerichtshöfe zu leiten, nichts mehr als die lakonischen Vorschriften, welche sie enthalten; allein in einem späteren Zeitalter fand man das *Corpus juris civilis*, so weitläuftig es auch ist, zu diesem Behufe kaum zulänglich. Mit der nüchternen Kürze der zwölf Tafeln hat der Indische Coder keine Aehnlichkeit; aber in Ansehung der Menge und Mannichfaltigkeit der darin abgehandelten Gegenstände, hält er mit Justinians berühmten Pandekten, oder mit den Systemen der Rechtsgelehrsamkeit bei den im höchsten Grade civilisirten Nationen eine Vergleichung aus. Die Artikel, woraus der Indische Coder besteht, sind in eine natürliche lichtvolle Ordnung gestellt, zahlreich, vielumfassend und mit solcher pünktlichen Aufmerksamkeit und solchem Scharfsinn untersucht, wie sie einem Volke natürlich sind, das sich durch die Schärfe und Feinheit seines Verstandes auszeichnet, seit langer Zeit an ein genaues gerichtliches Verfahren gewöhnt, und mit allen Subtilitäten in der Anwendung der Gesetze bekannt ist. Die Entscheidungen über jeden Punkt beruhen — einige seltene, durch örtliche Vorurtheile und besondere Gewohnheiten veranlaßte Ausnahmen abgerechnet — auf jenen großen, unwandelbaren Grundsätzen der Gerechtigkeit, die der menschliche Geist in jedem Zeitalter und in jedem Welttheil anerkennt und verehrt. Wer das ganze Werk untersucht, kann nicht daran zweifeln, daß es die Rechtsgelehrsamkeit eines aufgeklärten und Handel treibenden Volkes enthält. Wer irgend einen besonderen Abschnitt ansieht, wird über die ins Kleine gehende Umständlichkeit und über die scharfsinnigen Unterscheidungen erstaunen, die an manchen Stellen noch die Aufmerksamkeit der Europäischen Gesetzgebung zu übertreffen scheinen; und es ist bemerkenswerth, daß einige Anordnungen, die von der höchsten Verfeinerung zeugen, in Perioden des entferntesten Alterthums festgesetzt sind. „In „der ersten heiligen Gesetzschrift," bemerkt ein Mann, dem die Orientalische Litteratur in allen ihren Zweigen sehr viel verdankt, „welche, nach dem „Vorgeben der Hindus, Menu vor vielen Millio-„nen Jahren geoffenbaret hat, findet man eine „merkwürdige Stelle über die gesetzmäßigen Zinsen „vom Gelde, und die Einschränkung derselben in „verschiednen Fällen, doch mit einer Ausnahme in „Ansehung der Gefahren zur See; einer Ausnah-„me, die der menschliche Verstand billigt, und die „der Handel schlechterdings erfordert, obgleich un-„sre Englische Rechtsgelehrsamkeit sie nicht eher, als „unter Karl's I. Regierung bei See-Kontrakten „völlig zuließ"*). Es ist ebenfalls bemerkenswerth, daß, obgleich die Eingebornen Indiens sich in jedem Zeitalter durch Menschlichkeit und milde Gesinnungen ausgezeichnet haben, ihre Gesetzgeber doch so besorgt waren, Ordnung und Ruhe in der Gesellschaft nicht stören zu lassen, daß (einer schon erwähnten Bemerkung der Alten zufolge) die Strafen, die sie Verbrechern auflegen, äußerst strenge sind. „Strafe „ist (nach einer treffenden Prosopopöie in dem Coder der Hindus) „die Obrigkeit; Strafe ist die Mutter „des Schreckens; Strafe ist die Ernährerin der Un-„terthanen; Strafe ist die Beschützerin vor Unglück; „Strafe ist die Wächterin der Schlafenden; Strafe

*) Sir William Jones's third Discourse, Asiat. Research, p. 428.

"schreckt mit schwarzem Antliß und rothem Auge den "Schuldigen".

IV. Da der Zustand der alten Einwohner von Indien, wir mögen sie als Individuen, oder als Mitglieder der Gesellschaft betrachten, den vorhergehenden Nachforschungen zufolge, der Bearbeitung nüßlicher und schöner Künste sehr günstig gewesen zu seyn scheint; so leitet uns dies natürlicher Weise auf die Untersuchung, ob ihre Fortschritte darin wirklich so groß waren, wie es sich von einem Volk in dieser Lage erwarten ließ. Bei dem Versuche, ihnen nachzuspüren, haben wir aber nicht eben so gute Wegweiser, wie bei den vorigen Gegenständen unseres Nachforschens. Die Alten konnten uns wegen ihrer geringen Bekanntschaft mit dem inneren Zustande von Indien nur wenige Belehrung über die dort kultivirten Künste mittheilen. Die Neueren hatten zwar während ihres seit drei Jahrhunderten fortgesetzten Verkehrs mit Indien Gelegenheit, sie genauer zu beobachten; allein sie haben doch nur erst seit Kurzem, durch das Studium der jetzt und ehemals in dem Lande üblichen Sprachen, und dadurch, daß sie dessen vorzüglichste Schriftsteller zu Rathe zogen und übersetzten, den Weg des Untersuchens betreten, der mit Gewißheit zu einer vollständigen Kenntniß von dem Zustande der in Indien kultivirten Künste führt.

Eine der ersten Künste, welche der menschliche Verstand bis über das bloße Bedürfniß hinaus zu verbessern strebte, war die Baukunst. Bei den kurzen Bemerkungen über die Fortschritte dieser Kunst in Indien, worauf mich der Gegenstand meiner Untersuchung leitet, werde ich mich gänzlich auf das höchste Alterthum einschränken. Die dauerhaftesten

*) Code, Chap. XXI. §. 8.

Anhang.

Denkmäler des menschlichen Fleißes sind öffentliche Gebäude. Die Kunstwerke, welche zu gewöhnlichen Zwecken im Leben verfertigt werden, nutzen sich durch den Gebrauch ab, und vergehen; allein Werke, die man zum Besten der Nachwelt bestimmt, dauern lange Zeiten hindurch, und nach der Art, wie diese ausgeführt sind, fällen wir ein Urtheil über die Macht, die Geschicklichkeit und Vervollkommnung des Volkes, das sie errichtete. In jedem Theile Indiens findet man uralte Denkmäler. Sie sind von zweierlei Art: entweder zu Religionsübungen geweihet, oder als Festungen zur Sicherheit des Landes erbauet. An den ersteren, welche die Europäer, wie sie auch gebauet seyn mögen, mit dem allgemeinen Namen Pagoden benennen, kann man eine Verschiedenheit der Bauart bemerken, welche die allmählichen Fortschritte der Baukunst bezeichnet und zugleich über den allgemeinen Zustand der Künste und Sitten in verschiedenen Zeitaltern Licht verbreitet. Die alleraltesten Pagoden scheinen nichts weiter als Aushöhlungen in bergichten Theilen des Landes und wahrscheinlich eine Nachahmung der natürlichen Höhlen gewesen zu seyn, in welche sich die ersten Bewohner der Erde zu ihrer Sicherheit während der Nacht begaben, und wo sie Schutz gegen die unfreundliche Jahreszeit fanden. Die berühmteste und, wie man zu glauben Grund hat, die älteste von diesen allen, ist die Pagode auf der Insel Elephanta, nicht weit von Bombay. Sie ist von Menschenhänden in dichten Felsen, etwa in der Mitte eines hohen Berges, ausgehauen und ihre innere Fläche beträgt beinahe hundert und zwanzig Quadratfuß. Zur Unterstützung der Decke und des darüber liegenden Gebirges, hat man aus eben demselben Felsen eine Menge starker Säulen von einer das Auge nicht beleidigenden Form ausgehauen, und zwar in so regelmäßigen Entfernungen, daß sie auf den Zuschauer beim ersten Eintritt den Eindruck von Schönheit und Stärke machen. Ein großer Theil des Inneren ist mit Menschengestalten in hocherhobener Arbeit (*en hautrelief*) von riesenmäßiger Größe und sonderbarer Bildung bedeckt, und sie zeichnen sich durch mannichfaltige Symbole aus, welche wahrscheinlich die Attribute der von den Indiern verehrten Gottheiten, oder die Thaten der von ihnen bewunderten Helden vorstellen. Auf der Insel Salsette, noch näher an Bombay, giebt es ähnliche künstliche Höhlen, beinahe eben so prächtig und zu demselben gottesdienstlichen Gebrauche bestimmt.

Diese erstaunlichen Werke sind von einem so hohen Alterthum, daß die Eingebornen, da sie weder aus der Geschichte, noch aus der Tradition einige Nachricht über die Zeit ihrer Errichtung beibringen können, ihre Entstehung allgemein der Macht höherer Wesen zuschreiben. Aus dem Umfange und der Größe dieser unterirdischen Gebäude, welche einsichtsvolle Reisende mit den berühmtesten Denkmälern menschlicher Macht und Kunst in irgend einem Theile der Erde vergleichen, sieht man offenbar, daß sie nicht auf jener Stufe des gesellschaftlichen Lebens gemacht seyn können, wo die Menschen noch in kleine Stämme getheilt leben, und nicht an die Anstrengungen eines ausdauernden Fleißes gewöhnt sind. Nur in Staaten von ansehnlicher Größe und bei einem schon längst an Gehorsam und gemeinschaftliche Arbeiten gewöhnten Volke, kann die Idee von so prächtigen Werken gefaßt, und die Macht, sie auszuführen, gefunden werden.

Daß zu der Zeit, als man diese Höhlen auf den Inseln Elephanta und Salsette machte, einige solche

Anhang.

solche mächtige Staaten in Indien errichtet waren, ist nicht der einzige Schluß, der sich aus Betrachtung derselben ziehen läßt; der Styl in den Bildhauerarbeiten, welche sie verzieren, zeigt, daß man in jener Periode schon große Fortschritte in der Kunst gemacht hatte. Bildhauerei ist unter den nachahmenden Künsten die, worin der Mensch zuerst seine Talente versucht zu haben scheint. Allein selbst in denen Ländern, wo sie den höchsten Grad der Vollkommenheit erreichte, sind ihre Fortschritte sehr langsam gewesen. Wer auf die Geschichte dieser Kunst in Griechenland Acht gehabt hat, dem ist es bekannt, wie weit der erste rohe Versuch, die menschliche Gestalt darzustellen, von einer vollkommenen Abbildung derselben entfernt war *). Aber so tief man auch die verschiedenen in der Pagode von Elephanta noch unversehrt vorhandenen Gruppen von Figuren herabsetzen muß, wenn man sie mit den schöneren Werken Griechischer oder auch nur Etrurischer Künstler vergleicht; so ist doch der Styl, worin sie gearbeitet sind, weit besser, als die harte, ausdruckslose Manier der Aegyptier, oder die Figuren an dem berühmten Pallaste von Persepolis. In diesem Lichte haben mehrere kompetente Beobachter sie gesehen; und nach verschiedenen Zeichnungen, vorzüglich nach denen von Niebuhr, einem Reisenden der eben so genau beobachtet, als treu beschreibt, müssen wir von dem Zustande der Künste in Indien während dieses Zeitraums eine sehr günstige Meinung fassen.

Obgleich verschiedene Figuren in den Höhlen auf Elephanta von denen, die jetzt als Gegenstände der Verehrung in den Pagoden stehen, so sehr verschieden sind, daß einige gelehrte Europäer ge-

---

*) Winkelmanns Geschichte der Kunst des Alterthums. Wien, 1776, Seite 8. u. folg.

glaubt haben, sie stellten die Gebräuche einer älteren, als der jetzt in Indien üblichen, Religion vor; so sehen doch — und dies ist ein bemerkenswerther Umstand — die Hindus selbst diese Höhlen als heilige Oerter ihres eigenen Gottesdienstes an: sie begeben sich noch dahin, um ihre Andacht zu verrichten, und ehren die daselbst befindlichen Figuren eben so, wie die in ihren eigenen Pagoden. Dies hat mir ein einsichtsvoller Mann bestätigt, der im Jahr 1782 dieses unterirdische Heiligthum besuchte. Er ward nehmlich von einem scharfsinnigen, aus Benares gebürtigen Braminen begleitet, der, ob er gleich den Ort noch niemals gesehen hatte, doch mit der Familie, Erziehung und Lebensgeschichte jeder daselbst vorgestellten Gottheit oder menschlichen Gestalt sehr wohl bekannt war, und ohne Anstoß die Bedeutung der mancherlei Symbole erklärte, wodurch sich die Bilder von einander unterscheiden. Dies kann man als einen deutlichen Beweis ansehen, daß das jetzt in Benares geltende mythologische System von dem in den Höhlen auf Elephanta vorgestellten gar nicht verschieden ist. Herr Hunter, der im Jahr 1784 diese Insel besuchte, scheint von den dortigen Figuren zu glauben, daß sie Gottheiten vorstellen, die noch jetzt unter den Hindus Gegenstände der Verehrung sind [*]. Diese Meinung wird durch folgenden Umstand bestätigt. Verschiedene von den hervorstechendsten Figuren in den Gruppen zu Elephanta sind mit dem Zennar, oder der heiligen Schnur geziert, die der Braminen-Klasse eigenthümlich ist; ein authentischer Beweis, daß zu der Zeit, da diese Werke vollendet wurden, der Unterschied der Kasten in Indien schon eingeführt war.

*) Archaeologia. Vol. VII. p. 286. &c.

2) Höhlen, die ursprünglichen gottesdienstlichen Oerter, konnten nur in besonderen Gegenden gemacht werden; daher fing das andächtige Volk in anderen Theilen Indiens bald an, zu Ehren seiner Gottheiten Tempel aufzuführen. Diese hatten Anfangs eine sehr einfache Bauart: es waren sehr große Pyramiden, die weiter kein Licht hatten, als was durch eine kleine Thüre hinein fiel. Da die Indier lange Zeit gewohnt gewesen waren, alle Religionsgebräuche im Dunkeln der Höhlen zu verrichten, so geriethen sie natürlich darauf, die feierliche Finsterniß eines solchen Aufenthaltes als heilig anzusehen. Einige Pagoden in diesem ersten Style der Baukunst sind noch itzt in Indostan vorhanden. Zeichnungen von zweien zu Deogur, und von einer dritten nahe bei Tanjore in Karnatik, hat Herr Hodges bekannt gemacht. *) Alle drei sind Werke von hohem Alterthum, und zwar von roher Bauart, aber von solcher Größe, daß die Macht eines ansehnlichen Staates zur Aufführung derselben erforderlich gewesen seyn muß.

3. In dem Verhältnisse, wie die verschiedenen Provinzen Indiens an Wohlstand und Verfeinerung zunahmen, verbesserte sich allmählich auch die Bauart ihrer Tempel. Aus einfachen Gebäuden wurden sie, mit reichlichen Zierrathen versehene, durch Größe und zugleich durch Pracht ausgezeichnete Denkmäler von der Macht und dem Geschmacke des Volkes, das sie aufführte. In verschiedenen Theilen von Indostan, vorzüglich in den südlichen Provinzen **), welche der zerstörenden Gewaltthätigkeit des Mohammedanischen Eifers nicht ausgesetzt gewesen sind,

---

*) M. s. Anmerkung VI.
**) M. s. Anmerkung VII.

giebt es uralte Pagoden in diesem sehr vollkommnen Styl. Damit meine Leser über den frühen Zustand der Künste in Indien urtheilen können, will ich zwei solche Gebäude, von denen wir die genauesten Nachrichten haben, kurz beschreiben. Die Pagode von Tschillambrum, bei Porto Novo auf der Küste Koromandel, steht wegen ihres Alterthums in hoher Achtung. Der Eingang in sie ist ein ansehnliches Thor unter einer hundert und zwanzig Fuß hohen Pyramide, die von großen über vierzig Fuß langen und über fünf Fuß breiten Steinen gebauet ist. Alle Steine sind mit kupfernen Platten belegt, und diese mit einer unendlichen Mannichfaltigkeit von zierlich ausgeführten Figuren geschmückt. Das ganze Gebäude erstreckt sich auf tausend, dreihundert und zwei und dreißig Fuß in der einen, und auf neun hundert und sechs und dreißig in der anderen Richtung. Einige von den Verzierungen sind mit einer Eleganz ausgearbeitet, die sie zur Bewunderung der einsichtsvollsten Künstler berechtigt *). Die Pagode zu Seeringham, die man für noch heiliger hält, als die zu Tschillambrum, übertrift sie auch an Größe; und glücklicher Weise kann ich von ihr einen vollkommnen Begriff geben, wenn ich die Worte eines geschmackvollen und sorgfältigen Geschichtschreibers entlehne. Diese Pagode liegt etwa eine Meile von dem westlichen Ende der Insel Seringham, welche durch den großen, sich hier in zwei Arme theilenden Fluß Kaweri gebildet wird. „Sie besteht aus sieben „viereckigen Bezirken, einem innerhalb des andern, „deren Mauern fünf und zwanzig Fuß hoch und vier „Fuß dick sind. Diese Ringmauern sind dreihundert

---

*) Mém. de Littérat. Tom. XXXI. p. 44 &c. Voyage de M. *Sonnerat*, Tom. I. p. 217.

"dert und funfzig Fuß von einander entfernt, und
"jede hat vier große Thore mit einem hohen Thurm,
"die an jeder Seite der Mauer in der Mitte ange-
"bracht und gegen die vier Weltgegenden gerichtet
"sind. Die äußere Mauer hat beinahe vier (Engli-
"sche) Meilen im Umkreise, und ihr südliches Thor ist
"mit Säulen geziert, von denen manche nur aus ein-
"zelnen, drei und dreißig Fuß hohen und beinahe fünf
"Fuß im Durchmesser haltenden, Steinen bestehen;
"und die, welche das Dach bilden, sind noch größer.
"In den innersten Ringmauern befinden sich die Ka-
"pellen. Etwa eine halbe Meile östlich von Sering-
"ham, und näher an dem Kaweri, als am Kole-
"ruhn, steht eine andre große Pagode, welche
"Dschembikisma (*Jembikisma*) genannt wird; die-
"se hat aber nur Eine Ringmauer. Die außeror-
"dentliche Verehrung, womit man Seringham be-
"trachtet, rührt von dem Glauben her, daß es
"dasselbe Bild des Gottes Wistschnu habe, wel-
"ches der Gott Brama verehrte. Aus jedem Theile
"der Halbinsel begeben sich Pilgrimme hieher, um
"Absolution zu erhalten, und keiner kommt, ohne
"Geld darzubringen. Ein großer Theil von den
"Einkünften der Insel ist zum Unterhalte der Bra-
"minen bestimmt, welche die Pagode bewohnen;
"und diese mit ihren Familien machten ehemals eine
"Menge von nicht weniger als vierzig tausend See-
"len aus, die, ohne arbeiten zu dürfen, durch die
"Freigebigkeit des Aberglaubens unterhalten wur-
"den. Hier, wie in allen anderen großen Pagoden
"Indiens, leben die Braminen in einer Subordina-
"tion, die keine Widersetzlichkeit, und in einem wol-
"lüstigen Schlummer, der keine Mängel kennt *).

*) *Orme*'s Hist. of Milit. Transact. of Indostan, Vol. I. p. 178.

Die andere Art von öffentlichen Gebäuden, deren ich erwähnte, sind die, welche man zur Vertheidigung des Landes angelegt hat. Auf den unermeßlichen Flächen Indostans erheben sich an verschiedenen Stellen Erhöhungen und Felsen, die von der Natur zu festen Orten gebildet sind. Diese wurden von den Eingebornen frühzeitig in Besitz genommen, mit Werken von mancherlei Art befestigt und beinahe unüberwindlich gemacht. Es scheint in irgend einem entfernten Zeitraum eine Periode allgemeiner Unruhe und Gefahr in Indien gewesen zu seyn, wo man solche Zufluchtsörter als für die öffentliche Sicherheit wesentlich nothwendig ansah; denn unter den Pflichten, welche die Pundits den obrigkeitlichen Personen vorschreiben, ist auch die: „daß sie an „dem Orte, den sie zu ihrem Aufenthalte wählen, „ein starkes Fort errichten, an allen vier Seiten „desselben eine Mauer mit Thürmen und Zinnen „bauen, und einen Graben rund umher ziehen sol„len *). Von diesen Festungen sind noch verschiedene vorhanden, die, nach der Bauart und nach den Traditionen der Eingebornen, in sehr entfernten Zeiten angelegt seyn müssen. Herr Hodges hat von dreien derselben Ansichten herausgegeben: eine, von Tschunar Gur am Ganges, etwa sechzehn (Englische) Meilen oberhalb der Stadt Benares;**) die zweite von Gwallior, ungefähr achtzig Meilen südlich von Agra ***); die dritte von Bidjegur im Gebiete von Benares ****). Alle, vorzüglich Gwallior, sind Werke von beträchtlicher Größe und Stärke. Doch lassen sich die Festungen in Bengalen mit einigen in Deca gar nicht vergleichen. Assirgur, Burhampur und Daulatabad werden von den Eingebornen für un-

---

*) Introduction to the Code of Gentoo Laws. p. CXI.
) No. I. *) No. II. ****) No. III.

überwindlich gehalten*); und ein Sachkundiger hat mich versichert, Assirgur sey in der That ein erstaunliches und so vortheilhaft gelegenes Werk, daß es sehr schwer seyn würde, es mit Gewalt zu erobern. Doch nicht nur eine Uebersicht der öffentlichen Gebäude berechtigt uns zu behaupten, daß die Indier schon frühzeitig große Fortschritte in den schönen und nützlichen Künsten gemacht hatten; sondern auch ein Blick auf die Werke ihrer Erfindungskraft, welche die Hauptartikel ihres Handels mit fremden Nationen waren, führt zu einer ähnlichen Schlußfolge. Unter denselben sind die Indischen Weber- und Nadelarbeiten in jedem Zeitalter die berühmtesten gewesen; und feine Leinwand ward, wie man mit einiger Wahrscheinlichkeit muthmaßt, von den Alten, nach dem Namen des Flusses Indus oder Sindus, bei welchem man sie in der höchsten Vollkommenheit verfertigte, *Sindon* genannt **). Die Indischen Baumwollen-Zeuge scheinen in alten Zeiten eben so sehr bewundert worden zu seyn, wie jetzt; nicht nur wegen ihres feinen Gewebes, sondern auch wegen der Zierlichkeit, womit manche von ihnen gestickt, und wegen der schönen Farben in den Blumen, womit andre geziert sind. Von den frühesten Zeiten des Europäischen Verkehrs mit Indien hat sich dieses Land durch die Menge und Vortreflichkeit der mannichfaltigen Färbestoffe, woran es Ueberfluß hatte, ausgezeichnet ***). Die dunkelblaue Farbe, die unter den Römern sehr hoch geschätzt ward, hieß *Indicum* ****). Auch scheint man aus Indien die Substanz geholt

---
*) *Rennel*. Mem. p. 133. 139.
**) Sir *Wiliam Jones's* Third Discourse Asiatic. Researches, p. 428.
***) *Strabo*. lib. XV. p. 1018. A. 1024. B.
****) *Plin*. Nat. Hist. lib. XXXV. c. 6. §. 27.

zu haben, deren man sich zu einer glänzenden rothen Farbe bediente*); und es ist bekannt, daß in den baumwollenen und seidenen Zeugen, die wir jetzt aus Indien bekommen, die blaue und die rothe Farbe an Glanz und Schönheit am meisten hervorstechen. So sehr aber auch die Alten diese Produkte Indischer Kunst bewundert haben mögen, so machten doch einige schon angeführte Umstände ihre Nachfrage nach Baumwollenwaaren in Indien weit geringer, als sie in neueren Zeiten ist; und daher sind die Nachrichten darüber, die wir in Griechischen und Römischen Schriftstellern finden, sehr unvollständig. Doch können wir aus der wunderbaren Aehnlichkeit des alten Zustandes von Indien mit dem jetzigen schließen, daß ihre Weberarbeiten jederzeit eben so mannichfaltig als schön gewesen sind. Die Erfindungskraft der Indier bei anderen Handarbeiten, vorzüglich in Metall und Elfenbein, wird von alten Schriftstellern mit großem Lobe erwähnt, aber ohne alle besondre Beschreibung ihrer Beschaffenheit **): Von diesen frühen Werken Indischer Künstler hat man jetzt einige in Europa, aus denen erhellet, daß sie mit der Kunst, in die härtesten Steine und Edelsteine zu graben, bekannt, und sowohl in der Schönheit ihrer Zeichnungen, als in zierlicher Ausführung, zu einem beträchtlichen Grade der Vortrefflichkeit gelangt waren. Ein scharfsinniger Schriftsteller behauptet, die Kunst in Stein zu schneiden, sey wahrscheinlich eine Erfindung der Indier, und habe unter ihnen gewiß schon frühzeitig einige Fortschritte gemacht. Er unterstützt diese Meinung mit sehr

---

*) *Salmasius*, Exercit. Plinianae in *Solin.* 180, &c. 810. *Salmasius* de Homionymb Hyles Jatrica, c. 107. — M. s. Anmerkung VIII.

**) *Strabo*, lib. XV. p. 1044. B. *Dionys. Periegetes* vers. 1016.

Anhang.

annehmlichen Gründen *). Die Indischen geschnittenen Edelsteine, von denen er Beschreibungen herausgegeben hat, scheinen die Arbeit eines sehr entfernten Zeitalters zu seyn, da die Inschriften darauf in der Sanskrit-Sprache sind **).

Aber nicht bloß aus dem vervollkommneten Zustande der mechanischen Künste in Indien schließen wir, daß seine Einwohner in hohem Grade civilisirt gewesen sind; einen noch überzeugenderen Beweis hiervon kann man aus den frühen und außerordentlichen Produkten ihres Geistes in den schönen Künsten hernehmen. Dieser Beweis wird dadurch noch anziehender, daß er aus einer Quelle von Kenntniß geschöpft ist, welche die rühmliche Wißbegierde unsrer Landsleute seit einigen wenigen Jahren den Europäern eröffnet hat. Daß alle Wissenschaft und Gelehrsamkeit der Braminen in Büchern enthalten wäre, deren Sprache nur von wenigen der gelehrtesten unter ihnen verstanden würde, wußte man schon längst, und alle seit drei Jahrhunderten in Indien ansäßige Europäer haben sich beklagt, daß die Braminen sich hartnäckig weigerten, irgend jemand in dieser Sprache zu unterrichten. Endlich aber hat man durch Geschicklichkeit und milde Behandlung ihre Bedenklichkeiten gehoben, und sie überzeugt, daß der Ernst, womit man Belehrung suchte, nicht aus irgend einer Absicht, ihre Religion lächerlich zu machen, sondern aus dem Verlangen herrühre, vollkommne Kenntniß von ihrer Wissenschaft und Gelehrsamkeit zu erhalten. Mehrere gebildete Engländer verstehen jetzt die Sanskrit-Sprache vollkommen. Der geheimnißvolle, ehemals

---

*) *Raspe's* Introd. to *Tassie's* descript. Catal. of engraved Gems &c. p. XII. &c.

*) Ebendas. Vol. I. p. 74. Vol. II. plate XIII.

für unburchdringlich gehaltene Schleier ist aufgedeckt; und seit fünf Jahren hat man die Wißbegierde des Publikums durch zwei eben so sonderbare als unerwartete Werke befriedigt. Das eine ist Herrn Wilkins Uebersetzung von einer Episode des Mahabarat, eines epischen Gedichtes, das unter den Hindus sehr hoch geschätzt wird, und das, nach ihrer Angabe, Krischna Dwypayen Veias, der größte aller ihrer Braminen, über dreitausend Jahre vor der christlichen Zeitrechnung, verfertigt hat. Das zweite ist Sakontala, ein dramatisches Gedicht, etwa ein Jahrhundert vor Christi Geburt geschrieben, von Sir William Jones übersetzt. Ich werde mich bemühen, meinen Lesern von dem Gegenstande und der Ausführung dieser beiden Werke einen Ueberblick zu verschaffen, der sie in Stand setzen kann, den ihnen zukommenden Grad des Verdienstes zu würdigen.

Das Mahabarat ist ein weitläuftiges Gedicht von mehr als vierhundert tausend Zeilen. Herr Wilkins hat über ein Dritttheil davon übersetzt, aber bis jetzt nur eine kurze Episode, unter dem Titel: Bagwat Dschita, (Baghvat-Geeta) bekannt gemacht; und nach dieser Probe müssen wir das Ganze beurtheilen. Der Gegenstand des Gedichtes ist ein berühmter bürgerlicher Krieg zwischen zwei Zweigen der Königlichen Familie von Bharat. Als die Heere auf beiden Seiten in Schlachtordnung gestellt, und in Bereitschaft waren, den Zwist durch das Schwerdt zu entscheiden, bat Arjuhn, der Liebling und Mündel des Gottes Krischna, der ihn in dieser Stunde der Gefahr begleitete, seinen Wagen zwischen beide feindliche Heere vorrücken lassen. Er sahe beide Heere an, und erblickte auf jeder Seite nichts als Großväter, Oheime, Vettern, Vor-

Anhang.

münder, Söhne und Brüder, nahe Verwandten oder Busenfreunde. Als er eine Zeitlang gestaunt hatte und sie zum Gefechte bereit sah, ward er von dem größten Mitleiden und Schmerz ergriffen, und seine Bekümmerniß brach in folgende Worte aus:

„O Krischna, ich habe meine Verwandten gese„hen, so ängstlich harrend des Gefechtes! Nun wanken „meine Glieder, mein Gesicht erblaßt, mein Haar sträubt „sich empor, und mein ganzer Leib bebt vor Entsetzen! „Selbst Gandibo, mein Bogen, entsinket meiner Hand; „meine Haut ist verdorrt und vertrocknet. — Wenn ich „meine Verwandten vertilgt habe, seh' ich dann noch „länger Glück? Ich wünsche nicht Sieg, Krischna; „ich bedarf keiner Herrschaft, ich bedarf keines Ver„gnügens: denn was ist Herrschaft, was sind die Freu„den des Lebens, oder das Leben selbst, wenn die, um „derentwillen Herrschaft, Vergnügen und Genuß wün„schenswerth sind, Leben und Glück verlassen haben, und „hier bereit zur Schlacht im Felde stehen? — Vormün„der, Söhne und Väter, Großväter und Enkel, Ohei„me, Neffen, Verwandte und Freunde! Und wenn sie „mich tödten wollten, ich will nicht gegen sie fechten; „nein, selbst nicht um die Herrschaft über alle drei Welt„theile, viel weniger um dies kleine Stück Erde *).

Um seine Bedenklichkeiten zu heben, belehrt ihn Krischna, was die Pflicht eines Fürsten aus der Tschetri- oder Militair-Kaste sey, wenn er in einer solchen Lage zu handeln berufen wird, und reizt ihn zur Erfüllung derselben durch mannichfaltige moralische und philosophische Gründe, deren Beschaffenheit ich in einem anderen Theile dieser Abhandlung besonders zu untersuchen Gelegenheit haben werde. In diesem Dialog zwischen Krischna

---

*) Baghvat-Geeta, p. 30. 31.

und seinem Mündel sind mehrere Stellen, die einen hohen Begriff von dem Geiste des Dichters erregen. Die angeführte Rede Arjuhus, worin er die Angst seiner Seele ausdrückt, muß jedem Leser als schön und pathetisch aufgefallen seyn; und ich werde weiter unten eine wirklich erhabene Beschreibung des höchsten Wesens und der ihm schuldigen Verehrung anführen. Indem aber dies unsre Bewunderung erregt und uns in dem Glauben bestärkt, daß ein hoher Grad von Kultur in dem Lande gewesen seyn müsse, wo ein solches Werk geschrieben ward, erstaunen wir über den Mangel an Geschmack und Kunst in der Art, wie diese Episode eingeleitet ist. Zwei mächtige Heere stehen kampfbegierig in Schlachtordnung; ein junger Held und sein Lehrer werden als auf einem Kriegeswagen zwischen beiden befindlich vorgestellt. Sicherlich war das nicht der Zeitpunkt, ihn die Grundsätze der Philosophie zu lehren und achtzehn Vorlesungen über Metaphysik und Theologie zu halten.

Es ist übrigens ein ungünstiger Umstand, daß wir sowohl über die dramatische, als die epische Dichtkunst der Hindus unser Urtheil nur nach einer einzelnen Probe von beiden fällen müssen, und in Ansehung der letzteren überdies (da wir nur einen Theil von einem großen Werke haben) nach einer unvollständigen. Wenn wir aber so dürftigen Materialien zufolge eine Entscheidung wagen sollen, so scheint unter beiden das Drama mit dem korrektesten Geschmack ausgeführt zu seyn. Dies wird aus den Bemerkungen erhellen, die ich jetzt über Sakontala machen will.

Nur für Nationen, die in der Verfeinerung schon beträchtlich weit sind, ist die dramatische Dichtkunst eine Lieblingsunterhaltung. Die Griechen waren

Anhang.

schon lange ein policirtes Volk gewesen, Alcäus und Sappho hatten ihre Oden gesungen, Thales und Anaximander ihre Schulen eröffnet, ehe die Tragödie ihre ersten rohen Versuche auf dem Karren des Thespis machte; und es verlief eine geraume Zeit, ehe sie einen beträchtlichen Grad von Vollkommenheit erreichte. Wir müssen uns also nach dem Schauspiele Sakontala einen vortheilhaften Begriff von dem gebildeten Zustande der Gesellschaft machen, deren Geschmack es angemessen war. Doch dürfen wir, wenn wir seinen Werth bestimmen wollen, nicht die Regeln der Kritik darauf anwenden, die aus der Litteratur und dem Geschmacke von Nationen hergenommen sind, die der Verfasser nicht im mindesten kannte; wir müssen nicht die Einheiten des Griechischen Theaters darin erwarten, und es nicht nach unserem Maßstabe des Schicklichen messen. Manches muß auf Lokal-Gewohnheiten und sonderbare Sitten gerechnet werden, die von einem Zustande der häuslichen Gesellschaft, von einer Ordnung in der Staatsverfassung, und von einem System religiöser Meinungen herrühren, welche von den in Europa gewöhnlichen weit abweichen. Sakontala ist nicht ein regelmäßiges Schauspiel, sondern, wie einige Stücke, die in früheren Zeiten auf der Spanischen und Englischen Bühne aufgeführt wurden, eine dialogirte Geschichte; sie stellt Begebenheiten dar, die in einer Reihe von Jahren vorgegangen sind. Aus diesem Gesichtspunkt angesehen, ist die Fabel im Ganzen wohl geordnet, die Vorfälle glücklich gewählt, und die Abwechselungen in der Lage der Hauptpersonen plötzlich und unerwartet. Doch geschieht die Entwickelung des Stückes, obgleich einige von den darauf vorbereitenden Umständen geschickt herbeigeführt sind, zuletzt durch die

Dazwischenkunft höherer Wesen, welches immer widrige Wirkung thut und einigen Mangel an Kunst verräth. Da aber Sakontala die Tochter einer himmlischen Nymphe, und unter dem Schutz eines heiligen Einsiedlers ist, so kann die Dazwischenkunft jener Wesen weniger wunderbar scheinen, und sie ist dem Morgenländischen Geschmacke sehr angemessen. Manche Stellen dieses Schauspiels haben Simplicität und Zärtlichkeit, manche Pathos, andere eine Mischung des Komischen mit dem Ernsthafteren. Ich will einige wenige von der ersten Art auswählen, theils weil Simplicität und Zärtlichkeit die charakteristischen Schönheiten des Stückes sind, theils weil sie so wenig Aehnlichkeit mit dem ausschweifenden, bilderreichen und schwülstigen Styl der Orientlischen Dichtkunst haben.

Sakontala, die Heldin des Dramas, eine Prinzessin von hoher Geburt, war von einem heiligen Einsiedler in einem heiligen Hain erzogen worden, und hatte den früheren Theil ihres Lebens in ländlichen Geschäften und Hirtenunschuld zugebracht. Als sie eben diese geliebte Einsamkeit verlassen und wieder an den Hof eines großen Monarchen gehen will, mit dem sie vermählt ist, betrauern Kanna, ihr Pflegevater, und ihre jugendlichen Gespielinnen ihren eigenen Verlust, und drücken ihre Wünsche für Sakontala's Glück in einem Tone der Empfindung und in einer Sprache aus, die ihrem Hirten-Charakter vollkommen angemessen ist.

Kanna *).

Hört, ihr Bäume dieses heiligen Hains! ihr Bäume, in denen die Waldgöttinnen wohnen, hört und verkündets, daß Sakontala zum Pallast ihres Ehegemahls

---

*) Seite 118 u. f. der Deutschen Uebersetzung.

Anhang.

geht; sie, die auch dürstend nicht trank, bis ihr gewässert waret; sie, die aus Liebe zu euch, nicht eins eurer frischen Blättchen brach, so gern sie ihr Haar damit geschmückt hätte; sie, deren größte Freude die Jahrszeit war, wenn ihr mit Blüthen prangt!

Chor der unsichtbaren Waldnymphen.

Heil begleite sie auf ihrem Wege! Mögen beglückende Lüfte, ihr zum Genuß, den wohlriechenden Staub köstlicher Blüthen umherstreun! Teiche klaren Wassers, grün von Kokosblättern, sie erquicken, wo sie wandelt, und belaubte Zweige sie vor dem sengenden Sonnenstrahl decken!

Sakontala wendet sich, indem sie eben aus dem Hain weggehen will, an Kanna:

Sakontala.

Ehrwürdiger Vater, erlaube mir diese Madhawi-staude anzusprechen, deren rothe Blumen den Hain in Gluth setzen.

Kanna.

Mein Kind, ich kenne deine Liebe für dieses Gewächs.

Sakontala.

(umfaßt die Pflanze.)

O strahlendste der schlängelnden Pflanzen! empfange meine Umarmung! Erwidre sie mit deinen biegsamen Zweigen! Von diesem Tage an, groß wie die Entfernung ist, die mich von dir trennt, bin ich dein immerdar!— O geliebter Vater, sieh diese Pflanze an wie mein andres Ich!

So wie sie weiter geht, wendet sie sich wieder an Kanna:

Sakontala.

Mein Vater! Du siehst die Antelopenkuh, die dort wegen der Bürde, womit sie trächtig ist, so langsam sich fortbewegt; wenn sie dieser Bürde los seyn wird, sende mir, ich bitte dich, eine gütige Botschaft mit der Nachricht ihres Wohlseyns — Vergiß es nicht!

Kanna.

Liebe! ich vergess' es nicht.

Sakontala.
(geht voran, und hält dann inne.)

Ach! was ist's, das den Saum meines Kleides ergreift und mich zurückhält?
(sie sieht sich um.)

Kanna.

Es ist das Rehkalb, dein angenommener Pflegling, auf dessen Lippen, wenn die scharfen Spitzen des Kussagrases sie verwundet hatten, du so oft mit eigener Hand das heilende Sesamöl legtest; den du so oft mit einer Handvoll Synmakakörner füttertest. Er will die Fußstapfen seiner Beschützerin nicht verlassen.

Sakontala.

Was weinest du, zärtliches Geschöpf, für mich, die unsern gemeinschaftlichen Wohnort verlassen muß? Wie ich dein pflegte, da du deine Mutter bald nach deiner Geburt verlorst, so wird mein Pflegevater, wenn wir scheiden, dich hüten mit sorgsamer Wartung! Kehre zurück, armes Geschöpf, zurück — wir müssen scheiden!
(sie bricht in Thränen aus.)

Kanna.

Kind, deine Thränen ziemen deinem Vorhaben nicht. Wir werden uns wiedersehen. Fasse dich. Siehe den geraden Weg vor dir, und folge ihm. Wenn unter der schönen Wimper die schwellende Thräne lauert, widersetze dich mit festem Muth ihrem ersten Bemühen hervorzubrechen. Auf deiner Wanderschaft über die Erde, wo e Pfade bald hoch, bald niedrig gehen, und der rechte

Anhang.

selten kenntlich ist, wird allerdings die Spur deiner Tritte nicht immer gleichförmig seyn; aber die Tugend wird dich in gerader Richtung vorwärts treiben.

Aus dieser Probe des Indischen Schauspiels wird, wie ich hoffe, jeder Leser von Geschmack völlig abnehmen, daß nur unter einem Volke von feinen Sitten und zarter Empfindung ein so ungekünsteltes und korrektes Kunstwerk verfaßt werden und Beifall finden konnte. Ich bemerke in diesem Drama Ein Beispiel von der zügellosen Uebertreibung, die in der Morgenländischen Dichtkunst so häufig ist. Indem der Monarch ein Armband, das von Sakontala's Arm gefallen war, ihr wieder anlegt, redet er sie auf folgende Art an:

Sieh, meine Theure! dies ist der Neumond, der das Firmament verläßt, um der höheren Schönheit zu huldigen; er ist herabgestiegen auf deinen bezaubernden Arm, und umschlingt ihn mit seinen Hörnern in Gestalt eines Armbandes *).

Aber dies ist die Sprache eines entzückten jungen Mannes gegen seine Geliebte, und zu jeder Zeit, bei jedem Volk erwartet man übertriebenes Lob aus dem Munde der Liebhaber. — Dramatische Darstellungen scheinen für die Hindus sowohl, als für andre gesittete Nationen, ein Lieblingsvergnügen gewesen zu seyn. „Die Indier haben eine so große Anzahl Trauerspiele, Lustspiele, Farßen und musikalische Schauspiele, daß ihr Theater wenigstens eben so viele Bände füllen würde, wie das Theater irgend eines alten oder neueren Europäischen Volkes. Diese Stücke sind durchgehends in Versen wo der Dialog einen höhern Schwung nimmt, und in Prosa, wo er sich zur gewöhnlichen Unterredung herabläßt. Den Vornehmen und Gelehrten wird das

---
*) Seite 91.

reine Sanskrit in den Mund gelegt; die Weiber
hingegen sprechen Prakrit, welches nicht viel anders ist, als die Braminensprache durch eine weichere
Aussprache bis zur Zartheit des Italiänischen ver-
schmelzt. Die geringeren Personen des Schauspiels
sprechen die gemeinen Dialekte der jedesmaligen Provinz, die sie in der Voraussetzung bewohnen *)."

V. Die wissenschaftlichen Kenntnisse der Indier
geben noch einen Beweis mehr von ihrer frühen
Civilisirung. Jeder, der Indien in alten oder
neueren Zeiten besuchte, hat dessen Einwohner bei
Verhandlung von Privatgeschäften sowohl, als bei
Verwaltung öffentlicher Angelegenheiten an Klugheit, scharfem Verstande oder Geschicklichkeit um
nichts geringer gefunden, als irgend eine andere Nation. Von der Anwendung solcher Talente auf die
Kultur der Wissenschaften ließen sich sehr große Fortschritte erwarten. Die Indier waren daher auch
in dieser Rücksicht frühzeitig berühmt, und einige
der vorzüglichsten Griechischen Philosophen reisten
nach Indien, um durch Umgang mit den Weisen
dieses Landes einen Theil von den Kenntnissen zu
erhalten, wodurch sie sich so sehr auszeichneten **).
Doch sind die Nachrichten der Griechen und Römer über die Wissenschaften, welche die Aufmerksamkeit der Indischen Philosophen beschäftigten,
oder über die Entdeckungen, die sie darin gemacht
hatten, sehr unvollkommen. Den Nachforschungen einiger einsichtsvollen Männer, die Indien
während der drei letzten Jahrhunderte besucht haben,
verdanken wir ausführlichere und zuverlässigere Belehrung darüber. Aber bei dem Widerwillen der

---

*) Vorbericht des Englischen Uebersetzers S. XVIII. —
M. s. Anmerkung IX.

**) *Bruckeri* Hist. Philosoph. vol. I. p. 190.

Anhang.

Braminen, ihre Wissenschaften Fremden mitzutheilen, und bei dem Unvermögen der Europäer, viele Kenntniß von denselben zu erlangen, da sie, gleich ihren Religionsgeheimnissen, vor gemeinen Augen in einer unbekannten Sprache verborgen sind, erhielt man diese Belehrung nur langsam und mit großer Schwierigkeit. Doch läßt sich eben die Bemerkung, die ich über unsre Kenntniß von dem Zustande der schönen Künste unter dem Indischen Volke gemacht habe, auch auf dessen Fortschritte in den Wissenschaften anwenden, und unser Zeitalter hat zuerst hinlängliche Proben erhalten, um über beide ein entscheidendes Urtheil fällen zu können.

Wissenschaft, als von der Religion, über die ich in einem anderen Abschnitte reden werde, verschieden angesehen, braucht man, entweder um die Operationen des Verstandes, oder die Uebung unserer moralischen Kräfte, oder die Natur und Beschaffenheiten äußerer Gegenstände zu betrachten. Im ersten Falle heißt sie Logik, im zweiten Moral, im dritten Physik oder Naturkunde. Ueber die frühen Fortschritte, die man bei der Kultur jeder von diesen Wissenschaften in Indien machte, haben wir Beweise, welche unsre Aufmerksamkeit verdienen.

Ehe wir sie aber betrachten, müssen wir die Begriffe der Braminen von der Seele selbst untersuchen; denn waren diese unrichtig, so mußten auch alle ihre Lehrgebäude über die Operationen der Seele irrig und erträumt seyn. Den Unterschied zwischen Materie und Geist scheinen die Indischen Philosophen frühzeitig gekannt zu haben: dem letzteren schrieben sie manche Kräfte zu, zu denen sie die erstere für unfähig hielten; und wenn wir bedenken, wie unvollkommen unsre Begriffe von jedem Dinge sind, das nicht in die Sinne fällt, so läßt sich (wenn wir gegen eine besondere Vorstellungsart der Hindus, die ich in der Folge aus einander setzen werde, Nachsicht haben) behaupten, daß keine Beschreibung der menschlichen Seele der Würde ihres Wesens angemessener ist, als die, welche der Verfasser des Mahabarat davon giebt. „Einige," sagt er, „sehen die Seele als ein Wunder an, andre „hören von ihr mit Erstaunen; aber niemand kennt „sie. Das Schwerdt zertheilt sie nicht; das „Feuer verbrennt sie nicht, das Wasser verdirbt „sie nicht; der Wind verwehet sie nicht, denn sie „ist untheilbar, unzerstörbar, unverderblich; sie ist „ewig, allgemein, immerwährend, unbeweglich; „sie ist unsichtbar, unbegreiflich und unveränder„lich*)." Nach dieser Uebersicht der Gedanken, welche die Braminen von der Seele selbst hatten, können wir nun ihre Begriffe von jeder der vorhin angegebenen drei Hauptwissenschaften betrachten.

1. Logik und Metaphysik. An keinem Gegenstande hat der menschliche Geist sich mehr geübt, als an der Zergliederung seiner eignen Operationen. Man hat die verschiedenen Seelenkräfte untersucht und definirt, dem Ursprunge und Fortgange unsrer Vorstellungen nachgespürt, und gehörige Regeln vorgeschrieben, wie man aus der Beobachtung der Thatsachen zur Feststellung der Grundsätze fortschreiten, oder nach der Kenntniß der Grundsätze Lehrgebäude der Wissenschaft ordnen soll. Die Philosophen des alten Griechenlandes waren durch ihre Fortschritte in diesen abstrakten Spekulationen sehr berühmt, und zeigten bei ihren Erörterungen und Anordnungen so viel Tiefsinn und scharfe Unterscheidungskraft, daß man ihre logischen Systeme, vorzüglich das der

Peri-

*) Gaghvat-Geeta, p. 27.

Peckpotetiker, als sehr große Anstrengungen des menschlichen Geistes angesehen hat.

Seitdem wir aber einigermaßen mit der Litteratur und den Wissenschaften der Hindus bekannt sind, finden wir, daß, sobald die Menschen die Stufen des gesellschaftlichen Lebens betreten, wo sie ihre Aufmerksamkeit auf spekulative Untersuchungen richten können, ihr Geist in jeder Gegend der Erde fast einerlei Kräfte entwickelt, und bei seinen Untersuchungen und Entdeckungen beinahe denselben Gang nimmt. Aus Abul Fazels Inbegriff der Indischen Philosophie,*) von derer, nach seiner Versicherung, durch vertrauten Umgang mit den gelehrtesten Männern der Nation Kenntniß erhielt; aus der Probe von ihren logischen Untersuchungen, welche in dem vom Obersten Dow bekannt gemachten Theile des Schaster enthalten ist **), und aus mehreren Stellen im *Baghvat-Geeta* erhellet, daß auf eben die Spekulationen, welche die Griechischen Philosophen beschäftigten, auch die Indischen Braminen ihre Aufmerksamkeit richteten; und die ersteren hatten sowohl über die Beschaffenheiten äußerer Gegenstände, als über das Wesen unserer eignen Vorstellungen, keine sinnreicheren Theorieen, als die letzteren. Genaue Erklärungen, scharfsinnige Unterscheidungen, feines Raisonnement sind beiden eigen; und beide verführte gleiche übertriebene Spitzfindigkeit bei der Bemühung, die Wirkungen des Geistes zu zergliedern, welche den menschlichen Kräften unbegreiflich sind, bisweilen zu den irrigsten und gefährlichsten Folgerungen. Jene skeptische Philosophie, die das Daseyn der materiellen Welt läugnet, und nur unseren

*) Ajòn Akbery, Vol. III. p. 95. &c.
**) Dissertation p. XXXIX, &c.

eignen Ideen-Wirklichkeit zugesteht, scheint in Indien eben sowohl wie in Europa bekannt gewesen zu seyn *); und die Weisen im Oriente, welche der Philosophie die Kenntniß mancher wichtigen Wahrheiten verdankten, blieben eben so wenig, wie die im Occident, frei von ihren Täuschungen und Irrthümern.

2. **Sittenlehre.** Diese Wissenschaft, deren Gegenstand es ist, uns mit Sicherheit Tugend vom Laster unterscheiden zu lehren, die Beweggründe, die uns zum Handeln antreiben sollen, zu erforschen, und uns Lebensregeln vorzuschreiben, scheint, als die wichtigste von allen, die Aufmerksamkeit der Braminen sehr stark beschäftigt zu haben. Ihre Meinungen über diese Punkte waren verschieden, und die Braminen theilten sich, eben so wie die Griechischen Philosophen, in Sekten, deren Grundsätze und Lehren einander gerade entgegen liefen. Die Sekte, mit deren Meinungen wir glücklicher Weise am besten bekannt sind, hat ein Moralsystem angenommen, das auf so edle und erhabne Grundsätze gebauet ist, wie die Vernunft aus eigener Kraft sie nur immer zu entdecken vermag. Der Mensch, lehren sie, ward nicht zur Spekulation oder Unthätigkeit, sondern zum Handeln geschaffen. Er ist nicht für sich selbst allein geboren, sondern für seine Nebenmenschen. Die Glückseligkeit der Gesellschaft, deren Mitglied er ist, das Wohl der Menschheit, sind seine letzten und höchsten Zwecke. Wenn er überlegt, was er vorziehen oder verwerfen soll, so sind Gerechtigkeit und Schicklichkeit das einzige, worauf er bei seiner Wahl zu achten hat. Die Folgen, die etwa aus seinen Handlungen entstehen, sind nicht in seiner Gewalt;

---

*) Dow's Differtation, p. LVII. Ayeen Akbery, Vol. III. p. 128.

mögen sie glücklich oder widrig seyn — so lange er mit der Reinheit der Beweggründe, die ihn zum Handeln bewogen, zufrieden ist, kann er des Beifalls seiner eigenen Seele genießen, welcher, unabhängig von der Macht des Schicksals, oder den Meinungen anderer Menschen, ächte Glückseligkeit gewährt. „Der Mensch," sagt der Verfasser des Mahabarat, „ist nicht vom Handeln frei. Jeder-
„man wird unwillkührlich durch die wesentlichen
„Grundeigenschaften seiner Natur dazu getrieben.
„Wer seine thätigen Kräfte nicht braucht und mit
„seinem Geiste ruhig nur auf Gegenstände der Sin-
„ne merkt, den kann man einen Menschen mit ver-
„irrter Seele nennen. Gepriesen ist der Mann, der
„alle seine Leidenschaften unterdrückt hat, und dann
„mit seiner Thatkraft alle Angelegenheiten des Le-
„bens, unbesorgt um den Erfolg, verrichtet*). Laß
„den Beweggrund in der That, und nicht im Aus-
„gange seyn. Sey nicht einer von denen, deren
„Triebfeder zum Handeln die Hoffnung des Lohnes
„ist. Laß dein Leben nicht in Unthätigkeit vorüber-
„gehen. Sey betriebsam, erfülle deine Pflicht, ver-
„banne alle Gedanken an die Folge; und der Aus-
„gang sey dir gleich, möge er gut oder übel seyn;
„denn eine solche Gleichmüthigkeit heißt Bog (Auf-
„merksamkeit auf das Geistige). Suche dann allein
„in der Weisheit eine Freistatt; denn der Elende
„und Unglückliche ist dies nur durch den Erfolg der
„Dinge. Der wahre Weise kümmert sich nicht um
„das Gute oder das Uebel in dieser Welt. Beflei-
„ßige dich also, diesen Gebrauch deiner Vernunft
„zu erhalten; denn solcher Gebrauch ist im Leben
„eine köstliche Kunst. Weise Männer, die jeden
„Gedanken an die Frucht, welche aus ihren Hand-

*) Baghvat-Geeta, p. 44.

„lungen entsteht, verbannt haben, sind befreiet von
„den Ketten der Geburt, und gehen in das Land ewi-
„ger Glückseligkeit*).

Aus diesen und anderen Stellen, die ich hätte
anführen können, sehen wir, daß die den Stoischen
Schulen eigenthümlichen Grundsätze in Indien viele
Jahrhunderte vor Zeno's Geburt gelehrt, und mit
einem überzeugenden Ernst, der dem Vortrage des
Epiktet nahe kommt, eingeschärft wurden; und
nicht ohne Erstaunen finden wir die Sätze dieser
männlichen thätigen Philosophie, die nur für Personen vom stärksten Geiste gemacht scheint, als Ver-
haltungsregeln einem Volke vorgeschrieben, das sich
mehr durch die Sanftheit seiner Neigungen, als durch
die Erhabenheit seines Geistes auszeichnet.

3. Physik. Bei allen Wissenschaften, die
zur Ausbreitung unsrer Naturkenntniß beitragen, bei
Mathematik, Mechanik und Astronomie, muß man
die Rechenkunst zum Grunde legen. Wenn wir also
in einem Lande finden, daß man auf die Verbesserung der Arithmetik aufmerksam gewesen ist, um
ihre Operationen so leicht und richtig als möglich
zu machen, so können wir voraussetzen, daß auch
die auf ihr beruhenden Wissenschaften einen hohen
Grad von Vollkommenheit erreicht haben. Eine
solche Verbesserung dieser Wissenschaft finden wir in
Indien. Die Griechen und Römer kannten keine
andre Art die Zahlen zu bezeichnen, als durch Buchstaben des Alphabets, welches das Rechnen nothwendig äußerst langweilig und mühsam macht; die Indier
hingegen hatten sich indessen zu eben diesem Behuf
schon seit undenklichen Zeiten der zehn Ziffern oder
Figuren bedient, die jetzt allgemein in Gebrauch sind,
und verrichteten vermittelst derselben jede arithmeti-

*) Baghvat-Geeta, p. 40.

sche Operation mit der größten Leichtigkeit und Geschwindigkeit. Durch die glückliche Erfindung, daß man jeder Figur, je nachdem sie ihre Stelle verändert, einen anderen Werth beilegt, sind bei den verwickeltsten und weitläuftigsten Rechnungen nicht mehr als zehn Zeichen nöthig, und die Arithmetik ist die vollkommenste aller Wissenschaften. Die Araber führten bald nach ihrer Niederlassung in Spanien diese Bezeichnungsart in Europa ein, und waren aufrichtig genug zu gestehen, daß sie die Kenntniß derselben von den Indiern erhalten hätten. Die Vorzüge dieser Bezeichnungsart sind freilich einleuchtend und groß; aber der Mensch nimmt neue Erfindungen so langsam an, daß der Gebrauch von dieser eine Zeitlang bloß in das wissenschaftliche Fach eingeschränkt blieb. Allmählich verließen indeß auch Geschäftsleute die vorige mühsame Methode, mit Buchstaben zu rechnen, und die Indische Arithmetik ward durch ganz Europa gebräuchlich*). Jetzt ist sie so gemein und einfach, daß der Erfindungsgeist des Volkes, dem wir sie verdanken, weniger geachtet und gepriesen wird, als er es verdient.

Ein noch viel einleuchtenderer Beweis von den außerordentlichen Fortschritten der Indier in den Wissenschaften ist die Astronomie. Die Aufmerksamkeit und der Erfolg, womit sie die Bewegungen der Himmelskörper beobachteten, waren den Griechen und Römern so wenig bekannt, daß sie von ihnen kaum, und nur im Vorbeigehen, flüchtig erwähnt werden **). Sobald aber die Mohammedaner mit den Eingebornen Indiens in Verkehr traten, bemerkten und priesen sie die vorzüglichen astronomischen Kenntnisse derselben. Unter den Europäern, die Indien nach der Ent-

---

*) Montucla Hist. des Mathemat. tom. I. p. 360. &c.
**) Strabo, lib. XV. p. 1047. A. — Dion. Perieg. v. 1173.

deckung des Weges dahin um das Vorgebirge der guten Hoffnung besuchten, war Herr Bernier, ein forschender und philosophischer Reisender, einer der ersten, welche erfuhren, daß die Indier sich lange auf das Studium der Astronomie gelegt und beträchtliche Fortschritte in dieser Wissenschaft gemacht hätten *). Doch scheint seine Nachricht davon sehr allgemein und unvollkommen gewesen zu seyn. Den ersten wissenschaftlichen Beweis von den großen Fortschritten der Indier in astronomischen Kenntnissen verdanken wir Herrn de la Loubere; dieser brachte nehmlich bei der Rückkehr von seiner Gesandtschaft nach Siam einen Auszug aus einer Siamesischen Handschrift mit, welche Tafeln und Regeln der Berechnung für die Standörter der Sonne und des Mondes enthielt. Die Einrichtung dieser Tafeln machte die Grundsätze, worauf sie beruheten, äußerst dunkel, und es gehörte ein Erläuterer dazu, der in astronomischen Berechnungen so geübt war, wie der berühmte Cassini, um die Bedeutung dieses merkwürdigen Fragmentes zu entziffern. Die Epoche der Siamesischen Tafeln fällt auf den 21sten März im Jahre Christi 638. Eine andere Sammlung von Tafeln ward aus Chrisnaburam in Karnatik hergeschickt, deren Epoche dem 10ten März des Jahres 1491 unsrer Zeitrechnung entspricht. Eine dritte kam von Narsapur, und ihre Epoche geht nicht weiter als bis in unser Jahr 1569 zurück. Die vierte und merkwürdigste Sammlung astronomischer Tafeln hat Herr le Gentil herausgegeben, dem sie von einem gelehrten Braminen aus Tirvalore, einer kleinen Stadt auf der Küste Koromandel, etwa zwölf Meilen westwärts von Negapatnom, mitgetheilt ward. Die Epoche dieser

*) Voyages, tom. II. p. 145 &c.

Anhang.

Tafeln ist von hohem Alterthum, und fällt in den Anfang der berühmten Aera Kaljugham oder Kolli Jogue, die, nach Indischer Angabe, drei tausend, hundert und zwei Jahre vor der Geburt Christi angeht *).

Diese vier Sammlungen von Tafeln untersuchte und verglich Herr Bailly, in dessen besonders glücklichem Genie ein ungemeiner Grad von Beredsamkeit mit den geduldigen Nachforschungen eines Astronomen, und den tiefsinnigen Untersuchungen eines Geometers verbunden ist. Seine Berechnungen sind von Herrn Playfair in einer meisterhaften Dissertation, die er in den Schriften der Königlichen Gesellschaft zu Edinburg **) bekannt gemacht hat, bestätigt, und zugleich sein Räsonnement darüber erläutert und weiter geführt worden.

Anstatt ihnen in ihren Schlüssen und Rechnungen, die ihrer Natur nach oft abstrakt und verwickelt sind, zu folgen, will ich mich begnügen, eine so allgemeine Uebersicht davon zu liefern, wie sie für ein populäres Werk gehört. Dadurch hoffe ich einen gehörigen Begriff von dem zu geben, was über die Indische Astronomie geschrieben worden ist: einen zu merkwürdigen und wichtigen Gegenstand, als daß er in einer Nachricht von dem Zustande der Wissenschaften in diesem Lande übergangen werden könnte; und ohne selbst ein Urtheil zu fällen, werde ich es jedem meiner Leser überlassen, seine eigene Meinung darüber anzunehmen.

Man kann es als das allgemeine Resultat von den sämmtlichen bis jetzt bekannt gemachten Untersuchungen, Schlußfolgen und Rechnungen über die Indische Astronomie ansehen: „daß die Bewegung

*) M. s. Anmerkung X.
**) Vol. II, p. 135.

„der Himmelskörper, und besonders ihr Stand
„zu Anfange der verschiedenen Epochen, wohin die
„vier Tafeln gehören, darin mit großer Genauigkeit
„bestimmt ist; und daß viele ihrer Rechnungen, vor-
„züglich in sehr entfernten Zeitaltern, sich durch eine
„bewundernswürdige Uebereinstimmung mit den Ta-
„feln der neueren Europäischen Astronomen, nachdem
„diese durch die letzten und subtilsten Folgerungen
„aus der Theorie der Schwere berichtigt sind, be-
„währen lassen". Diese Schlüsse werden besonders
wichtig, da sie augenscheinlich einen Fortschritt in
der Wissenschaft beweisen, von dem man in der Geschichte roher Nationen nichts Aehnliches findet. Die
Indischen Braminen verbreiten jährlich eine Art
von Kalender, welcher astronomische Vorhersagungen
von einigen der merkwürdigsten Himmelserscheinun-
gen, als den Neu- und Vollmonden, den Sonnen-
und Mondfinsternissen enthält. Sie besitzen gewisse
Rechnungsmethoden, bei deren Prüfung man findet, daß sie sich auf ein sehr umfassendes System
astronomischer Kenntnisse gründen. Herr le Gentil, ein Französischer Astronom, hatte bei seinem
Aufenthalt in Indien Gelegenheit, zwei von den
Braminen berechnete Mondfinsternisse zu beobachten, und fand bei beiden nur einen ganz unbeträchtlichen Irrthum.

Die Genauigkeit dieser Resultate ist weniger
auffallend, als die Richtigkeit und die scientifische
Beschaffenheit der Grundsätze, wonach die Tafeln,
vermittelst deren man rechnet, verfertigt sind. Denn
die Methode der Braminen, Finsternisse vorherzusa-
gen, ist von ganz andrer Art, als man bei rohen
Völkern, in der Kindheit der Astronomie, irgend eine gefunden hat. In Chaldäa und selbst in Griechenland, gründete sich in früheren Zeiten die Methode

sie zu berechnen, auf die Beobachtung einer gewissen Periode oder eines Cyclus, nach deſſen Ablauf die Sonnen- und Mondfinſterniſſe beinahe in der vorigen Ordnung wiederkommen; allein man verſuchte es daſelbſt nicht, die verſchiedenen Umſtände zu zergliedern, wovon die Finſterniſſe abhangen, oder dieſe Phänomene aus einer genauen Kenntniß von den Bewegungen der Sonne und des Mondes abzuleiten. Dies letzte war einem ſpäteren Zeitraume vorbehalten, als Geometrie und Arithmetik der Aſtronomie zu Hülfe gerufen wurden; und wenn man es ja verſucht hat, ſo ſcheint es doch vor dem Zeitalter des Hipparchus nicht mit Glück geſchehen zu ſeyn. Eine Methode dieſer Art, die ſich auf feſte Principien und auf die Analyſe des Sonnen- und des Mondlaufes gründet, leitet die Braminen bei ihren Rechnungen, und ſie brauchen niemals eine von jenen plumpen ungefähren Schätzungen, die der Stolz der erſten Aſtronomen in Aegypten und Chaldäa waren.

Die Braminen unſrer Zeit machen ihre Rechnungen nach dieſen Grundſätzen, ob ſie gleich dieſelben nicht verſtehen; ſie wiſſen die Tafeln, welche ſie beſitzen, bloß zu benutzen, ſind aber mit der Methode, ſie zu verfertigen, unbekannt. Der Bramin, der Herrn le Gentil in Pondichery beſuchte und ihm den Gebrauch der Indiſchen Tafeln zeigte, kannte die Grundſätze ſeiner Kunſt nicht, und äußerte auch wenig Wißbegierde, die Beſchaffenheit von Herrn le Gentil's Beobachtungen, oder die Werkzeuge, deren er ſich dazu bediente, kennen zu lernen. Eben ſo wenig kannte er die Urheber dieſer Tafeln; und alles, was ſich von der Zeit und dem Orte, wann und wo ſie verfertigt wurden, wiſſen läßt, muß aus ihnen ſelbſt hergeleitet werden.

Anhang.

Eine Sammlung dieser Tafeln soll, wie schon angemerkt ist, so alt wie die Aera Kaljugham seyn, oder bis in das Jahr 3102 vor Christi Geburt zurückgehen; da aber, wie sich annehmen läßt, für einen Astronomen nichts leichter ist, als seine Tafeln auf jeden ihm beliebigen Zeitpunkt zu berechnen, und durch Zurückrechnen eine Epoche von jedem ihm aufgegebenen Alter zu bestimmen, so darf man die Ansprüche der Indischen Astronomie auf einen so entfernten Ursprung nicht ohne Prüfung zugeben.

Herr Bailly hat diese Prüfung angestellt, und wie man versichert, ist das Resultat seiner Untersuchung, daß die Indische Astronomie sich auf Beobachtungen gründe, die nicht viel jünger, als die oben erwähnte Periode, seyn können; denn die Indischen Tafeln stellen den Zustand des Himmels in jener Zeit erstaunlich genau dar, und haben mit den Rechnungen unserer neuen Astronomie über jene Periode eine Gleichförmigkeit, die nur davon herrühren kann, daß die Verfasser der ersteren die Natur genau kopirt, und die Gestalt des Himmels in dem Zeitalter, worin sie lebten, treu abgezeichnet haben. Um von der großen Genauigkeit in den Indischen Tafeln einen Begriff zu geben, will ich aus den vielen Beispielen, die ich anführen könnte, nur einige wenige wählen. Der Standort der Sonne für die astronomische Epoche beim Anfange des Kaljugham ist, so wie er in den Tafeln von Tirvalore angegeben wird, nur um sieben und vierzig Minuten anders, als in den Tafeln des Herrn de la Caille, so wie Herr de la Grange sie verbessert hat. Der Standort des Mondes, in eben den Tafeln, und für dieselbe Epoche, weicht nur um sieben und dreißig Minuten von den Mayerschen ab. Die Ta-

Anhang.

feln des Ptolemäus für diese Epoche sind viel unrichtiger, nehmlich im Stande der Sonne um zehn, und im Stande des Mondes um elf Grade. Die Beschleunigung der Mondsbewegung von dem Anfange des Kaljugham bis auf die gegenwärtige Zeit, kommt in den Indischen Tafeln mit den Mayerschen bis auf Eine Minute überein. Die Ungleichheit der Sonnenbewegung und die Schiefe der Ekliptik, die in früheren Zeiten beide größer waren, als jetzt, sind nach Angabe derselben in den Tafeln von Tirvalore beinahe gerade so groß, wie sie nach der Theorie der Schwere drei tausend Jahre vor der Christlichen Zeitrechnung gewesen seyn müssen. In diesen so entfernten Zeiten (ungefähr vor fünf tausend Jahren) ist also die Astronomie der Indier äußerst genau, und je näher sie unseren eigenen Zeiten kommt, desto mehr vermindert sich die Gleichförmigkeit ihrer Resultate mit den unsrigen. Daher scheint die Vermuthung nicht ungegründet, daß in der Zeit, wo ihre Regeln am genauesten zutreffen, auch die Beobachtungen angestellt worden sind, worauf sich diese Regeln gründen.

Um diesen Schluß zu unterstützen, behauptet Herr Bailly, daß nicht ein einziges von allen astronomischen Systemen Griechenlands oder Persiens, oder der Tatarei, aus denen man etwa die Indischen Tafeln für abgeschrieben halten möchte, mit ihnen in Uebereinstimmung gebracht werden kann, vorzüglich wenn man für sehr entfernte Zeitalter rechnet. Die überlegene Vollkommenheit der Indischen Tafeln wird immer augenscheinlicher, je weiter wir in das Alterthum zurückgehen. Dies beweist zugleich, wie schwer es ist, astronomische Tafeln zu verfertigen, die mit dem Zustande des Himmels in einer Periode, welche von der Zeit ihrer Verfertigung um vier oder fünftausend Jahre entfernt wäre; dennoch übereinstimmten. Nur von der Astronomie in ihrem vollkommensten Zustande, wie sie ihn jetzt in Europa erreicht hat, kann man diese Genauigkeit erwarten.

Wenn man den Grad von geometrischer Geschicklichkeit, die zur Verfertigung der Indischen Tafeln und Regeln erforderlich war, zu bestimmen sucht, so findet man ihn sehr beträchtlich; denn, außer der Kenntniß der Elementargeometrie, gehörten dazu gemeine und sphärische Trigonometrie, oder etwas, das ihre Stelle vertreten konnte, nebst gewissen Annäherungsmethoden zum Werthe geometrischer Größen, die weit über die Anfangsgründe aller dieser Wissenschaften hinaus zu gehen scheinen. Manches von den letzteren zeigt auch sehr deutlich, (obgleich Herr Bailly dies nicht angemerkt hat) daß die Oerter, für welche diese Tafeln passen, zwischen den Wendekreisen liegen müssen, weil sie auf eine größere Entfernung vom Aequator gar nicht anwendbar sind.

Aus dieser langen Induktion scheint deutlich der Schluß zu folgen, daß die Astronomie der Indier auf Beobachtungen beruhet, die in einem sehr frühen Zeitraum angestellt wurden; und betrachten wir die genaue Uebereinstimmung der Standörter, die sie für Sonne, Mond und andre Himmelskörper in dieser Epoche bestimmen, mit denen, die aus de la Caille's und Mayers Tafeln hergeleitet sind, so bestätigt dies ungemein die Wahrheit des Satzes, den ich zu beweisen gesucht habe, daß Indien schon frühzeitig im höchsten Grade civilisirt gewesen seyn müsse.

Noch ein Umstand verdient besondere Aufmerksamkeit, ehe ich diese Materie verlasse. Alles, was

Anhang.

wir bis itzt von den Grundsätzen und Schlüssen der Indischen Astronomie wissen, kommt aus dem südlichen Theile des Karnatik, und die Tafeln passen auf Oerter, die zwischen dem Meridian des Vorgebirges Comorin und dem durch den östlichen Theil von Ceilan gezogenen, liegen*). Die Braminen im Karnatik gestehen, daß ihre Kenntniß der Astronomie von Norden herstamme, und daß ihre Berechnungsart Fakidai oder die neue heiße, um sie von Siddantam, oder der alten, in Benares üblichen Methode zu unterscheiden, von welcher sie zugeben, daß sie weit vollkommner sey; und aus dem Abul Fazel sehen wir, daß sich alle Sternkundigen Indiens gänzlich auf die Vorschriften verlassen, die in einem vor sehr entfernten Zeiten geschriebenen Buche, unter dem Titel Surej Sudhant, enthalten sind**). Offenbar ist aus diesem Buche die Methode genommen, welche die südlichen Braminen Sidbantam nennen. Benares war seit undenklichen Zeiten das Indische Athen, der Aufenthalt der gelehrtesten Braminen, und der Sitz der Wissenschaft und Gelehrsamkeit. Höchst wahrscheinlich wird daselbst noch alles aufbewahrt, was von den alten astronomischen Kenntnissen und den Entdeckungen der Braminen übrig ist***). In einem aufgeklärten Zeitalter und Volk, unter einer Regierung, die sich durch eine Reihe der glänzendsten und glücklichsten Unternehmungen zur Ausbreitung des Naturkenntniß auszeichnet, ist es ein der öffentlichen Aufmerksamkeit würdiger Gegenstand, Maaßregeln zu nehmen, um uns alles zu eigen zu

*) Bailly Disc. prelim. p. XVII.
**) Ayeen Akbery, III. p. 8.
***) Herr Bernier sah im Jahre 1688 einen großen Saal in Benares mit den Werken der Indischen Philosophen, Naturforscher und Dichter angefüllt. Voy. II. p. 148.

machen, was von der Philosophie und den Erfindungen des zuerst und im höchsten Grade kultivirten Volkes im Orient die Zeit noch übrig gelassen hat. Großbritannien besitzt eigenthümliche Vortheile zur Ausführung dieses rühmlichen Unternehmens. Benares steht unter seiner Herrschaft; das Zutrauen der Braminen ist in so fern gewonnen, daß sie uns ihre Schriften mittheilen; einige unsrer Landsleute verstehen die heilige Sprache, worin die Geheimnisse ihrer Religion so wohl, als ihrer Wissenschaften, aufgezeichnet sind; in allen Brittischen Besitzungen Indiens ist Erforschungsgeist in Bewegung und Thätigkeit; Männer, die das Land in anderen Absichten besuchten, stellen jetzt, ob sie gleich in Geschäfte von sehr verschiedener Art verwickelt sind, mit Eifer und Glück wissenschaftliche und litterarische Nachforschungen an. Es scheint nichts zu fehlen, als daß die Administratoren des Brittischen Reiches in Indien irgend einen Mann, der durch seine Talente und seine Bildung dazu fähig wäre, die abstrakteren Theile der Indischen Philosophie zu untersuchen, in Stand setzten, seine ganze Zeit diesem wichtigen Studium zu widmen. So könnte Großbritannien den Ruhm haben, das weite Feld unbekannter Wissenschaft gänzlich zu erforschen, welches die Französischen Akademisten zuerst für Europa zu eröffnen, das Verdienst hatten*).

VI. Der letzte Beweis von der frühen und großen Civilisirung der alten Indier, dessen ich erwähnen will, ist aus der Betrachtung der Lehrsätze und Gebräuche ihrer Religion hergenommen. Die gottesdienstlichen Anordnungen, die in allen den weitläuftigen Gegenden von den Ufern des Indus, an

*) M. s. Anmerkung XI.

Anhang.

bis zum Vorgebirge Comorin öffentlich festgesetzt sind, zeigen überall einen beinahe gleichen Anblick. Sie bilden ein regelmäßiges und vollständiges System des Aberglaubens, durch alles das befestigt und aufrecht erhalten, was die Ehrfurcht des Volkes erregen und seine Anhänglichkeit sichern kann. Die, seinen Gottheiten geweiheten Tempel sind prächtig, und nicht nur mit reichen Geschenken, sondern auch mit so ausgesuchten Werken der Malerei und Bildhauerkunst geziert, wie die von ihnen am höchsten geschätzten Künstler sie nur verfertigen konnten. Die Gebräuche und Ceremonien ihres Gottesdienstes sind prachtvoll und glänzend, und die Verrichtung derselben ist in alle Verhandlungen des gemeinen Lebens nicht nur verwebt, sondern macht auch einen wesentlichen Theil davon aus. Die Braminen, welche als Diener der Religion über alle Ceremonien derselben die Aufsicht führen, sind über jeden anderen Stand durch einen Ursprung erhöhet, den man nicht nur als edler, sondern als heilig anerkennt. Sie haben unter sich selbst eine regelmäßige Hierarchie und Rangordnung eingeführt, welche die Subordination in ihrem eignen Stande sichert, zugleich aber auch ihrem Ansehen größeres Gewicht, und ihnen unbeschränktere Herrschaft über die Gemüther des Volkes giebt. Diese Herrschaft befördern sie durch den Besitz der unermeßlichen Einkünfte, womit die Freigebigkeit der Fürsten, und der Eif. der Pilgrimme und Andächtigen ihre Pagoden bereichert haben*).

Es ist gar nicht meine Absicht, mit genauer Umständlichkeit dies große und verwickelte System des Aberglaubens zu schildern. Ein Versuch, die Menge von Gottheiten aufzuzählen, die in Indien

*) Roger, Parte vivente, p. 36 ung.

Gegenstände der Anbetung sind; den Glanz des Gottesdienstes in ihren Pagoden, und die unermeßliche Mannichfaltigkeit ihrer Gebräuche und Ceremonien zu beschreiben; die mancherlei Attribute und Verrichtungen herzurechnen, welche die List der Priester, oder die Leichtgläubigkeit des Volkes ihren Gottheiten zugeeignet hat: ein solcher Versuch würde ein Werk von großem Umfange erfordern; vorzüglich wenn ich zugleich eine Uebersicht der zahlreichen und oft phantastischen Spekulationen und Theorieen der Gelehrten über diesen Gegenstand hinzufügen wollte. Ich will mich also bei diesem, wie bei manchen vorigen Abschnitten, bloß auf den bestimmten Punkt einschränken, den ich immer vor Augen behalten habe, und mich nur bemühen, durch Betrachtung des Religionszustandes in Indien ein neues Licht über die Beschaffenheit der Civilisirung in diesem Lande zu verbreiten. Doch schmeichle ich mir, daß ich zugleich im Stande seyn werde, etwas zu liefern, das man als eine Skizze und einen Umriß von der Geschichte und dem Fortgange des Aberglaubens und der falschen Religion in allen Gegenden der Erde ansehen kann.

1. Es ist nicht zu übersehen, daß man in jedem Lande die angenommene Mythologie oder das System des Aberglaubens, mit allen Gebräuchen und Ceremonien die es vorschreibt, in der Kindheit der Gesellschaft, in rohen und barbarischen Zeiten gebildet hat. Wahre Religion ist eben so sehr ihrem Ursprunge, als ihrer Natur nach, vom Aberglauben unterschieden. Die erstere ist das Kind der durch Wissenschaft gepflegten Vernunft, und ihre höchste Vollkommenheit ist aufgehoben für die gebildeten Zeitalter. Der letztere erzeugt Unwissenheit und Furcht, und immer erreicht er in den
finster-

Anhang.

finstersten Zeiten seine größte Stärke. Der zahlreiche Theil des Menschengeschlechtes, dessen Loos Arbeit, dessen hauptsächliches und fast einziges Geschäft die Sorge für seinen Unterhalt ist, hat weder Muße noch Fähigkeit, den Weg verwickelter und feiner Spekulation zu betreten, der zur Kenntniß von den Grundsätzen einer vernünftigen Religion führt. Wenn die Verstandeskräfte sich eben zu entwickeln anfangen, und ihre ersten schwachen Anstrengungen auf wenige Gegenstände des äußersten Bedürfnisses und Nutzens gehen; wenn die Seelenkräfte zu eingeschränkt sind, als daß sie allgemeine und abstrakte Begriffe bilden könnten; wenn die Sprache so dürftig ist, daß es ihr an Worten zu Bezeichnung alles dessen mangelt, was sich nicht durch irgend einen Sinn wahrnehmen läßt: dann würde man sehr zur Unzeit erwarten, daß Menschen im Stande seyn sollten, der Beziehung zwischen Wirkungen und ihren Ursachen nachzuspüren, oder sehr irrig voraussetzen, daß sie sich von der Betrachtung der ersteren zur Entdeckung der letzteren erheben, und sich von Einem höchsten Wesen, als dem Schöpfer und Regierer des Weltalls, richtige Begriffe machen könnten. Die Idee von der Schöpfung ist, wo Wissenschaft den Geist erhöhet und Offenbarung ihn erleuchtet hat, so geläufig, daß wir selten daran denken, wie tief und abstrakt sie ist, und daß wir selten überlegen, welche Fortschritte der Mensch in Beobachtungen und Untersuchungen gemacht haben muß, ehe er zu irgend einer deutlichen Kenntniß dieses ersten Grundsatzes in der Religion gelangen kann.

Allein selbst in diesem rohen Zustande nimmt der zur Religion geschaffene menschliche Geist willig Ideen auf, welche einst, berichtigt und verfeinert, die große Quelle des Trostes in den Unfällen des Lebens

werden sollen. Doch sind diese Begriffe anfangs
undeutlich und verwirrt, und scheinen mehr durch
Furcht vor bevorstehenden Uebeln eingeflößt zu
seyn, als aus Dankbarkeit für empfangene Wohlthaten herzufließen. Wenn die Natur mit gleich-
förmiger und ungestörter Regelmäßigkeit ihren Lauf
verfolgt, genießen die Menschen des daraus entspringenden Segens, ohne viel nach dessen Ursache
zu forschen. Aber jede Abweichung von diesem regelmäßigen Laufe erschreckt sie, und macht, daß sie
staunen. Wenn sie Ereignisse sehen, woran sie nicht
gewöhnt sind, so forschen sie mit eifriger Wißbegierde nach den Ursachen derselben. Ihr Verstand ist oft
zu schwach, diese zu entdecken; aber die Imagination,
eine schnellere und feurigere Seelenkraft, entscheidet
ohne Bedenken. Sie schreibt die außerordentlichen
Naturbegebenheiten dem Einfluß unsichtbarer Wesen zu, und sieht den Donner, den Orkan und das
Erdbeben als die unmittelbaren Wirkungen ihrer
Kraft an. Geschreckt durch diese natürlichen Uebel, und zu gleicher Zeit vielen Gefahren und Unfällen ausgesetzt, die im früheren uncivilisirten Zustande
der Gesellschaft unvermeidlich sind, suchen die Menschen Schutz bei übermenschlichen Wesen, und die
ersten Gebräuche oder Handlungen, welche religiösen einigermaßen ähnlich sind, verrichten sie, um
Uebel abzuwenden, das sie leiden oder fürchten*).

2. Da Aberglaube und falsche Religion in jeder Gegend aus beinahe gleichen Empfindungen und
Besorgnissen entspringen, so haben die unsichtbaren

―――――――――
*) Im zweiten Bande der Geschichte von Amerika habe ich
beinahe eben dasselbe über den Ursprung der falschen Religion gesagt. Anstatt einerlei Gedanken mühsam mit
anderen Worten vorzutragen, habe ich hier einige Perioden aus jenem Werke buchstäblich eingerückt.

Anhang.

Wesen, welche die ersten Gegenstände der Verehrung sind, allenthalben große Aehnlichkeit mit einander. Den Begriff von Einem allwaltenden Geiste zu fassen, der alle die verschiedenen Naturwirkungen anzuordnen und zu leiten vermag, scheint über die Kräfte des Menschen auf den ersten Stufen seiner Entwickelung hinaus zu gehen. So verfeinert sind die Theorieen des Menschen nicht, sondern mehr der beschränkten Sphäre seiner eigenen Beobachtung angemessen. Er setzt bei jeder bemerkbaren Wirkung eine verschiedene Ursache voraus, und schreibt jedes Ereigniß, das seine Aufmerksamkeit fesselt oder ihn in Schrecken setzt, einer besonderen Macht zu. Er wähnt, die eine Gottheit habe das Geschäft, den Blitz zu leiten, und mit fürchterlichem Krachen den unwiderstehlichen Donnerkeil auf das Haupt des Schuldigen zu schleudern; eine andere reite auf den Wirbelwinden, und errege nach Willkühr Ungewitter, oder stille sie; eine dritte herrsche über den Ocean; eine vierte sey der Gott der Schlachten. Er glaubt, indessen bösartige Mächte den Samen des Zorns und der Zwietracht ausstreueten und in der Brust jene heftigen Leidenschaften entzündeten, welche Krieg verursachen und in Zerstörung endigen, flößten andere von wohlthätigerer Art den Herzen der Menschen Güte und Liebe ein, verstärkten dadurch die Bande der geselligen Vereinigung, vergrößerten das Glück, und vermehrten die Anzahl der Menschen.

Ohne daß wir uns umständlicher hierauf einlassen, oder die unendliche Menge von Göttern aufzuzählen versuchen, denen die Einbildungskraft oder die Furcht des Menschen die Regierung über die verschiedenen Theile der Natur angewiesen hat, können wir doch eine auffallende Gleichförmigkeit in den

Zügen aller der abergläubischen Systeme bemerken, die in jedem Theile der Erde eingeführt sind. Je weniger die Menschen die Stufe des wilden Lebens überschritten, und je weniger Bekanntschaft sie mit den Wirkungen der Natur hatten, desto kleiner war die Anzahl ihrer Gottheiten, und desto kürzer ihr Glaubensbekenntniß; so wie sich aber ihr Geist allmählich erweiterte, und ihre Kenntnisse sich ausbreiteten, so vermehrten sich auch die Gegenstände ihrer Verehrung, und ihre Glaubensartikel wurden gehäufet. Dies fand bei den Griechen in Europa und bei den Indiern in Asien sehr merklich Statt: den zwei Völkern in diesen beiden großen Theilen der Erde, die am frühesten civilisirt wurden, und auf die allein ich daher meine Bemerkungen einschränken will. Sie glaubten, eine besondere Gottheit habe die Aufsicht über jede Bewegung in der physischen Welt, und über jedes Geschäft im bürgerlichen und häuslichen Leben, selbst über die gemeinsten und alltäglichsten. Die Art, wie sie die Funktionen dieser oberaufsehenden Mächte anordneten und die Aemter, die sie einer jeden anwiesen, sind in manchen Rücksichten einerlei. Was, nach der Mythologie des Westen, durch die Macht Jupiters, Neptuns, des Aeolus, des Mars, der Venus vollbracht wird, schreibt man im Orient Agni, dem Gotte des Feuers, Varun, dem Gotte des Meeres, Vanu, dem Gotte der Winde*), Kama, dem Gotte der Liebe, und einer Menge anderer Gottheiten zu.

Als Unwissenheit und Leichtgläubigkeit der Menschen den Himmel auf diese Weise mit Wesen der Einbildungskraft bevölkert hatten, schrieben ihnen Eigenschaften und Handlungen zu,

*) Baghvat-Geeta. p. 94.

Anhang.

sie ihrer Gemüthsart und ihren Beschäftigungen für gemäß hielten. Eine von den Wohlthaten der wahren Religion besteht darin, daß sie den Menschen ein Muster vollkommener Vortreflichkeit aufstellt, welches sie immer vor Augen haben und dem sie ähnlich zu werden suchen sollen; und so bringt sie gleichsam die Tugend vom Himmel auf die Erde, und bildet die Seele des Menschen nach einem göttlichen Muster. Bei falschen Religions-Systemen aber ist das Verfahren gerade umgekehrt. Die Menschen schreiben den Wesen, welche sie vergöttert haben, Handlungen zu, die sie selbst bewundern und preisen. Die Eigenschaften der Götter, welche Gegenstände der Anbetung sind, werden nach den Eigenschaften ihrer Verehrer gebildet, die sich vor ihnen beugen; und so sind viele eigenthümliche Unvollkommenheiten des Menschen in den Himmel gekommen. Wenn wir die Geschichte und die Attribute irgend einer falschen Gottheit wissen, so können wir mit einem ziemlichen Grade von Zuverläßigkeit entscheiden, wie der Zustand der Gesellschaft und der Sitten gewesen seyn muß, als sie zu dieser Würde erhoben ward. Griechenlands Mythologie zeigt offenbare Spuren von dem Charakter der Periode, worin sie entstand. Nur in Zeiten der größten Zügellosigkeit, Anarchie und Gewaltthätigkeit konnte man Gottheiten vom höchsten Range für fähig halten, Handlungen zu begehen, oder von Leidenschaften beherrscht zu werden, die in aufgeklärteren Perioden dem Menschen zur Schande gereichen. Nur, als die Erde noch mit verheerenden Ungeheuern angefüllt, und die Menschen, unter einer Regierungsform, die nicht Kräfte genug hatte ihnen Schutz zu verleihen, den Plünderungen zügelloser Räuber, oder der Grausamkeit wilder Unterdrücker ausgesetzt waren — nur damals konnten die bekannten Thaten des Herkules, durch die er von der Erde in den Himmel erhoben ward, nothwendig seyn, oder für so verdienstlich gehalten werden. Eben diese Bemerkung paßt auch auf die alte Mythologie in Indien. Viele Begebenheiten und Thaten der Indischen Gottheiten sind den rohesten Zeitaltern der Unruhe und des Raubes angemessen. Um Unordnungen zu hemmen, Unrecht gut zu machen, und die Erde von mächtigen Unterdrückern zu reinigen, soll Wischnu, eine Gottheit vom höchsten Range, mehreremale nach einander ins Fleisch gekommen, und in verschiedenen Gestalten auf der Erde erschienen seyn *).

3. Da der Charakter und die Verrichtungen der Gottheiten, welche der Aberglaube sich selbst als Gegenstände seiner Verehrung schuf, allenthalben einander so ähnlich sind, so waren es allenthalben auch die Gebräuche ihrer Verehrung. Es fällt in die Augen, von welchen Diensten man glauben mußte, sie wären Gottheiten, die sich entweder durch Wildheit des Charakters, oder durch zügellose Aufführung auszeichneten, am angenehmsten. Um sich die Gunst der ersteren zu erwerben, oder ihren Zorn zu besänftigen, wurden Fasten, Kasteiungen und Büßungen angewandt, die sämtlich strenge und größtentheils äußerst marternd waren. Ihre Altäre schwammen immer in Blut **), die kostbarsten Opfer wurden dargebracht, und ganze Hekatomben geschlachtet; selbst Menschenopfer waren nicht unbekannt und wurden für die kräftigsten Sühnungen gehalten. — Um die Zuneigung der letzteren Art von Gottheiten zu gewinnen,

*) Voyage de *Sonnerat*, Tom. I. p. 152. &c.
**) Hier spielt der Verfasser vermuthlich auf den Jüdischen Gottesdienst an. S.

nahm man seine Zuflucht zu ganz anderen Anordnungen, zu glänzenden Ceremonien, zu fröhlichen, durch alle Vergnügungen der Musik, der Dichtkunst und des Tanzes erhöheten Festen, die sich aber oft mit so ausschweifenden Auftritten endigten, daß eine Beschreibung davon den Wohlstand verletzen würde. Von beiden Arten kommen in dem Gottesdienste der Griechen und Römer Beispiele vor, welche ich meinen gelehrten Lesern nicht anzuführen brauche *). Im Orient sind die Ceremonien des Aberglaubens beinahe dieselben. Obgleich die Sitten der Indier, von der Zeit her, da sie den westlichen Völkern zuerst bekannt wurden, wegen ihrer Sanftheit berühmt sind, scheinen sie doch in einem entfernteren Zeitalter den Sitten anderer Nationen ähnlich gewesen zu seyn. Verschiedene unter ihren Gottheiten waren ihrer Natur nach wild und furchtbar, und wurden in ihren Tempeln unter den schrecklichsten Gestalten abgebildet. Wenn wir die Herrschaft des Aberglaubens über den menschlichen Geist nicht kennten, so würden wir kaum glauben, daß eine dem Charakter solcher Gottheiten angemessene Form des Gottesdienstes unter einem sanften Volke habe können eingeführt werden. Jede Religionshandlung, die sie einigen ihrer Götter zu Ehren verrichteten, scheint durch Furcht vorgeschrieben gewesen zu seyn. Die Büßungen und Kasteiungen waren so strenge, so qualvoll, so langwierig und vielfach, daß wir die Nachrichten davon nicht ohne Erstaunen und Schauder lesen können. So sehr es auch dem Gefühl eines Hindu zuwider ist, das Blut irgend eines lebendigen Wesens zu vergießen, so wurden doch viele verschiedene Thiere, selbst die nützlichsten, das Pferd und die Kuh, auf den Altären eines von ihren

---

*) *Strabo*, lib. VIII. p. 581. A, lib. XII. p. 837. C.

Göttern zum Opfer dargebracht*); und, was noch sonderbarer ist, die Pagoden des Orients wurden eben sowohl mit Menschenopfern befleckt, wie die Tempel des Westen**). Aber religiöse Anordnungen und Ceremonien von einer weniger strengen Art waren dem Genius eines Volkes angemessener, das wegen seiner ungemeinen Reizbarkeit in körperlicher und in geistiger Rücksicht unmäßige Liebe zum Vergnügen besitzen muß. In keinem Theile der Erde ward ein Zusammenhang zwischen der Befriedigung sinnlicher Lust, und den Gebräuchen der öffentlichen Religion mit offenbarerer Unanständigkeit dargelegt, als in Indien. In jeder dortigen Pagode befand sich eine Anzahl Frauenzimmer, die zum Dienste des darin verehrten Götzen besonders bestimmt und von früher Jugend an einem Leben des Vergnügens gewidmet waren. Hierzu bereiteten die Braminen sie durch eine Erziehung vor, die ihre natürlichen Reize mit so vielen anziehenden Vollkommenheiten vermehrte, daß der Gewinn von ihren Ausschweifungen die Einkünfte des Tempels oft nicht unbeträchtlich vermehrte. Bei jeder gottesdienstlichen Verrichtung, in den Pagoden sowohl als bei allen feierlichen Aufzügen, haben diese Frauenzimmer das Amt, vor dem Götzen zu tanzen und Hymnen zu seinem Lobe zu singen; und es läßt sich schwer bestimmen, ob sie durch ihre Stellungen und Geberden, oder durch die Verse, welche sie hersagen, die Sittsamkeit stärker verletzen. Die Mauern der Pagoden sind mit Gemälden von einer nicht we-

---

*) Alih Albery, vol. III. p. 241. Roger, Porto guverte. p. 251.

**) Heeto-pades, p. 185—227. Asiat. Researches, p. 265. Voyage de Sonnerat, vol. I. p. 207. Roger, p. 251.

Anhang.

niger umständigen Art bedeckt*); und in dem innersten Verschlage des Tempels — denn es wäre Entweihung, ihn das Allerheiligste zu nennen — steht der Lingam, ein zu grobes Sinnbild der hervorbringenden Kraft, als daß ich es beschreiben könnte.**).

4. So ungereimt aber auch die Glaubensartikel, welche der Aberglaube angenommen hat, oder so unheilig die Gebräuche, die er vorschreibt, seyn mögen, so werden dennoch die ersteren in jedem Zeitalter und in jedem Lande von dem großen Haufen des Volkes ohne Bedenken und mit Beifall angenommen, und die letzteren mit gewissenhafter Genauigkeit von ihm befolgt. Wir können bei Betrachtungen über Religions-Meinungen und Gebräuche, die von den unsrigen weit abgehen, sehr leicht in Irrthum gerathen. Da wir in den Grundsätzen einer Religion erzogen wurden, die in jeder Rücksicht der göttlichen Weisheit, welche sie lehrte, würdig sind; so wundern wir uns oft über die Leichtgläubigkeit der Völker, wenn sie Glaubenssysteme annehmen, die uns dem gesunden Menschenverstande geradezu zu widersprechen scheinen, und zuweilen kommen wir auf den Verdacht, daß so unsinnige und ausschweifende Lehrsätze nicht wirklich Glauben bei ihnen finden. Aber die Erfahrung lehrt uns, daß weder unsre Verwunderung, noch unser Verdacht gegründet ist. Kein Artikel der öffentlichen Religion ward von den Völkern des alten Europa, mit deren Geschichte wir am besten bekannt sind, in Zweifel gezogen, und keine Handlung, die sie vorschrieb,

*) Voyage de Gentil, Vol. I. p. 244. 260. Preface to Code of Gentoo Laws, p. LVII.
**) Roger, Porte ouverte, p. 157. Voy. de Sonnerat, Vol. I. p 41. 175. Sketches, p. 268. Hamilton's Travels, vol. I. p. 379.

schien ihnen unschicklich. Auf der andern Seite erregte jede Meinung, welche dahin abzweckte, die Ehrfurcht der Menschen gegen die Landesgötter zu vermindern oder sie von Verehrung derselben abzuziehen, bei den Griechen und Römern einen so unwilligen Eifer, wie er jedem Volke, das mit fester Ueberzeugung von der Wahrheit seiner Religion derselben anhängt, natürlich ist. Die Anhänglichkeit der Indier an die Lehrsätze und Gebräuche ihrer Vorfahren ist in älteren und neueren Zeiten, wo möglich, noch größer gewesen. In keinem Lande, wovon wir einige Nachricht haben, hatte man so vorsichtige und sorgfältige Einrichtungen gemacht, den großen Haufen von jeder Versuchung zu Zweifel und Unglauben weit zu entfernen. Man verhinderte ihn nicht nur, (so wie nehmlich, wie ich schon bemerkt habe, der große Haufe in jedem Lande daran verhindert werden muß) durch die mancherlei Geschäfte des arbeitsamen und thätigen Lebens, sich in irgend eine spekulative Untersuchung einzulassen, sondern jeder Versuch, den Kreis seines Wissens zu erweitern, war ihm ausdrücklich verboten. Wenn einer aus der Suder-Kaste, bei weitem der zahlreichsten unter den vieren, in welche die ganze Nation eingetheilt war, es sich herausnahm, irgend etwas von den heiligen Büchern zu lesen, worin alle in Indien bekannte Weisheit enthalten ist, so ward er strenge bestraft*); und wagte er es, etwas davon auswendig zu lernen, so ward er zum Tode verurtheilt**). Nach irgend einem höheren Grade von Kenntnissen

---

*) Der gemeine Mann hatte dafür über den Text der heiligen Bücher Commentarien, in welchen ihr Inhalt ihm wesentlich mitgetheilt wurde. Hierdurch fällt also alles weg, was der Verfasser auf das Verbot gegen das Forschen in der heiligen Schrift der Indier gründet. S.

**) Code of Gentoo Laws, ch. XXI. §. 7.

Anhang.

zu streben, als den die Braminen zu lehren für gut fanden, würde man nicht nur für Anmaßung, sondern für Ruchlosigkeit gehalten haben. Selbst die höheren Kasten hingen in Ansehung des Unterrichtes gänzlich von den Braminen ab, und konnten keine andere wissenschaftliche Kenntniß erhalten, als die jene ihnen mittheilen wollten. Dadurch ward allgemein eine andächtige Ehrfurcht für die als heilig betrachteten Anordnungen erhalten; und obgleich der Glaube der Hindus durch strenge Verfolgungen, welche die Bigotterie ihrer Mohammedanischen Besieger erregte, oft geprüft worden ist, so hat doch niemals ein Volk mit größerer Treue an den Lehrsätzen und Gebräuchen seiner Vorfahren gehangen*).

5. Man kann bemerken, daß, wenn Wissenschaft und Philosophie in einem Lande verbreitet sind, das System des Aberglaubens einer Prüfung unterworfen wird, wovon es vorher frei war, und daß auf eine unmerkliche Art verbreitete Meinungen seinen Einfluß auf den Geist der Menschen verringert. Eine freie und vollständige Prüfung ist der Wahrheit immer vortheilhaft, aber dem Irrthume verderblich. Was in Zeitaltern der Finsterniß mit blindem Glauben angenommen wird, erregt in aufgeklärten Verachtung oder Unwillen. Die Geschichte der Religion in Griechenland und Italien, den einzigen Ländern Europens, die sich in älteren Zeiten durch ihre Fortschritte in den Wissenschaften auszeichneten, bestätigt die Wahrheit dieser Bemerkung. Sobald in Griechenland die Wissenschaften so weit gekommen waren, daß die Menschen dadurch in Stand gesetzt wurden, die Weisheit, die Vorsicht und die Güte zu unterscheiden, die sich in Schöpfung,

---

*) Orme's Fragment. p. 102. Sonnerat. v. I. p. 194.

Erhaltung und Regierung der Welt äußern, mußten sie auch einsehen, daß die Charaktere der Gottheiten, welche ihnen in ihren Tempeln als Gegenstände der Anbetung vorgestellt wurden, dieselben nicht berechtigen konnten, als die in der Natur herrschenden Mächte angesehen zu werden. Ein Dichter konnte den Jupiter als Vater der Götter und Menschen anreden, der beide nach ewigen Gesetzen regiere; aber einem Philosophen mußte der Sohn Saturns dieses Amtes sehr unwürdig scheinen, da dessen Lebensgeschichte eine Reihe von Gewaltthätigkeiten und Ausschweifungen ist, die jeden Mann verhaßt und verächtlich machen würden. Die Beschaffenheit des in ihren Tempeln üblichen Gottesdienstes muß einem aufgeklärten Geiste nicht weniger anstößig gewesen seyn, als der Charakter der Gottheiten, zu deren Ehre man ihn verrichtete. Anstatt solcher Anordnungen, welche dahin abzwecken, die Menschen vom Laster zurückzurufen, bei ihnen Fertigkeit in der Tugend zu bilden oder zu vermehren, oder den Geist zu einem Gefühle seiner eigenen Würde zu erheben, beschäftigte der Aberglaube seine Anhänger mit kleinlichen, nichtsbedeutenden Ceremonien, oder schrieb ihnen Gebräuche vor, die mit unwiderstehlichem Einfluß die Leidenschaften entzündeten und das Herz verderbten.

Doch wagen die Menschen es nur furchtsam und vorsichtig, die eingeführte Religion ihres Landes anzugreifen, oder lange für heilig gehaltene Meinungen zu bestreiten. Zuerst bemüheten sich einige Philosophen, durch allegorische Deutungen und feine Erklärungen die angenommene Mythologie so auszulegen, als wäre sie eine Beschreibung der Naturkräfte und der mancherlei Begebenheiten und Revolutionen, die in dem Systeme der materiellen Welt vorgehen. Durch diesen Kunstgriff suchten sie viele

Anhang.

Ungereimtheiten darin zu mildern. Allmählich nahm man in den Schulen der Wissenschaften kühnere Religions-Theorieen an. Philosophen von höheren Einsichten, welche die Ruchlosigkeit im Aberglauben des Volkes empfanden, machten sich von den Vollkommenheiten eines höchsten Wesens, des Schöpfers und Regierers des Weltalls, so richtige und vernünftige Begriffe, wie die sich selbst überlassenen Kräfte des menschlichen Geistes es nur je vermocht haben.

Wenn wir uns von Europa nach Asien wenden, so finden wir, daß meine Bemerkung über die Geschichte der falschen Religion auch dort richtig ist. In Indien sowohl als in Griechenland, wurden die Menschen zuerst durch Kultur der Wissenschaften dahin geleitet, die eingeführten Systeme des Aberglaubens zu untersuchen und zu bezweifeln; und betrachten wir den großen Unterschied zwischen der Kirchenverfassung (wenn ich mich so ausdrücken darf) in beiden Ländern, so können wir leicht denken, das in dem letzteren das eingeführte System mehr zur Prüfung offen lag, als im ersteren. In Griechenland war keine besondere Familie, oder kein besonderer Stand von Menschen ausgesondert, um die Religionsgebräuche zu verrichten, oder zu erblichen und durch Vortheil gebundenen Wächtern über die Lehrsätze und Anordnungen der Religion zu dienen. Aber in Indien waren die Braminen geborne Diener der Religion, und sie hatten das ausschließende Recht, den Vorsitz bei allen den zahlreichen gottesdienstlichen Gebräuchen zu führen, die der Aberglaube als nothwendig vorschrieb, wenn man den Zorn des Himmels abwenden, oder sich denselben günstig machen wollte. Diese Auszeichnungen und Vorrechte sicherten ihnen eine wunderbare Gewalt über ihre Landsleute zu, und jede Betrachtung, die nur auf den menschlichen Geist Einfluß haben kann, Ehre, Vortheil und Macht ihres Ordens, forderte sie auf, die Lehrsätze zu unterstützen und die Anordnungen und Gebräuche zu behaupten, mit denen die Erhaltung ihrer Macht so innig verbunden war.

Da aber die vorzüglichsten Personen der Kaste ihr Leben auf die Bearbeitung der Wissenschaften verwendeten, so waren ihre Fortschritte in allen Theilen derselben (wovon ich schon einige Nachricht gegeben habe) sehr beträchtlich. Sie erlangten dadurch die Fähigkeit, von dem Zusammenhange der Natur, und von der Macht, Weisheit und Güte, die in ihrer Entstehung und Regierung offenbar werden, sich einen so richtigen Begriff zu machen, daß ihr Geist sich über den Volksaberglauben erhob und sie zur Erkenntniß und Verehrung Eines höchsten Wesens leitete, „eines Schöpfers aller Dinge, (um ihren eigenen Ausdruck zu behalten) und von dem alle Dinge herkommen *).‟

Diesen Begriff giebt Abul Fazel, der die Meinungen der Braminen sehr aufmerksam und unpartheiisch untersuchte, von ihrer Theologie. „Sie „glauben alle,‟ sagt er, „an die Einheit der Gott-„heit, und ob sie gleich Bildern hohe Ehre erweisen, „so thun sie es doch nur, weil dieselben himmlische „Wesen vorstellen und ihre Gedanken von Zer-„streuung abhalten **).‟ Die Meinungen der einsichtsvollsten Europäer, welche Indien besucht haben, stimmen in Ansehung dieses Punktes vollkommen mit der seinigen überein. Die Belehrung, die Herr Bernier von den Pundits in Benares, theils über ihre äußerliche Religionsübung, theils

*) Baghvat-Geeta, p. 84.
*) Ajiba Akbery, Vol. III. p. 3.

über Einen allerhöchsten Oberherrn, als den einzigen Gegenstand ihrer Andacht, erhielt, stimmt ganz mit der überein, welche Abul Fazeh giebt *). Herr Wilkins, der vielleicht besser als jeder andere Europäer über diesen Gegenstand entscheiden kann, sagt von den gelehrten Braminen unsrer Zeit, daß sie Deisten sind und an Einen Gott glauben **). Eben dieser Meinung ist Herr Sonnerat, der sich sieben Jahre in Indien aufhielt, um die Sitten, die Wissenschaften und die Religion der Hindus zu untersuchen ***). Die Pundits, welche den Codex der Gentu-Gesetze übersetzten, erklären: „das höchste Wesen bildete durch seine Macht alle „Geschöpfe der animalischen, vegetabilischen und „materiellen Welt aus den vier Elementen, Feuer, „Wasser, Luft und Erde, um eine Zierde für das „Vorrathshaus der Schöpfung zu seyn. — Seine „allumfassende Güte wählte den Menschen, den „Mittelpunkt der Erkenntniß, daß er Herrschaft und „Macht über die anderen Theile hätte; und da er „diesem Lieblinge Urtheilskraft und Verstand ge„schenkt hatte, gab er ihm die Oberherrschaft über „die äußersten Gränzen der Welt ****)."

Man darf dies übrigens nicht als verfeinerte Meinungen späterer Zeiten ansehen. Da die Mohammedanischen Eroberer Indiens die Braminen als die Beschützer der Nationalreligion betrachteten, so unterdrückte ihr fanatischer Eifer sie so geflissentlich, daß die neuen Mitglieder dieses Ordens an Wissenschaft sowohl, als an Macht, ihren Vorfahren weit

---

*) Voyage, tom. II. p. 159.
**) Preface to Baghvat-Geeta, p. 24.
***) Voyage, tom. I. p. 198.
****) Prélim. Discourse, p. LXXIII.

nachstehen. Aus den Schriften der ehemaligen Pundits schöpfen sie die edelsten Gesinnungen, die ihnen jetzt eigen sind, und die Weisheit, um derentwillen man sie jetzt rühmt, ist ihnen aus sehr entfernten Zeiten überliefert worden.

Daß diese Behauptung wohl gegründet sey, können wir mit Gewißheit sagen, da die tiefsten Geheimnisse der Indischen Theologie, welche mit der größten Sorgfalt dem großen Haufen verborgen wurden, durch die vor kurzem bekannt gemachten Uebersetzungen aus dem Sanskrit enthüllt worden sind. Der Hauptzweck des Baghvat-Geeta, einer Episode im Mahabarat, diesem uralten und in Indien sehr geachteten Gedichte, scheint der gewesen zu seyn, die Lehre von der Einheit Gottes zu begründen, und aus einem richtigen Begriffe von der göttlichen Natur abzuleiten, welche Verehrung einem vollkommnen Wesen die angenehmste sey.

Unter vielen dunklen, metaphysischen Untersuchungen, einigen Blumen der Einbildungskraft, die unserem Geschmacke nicht angemessen sind, und einigen so hoch fliegenden Gedanken, daß wir mit unsrer gemeinen Urtheilskraft ihnen nicht ohne Schwierigkeit folgen können*) — finden wir in dieser Episode Beschreibungen des höchsten Wesens, die zu eben dem Lobe berechtigt sind, wie die von uns gerühmten der Griechischen Philosophen. Eine derselben, die ich schon oben erwähnte, will ich hier anführen und wegen der übrigen meine Leser auf das Werk selbst verweisen: „O mächtiges Wesen," sagt Arjuhn, „erster Schöpfer, ewiger Gott der „Götter, Raum der Welt! Du bist das unver„gängliche Wesen, unterschieden von allen vergäng„lichen.

*) Mr. Hasting's Letter, prefixed to the Baghvat-Geeta, p. 7.

Anhang.

"lichen. Du bist von allen Göttern der alte Pu-
"rusch (Lebensgeist) und der höchste Erhalter des
"Weltalls. Du kennest alle Dinge, und verdienst
"gekannt zu werden; du bist der erste Aufenthalt
"(Mansion) und von dir, o unendliche Form, wurde
"das Weltall umher verbreitet. — Ehre sey vor
"dir und hinter dir! Ehre sey dir von allen Seiten;
"o du, der du Alles in Allem bist! Endlos sind
"deine Macht und dein Ruhm. — Du bist der
"Vater aller Dinge, der lebendigen und der leblo-
"sen. Du bist der weise Lehrer des Ganzen, wür-
"dig der Anbetung. Niemand ist dir gleich. Wo
"wäre also in den drei Welten einer über dir?
"Darum beuge ich mich nieder, und flehe, mit dem
"Körper zur Erde gestreckt, um deine Gnade, Herr!
"Anbetungswürdiger! denn du mußt mich halten,
"wie ein Vater seinen Sohn, der Freund seinen
"Freund, und ein Liebhaber seine Geliebte *)."
In einem von den heiligen Büchern der Hindus
kommt eine Beschreibung des höchsten Wesens vor,
woraus offenbar erhellt, was die gelehrten Braminen allgemein von der göttlichen Natur und Vollkommenheit dachten. "Da Gott immateriell ist,
"so geht er über jeden Begriff; da er unsichtbar ist,
"so kann er keine Gestalt haben. Aber aus dem, was
"wir von seinen Werken gewahr werden, können
"wir schließen, daß er ewig, allmächtig, allwissend
"und allgegenwärtig ist **).

Leute, die sich solche Begriffe von der Gottheit machen konnten, mußten den öffentlichen Dienst
der Pagoden für eine abgöttische Bilderverehrung
mit einer abergläubischen Anhäufung unnützer oder
unsittlicher Gebräuche halten; und sie mußten gese-

---

*) Baghvat-Geeta, p. 94. 95.
**) Dow's Dissertat. p. XL.

hen haben, daß die Menschen nur durch Heiligkeit des Herzens und Reinheit der Sitten den Beifall eines vollkommen guten Wesens zu erhalten hoffen konnten. Diese Wahrheit sucht Vejas im Mahabarat einzuschärfen, aber mit so kluger Zurückhaltung und künstlicher Vorsicht, wie sie einem Braminen, der weder seinen Landsleuten Anstoß geben, noch den Einfluß seines Ordens schwächen will, natürlich ist. Seine Gedanken über die Art der Gottesverehrung sind in vielen auffallenden Stellen seines Gedichtes geäußert; aber ich mag die Anführungen nicht weiter vermehren, und begnüge mich also, darauf zu verweisen*).

Wenn wir bedenken, wie langsam sich der menschliche Geist abstrakten Ideen öffnet, und wie schwierig, einer Bemerkung im Mahabarat zufolge, ein unsichtbarer Weg für körperliche Wesen ist; so sehen wir augenscheinlich, daß die Hindus einen hohen Grad von Kultur erreicht haben mußten, ehe sich ihre Gedanken so weit über den Volksaberglauben ihres Landes erhoben. Die verschiedenen Staaten Griechenlands waren lange vorhanden, und hatten beträchtliche Fortschritte in der Verfeinerung gemacht, ehe man die Irrthümer der falschen Religion zu entdecken anfing. Erst im Zeitalter des Sokrates und in den von seinen Schülern errichteten philosophischen Schulen wurden Grundsätze, die den Lehren des Volksaberglaubens entgegen waren, merklich verbreitet.

Es verfloß eine noch längere Zeit, ehe die Römer, eine Nation von Kriegern und Staatsmännern, durch Wissenschaft aufgeklärt wurden, oder es wagten, irgend eine freie Untersuchung über die Gegenstände und Gebräuche des von ihren Vorfah-

---

*) Baghvat-Geeta, p. 56. 67. 75. 94. 119.

Anhang.

ren eingeführten Gottesdienstes anzustellen. In Indien aber wurden die glücklichen Wirkungen des Fortschreitens in den Wissenschaften weit früher sichtbar. Ohne die ausschweifenden Berechnungen der Indischen Chronologie anzunehmen, nach denen das Mahabarat vor mehr als viertausend Jahren geschrieben wäre, müssen wir doch eingestehen, daß es ein Werk von sehr hohem Alter ist, und daß der Verfasser desselben mehr Bekanntschaft mit richtigeren und vernünftigeren Grundsätzen der Theologie, Moral und Metaphysik verräth, als um diese Zeit irgend ein Volk, dessen Geschichte wir kennen, erreicht hatte.

Allein die eingeschränkten Kräfte des menschlichen Geistes sind so wenig im Stande, sich einen richtigen Begriff von den Vollkommenheiten und Wirkungen des höchsten Wesens zu machen, daß wir in allen Theorieen der vorzüglichsten Weltweisen unter den aufgeklärtesten Nationen ein beklagenswerthes Gemisch von Unwissenheit und Irrthum antreffen. Hiervon waren die Braminen eben so wenig frei, wie die Weisen anderer Länder. Da sie glaubten, daß das System der Natur nicht nur ursprünglich durch die Macht und Weisheit Gottes angeordnet sey, sondern daß auch jedes Ereigniß durch seine unmittelbare Dazwischenkunft bewirkt werde; und da sie nicht begreifen konnten, wie ein Wesen an irgend einem Orte wirken könne, ohne daselbst zu seyn: so hielten sie die Gottheit für ein lebendig-machendes, durch die ganze Schöpfung verbreitetes Grundwesen, für eine allgemeine Seele, die jeden Theil derselben belebe *). Jedes intellektuelle Wesen, vorzüglich die Menschenseelen, waren, nach ihren Gedanken, abgerissene Theile von diesem großen

---

*) Baghvat-Geeta, pag. 63. 78. 85. Bernier, tom. II. pag. 163.

Geiste*), mit dem sie nach Erfüllung ihrer irdischen Bestimmung, und wenn sie einen gehörigen Grad von Reinheit erlangt hätten, wieder vereinigt werden würden. Sie lehrten ferner: um die Flecken auszulöschen, womit jede Seele sich während ihres irdischen Aufenthaltes durch Befriedigung sinnlicher böser Begierden verunreinigt habe, müsse sie in einer langen Reihe von Umwandelungen durch den Körper verschiedener Thiere gehen, bis sie durch das, was sie in den mancherlei Formen ihrer Existenz leide und lerne, so gänzlich von aller Befleckung gereinigt sey, daß sie mit dem göttlichen Wesen zusammenfließen könne; und dann kehre sie, gleich einem Tropfen, in den unbegränzten Ocean zurück, aus welchem sie ursprünglich ausfloß **). Diese Lehren der Braminen von der Gottheit als einer Seele, welche die ganze Natur durchdringe, und jedem Theile derselben Thätigkeit und Kraft verleihe, ingleichen von der endlichen Wiedervereinigung aller intellektuellen Wesen mit ihrem ersten Urquell, stimmen vollkommen mit den Lehrsätzen der Stoischen Schule überein. Es ist bemerkenswerth, daß wir, neben einer nahen Verwandtschaft in den erhabensten Sätzen ihrer beiderseitigen Sittenlehre, auch eine eben so große Aehnlichkeit in den Irrthümern ihrer theologischen Spekulationen finden***).

Wenn es dem menschlichen Geiste an höherer Leitung gebricht, so fällt er in Ansehung der Religion leicht in einen praktischen Irrthum, der eine noch gefährlichere Richtung nimmt. Als die Phi-

---

*) Dow's Differt. p. XLIII,

**) Voyag. de *Sonnerat*, vol. I. p. 192. 200. Baghvat-Geeta, p. 39. 115. Dow's Differt. p. XLIII.

***) *Lipsii* Physiol. Stoicor. lib. I. differt. VIII. XXI, *Seneca*, *Antoninus*, *Epictetus* passim.

Anhang.

losophen durch ihre Fortschritte in den Wissenschaften richtige Ideen von der Natur und den Vollkommenheiten des höchsten Wesens zu erlangen anfingen, so daß sie sich überzeugten, das Volkssystem des Aberglaubens sey nicht nur ungereimt, sondern auch ruchlos: sahen sie auch alle die Gefahr, die daraus entstehen könnte, wenn sie ihre Entdeckungen dem Volke mittheilten; denn dies hatte nicht Fähigkeit genug, die Stärke der Gründe zu begreifen, welche für sie überwiegend waren, und hing so eifrig an den eingeführten Meinungen, daß es sich gegen jeden Versuch, ihre Falschheit aufzudecken, empört haben würde. Anstatt also einen Strahl von dem Lichte, das sie erleuchtete, bis zum Volke durchzulassen, bildeten sie eine Theorie, um ihr Betragen zu rechtfertigen und um zu verhindern, daß die finstre Wolke, die über dem Geist ihrer Nebenmenschen hing, niemals zerstreuet würde. Sie behaupteten, die gemeinen, ungelehrten Leute hätten kein Recht auf Wahrheit. Durch ihren Stand in Unwissenheit zu bleiben verurtheilt, müßten sie durch Täuschung in Ordnung gehalten, und durch die Hoffnung jener eingebildeten Belohnungen, die der Aberglaube verspricht, oder durch die Furcht vor den Strafen, die er drohet, zum Rechtthun angelockt, oder vom Unrechtbegehen abgeschreckt werden. Um dies zu bestätigen, könnte ich die Lehre fast aller philosophischen Sekten, und die Worte fast jedes berühmten Griechischen und Römischen Schriftstellers anführen. Doch wird es genug seyn, meinen Lesern eine merkwürdige Stelle aus dem Strabo vorzulegen, dem ich bei meinen Untersuchungen so manches zu danken habe, und der nicht weniger im Stande war, über die politischen Meinungen seiner Zeitgenossen zu urtheilen, als die von ihnen bewohnten Länder

zu beschreiben. „Das Wunderbare in der Fabel,"
sagt er, „wird zuweilen gebraucht, um zu ergötzen,
„zuweilen um Schrecken zu erregen; und beides ist
„nützlich, nicht nur für Kinder, sondern auch für
„Leute von reifem Alter. Kindern legen wir ange-
„nehme Dichtungen vor, um sie zum Guten aufzu-
„muntern, und schreckliche, um sie vom Bösen abzu-
„halten. So werden auch Menschen, die in Gesell-
„schaft vereinigt sind, zu dem Lobenswürdigen an-
„gereizt, wenn sie von den Dichtern die glänzenden
„Handlungen in der Fabelgeschichte, z. B. die Tha-
„ten des Herkules und Theseus, preisen hören,
„wofür diese jetzt als Gottheiten verehrt werden; oder
„wenn sie deren berühmte Thaten in Gemälden
„und Bildsäulen öffentlich aufgestellt sehen. Auf der
„anderen Seite werden sie vom Laster abgeschreckt,
„wenn ihnen die Strafen, womit die Gottheit die
„Uebelthäter gezüchtiget hat, erzählt, oder die Dro-
„hungen gegen sie in fürchterlichen Worten angekün-
„digt, oder in schrecklichen Figuren vorgestellt werden,
„und wenn die Menschen glauben, daß diese Drohun-
„gen in der That an dem Verbrecher erfüllt worden
„sind. Denn es ist unmöglich, Weiber oder den großen
„Haufen durch die Vorschriften der Vernunft und
„Weltweisheit zu regieren und sie heilig, fromm und
„aufrichtig zu machen. Es muß Aberglaube, oder
„Furcht vor den Göttern, deren Einfluß auf Erdich-
„tungen und Wundern beruhet, zu Hülfe gerufen
„werden; denn der Donner Jupiters, die Aegide
„der Minerva, der Dreizack Neptuns, die Fackeln
„und Schlangen der Furien, die Speere der Götter
„mit Epheu geziert, und die ganze alte Theologie
„sind sämmtlich Fabeln, welche die Gesetzgeber, als
„sie die politische Verfassung der Staaten gründeten,

Anhang.

„zu Schreckbildern brauchten, um den Leichtgläu-
„bigen und Einfältigen in Furcht zu setzen."

Diese Ideen der Europäischen Philosophen
waren gerade eben die, welche die Braminen in Indien angenommen hatten, und wonach sie ihr Betragen gegen den großen Haufen des Volkes einrich-
teten. Da ihr Orden das ausschließende Recht
besaß, die heiligen Bücher zu lesen, imgleichen
Wissenschaften zu kultiviren und zu lehren, so konnten sie desto sicherer jeden, der nicht dazu gehörte, verhindern, irgend etwas weiter zu erfahren, als was sie ihm mitzutheilen für gut fanden. Wenn der freie Umlauf der Kenntnisse nicht
durch solche Einschränkungen gehemmt ist, so giebt
jede neue Entdeckung in den Wissenschaften dem ganzen Staate Vortheil; ihr Einfluß auf Meinungen
und Verhalten verbreitet sich unmerklich von den
Wenigen zu den Vielen, von den Gelehrten zu den
Unwissenden. Wo aber die Herrschaft falscher Religion in ihrer ganzen Macht besteht, gewinnt durch
den stärksten Zuwachs an Einsichten der große Haufe
des Volkes nichts. Seine Philosophen verhehlen
ihm die Wahrheiten, die sie entdeckt haben, mit der
größten Sorgfalt, und bemühen sich, das Gebäude
des Aberglaubens zu unterstützen, welches zu zerstören ihre Pflicht von ihnen forderte. Sie ermahnen
nicht nur Andere, die in den Landesgesetzen vorgeschriebenen Religionsgebräuche zu ehren, sondern
richten sich selbst in ihrem Betragen danach, und
beugen sich mit allem äußeren Scheine der Ehrfurcht
und Andacht vor den Altären der Götter, die sie in
ihrem Herzen verachten müssen. Anstatt den Leh-
rern wahrer Religion in dem wohlwollenden Eifer zu
gleichen, womit diese immer ihren Nebenmenschen die

*) Strabo, lib. I. p. 36. B.

Kenntniß der wichtigen Wahrheiten mittheilten, die ihren eigenen Geist erleuchtet und glücklich gemacht hatten, führten die Weisen Griechenlands und Indiens mit studirter List einen Entwurf des Betruges aus, und die Wahrheit ward von ihnen, dem nachdrücklichen Ausdruck eines inspirirten Schriftstellers zufolge, in Ungerechtigkeit aufgehalten*). Sie wußten und billigten das Wahre, bemüheten sich aber, unter den übrigen Menschen die Unwahrheit zu unterstützen und fortzupflanzen.

So bin ich denn alle die Umstände durchgegangen, deren Untersuchung ich mir vorgesetzt hatte, und habe in Ansehung eines jeden den Zustand der Einwohner von Indien zu entdecken gesucht. Hätte ich auch keinen anderen Zweck gehabt, als die bürgerliche Verfassung, die Künste, die Wissenschaften und die religiösen Anordnungen eines der ältesten und zahlreichsten Menschenstämme zu beschreiben, so würde schon dies allein mich zu merkwürdigen und lehrreichen Untersuchungen und Erörterungen geführt haben. Doch gestehe ich, daß mir immer ein höherer und wichtigerer Gegenstand vor Augen geblieben ist, und ich hoffe, daß meine Nachricht von der frühen und hohen Kultur in Indien, und von den wunderbaren Fortschritten seiner Einwohner in den schönen Künsten und nützlichen Wissenschaften, wenn man sie als richtig und gegründet aufnimmt, einigen Einfluß auf das Betragen der Europäer gegen das dortige Volk haben wird. Zum Unglück für die Menschheit fanden die Europäer, in welcher Gegend der Erde sie sich auch Herrschaft erwarben, die Einwohner nicht nur in einem Zustande der Gesellschaft und Kultur, der weit unter ihrem eigenen war, sondern auch in ihrer Leibesbeschaffenheit und allen Gewohnheiten

*) Römer I, 18.

des Lebens von sich verschieden. Die Menschen sind auf jeder Stufe ihres Weges mit den Fortschritten der Gesellschaft, zu der sie gehören, so zufrieden, daß sie dieselben als das Ideal der Vollkommenheit ansehen; auch sind sie geneigt, Völker in einem, dem ihrigen nicht ähnlichen Zustande mit Verachtung und selbst mit Abscheu zu betrachten. In Afrika und Amerika ist diese Ungleichheit so sichtbar, daß die Europäer, voll Stolz auf ihre Ueberlegenheit, sich für berechtigt hielten, in jenem Welttheile die Eingebornen zu Sklaven zu machen, und in diesem sie auszurotten. Selbst in Indien, ob es gleich den beiden anderen Welttheilen in der Kultur weit zuvorgekommen ist, bestärkten die Farbe der Einwohner, ihr weibisches Ansehen, ihr Mangel an kriegerischem Muth, das Phantastische ihrer Religions-Lehren und Gebräuche, nebst manchen anderen Umständen, die Europäer in einer solchen Meinung von ihrem eigenen Vorzuge, daß sie dieselben immer als eine niedrigere Menschenart ansahen und behandelten. Es wäre ein Glück, wenn eine der vier Europäischen Nationen, die nach einander weitläuftige Besitzungen und große Macht in Indien erlangt haben, sich gegen diesen Vorwurf rechtfertigen könnte. Nichts kann indeß unmittelbarer und kräftiger dazu beitragen, den Europäern, die auf ihre eigenen größeren Vollkommenheiten in Staatsverfassung, Wissenschaften und Künsten stolz sind, gehörige Gesinnungen gegen das Indische Volk einzuflößen, und sie die schuldige Achtung für dessen natürliche Menschenrechte zu lehren, als wenn man sie daran gewöhnt, die Hindus jetziger Zeiten nicht nur als einen einsichtsvollen und sinnreichen Menschenstamm zu betrachten, sondern sie auch als die Nachkommen von Voreltern anzusehen, die einen sehr hohen Grad der Kultur schon viele Jahrhunderte früher erreicht hatten, als in irgend einem Theile von Europa nur der geringste Schritt zur Civilisirung gethan war. Durch eine unpartheiische und aufrichtige Untersuchung ihrer Sitten ward der Kaiser Akber bewogen, die Hindus für eben so zu Schutz und Gnade berechtigt zu halten, wie seine übrigen Unterthanen, und sie mit solcher Billigkeit und Milde zu beherrschen, daß er von einem dankbaren Volke den ehrenvollen Beinamen „Bewahrer der Menschen" verdiente. Eine vollständige Kenntniß ihres Charakters und ihrer Kultur bewog seinen Vezier, Abul Fazel, mit einem unter den Mohammedanern beispiellosen edlen Geiste, die Tugenden der Hindus, als Einzelne und als Mitglieder der Gesellschaft betrachtet, äußerst zu loben und ihre Fortschritte in Wissenschaften und Künsten jeder Art zu erheben*). Dürfte ich hoffen, daß meine Beschreibung von den Sitten und Einrichtungen des Indischen Volkes nur im allermindesten, und durch einen noch so mittelbaren Einfluß, dazu beitragen könnte, ihren Charakter achtungswerther, und ihre Lage glücklicher zu machen, so würde ich meine litterarischen Arbeiten mit dem beruhigenden Gedanken schließen, nicht vergebens gelebt oder geschrieben zu haben.

*) Ajiba Akbery, Vol. III. p. 2. 81. 93.

Anmerkungen zum Anhange.

I. (Seite 263.)

Allen alten Schriftstellern zufolge, sollen die Indier in sieben Stämme oder Kasten getheilt gewesen seyn. (*Strabo*, lib. XV. p. 1029. C. etc. *Diod. Sicul.* lib. II. p. 153. etc. *Arrian.* Indic. c. 10.) Wahrscheinlich wurden sie zu diesem Irrthume dadurch verleitet, daß sie einige Unterabtheilungen der Kasten für besondre unabhängige Stände ansahen. Daß es aber in der That nicht mehr als vier ursprüngliche Kasten gab, wissen wir aus den übereinstimmenden Zeugnissen der einsichtsvollsten neueren Reisenden. Eine genaue Nachricht davon findet man in: La Porte ouverte, ou la vraie Représentation de la Vie, des Moeurs, de la Réligion et du Service des Bramines qui démeurent sur les Costes de Coromandel etc. Dieses Buch ward vor der Mitte des verflossenen Jahrhunderts von Abraham Roger, Prediger bei der Holländischen Faktorei in Pullikate zusammen getragen. Er gewann das Zutrauen eines einsichtsvollen Braminen, und so erhielt er zuverlässigere und ausführlichere Nachrichten von den Sitten und der Religion der Indier, als man vor den neuerlichen Uebersetzungen aus der Sanskrit-Sprache in Europa hatte. Ich erwähne dieses Buches, weil es weniger bekannt zu seyn scheint, als es verdient. Sowohl die Zahl als die Verrichtungen der Kasten sind jetzt keinem Zweifel weiter unterworfen, da beide in den ältesten und heiligsten Büchern der Hindus bestimmt angegeben, und durch die Nachrichten, welche Braminen von ausgezeichneten Kenntnissen über ihre Einrichtungen ertheilt haben, bestätigt werden. Ihnen zufolge entsprangen die verschiedenen Kasten von Brama, dem unmittelbaren Bewirker der Schöpfung unter dem allerhöchsten Wesen, auf nachstehende Art, welche zugleich ihren Rang und die ihnen obliegenden Verrichtungen anzeigt.

Der Bramin aus dem Munde (Weisheit): zu beten, zu lesen, zu lehren.

Der Tschetri, aus den Armen (Stärke): den Bogen zu spannen, zu fechten, zu regieren.

Der Bise, aus dem Bauche oder den Schenkeln (Nahrung): um durch Ackerbau und Handel für die Bedürfnisse des Lebens zu sorgen.

Der Suder (Schuter) aus dem Fuß (Unterwürfigkeit): zu arbeiten, zu dienen.

Die vorgeschriebenen Beschäftigungen aller dieser Klassen sind in einem wohl eingerichteten Staate wesentlich nothwendig. Nächst ihnen allen giebt es nun noch eine fünfte, oder hinzugekommene Klasse, Namens Burrun Sunker, deren Entstehung man aus einer gesetzwidrigen Vermischung zwischen Personen von verschiedenen Kasten herleitet, und die sich meistentheils mit dem Kleinhandel abgiebt. (Preface to the Code of Gentoo-Laws, p. XLVI. et XCIX.) Diese hinzugekommene Kaste wird meines Wissens von keinem Europäischen Schriftsteller erwähnt. Der Unterschied war zu gering, als daß sie ihn hätten bemerken sollen, und sie scheinen die Mitglieder derselben als zu der Kaste der Suder (Schuter) gehörig anzusehen. Außer diesen anerkannten Kasten giebt es eine Art von unglücklichen Menschen, die man an der Küste von Koromandel Pariars und in andern Theilen von Indien Tschandalas nennt. Diese sind aus ihrer ursprünglichen Kaste ausgestoßen, und haben durch ein schlechtes Betragen die Vorrechte derselben verloren. Ihr Zustand ist ohne Zweifel die tiefste Herabwürdigung der menschlichen Natur. Kein Mitglied irgend einer Kaste will in der mindesten Verbindung mit ihnen stehen. (Sonnerat, tom. I. p. 55. 56.). Wenn auf der Küste Malabar ein Pariar sich einem Nayr, das heißt einem Krieger der hohen Kaste, nähert, so kann dieser ihn ungestraft tödten. Wasser und Milch werden, wenn nur der Schatten eines Pariars darüber gegangen ist, für unrein gehalten, und können nicht eher gebraucht werden, als bis sie gereinigt sind. (Ayeen Akbery, vol. III. p. 243. A.) Es ist beinahe unmöglich, mit Worten die Empfindung von Verächtlichkeit auszudrücken, welche das Wort Pariar oder Tschandala in der Seele eines Hindu erregt. Jeder Hindu, der die Regeln oder Anordnungen seiner Kaste verletzt, sinkt in diesen herabgewürdigten Zustand. Eben dies macht die Hindus so fest in der Anhänglichkeit an die Einrichtungen ihres Stammes, weil sie mit der Verstoßung aus ihrer Kaste allen menschlichen Beistand und alle Achtung verlieren. Es ist eine ohne allen Vergleich härtere Strafe, als der Bann in der siegreichsten Periode der päpstlichen Macht.

Das Mahabarat, das alleralteste Buch der Hindus, welches mehr Autorität hat, als irgend eins, das die Europäer bis jetzt kennen gelernt haben, nennt die vier ursprünglichen Kasten, und bestimmt die Verrichtungen derselben. (Baghvat-Geeta, p. 130.) Eben diese Abtheilung der Kasten war auch dem Verfasser des Hito-Pades, eines anderen sehr alten, aus dem Sanskrit übersetzten Werkes, bekannt. (p. 251.)

Im Text ist noch ein Umstand übergangen, der die Abtheilung der Kasten betrift. Obgleich die Gränzlinien zwischen ihnen so gezogen sind, daß jemand aus einer niedrigeren Kaste unmöglich zu einer höheren hinauf

steigen kann, und ob man es gleich als den ungeheuer-
sten Frevel ansehen würde, wenn jemand aus einer niedrigeren Kaste sich unterstände, irgend etwas zu thun, das
einer höheren zukommt: so erklären die Pundits es doch
in gewissen Fällen für erlaubt, daß Personen aus einer
höheren Klasse einige von den Geschäften verrichten können, welche eigentlich einer niedrigern bestimmt sind, ohne
deshalb die Rechte ihrer eigenen Kaste zu verlieren.
(Préf. of Pundits to the Code of Gentoo Laws, p. 100.)
Daher finden wir Braminen, die im Dienst ihrer Fürsten nicht nur als Staatsminister, (*Orme's Fragments*,
p. 207.) sondern auch in geringeren Aemtern gebraucht
werden. Die meisten Officiere von hohem Range, welche
Sevagi, der Stifter des Maratten-Staates, in seinem
Heere hatte, waren Braminen, und einige darunter sogar Pundits oder gelehrte Braminen. (Ibid. p. 97.)
Viele Sipois im Dienste der Ostindischen Kompagnie,
vorzüglich in der Präsidentur Bengalen, sind aus der
Braminen-Kaste.

Noch ein andrer, die Kasten betreffender Umstand,
verdient bemerkt zu werden. Eine unzählige Menge von
Pilgrimmen, die sich in manchen Jahren auf mehr als
150,000 belaufen, besuchen die Pagode zu Jaggernaht
in Orissa (einer von den ältesten und heiligsten Stätten der
Indischen Anbetung) wenn das jährliche Fest zu Ehren
des Gottes gefeiert wird, dem dieser Tempel geheiligt
ist. Man erlaubt den Mitgliedern aller vier Kasten,
sich unter einander vermischt dem Altare des Götzen zu
nähern; sie sitzen daselbst ohne Unterschied, und essen
von einerlei Speise. Dies scheint eine Erinnerung an
einen früheren, vor der Einrichtung der Kasten gewesenen Zustand anzuzeigen, da noch alle Menschen als gleich
angesehen wurden. Meine Kenntnisse setzen mich übrigens nicht in Stand, die Ursache von dieser Sitte anzugeben, die allen religiösen und bürgerlichen Anordnungen

zum Anhange.

und Grundsätzen der Hindus so zuwider läuft. (Bernier, tom. II. p. 102. Tavernier, tom. II. c. 9. Anquetil, Disc. Prélim. p. 81. Sketches, p. 96.)

Einigen unter meinen Lesern wird es aufgefallen seyn, daß ich keine Nachricht von den zahlreichen Ständen Indischer Andächtler gegeben habe, welche die Europäischen Schriftsteller sämmtlich mit dem Namen F a k i r e belegen, einem Namen, der bei den Mohammedanern die fanatischen Mönche ihrer eigenen Religion bezeichnet. Bei dem Lichte, worin ich die Religionsanordnungen der Hindus ansah, war es nicht nothwendig, die Indischen Fakire noch besonders zu betrachten. Ihre große Anzahl, die Strenge ihrer Büßungen, die qualvollen Martern welche sie sich freiwillig auflegen, und die hohe Meinung die das Volk von ihrer Heiligkeit hat, sind allen Reisenden, welche Indien besucht haben, aufgefallen, und ihre Beschreibungen davon sind bekannt genug. Der mächtige Einfluß des Enthusiasmus, Sucht sich auszuzeichnen, und Begierde einen Theil von dem Ansehen und der Ehre zu erhalten, zu deren Genuß die Braminen geboren sind, erklären alles das Außerordentliche, was die Fakire thun und leiden. Doch verdient Ein Umstand, der sie betrifft, noch Aufmerksamkeit. Dieser Orden von Andächtlern scheint in Indien sehr alt gewesen zu seyn. Die Beschreibung von den Germanis, die Strabo (lib. XV. p. 1040. B.) aus dem Megasthenes liefert, paßt beinahe in jedem Umstande auf die heutigen Fakire.

II. (S. 266.)

Meine Behauptung im Text ist im Ganzen wohlgegründet. Dennoch sind Männer, die in Indien viel gesehen, und alles was sie sahen mit scharfem Blick beobachtet haben, der Meinung: die Eroberungen sowohl der Mohammedaner, als der Europäer, hätten einigen Einfluß auf die Sitten und Gewohnheiten der Eingebor-

352 Anmerkungen

nen gehabt. Sie glauben, daß die jetzige Kleidung der Hindus, der Turban, der Jumma und die langen Beinkleider eine Nachahmung von der Tracht ihrer Mohammedanischen Eroberer sind. Die alte Tracht der Indier, wie Arrian (Hist. Indic. cap. 16.) sie beschreibt, war ein Stück Musselin, das ihnen lose um die Schultern hing, ferner ein Hemde von eben dem Zeuge, das bis an die Mitte der Beine reichte; und ihre Bärte waren bunt gefärbt, welches jetzt nicht mehr gebräuchlich ist. Die Gewohnheit, die Weiber einzuschließen, und die Strenge womit man sie bewacht, sieht man gleichfalls für eine Nachahmung der Mohammedaner an. Diese Vermuthung wird einigermaßen durch das aus dem Sanskrit übersetzte Schauspiel Sakontala bestätigt. In diesem Stücke kommen mehrere Frauenzimmer vor, die sich unter die Gesellschaft mischen und mit den Männern eben so ungezwungen umgehen, wie die Weiber in Europa. Wir können annehmen, daß der Verfasser die Sitten seiner Zeit schildert und den damaligen Gewohnheiten treu bleibt. Allein bei dieser Bemerkung muß ich zugleich erwähnen, daß man aus einer Stelle im Strabo schließen könnte, die Weiber in Indien wären zu Alexanders des Großen Zeiten mit eben der eifersüchtigen Aufmerksamkeit bewacht worden, wie jetzt. „Wenn ihre Fürsten" (schreibt er aus dem Megasthenes) „öffentlich auf „die Jagd gehen, so werden sie von einer Anzahl ihrer „Frauen begleitet; aber längs dem Wege, den sie neh= „men, sind an beiden Seiten Stricke gezogen, und wenn „sich irgend ein Mann denselben nähert, so wird er au= „genblicklich mit dem Tode bestraft. (Lib. XV. p. 1037.) A.) Der Einfluß Europäischer Sitten fängt an, unter den Hindus, die in Kalkutta wohnen, sichtbar zu werden. Einige von ihnen fahren in Englischen Wagen, sitzen auf Stühlen, und haben Spiegel in ihren Häusern.

Man

zum Anhange.

Ich könnte, wenn dies der Ort dazu wäre, verschiedene Umstände anführen, welche wahrscheinlich zu weiteren Fortschritten dieses Nachahmungsgeistes beitragen werden.

III. (S. 266.)

Es ist angenehm zu sehen, wie genau ein einsichtsvoller Asiat in seinen Gedanken über diesen Gegenstand mit den Europäern zusammentrift. „Als ich," sagt er (Khojeh Abdulkurrihm.) „über die Armuth „von Turan (den Ländern jenseits des Oxus) und Ara„bien nachdachte, wußte ich anfangs keinen Grund da„von anzugeben, warum in diesen Gegenden nie dauernder „Wohlstand gewesen ist, da hingegen in Indostan der „Reichthum täglich zunimmt. Timur brachte die „Schätze der Türkei, Persiens und Indostans nach Tu„ran; aber sie sind alle verschwunden. Während der „Regierung der vier ersten Kaliphen waren die Türkei, „Persien, ein Theil von Arabien, Aethiopien, Aegypten „und Spanien ihnen zinsbar; aber dennoch waren sie „nicht reich. Augenscheinlich muß diese Zerstreuung der „Staatsreichthümer entweder von außerordentlichen Ab„flüssen, oder von einem Fehler der Regierung herrüh„ren. Indostan ist häufig von fremden Eroberern ge„plündert worden, und nicht Einer von seinen Beherr„schern machte eine reiche Eroberung; auch giebt es in „dem Lande eben kein Silber- und Goldbergwerk, und „dennoch hat es Ueberfluß an Gold und an allem, „was zum Wohlstande gehört. Von der Menge baa„ren Geldes ist die Ursache ohne Zweifel die starke Ein„fuhr von Gold und Silber in den Schiffen der Euro„päer und anderer Nationen, die größtentheils Geld für die „Manufakturwaaren und Naturprodukte des Landes ge„ben. Wenn nicht dies der Grund von dem Wohlstande „Indostans ist, so muß man ihn einem besonderen Segen

„Gottes zuschreiben." Memoirs of *Khojeh Abdul-Kurreem*, a Cashmeerian of distinction, p. 42.

IV. (S. 272.)

Daß die Monarchen Indiens die einzigen Landeigenthümer waren, behaupten die Alten ganz ausdrücklich. Das Volk, sagen sie, bezahlt seinem Könige eine Landtaxe, weil das Reich das Eigenthum desselben ist. (*Strabo*, lib. XV. p. 1030. A. *Diod. Sicul.* lib. II. p. 153.) Dies war nicht bloß in Indien so. In allen großen Monarchieen des Orients scheint alles Landeigenthum nur dem Souverain, als höchstem Lehnsherrn, zuzugehören. Nach Chardin, ist dies auch in Persien der Zustand des Eigenthums, und das Land ward von dem Monarchen an Pächter überlassen, die es beinahe auf eben die Bedingung bearbeiteten, wie die Ryots in Indien (Voyage, tom. III. p. 339 etc. 4to.) Herr Volney giebt eine ähnliche Nachricht von der Art, wie man in einer großen Provinz des Türkischen Reiches Eigenthum besitzt. (Voyage en Syrie etc. tom II. p. 369 etc.) Aber die besondere Art, wie die Ryots von Indostan ihr Eigenthum besaßen, ist ein Umstand in der alten politischen Verfassung dieses Landes, worüber Männer von großem Scharfsinn, die lange dort gewesen sind und die höchsten Stellen der Regierung verwaltet haben, sehr verschiedene Meinungen hegen. Einige glauben, daß der Fürst Land an Dorfschaften oder kleine Gesammtheiten ausgetheilt habe, deren Bewohner, unter der Aufsicht ihrer besonderen Anführer oder Hauptleute, es in Gemeinschaft bearbeiteten, und den Ertrag nach gewissen Verhältnissen unter sich theilten. (Descript. de l'Inde par M. *Bernoulli*, tom. II. p. 223 etc.) Andre behaupten, das Landeigenthum sey von der Krone erblichen Beamten von großem Ansehen und vieler Macht, den Zemindars, verliehen, welche die Renten von den Ryots einsammelten und das Land unter sie vertheilten. Noch andre sagen, das Amt der Zemindars sey bloß temporell und persönlich; sie hätten nur die Einkünfte einzusammeln, könnten ihrer Stellen nach Willkühr entsetzt werden, und die Ryots hätten also ihr Land unmittelbar von dem Monarchen. Diese letzte Meinung unterstützt Herr Grant mit sehr vieler Geschicklichkeit in seiner Inquiry into the Nature of Zemindary Tenures in the landed Property of Bengal etc. Diese Frage wird in Bengalen noch jetzt untersucht, und man hat für jede Meinung so annehmliche Gründe angeführt, daß Personen, die den Indischen Staat sehr wohl kennen, dennoch über diesen Punkt nicht gänzlich aufs Reine gekommen sind, ungeachtet er von der äußersten Wichtigkeit ist, da das künftige Finanzsystem der Engländer in Indien sehr davon abzuhangen scheint. (Capt. *Kirckpatrick's* Introduction to the Institutes of Ghazan Khan. New Asiatic Miscell. No. II. p. 130.) Obgleich die Meinung der Einkünfte=Committee, die aus Männern von ausgezeichneter Geschicklichkeit besteht, sich mehr zu einer Entscheidung gegen das Erbrecht der Zemindars auf den Boden, neigt, so hat doch der höchste Rath im Jahre 1786 aus guten Gründen sich geweigert, irgend ein entscheidendes Urtheil über einen so äußerst wichtigen Gegenstand zu fällen. — Diese Note befand sich schon unter der Presse, ehe ich im Stande war, Herrn Rouse's scharfsinnige und lehrreiche Untersuchung über das Landeigenthum in Bengalen zu lesen. Er nimmt darin das Gegentheil von Herrn Grants Meinung an, und behauptet mit jener edlen Freimüthigkeit die sich allenthalben zeigt, wo die Entdeckung der Wahrheit das einzige Ziel ist, daß die Bengalischen Zemindars ihr Landeigenthum durch das Erbrecht besitzen. Hätte ich auch so viele Kenntniß von dem Zustande Indiens oder von dem dortigen Verwaltungs=System, als dazu gehörte, diese verschiedenen Theorieen zu vergleichen, und zu entscheiden, welche die vorzüglichste sey, so fordert doch der Gegenstand meiner Untersuchung diese Erörterung nicht. Indeß glaube ich, daß der Zustand des Landeigenthums in Indien durch eine genaue Vergleichung mit der Beschaffenheit der Lehngüter sehr aufgeklärt werden kann; und ich vermuthe, daß auch dort eine Reihe von Veränderungen damit vorgefallen seyn mag, beinahe wie es in Europa ergangen ist, und daß, wie sich vielleicht zeigen würde, die Besitzzeit der Güter Anfangs bloß von der Willkühr des Monarchen abhing, daß sie hernach auf Lebenszeit verliehen und endlich immerwährendes und erbliches Eigenthum wurden. Allein, selbst unter dieser letzten Gestalt, da man sich durch Kauf oder Erbschaft Land erwirbt, scheint die Art, wie das Recht des Eigenthums Bestätigung und Vollständigkeit erhält, (in Europa durch einen Lehnsbrief, in Indien durch ein Sunnud des Monarchen) noch den ursprünglichen Zustand des Eigenthums anzuzeigen. Nach allen den von mir erwähnten Theorieen, sind der Besitz und die Lage der Ryots fast gerade so, wie ich sie geschildert habe. Den Berichten verständiger Beobachter zufolge, leben sie in einem so glücklichen und unabhängigen Zustande, wie er nur irgendwo der Menschenklasse, welche die Erde bauet, zu Theil geworden ist. Die alten Griechischen und Römischen Schriftsteller, die von den inneren Theilen Indiens nur eine sehr unvollkommene Kenntniß hatten, geben den vierten Theil des jährlichen Ertrages vom Boden als die allgemeine, dem Landesherrn zu bezahlende Auflage an. Auf die Autorität eines eingebornen Schriftstellers, der vor der Christlichen Zeitrechnung in Indien lebte, kann man annehmen, daß damals der sechste Theil von den Einkünften des Volkes der gewöhnliche Antheil des Monarchen war. (Sakontala fünfter Akt.)

zum Anhange.

Jetzt weiß man, daß das Einkommen des Regenten vom Lande in den besonderen Gegenden verschieden, und nach der Fruchtbarkeit oder Unfruchtbarkeit des Bodens, nach der Beschaffenheit des Klimas, nach dem Ueberfluß oder Mangel an Wasser, und nach manchen anderen Umständen bestimmt ist. Den davon ertheilten Nachrichten zufolge, möchte ich beinahe glauben, daß es in manchen Distrikten über das gehörige Verhältniß hinausgeht. Ein Umstand in Ansehung der Finanz-Administration von Bengalen verdient noch angemerkt zu werden, da er zur Ehre des Kaisers A k b e r gereicht, dessen weise Regierung zu rühmen ich schon oft Gelegenheit gehabt habe. Unter seiner Regierung ward eine allgemeine Schätzung der Einkünfte von Bengalen gemacht, alles Land taxirt, und das Einkommen jedes Einwohners und jedes Dorfes richtig bestimmt. In den Rechnungen ward eine regelmäßige Stufenfolge beobachtet. Die Einkünfte der verschiedenen nahe bei einander befindlichen Einwohner wurden zusammengenommen, und gaben die Rechnung von einem Dorfe; die Einkünfte mehrerer Dörfer abermals zusammen genommen, gaben die von einem größeren Stück Landes. Die Summen hiervon gaben die Rechnung von einem Distrikt, und die Totalsumme der sämmtlichen Einkünfte von allen Distrikten in Bengalen zeigte die Einnahme aus der ganzen Provinz. Von der Regierung A k b e r s bis auf D s c h a f f i r (Iaffeer) A l i K h a n im Jahre 1757 blieben die jährlichen Einkünfte, und die Art sie zu erheben, fast ohne alle Veränderung. Dschaffir Ali Khan aber ging von Akbers weisen Einrichtungen ab, um die Summe zusammen zu bringen, die er bei seiner Erhöhung zu zahlen versprochen hatte. Es wurden mancherlei neue Arten von Schätzung eingeführt und die Auflagen vervielfältigt.

Anmerkungen

V. (S. 274.)

Ich will ihre Aufmerksamkeit auf diese nützliche Polizei-Einrichtung nur mit Einem Beispiele belegen. Lahor im Pandschab liegt fünfhundert (Engl.) Meilen weit von Agra, der alten Hauptstadt Indostans. An jeder Seite des Weges zwischen diesen beiden großen Städten findet man eine ununterbrochene Reihe schattiger Bäume, wodurch eine Allee entsteht, die in keinem Lande ihres Gleichen hat, wir mögen nun auf ihre Größe, ihre Schönheit oder ihren Nutzen in einem heißen Himmelsstriche sehen. Rennel's Memoir, p. 69.

VI. (S. 278.)

Wir können die billige und milde Regierungsart Akbers nicht in ein vortheilhafteres Licht setzen, als wenn wir sie mit dem Verfahren anderer Mohammedanischen Fürsten vergleichen. Nirgends ist dieser Kontrast auffallender, als in Indien. Im tausendsten Jahre der Christlichen Zeitrechnung that Mahmud von Ghazna, unter dessen Scepter die Länder standen, welche ehemals das Königreich Baktria ausgemacht hatten, einen Einfall in jenes Land. Alle seine Fortschritte darin waren mit Blut und Verwüstung bezeichnet. Die berühmtesten Pagoden, die uralten Denkmäler Indischer Andacht und Pracht, wurden zerstört, die Diener der Religion ermordet, das Land mit blinder Wildheit verwüstet und die Städte geplündert und verbrannt. Etwa vierhundert Jahre nach Mahmud wandte Timur oder Tamerlan, ein Eroberer von größerem Ruhm, seine unwiderstehlichen Waffen gegen Indien, und war, obgleich in einem besseren Zeitalter geboren, dem Mahmud in seinen grausamen Thaten nicht nur gleich, sondern übertraf ihn darin oft so weit, daß er mit Recht von den Hindus, den unschuldigen Opfern seiner Wuth, mit dem verhaßten Namen „zerstörender Fürst, gebrandmarkt wurde. Eine kurze, aber schöne Beschreibung ihrer Verwüstungen findet man in Orme's Dissertation on the Establishments made by the Mahomedan Conquerors in Indostan. Eine vollständige Nachricht davon giebt Herr Gibbon vol. V, p. 646 und vol. VI, p. 339 etc. Die stolze Verachtung, womit eifrige Mohammedaner alle Nationen ansehen, die nicht den Glauben des Propheten angenommen haben, macht die gränzenlose Strenge Mahmuds und Timurs gegen die Hindus begreiflich, und erhöhet ungemein das Verdienst jenes duldsamen Geistes und jener Mäßigung, womit Akber seine Unterthanen regierte. Welchen Eindruck dessen milde Regierung auf die Hindus machte, sehen wir aus einem schönen Briefe, den Dscheswant Sing (*Jesswant Sing*), Radschah von Dschudpor (*Judpore*) an Aurengzebe, den fanatischen und verfolgenden Nachfolger desselben, schrieb. „Dein königlicher Vorfahr, Akber, „dessen Thron itzt im Himmel ist, verwaltete dies Reich „in Billigkeit und fester Sicherheit zwei und funfzig Jahre „lang, und erhielt Wohlstand und Glück bei jeder Menschenart. Es mochten Anhänger Jesu, oder Mosis, „oder Davids oder Mohammeds; es mochten Bramienen, sie mochten von der Sekte der Dharter seyn, welche „die Ewigkeit der Materie läugnet, oder von der, welche „das Daseyn der Welt dem Zufalle zuschreibt — Alle „genossen gleichmäßig seiner Gnade und Gunst, so daß „sein Volk, dankbar gegen den allgemeinen Schutz, den „er Allen verlieh, ihm den Namen *Juggut Grow* „(Dschoggot Groh?) Hüter des Menschengeschlechtes, beilegte. — Wenn Deine Majestät irgend einigen Glauben an die Bücher hat, die man vorzugsweise göttliche nennt, so wirst Du daraus lernen, daß „Gott der Gott aller Menschen, nicht der Gott der Mohammedaner allein ist." Der Heide und der Musul-

„mann sind Alle vor seinen Augen. Er hat die verschie-
„denen Farben der Menschen angeordnet. Er giebt das
„Daseyn. In euren Tempeln erhebt ihr eure Stimme
„zu seinem Lobe; auch in dem Bildertempel, wo die
„Glocke gezogen wird, ist Er der Gegenstand der Anbetung.
„Die Religion und die Gebräuche anderer Menschen ge-
„ringschätzen, heißt das Vergnügen des Allmächtigen
„verachten. Wer ein Gemälde entstellt, erregt natür-
„lich den Unwillen des Malers; und mit Recht sagt der
„Dichter: Maße dir nicht an, die verschiedenen
„Werke der göttlichen Macht anzuklagen und zu ergrün-
„den." Diesen schätzbaren Aufsatz hat Herr Orme uns
mitgetheilt. (Fragments, notes, p. XCVII.) Ein Mann,
der diesen Brief in der Urschrift gelesen, hat mich versichert, daß die Uebersetzung treu und gut ist.

VII. (S. 287.)

Ich habe weiter keine unterirdischen Höhlungen
beschrieben, als die auf Elephanta, weil keine anderen so
häufig besucht und so sorgfältig besehen worden sind;
doch giebt es in verschiedenen Gegenden Indiens erstaunliche Werke von ähnlicher Beschaffenheit. Die Größe und
Pracht der Höhlungen auf der Insel Salsette ist so beträchtlich, daß der Künstler, der für den Gouverneur
Boon Zeichnungen davon machen mußte, behauptete,
an dieser Arbeit hätten vierzig tausend Menschen vierzig Jahre lang zu thun, um sie zu Stande zu bringen.
(Archaeologia, vol. VII. p. 336.) So unzuverlässig
diese Art zu schätzen auch seyn mag, so zeigt sie doch,
welche Wirkung der Anblick dieser Werke auf ihn that.
Die Pagoden von Ellore, achtzehn Meilen von Arunga-
bad, sind ebenfalls aus dem Felsen ausgehauen, und,
wenn nicht eben so groß wie die zu Elephanta und Salsette, doch bei weitem zahlreicher und weitläuftiger. Herr
Thevenot, der die erste Beschreibung von diesen son-

verbaren Gebäuden lieferte, behauptet, man werde über zwei Französische Meilen weit rund um das Gebirge nichts als Pagoden ansichtig. (Voy. part. III. c. 44.) Herr Anquetil du Perron hat sie hernach mit mehr Muße und Aufmerksamkeit betrachtet; allein da sich bei seiner Beschreibung weder ein Plan noch eine Zeichnung befindet, so kann ich keinen deutlichen Begriff von dem Ganzen geben. Man sieht indeß augenscheinlich, daß es Werke eines mächtigen Volkes seyn müssen, und unter den unzähligen ausgehauenen Figuren, welche die Wände bedecken, lassen sich alle Gegenstände des jetzigen Gottesdienstes der Hindus unterscheiden. (Zend-avesta. Disc. prélim. p. 233.) Es giebt merkwürdige Höhlungen in einem Berge bei Mavalipuram, nicht weit von Sadras. Dieser Berg ist an der Küste Koromandel unter dem Namen der sieben Pagoden sehr wohl bekannt. Eine gute Beschreibung der dortigen Werke, welche prächtig und von sehr hohem Alter sind, findet man in Asiat. Researches, vol. I. p. 145. etc. Man könnte, wenn es nöthig wäre, noch viele Beispiele von ähnlichen Werken anführen. Was ich Seite 288 über die Schönheit einiger Verzierungen in den Indischen Gebäuden behauptet habe, wird durch den Obersten Call, Oberingenieur zu Madras, bestätigt, der sie als einen Beweis von der frühen und hohen Civilisirung der Indier anführt. „Man kann „sicher behaupten," sagt er, „daß kein Theil der Welt mehr „Spuren des Alterthums in Künsten, Wissenschaften und „Civilisirung enthält, als die Halbinsel Indien vom Gan„ges bis zum Vorgebirge Komorin. Die Bildhauerar„beit an manchen Pagoden und Tscholtries, und die „Größe dieser Werke, übertrift, meiner Meinung nach, „Alles, was man zu unseren Zeiten zu Stande bringt, „nicht nur an Feinheit des Meißels, sondern auch an den „Kosten des Baues, wenn man bedenkt, wie weit an „manchen Orten die Theile des Gebäudes hergeholt

„und bis zu welcher Höhe sie geführt worden sind."
Philosophical Transactions, vol. LXII, p. 354.)

VIII. (S. 292.)

Indien, sagt Strabo, bringt eine Menge von Substanzen hervor, welche die vortreflichsten Farben geben. Daß das Indicum, welches die schöne blaue Farbe gab, mit dem Indigo der Neueren einerlei ist, schließen wir nicht nur aus der Aehnlichkeit des Namens und der Wirkung, sondern auch aus der Beschreibung des Plinius in der Stelle, die ich im Text angeführt habe. Er wußte, daß es ein Präparat aus einer vegetabilischen Substanz wäre, ob er gleich von der Pflanze selbst, und von dem Verfahren bei der Zubereitung schlecht unterrichtet war, welches uns übrigens nicht wundern darf, wenn wir uns an die befremdende Unwissenheit der Alten in Ansehung des Ursprunges und der Zubereitung der Seide erinnern. Von der Farbe des Indigo in der Gestalt, worin er eingeführt wurde, nannten ihn einige Schriftsteller Atramentum Indicum, und Indicum nigrum; (*Salmas.* Exercit. p. 180.) und unter dem letzteren Namen wird er auch als ein Einfuhrartikel aus Indien mit angeführt. (Peripl. Mar. Erythr. p. 22.) Der jetzige Indigo gleicht in der Farbe, wenn sie nicht verdünnt wird, dem alten völlig; sie ist so dunkel, daß sie beinahe schwarz aussieht. (*Delaval's* Experim. Untersuchung über die Ursache von den Veränderungen der Farben. Vorrede, p. XXIII.) Das Gummi Lakka, das man zur rothen Farbe braucht, war den Alten ebenfalls bekannt, und zwar unter demselben Namen, den es jetzt führt. (*Salmas.* Exercit. p. 810.) Diese schätzbare, beim Malen, Färben, Lackiren, Firnissen und bei der Verfertigung des Siegellacks so nützliche Substanz ist das Produkt eines ganz kleinen Insektes. Diese Insekten setzen sich auf die saftvollen Enden der Zweige von ge-

zum Anhange.

wissen Bäumen, und werden auf der Stelle, wo sie sitzen, sehr bald durch eine dicke durchsichtige Flüssigkeit angeleimt, die aus ihrem Körper schwitzt, und deren allmähliche Anhäufung eine vollkommene Zelle um jedes Insekt bildet, welche das Grab des alten und der Geburtsort seiner Nachkommenschaft ist. Diese leimichte Substanz, womit die Baumzweige gänzlich überzogen werden, ist das Gummilak. Man findet eine kurze, aber genaue und befriedigende Nachricht von dessen Entstehung, Beschaffenheit und Nutzen in den Philos. Transactions, vol. LXXI. Part. II. p. 374. Ctesias scheint einen ziemlich richtigen Begriff von dem Insekte gehabt zu haben, welches das Gummilak hervorbringt, und rühmt die Schönheit der daraus gezogenen Farbe. (Excerpta ex Indic. ad calc. *Herodot.* edit. Wesseling. p. 830.) Indische Färber nannte man im Alterthum diejenigen, welche das feine Blau oder das feine Roth färbten, und dieser Name zeigt an, aus welchem Lande die ihnen nöthigen Materialien kamen. (*Salmas.* ibid. p. 810.) Da die alten Indier ihre Baumwollenzeuge auf verschiedene Art färbten, so müssen sie offenbar schon einige beträchtliche Fortschritte in chemischen Kenntnissen gemacht haben. Plinius (lib. XXXV, c. II. §. 42.) giebt Nachricht von dieser Kunst, so weit sie in alten Zeiten bekannt war. Sie ist gerade einerlei mit dem jetzigen Kattundrucken.

IX. (S. 302.)

Da die Litteratur des Sanskrit in Europa etwas ganz Neues ist, indem *Baghvat-Geeta*, die erste Uebersetzung aus dieser Sprache, nur im Jahr 1785 herausgegeben ward; so steht sie mit dem Gegenstande meiner Untersuchungen in sehr genauer Verbindung, und es wird für manche meiner Leser unterhaltend seyn, wenn ich, nach der im Texte gelieferten genaueren kritischen Be-

trachtung der beiden merkwürdigsten Bücher aus dem Sanskrit, hier eine kurze Nachricht von anderen in dieser Sprache geschriebenen Werken gebe, womit man uns bekannt gemacht hat. Der ausgebreitete Gebrauch der Sanskrit-Sprache ist ein Umstand, der besondre Aufmerksamkeit verdient. „Die große Quelle der Indi-
„schen Litteratur," sagt Herr Halhed, der erste Eng-
länder, der das Sanskrit erlernte, „die Mutter fast
„aller Dialekte vom Persischen Meerbusen an bis zu dem
„Chinesischen Meer ist das Sanskrit, eine Sprache von
„ehrwürdigem unerforschlichem Alter, die einst beinahe
„in der ganzen morgenländischen Welt gebräuchlich ge-
„wesen zu seyn scheint, ob sie gleich jetzt nur in den Bü-
„chersammlungen der Braminen aufbewahrt wird,
„und bloß den Urkunden ihrer Religion eigenthümlich
„ist. Noch bemerkt man beinahe in jedem Distrikte Asiens
„Spuren von ihrer Verbreitung. Ich bin oft darüber
„erstaunt, Aehnlichkeiten zwischen den Wörtern des
„Sanskrit mit Persischen und Arabischen, und selbst mit
„Lateinischen und Griechischen zu finden; und zwar nicht
„bei Kunstwörtern oder metaphorischen Ausdrücken, wel-
„che die Entlehnung feiner Künste und Sitten gelegentlich
„hätte einführen können, sondern in der ersten Grund-
„lage der Sprache, in einsilbigen Wörtern, in den Na-
„men der Zahlen, und den Benennungen solcher Dinge,
„die man schon bei der ersten Dämmerung der Kultur
„unterscheiden mußte. Die Aehnlichkeit, die sich in den
„Charakteren auf den Denkmünzen und den Insiegeln ver-
„schiedener Asiatischen Distrikte bemerken läßt, das
„Licht, das sie gegenseitig auf einander werfen, und die
„allgemeine Aehnlichkeit, welche sie mit einem und eben
„demselben Urbilde haben, eröffnen ein anderes weites
„Feld für die Wißbegierde. Die Münzen von Assam,
„Napahl, Kaschmir und anderen Reichen, sind alle mit
„Sanskrit-Buchstaben geprägt und enthalten meisten-

zum Anhange.

„theils Anspielungen auf die alte Sanskrit-Mythologie.
„Eben diese Gleichheit habe ich auf Abdrücken der Sie„gel von Butan und Thibet bemerkt. Einen Nebenbe„weis könnte man auch aus der besonderen Anordnung
„des Sanskrit-Alphabetes herleiten, die von allen in
„jedem Theile der Welt sehr abweicht. Diese außer„ordentliche Art von Kombination findet noch im größten
„Theile des Orients, von dem Indus an bis Pegu Statt:
„in Mundarten, die jetzt nicht mehr mit einander verwandt
„scheinen, und in völlig unähnlichen Charakteren. Dies ist
„ein starker Beweis, daß sie alle aus Einer Urquelle geflos„sen sind. Ein anderer Weg für die Spekulation zeigt sich in
„den Benennungen von Personen und Oertern, Titeln und
„Würden, die allgemein bekannt sind, und worin man
„bis zu den fernsten Gränzen Asiens offenbare Spuren des
„Sanskrit findet" (Preface to the Grammar of the
Bengal Language, p. 3.) Nach dieser merkwürdigen
Nachricht von der Sanskrit-Sprache will ich nun die Werke
nennen, welche, außer den beiden im Text erwähnten,
daraus übersetzt worden sind. 1) Herrn Wilkins verdanken wir Hito-Pades (Heeto-pades) oder den
Freundschaftlichen Unterricht, in einer Reihe
zusammenhängender Fabeln, die mit moralischen, politischen und Klugheitsregeln verwebt sind. Dieses Werk
steht im Orient in so großem Ansehen, daß man es in
alle dortige Sprachen übersetzt hat. Es entging
auch dem Kaiser Akber nicht, der auf Alles aufmerksam war, was zur Beförderung nützlicher Kenntnisse
beitragen konnte. Er trug seinem Vezier Abulfazel
auf, es in einem, jedermanns Fähigkeiten angemessenen Styl abzufassen und die dunklen Stellen zu erläutern. Dies that er auch, und gab dem Buche den Titel: das Kennzeichen der Weisheit. Mit der
Zeit kamen diese Fabeln nach Europa, und wurden unter dem Namen Pilpay's und Aesops mit darin gemach-

ten Zusätzen und Veränderungen verbreitet. Viele von diesen Sanskrit=Fabeln sind sinnreich, und die Dichter andrer Nationen haben sie übersetzt oder nachgeahmt. Doch in einigen sind die Charaktere der handelnden Thiere schlecht gehalten. Einen Tiger als äußerst andächtig zu beschreiben, wie er Liebeswerke oder andre Religions=Pflichten ausübt, (p. 16) oder eine alte Maus als wohl belesen in den Niti Sastras oder Lehrgebäuden der Moral und Staatskunst; (p. 24) oder eine Katze, welche Religionsbücher gelesen hat, (p. 35. etc.) verräth Mangel an Geschmack und Vernachlässigung des Schicklichen. Manche moralische Sprüche sind, wenn man sie als einzelne Maximen betrachtet, auf eine genaue Kenntniß des Lebens und der Sitten gegründet, und ertheilen mit edler Einfalt Belehrung. Aber das Bestreben des Verfassers, aus seinem Werke eine zusammenhangende Reihe von Fabeln zu machen, und seine Gewohnheit, eine Menge von moralischen Betrachtungen dazwischen einzuweben, macht die Anordnung des Ganzen so künstlich, daß es sich oft unangenehm lesen läßt. Akber fühlte dies so sehr, daß er unter andren Anweisungen seinem Vezier auch die gab, die langen Abschweifungen in diesem Werke abzukürzen. Ich bin weit entfernt, durch diese Bemerkungen Herrn Wilkins Verdienst im mindesten verkleinern zu wollen. Sein Vaterland ist ihm vielen Dank schuldig, daß er ihm eine neue Quelle von Wissenschaft und Geschmack geöffnet hat. Der große Ruhm des Hitopades sowohl, als sein inneres Verdienst, rechtfertigen, ungeachtet der erwähnten Mängel, seine Auswahl desselben unter den Werken, die den Europäern in ihrer ursprünglichen Gestalt bekannt zu werden verdienen. Wer diese und seine andren Uebersetzungen liest, wird ihm das Lob gewiß nicht versagen, worauf er bescheiden seine Ansprüche einschränkt: „daß er ein Gemälde aufstelle, dessen wirkliche Aehnlich-

„keit man glaube, ob man gleich das Original nicht ken=
„ne." (Pref. p. XIV.) — 2) Im ersten Stücke der
New Asiatic Miscellany finden wir eine Uebersetzung
von einem im Orient berühmten Werke, das unter dem
Namen der fünf Edelsteine bekannt ist. Es besteht
aus Stanzen von fünf Dichtern, die sich am Hofe des
Abissura, Königs von Bengalen, befanden. Einige
dieser Stanzen sind ungekünstelt und schön. — 3) Eine
Ode, übersetzt aus Wulli, worin jene Ausschweifung
der Einbildungskraft und jene weit hergeholten, un=
natürlichen Gedanken, welche den Europäern in den
Dichtungen des Orients so oft mißfallen, allzu häufig
sind. Der Herausgeber hat uns nicht angezeigt, wem
wir diese beiden Uebersetzungen aus dem Sanskrit zu
verdanken haben. — 4) Einige Urkunden über Land=
austheilungen, von Herrn Wilkins übersetzt. Es kann
vielleicht seltsam scheinen, daß ein Lehnsbrief über die ge=
setzmäßige Uebertragung von Eigenthum unter die lite=
rarischen Werke irgend eines Volkes gerechnet wird.
Aber die Sitten der Hindus weichen so sehr von den Euro=
päischen ab, daß die Pundits, wie es scheint, den gericht=
lichen Theil der Akte sehr kurz abfertigen, und dagegen
in einem langen Eingange und Schlusse großen Aufwand
von ihrer Gelehrsamkeit, Beredsamkeit und Stärke, so=
wohl im prosaischen, als im poetischen Style machen,
anstatt daß unsre Rechtsgelehrten eine Menge von Wor=
ten und Klauseln anbringen, um einem Lehnsbriefe Voll=
ständigkeit zu geben und ihn vor aller Entkräftung zu
verwahren. Der Eingang einer von diesen Urkunden
ist ein Lob auf den Monarchen, der das Land bewilligt,
in kühner Morgenländischer Uebertreibung: „Als seine
„zahllosen Heere auszogen, ward der Himmel von dem
„Staube ihrer Füße so gefüllt, daß die Vögel der Luft
„darauf ruhen konnten." — „Seine Elephanten traten
„einher wie wandelnde Gebirge, und die Erde, von ihrer

„Laſt gedrückt, zerflog in Staub." — Die Urkunde ſchließt mit Drohungen der Rache gegen den, der ſich unterſtehen möchte, ihr entgegen zu handeln. „Reich-„thum und das Leben des Menſchen ſind vorübergehend, „wie Waſſertropfen an einem Lotosblatt. Bedenke dieſe „Wahrheit, o Menſch, und wage es nie, einen Andren „ſeines Eigenthums zu berauben!" (Asiatic Researches, vol. I. p. 123. etc.) Die andre Belehnungsurkunde, die noch älter ſcheint, iſt nicht weniger merkwürdig. Beide fand man in Kupfertafeln gegraben. (Ebend. p. 357 etc.) — 5) Die Ueberſetzung eines Theils vom Schaſter, welche der Oberſt Dow im Jahre 1768 herausgab, hätte vielleicht zuerſt angeführt werden ſollen. Da er aber ſeine Ueberſetzung nicht aus dem Sanſkrit gemacht, ſondern ſie aus dem Munde eines Braminen genommen hat, der das Werk ins Perſiſche oder in die gewöhnliche Bengaliſche Sprache übertrug, ſo gehört es mehr dahin, wo wir den Zuſtand der Wiſſenſchaften bei den Hindus unterſuchen, als hieher, wo wir eine Vorſtellung von ihrem Geſchmack in der Litteratur zu geben bemühet geweſen ſind.

X. (S. 311.)

Da viele meiner Leſer mit den ungeheuren Längen der vier Epochen oder Perioden in der Indiſchen Chronologie nicht bekannt ſeyn möchten, ſo will ich aus Herrn Halhed's Preface to the Code of Gentoo Laws, p. XXXVI eine Nachricht davon anführen.

1. Das Suttee Jogue (Sotti Dſchoghe) oder Zeitalter der Reinheit ſoll drei Millionen und zweimal hundert tauſend Jahre gedauert haben. Die Indier glauben, die Menſchen hätten damals hundert tauſend Jahre gelebt, und wären ein und zwanzig Ellen hoch geweſen.

zum Anhange.

2. Das Tirtah Jogue (worin ein Drittheil der Menschheit verderbt war) soll zwei Millionen und viermal hundert tausend Jahre gedauert und die Menschen darin zehn tausend Jahre gelebt haben.

3. Das Dwapaar Jogue (worin die Hälfte des Menschengeschlechtes verderbt ward) währte eine Million sechs hundert tausend Jahr; und die Dauer des Menschenlebens war darin bis auf tausend Jahre vermindert.

4. Das Collee (Kolli) Jogue (worin alle Menschen verderbt oder vielmehr vermindert sind; denn dies ist der eigentliche Sinn von Collee) ist die gegenwärtige Epoche, die nach ihrer Meinung viermal hundert tausend Jahre, wovon beinahe fünf tausend schon verflossen sind, währen soll, und worin das Menschenleben auf hundert Jahr eingeschränkt ist.

Wir mögen die Zeitrechnung in der Indischen Chronologie nach Sonnen- oder nach Mondjahren annehmen, so kann doch nichts an sich selbst ausschweifender, oder unserer Art, die Dauer der Welt zu berechnen, welche auf heiliger und untrüglicher Autorität beruhet, widersprechender gedacht werden. Einige Gelehrte, vorzüglich Herr Bailly, in einer sehr sinnreichen Abhandlung über diesen Gegenstand, haben sich bemühet, die Chronologie der Hindus mit der im Alten Testament etwas besser übereinstimmend zu machen; da ich aber die Grundsätze, worauf seine Schlüsse beruhen, nicht darlegen kann, ohne mich in lange und verwickelte Untersuchungen einzulassen, welche nicht für meinen Gegenstand gehören; und da ich in einigen Stücken seiner Meinung nicht beistimme: so verweise ich bloß auf seine Astron. Indienne, Disc. Prélim. p. LXXVII. und überlasse es meinen Lesern, selbst zu entscheiden. Mit Vergnügen merke ich übrigens an, daß in dem zweiten

Bande der Transactions of the Society of Bengal eine Abhandlung über die Chronologie der Hindus vorkommen wird, und ich hoffe, daß irgend ein gelehrtes Mitglied dieser Gesellschaft, durch seine Bekanntschaft mit den Sprachen und der Geschichte des Landes, im Stande ist, Licht über einen Gegenstand zu verbreiten, den seine Verbindung mit Religion und Wissenschaft äußerst wichtig macht. Aus einem bemerkenswerthen Umstande können wir indeß schließen, daß unsre bisherigen Nachrichten von der Zeitrechnung der Hindus noch sehr unrichtig seyn müssen. Wir haben, so viel ich weiß, nur fünf Original-Rechnungen von den verschiedenen Jogues oder Epochen der Hindus. Die erste giebt Herr Roger, der sie von Braminen auf der Küste Koromandel erhalten hat. Ihr zufolge, ist das Sotti Jogue ein Zeitraum von einer Million, siebenhundert und acht und zwanzig tausend Jahren; das Tirtah Jogue von einer Million, zwei hundert und sechs und neunzig tausend; das Dwapaar Jogue von acht hundert und vier und sechzig tausend. Die Dauer des Kolli Jogue wird darin gar nicht angegeben. (Porte ouverte, p. 1779.) Die zweite Rechnung ist von Herrn Bernier, der sie von den Braminen zu Benares erhielt. Ihr zufolge währte das Sotti Jogue zwei Millionen fünfmal hunderttausend; das Tirtah Jogue eine Million zwei mal hunderttausend; das Dwapaar Jogue achthundert und vier und sechzig tausend Jahr. Ueber den Zeitraum des Kolli Jogue findet man auch hier nichts. (Voyages, tom. II. p. 160.) Die dritte ist die von dem Obristen Dow, nach welcher das Sotti Jogue vierzehn Millionen Jahre beträgt; das Tirtah Jogue eine Million und achtzig tausend; das Dwapaar Jogue zwei und siebzig tausend, und das Kolli Jogue sechs und dreißig tausend. (Hist. of Hindostan. vol. I. p. 2.) Die vierte ist die von Herrn le Gentil, der sie von den Braminen auf der Küste

Koromandel erhielt. Da sie in eben dem Theile von Indien und aus eben der Quelle geschöpft ward, wo Herr Roger die seinige erhielt, so stimmt sie auch ganz genau mit jener überein. (Mém. de l'Acad. des Sciences pour 1772. tom. II. part. I. p. 176). Die fünfte Angabe ist die schon oben angeführte von Herr Halhed. Aus diesen Abweichungen nicht nur in den Totalsummen, sondern auch in vielen einzelnen Stücken, erhellet deutlich, daß unsre Kenntnisse von der Indischen Chronologie noch eben so ungewiß sind, wie sie selbst ausschweifend und fabelhaft. Mir kommt es sehr wahrscheinlich vor, daß wir einst, wenn wir die Grundsätze, worauf die erdichteten Epochen oder Jogues der Hindus gebauet sind, völlig kennen, besser im Stande seyn werden, ihre Chronologie mit der wahren Zeitrechnung, die auf dem Ansehen des alten Testamentes gegründet ist, zu vereinigen. Eben so treffen wir dann vielleicht Gründe für die Meinung an, daß die Berechnung, welche ihre Sternkundigen von den Standorten der Himmelskörper zu Anfange des Kolli Jogue geben, nicht auf wirklicher Beobachtung beruhet, sondern durch Rückwärtsrechnen gefunden ist. Wer es unternimmt, über die Chronologie der Hindus weitere Untersuchungen anzustellen, wird ein sehr gutes Hülfsmittel an einem Aufsatze des Herrn Marsden über diesen Gegenstand haben, worin er die Beschaffenheit ihres Jahres und die mancherlei unter ihnen gebräuchlichen Epochen sehr scharfsinnig und genau aus einander gesetzt hat. (Philos. Transactions. vol. LXXX. part. II. p. 560.)

XI. (S. 318.)

An den öffentlichen Gebäuden Indiens finden wir Beweise und Denkmäler von den Fortschritten der Braminen in den Wissenschaften, vorzüglich von ihrer Aufmerksamkeit auf astronomische Beobachtung. Ihre Religion verlangt, daß die vier Seiten einer Pagode gegen die vier Himmelsgegenden gerichtet seyn sollen. Um diese Vorschrift genau zu befolgen, bedienen sie sich einer von Herrn le Gentil beschriebenen Methode, wozu ein beträchtlicher Grad von Kenntniß gehört. Er untersuchte sorgfältig die Lage einer von ihren Pagoden, und fand sie völlig genau. (Voy. tom. I. p. 133. etc.) Da einige derselben sehr alt sind; so müssen sie so viele Kenntnisse erlangt haben, als dazu erforderlich war, sie gehörig anzulegen. — An den Decken der Tscholtries und andrer alten Gebäude findet man oft die zwölf Zeichen des Thierkreises abgebildet, und aus ihrer Aehnlichkeit mit den jetzt allgemein angenommenen, wird es sehr wahrscheinlich, daß die Kenntniß dieser willkührlichen Symbole sich aus dem Orient herschreibt. Der Obrist Call hat eine Zeichnung von den Zodiakal-Zeichen herausgegeben, die er an der Decke eines Tscholtri zu Verdapettah in Madura fand. (Phil. Transact. vol. LXII. p. 353.) Ich besitze eine Zeichnung derselben, die von der seinigen in manchen Figuren abweicht; ich kann aber nicht sagen, wo sie gefunden worden ist. — Sir Robert Barker beschreibt eine Sternwarte zu Benares, die er im Jahr 1772 besuchte, und worin er Werkzeuge zu astronomischen Beobachtungen fand, die von ansehnlicher Größe und mit viel Scharfsinn und Geschicklichkeit eingerichtet waren. Er hat Zeichnungen von ihnen allen bekannt gemacht. (Phil. Transact. vol. LXVII. p. 598.) Dies Observatorium ward, der Sage nach, vom Kaiser Akber erbauet. Sir Robert hat es nur flüchtig angesehen; es verdiente eine genauere Besichtigung, damit sich bestimmen ließe, ob es von Akber oder schon in einem früheren Zeitraum erbauet worden sey. Sir Robert deutet an, daß nur die Braminen, welche das Sanskrit verstehen und die in dieser Sprache verfertigten Ta-

zum Anhange.

bellen zu Rathe ziehen können, Finsternisse zu berechnen wissen. P. Tieffenthaler beschreibt äußerst kurz zwei mit außerordentlich großen Werkzeugen versehene Sternwarten zu Zepor und zu Uzen in Malva. (Bernoulli, Th. I. S. 224. und 246.) Dies sind aber neuere Gebäude.

Register.

A.

Aberglaube, sein Unterschied von der Religion 320. sein Ursprung, ebend. seine Fortschritte 324. der Morgenländer 328. wird durch Philosophie gestürzt 331.

Abul Fazel, Minister Akbers, Beherrschers von Indostan, macht das Ajihn Akbery bekannt 378. auch Hitos Pades 365.

Acesines, eine Stadt am Flusse gleiches Namens, von Alexander dem Großen erbauet 200

Aegypten, altes Vorurtheil seiner Einwohner gegen jedes Verkehr mit Fremden 8. wie die Aegyptier ein Handelsvolk wurden, ebend. Erbauung der Stadt Alexandrien 15. es wird von Ptolemäus Lagi zur Hauptstadt gemacht 40. Verkehr zwischen der Stadt Berenice und Indien, ebend. sein Wohlstand rührt von dem Handel nach dem Orient her 42. wird zu einer Römischen Provinz gemacht 46. wie der Seidenhandel nach dem Hafen von Alexandrien geführt ward 60. Eroberung des Landes durch die Araber 96. die Venetianer holen Seide aus Alexandrien, 120. auch die Florentiner 123. dortige Handelsplane 133. es wird von den Türken unterjocht 149. wie der Indische Handel zu verschiedenen Zeiten über dies Land geführt worden ist 208.

Aesop's Fabeln, Ursprung derselben 365.

Afrika, allgemeiner Begriff von diesem Welttheil und dessen Handel 152. Ursprung des Sklavenhandels 175.

Agathemerus, seine Nachricht von der Insel Taprobana 81. sein Urtheil über den Erdbeschreiber Ptolemäus 220.

Agathodämon erläutert die Erdbeschreibung des Ptolemäus mit Landkarten 220.

Ajihn Akbery, Nachricht aus demselben von dem Verkehr zur See unter den Eingebornen von Ostindien 196. s. Sanskrit-Litteratur.

Akber, Beherrscher von Indostan, sein Charakter 377. und 358.

Albuquerque, Alphonso, Portugiesischer Admiral, bemächtigt sich der Insel Ormus 147. seine Unternehmungen im Rothen Meere 148.
Alexander der Große, seine weitläuftigen Plane in Ansehung Indiens 15. sein Zug nach Indien 17. sein Krieg mit Porus 18. was ihn nöthigte, sein Unternehmen aufzugeben 19. seine Maßregeln, mit Indien eine Verbindung zur See zu eröffnen 20. seine Nachrichten von Indien durch neuere bestätigt 24. seine Staatsabsichten bei der Bemühung, dies Land kennen zu lernen 25. Maßregeln, seine Europäischen und Asiatischen Unterthanen zu vereinigen 26. Folgen seines Todes 32. das Ungemach, das sein Heer von dem periodischen Regen auszustehen hat 194. sein Erstaunen über die Ebbe und Fluth des Indischen Oceans 198. Städte, die er in Indien bauete 200. er entwarf den Plan zu einer Untersuchung des Kaspischen Meeres 214.
Alexandrien, lange Zeit der Hauptsitz des Handels mit Indien 15. der Leuchtthurm auf Pharos von Ptolemäus Lagi erbauet 40. wie man den Seidenhandel in diesem Hafen führte 60. die Venetianer treiben daselbst einen Seidenhandel 120. auch die Florentiner 121. es kommt unter Türkische Botmäßigkeit 142.
Allahabad, der jetzige Name der alten Stadt Pallbothra 35. Nachricht des Megasthenes von dieser Stadt 36. Bemerkungen des Major Rennel darüber 205.
Amerika, von Christoph Columbus entdeckt 139. beständiger Ausfluß seiner Silberbergwerke nach Ostindien 174. Entstehung des Sklavenhandels 175. Kontrast zwischen den Bewohnern von Indien und Amerika bei ihrer ersten Entdeckung 177. Vergleichung des Europäischen Handels mit beiden Ländern 178. mußte neue Anbauer bekommen, um kultivirt zu werden 180. schickt seine Produkte gegen Manufakturwaaren nach Europa 181.
Antiochus der Große, sein Einfall in Indien 207.
Antoninus, Marcus, Kaiser, Nachricht von einer Gesandtschaft desselben an den Kaiser von China 76.
Antwerpen, sehr dadurch bereichert, daß es die Niederlage des Hanseatischen Bundes ward 135.
Araber handelten im Alterthum stark mit Gewürzen aus dem Orient 56. große Veränderungen in ihren Sitten durch Mohammeds Religion 96. erobern Aegypten und Persien 97. Uebersicht ihrer Handlungsschifffahrt 99. sind die ersten, welche Porzellan und Thon erwähnen 100. erhielten die Kenntniß des Seekompasses von den Euro-

päern 233. machen sich kein Bedenken, die nach Mekka reisenden Karawanen zu plündern 250.
Aristoteles, sein staatskluger Rath an Alexander den Großen 27. seine richtige Beschreibung des Kaspischen Meeres 213. zweifelte an der Zuträglichkeit des Handels für einen wohleingerichteten Staat 216.
Arrian, Urtheil über seine Geschichte von Alexanders des Großen Zuge nach Indien 23. seine Nachricht von dem Handel der Alten 61. Untersuchung seiner geographischen Kenntniß von Indien 64. ist der erste alte Schriftsteller, der einige Kenntniß von der östlichen Küste der großen Halbinsel Indiens hat 66. seine Nachricht von Alexanders Flotte wird bestätigt 195. Urtheil über seine Indische Geschichte 196. seine Nachricht von dem Kaspischen Meere 213. Vergleichung seines Periplus mit jetzigen Namen und Lagen 219. 225.
Asbest, sein ungeheurer Preis bei den Römern 216.
Astronomie, Zeugnisse für die großen Kenntnisse, welche die Bewohner Indostans davon hatten 309.
Augsburg, sehr dadurch bereichert, daß es ein Marktplatz für Indische Waaren wurde 135.
Augustus, der Kaiser, macht Aegypten zu einer Römischen Provinz 46.
Ayeen-Akbery; s. Ajihn.

B.

Babelmandeb, Ursprung des Namens 208.
Baghvat-Geeta, die reine Theologie dieses Gedichtes 334.
Bailly, seine Untersuchung über das Alter der Indischen Sternkunde 311.
Bank in Venedig, die erste Anstalt dieser Art in Europa 245.
Barygaza, eine ansehnliche Handelsstadt an der Küste des alten Indiens, Bestimmung seiner Lage 61.
Baktria, Ursprung dieses Königreichs, und seine Besitzungen in Indien 38. wird durch die Tataren überwältigt 38. 208.
Bassora, (Basra) diese Stadt ward von dem Kaliphen Omar angelegt 98.
Baumwollenzeuge, Beweis, daß sie unter den Römern nicht gebräuchlich gewesen sind 219.
Benares, der Hauptsitz der Indostanischen Wissenschaften und Litteratur 317. Nachrichten von den dortigen astronomischen Beobachtungen 372.
Berenice, die Stadt ward angelegt, um den Handel zwischen Alexandrien und Indien zu erleichtern 40.

Register.

Bernier, seine Nachricht von der Indischen Zeitrechnung 370.
Boddam, eines Ostindischen Schiffes, vorzüglich schnelle Fahrt von Portsmouth nach Madras 215.
Braminen in Indien, ihre heiligen Rechte und hohen Privilegien 269. Untersuchung über ihre wissenschaftlichen Kenntnisse 302. ihre Hierarchie und ihr Gottesdienst 318. ihre Gelehrsamkeit brachte sie auf eine Theologie, die über den Volksaberglauben erhaben ist 334. ihre Lehrsätze kommen der Stoischen Schule sehr nahe 340. sie verhehlen mit Fleiß dem Volke Religionswahrheiten 343.
Breite, wie sie von den alten Erdbeschreibern bestimmt wurde 84. ward richtiger von ihnen angegeben, als die Längen der Orte 85. 226.
Bruce, der Aufschluß, den man aus seinen Reisen über die Seefahrten des Königs Salomon erhält 12.
Brügge, wird der Stapelplatz vom Handel des hanseatischen Bundes 126. ist sehr reich 135.
Burrun Sunker, eine Klasse unter den Hindus 348.
Byzantinische Geschichtschreiber, Charakter derselben 107.

Caffa, Cairo, Calicut, s. in K.
Call, Obrist, seine allgemeine Meinung von dem Alter der Künste und Wissenschaften in Indien 361.
Candahar, Canton, Caravanen, Caspisches Meer, Casten, Catai, s. in K.
Ceilan, wird für die von den Alten unter dem Namen Taprobana beschriebene Insel gehalten 82. Christliche Kirchen daselbst von Persischen Missionarien angelegt 102. wird von dem Venetianer Marco Polo besucht 128.
Chardin, Sir John, sein Zeugniß, daß die Morgenländer den Seekompaß von den Europäern erhalten haben 233. seine Nachricht von dem Handel nach Kaffa 238.
Chillambrum, siehe Tschillambrum
China, das einzige Land, woher die Römer Seide bekamen 60. wie sie dieselbe erhielten 64. wie der Seidenwurm von da nach Europa gebracht ward 93. Handel der Araber dahin 99. erste Erwähnung des Porzellans und Thees 100. die christliche Religion wird daselbst durch Persische Missionarien ausgebreitet 102. wie die Seide von da nach Constantinopel gebracht ward, als die Griechen von dem Hafen zu Alexandrien ausgeschlossen waren 103. Würdigung der Chinesischen Schifffahrtskunde 232. wie die Anzahl der Mohammedaner sich in China vermehrt 236. Handelsverkehr zwischen diesem

Aa 5

Reiche und Rußland zu Lande 253. erstaunliche Ausfuhr
des Thees nach Europa 256.
Chronologie, Indische, die vier Epochen derselben 368.
Bemerkungen darüber 369.
Cleopatra, Colchos, Vorgebirge Comorin, Compaß,
Coromandel, Cosmas Indikopleustes, s. in K.
Columbus, seine Absichten bei der Reise, wodurch er Amerika entdeckte 139. sein Vertrauen auf die Nachrichten
des Venetianers Marco Polo 243. Siehe Gama.
Constantinopel von den Kreuzfahrern eingenommen und
geplündert 115. Sturz des Lateinischen Reichs das. 118.
wird von den Türken erobert und zu ihrer Hauptstadt
gemacht 129.

D.

Damaskus, Nachricht über die von dort nach Mekka ge-
henden Karavanen 250.
Dammast, woher der Name dieses Seidenzeuges kommt 133.
Dandulo, Andreas, Charakter seiner Venetianischen
Chronik 236.
D'Anville, seine Meinung über den Weg der Handels-
schiffe des Königs Salomo 11. seine Verbesserungen
der Ptolemäischen Geographie von Indien 72. bestätigt
die Nachricht des Nearchus von Indien 199. seine Geo-
graphie von Indien wird von Hrn. Gosselin bestritten 227.
Darius, der Sohn des Hystaspes, König von Persien,
seine Untersuchungen und Eroberungen in Indien 13.
Decan, das alte Dachanos des Arrian 226.
Delta, des Indus, gewöhnliche Witterung daselbst 194.
Diamanten werden bei den Römern nicht so hoch geachtet,
wie Perlen 216.
Diodorus Siculus, Prüfung seiner Geschichte von dem
Indischen Zuge des Sesostris 190.
Dow, Obrister, Nachricht von seiner Uebersetzung des
Schaster 305. 368. seine Nachricht von der Indischen
Chronologie 370.
Dowlatabad, (Daulatabad) ist das alte Tagara 219.
Dschenab, (Jenaub) eine Stadt an diesem Flusse von
Alexander dem Großen gebauet 200.
Dscheswant Sing, sein Brief an den Kaiser Aurengzebe,
worin er den Charakter des Sultans Akber schildert 359.
Du Halde, seine Beschreibung einer besonderen Art von
Seide 218.

E.

Ebbe und Fluth im Indischen Meere, Besonderheiten
derselben 198.

Register.

Edelsteine, ihr hoher Werth bei den Alten 57.
Egypten, s. Aegypten.
Elagabalus, der erste Röm. Kaiser, welcher Seide trug 59.
Elephanta, Insel, Nachricht von der dort befindlichen alten Pagode 283.
Ellore, allgemeine Nachricht von den dortigen Pagoden 360.
Epochen, s. Chronologie.
Europa, Uebersicht seines Zustandes beim Sturze des Griechischen Reiches 129. weitläuftige Unternehmungen seines Handelsgeistes 167. Die Europäer bekommen die Produkte von Amerika, und versorgen diesen Welttheil mit Manufakturwaaren 189. wie nützlich die Ausfuhr des Silbers nach Indien für Europa ist 181. Wichtigkeit der Entdeckung des Weges nach Indien über das Vorgebirge der guten Hoffnung 182.

F.

Fakire in Indien, treiben bei ihren Wallfahrten auch Handel 111. 237. kurze Nachricht von ihnen 351.
Farben, Indische, Nachricht davon 362.
Finsternisse, der Sonne und des Mondes, wie sie von den Indischen Braminen berechnet werden 312.
Florenz erhebt sich durch Manufakturen und Bankgeschäfte 122. schließt einen Handelstraktat mit Aegypten 123. Auszug aus der Instruktion für seine an den Sultan geschickten Gesandten 240.
Fünf Edelsteine, ein altes Gedicht im Sanskrit, Nachricht davon 367.

G.

Gama, Vasco de, seine Reise von Lissabon nach Indien 141.
Ganges, Nachricht von diesem Flusse durch den Major Rennel 204.
Gentil, Herr le, seine Nachricht von der Indischen Zeitrechnung 370.
Gentus s. Braminen und Hindus.
Genua, Triebfedern, welche diesen Staat bewogen, das Lateinische Reich in Constantinopel zerstören zu helfen 118. große Vortheile, die es von dieser Maßregel hatte 119. Charakter der Genuesischen Regierung 120. die Genueser werden von den Türken aus allen ihren Griechischen Besitzungen vertrieben 129. ihr Charakter nach dem Nicephorus Gregoras 238.
Geschichte, der Zeitraum der wahren, ist sehr eingeschränkt 3. ist sehr genau bei Erzählung blutiger Vorfälle, aber schweigt von dem Fortgange nützlicher Künste 51.

Gewürze, wie stark sie von den Alten gebraucht wurden 55.
Gibbon, Verfasser der Römischen Geschichte, seine Genauigkeit 330.
Gossellin, seine Untersuchung der Griechischen Geographie 223.
Griechen, ihr Nationalstolz zur Zeit Alexanders des Großen 26. wie sie unter dem Kaiser Justinian den Seidenbau lernten 93. werden von den Mohammedanischen Arabern aus dem Hafen von Alexandrien vertrieben 96. das Griechische Reich wird von Mahomet II. erobert 129. wie sie Baktria verloren 207. Ursprung der alten Griechischen Mythologie 325.
Gummi-Lakka, Naturgeschichte desselben und sein Gebrauch in Manufakturen 362.

H.

Halhed, seine Nachricht von der Sanskrit-Litteratur 364.
Handel, wie er zuerst geführt wurde 5. zwischen Aegypten und Indien 40. Waaren des Indischen Handels 55. die Ausbreitung desselben durch die feindlichen Gesinnungen der Nationen gegen einander gehindert 125. Platons ungünstige Meinung darüber 216.
Hanno, ist der Anführer bei der einzigen Entdeckungsreise, welche je einer der älteren Staaten am Mittelländischen Meer unternommen hat 254.
Hanseatischer Bund, dessen Entstehung und Stapelplatz zu Brügge 126.
Hastings, Generalgouverneur von Bengalen, sucht eine Sammlung der Gesetze der Hindus zu veranstalten 278.
Herodot versichert, daß einige Phönicische Fahrzeuge um das Vorgebirge der guten Hoffnung gekommen sind 161. Prüfung seiner Geschichte des Sesostris 189. seine unzulängliche Nachricht von der Ebbe und Fluth im Rothen Meere 199. seine richtige Beschreibung des Kaspischen Meeres 213.
Hindus, dies Volk wird in der Nachricht von den Zügen Alexanders des Großen genau beschrieben 24. ihre feste Anhänglichkeit an ihre Religion und Kasten 235. Beschreibung ihrer vier Stände oder Kasten 262. Bemerkungen über die Zweckmäßigkeit und die Absicht dieser Anordnung 263. ihr hohes Alterthum und die Beschaffenheit ihrer Einrichtungen 279. Charakter ihres Codex von Gesetzen 280. Zustand der Wissenschaften unter ihnen 302. ihre Religions-Lehren und Gebräuche 318. Beschreibung der Namen, Rangordnung und Geschäfte ihrer verschiedenen Kasten 348.

Hiram, König von Tyrus, hilft dem Könige Salomo bei seinen Seeunternehmungen 11.
Hito-Pades, ein altes Werk im Sanskrit, Nachricht davon 365.
Hippalus, der Führer eines Aegyptischen Fahrzeuges, benutzt den Monsun bei seiner Fahrt von dem Arabischen Meerbusen nach der Küste Malabar 51.
Hipparchus, der erste, der ein Verzeichniß der Sterne macht 68.
Holländer, die ersten Nebenbuhler der Portugiesen in dem Handel nach Indien 172.
Hydaspes, Fluß, Alexander bringt daselbst eine große Flotte zusammen 20.
Hyphasis, Fluß, die letzte Gränze der Eroberungen Alexanders 19.

J.

Jenaub, siehe Dschenab.
Jenkinson, Anton, der erste neuere Reisende, der eine richtige Beschreibung von dem Kaspischen Meere giebt 214.
Jeswant Sing, siehe Dscheswant Sing.
Indien, die erste Verbindung zur See zwischen diesem Lande und den westlichen Ländern 7. wie der Handel der Phönicier dahin geführt wurde 9. Seezüge der Perser dahin 12. Eroberungen des Darius Hystaspis daselbst 14. Alexandrien war viele Jahrhunderte hindurch der Hauptsitz des Handels dahin 15. Alexanders des Großen Züge dahin 16. blühender Zustand des Landes zu jener Zeit 18. Alexanders Fahrt den Indus hinunter 20. damaliger politischer Zustand des Landes 24. Alexanders Absichten bei diesem Zuge 25. Seleukus, Alexanders Nachfolger, macht einen Kriegeszug dahin 33. Gesandtschaft des Megasthenes dahin 34. dortige Eroberungen der Fürsten von Baktria 37. es wird nachher von den Europäern nicht wieder angegriffen, bis die Portugiesen um das Vorgebirge der guten Hoffnung gesegelt sind 39. sein Handelsverkehr mit Aegypten 40. wie Rom die Waaren des Orients erhielt 49. Vortheil, den die Monsuns bei der Reise aus dem Arabischen Meerbusen nach der Malabarischen Küste gewähren 52. Indiens Waaren sind Artikel des Luxus 54. Specereien und Gewürze 55. Edelsteine 57. Seide 58. allgemeine Uebersicht seiner Ausfuhr und Einfuhr 61. Vergleichung zwischen dem älteren und neueren Handel nach Indien 63. d'Anville's Berichtigungen von des Ptolemäus Beschreibung dieses Landes 72. der Karavanenhandel wird von den Römern geschützt und aufgemuntert 76. die Bewohner der

Küste Koromandel waren zu allen Zeiten große Handels-leute 88. Nachricht des Kosmas Indikopleustes von Indien 89. die Perser wetteiferten mit den Römern um den Besitz des Indischen Handels 91. die Italiänischen Staaten führen ihn 106. Nachricht des Marino Sanudo von dem Indischen Handel 124. vergleichende Uebersicht des Indischen Handels, wie er von verschiedenen Völkern zu verschiedenen Zeiten geführt worden ist 132. die Portugiesen nehmen einen geraden Weg nach Indien 141. errichten zu Malakka den Stapelort ihres Handels 145. stiften im Osten ein Handelsreich 151. Vergleichung zwischen dem Betragen der älteren und neueren Seefahrer 161. die Preise der Orientalischen Waaren werden durch die Entdeckung des geraden Weges sehr herunter gesetzt 164. der Indische Handel zieht immerfort Silber aus Europa 173. Kontrast zwischen den Eingebornen von Indien und Amerika bei ihrer ersten Entdeckung 177. Vergleichung des Europäischen Handels mit beiden 178. das nach Indien ausgeführte Silber bereichert Europa, anstatt es arm zu machen 181. Wichtigkeit der Entdeckung des Weges nach Indien über das Vorgebirge der guten Hoffnung, für Europa 183. Prüfung der Unwahrscheinlichkeiten in dem angeblichen Zuge des Sesostris nach Indien 189. Bemerkungen über die dortige Witterung 194. Bemerkungen über den Seezug des Nearchus 197. besondere Umstände bei der Indischen Ebbe und Fluth 198. Abscheu der Morgenländer vor der See 202. Major Rennel's Nachricht von dem Flusse Ganges 204. er sucht die Lage der alten Stadt Palibothra zu bestimmen 206. wie der Indische Handel zu verschiedenen Zeiten durch Aegypten geführt worden ist 209. falsche Beschreibung des Kaspischen Meeres bei alten Schriftstellern 212. Dekan, das alte Dachanos des Arrian 216. die Morgenländer lernten von den Europäern den Gebrauch des Seekompasses 233. die Gentus sind unveränderlich in ihrer Religion 235. Anzahl der Mohammedaner in Indien 236. ausgebreitete Circulation Orientalischer Waaren durch die Karavanen 251. die Eingebornen Indiens sind das erste bekannte Volk, das kultivirt ward 261. ihre Eintheilung in Kasten 262. Ursache von der Vollkommenheit der Indischen Manufakturwaaren 265. die allgemeine Indische Art, Land zu besitzen 271. Charakter des Indischen Gesetzbuches 280. allgemeine Nachricht von den dortigen Pagoden 283. Festungen 290. mechanischen Künsten 291. Litteratur 293. Wissenschaften 302. Religionslehren 318. Ursprung

Register.

des Aberglaubens 320. keine Theologie der Braminen 334. allgemeine Betrachtungen aus der vorhergegangenen Uebersicht der Morgenländischen Nationen gezogen 338. die Sitten und Gewohnheiten der Eingebornen sind durch die Mohammedanischen und Europäischen Einfälle verändert worden 351. Nachricht von der Litteratur des Sanskrit 363. Hito, pades 365. die fünf Edelsteine 367. Ode von Wulli ebend. Probe von einem Indischen Lehnsbriefe ebend. die vier Epochen der Indischen Chronologie 368.

Indicum, der Alten, einerlei mit dem jetzigen Indigo 362.

Indus, Fluß, Alexander der Große geht darüber 17. seine Fahrt diesen Fluß hinunter 20.

Johanna von Navarra, ihr Ausruf über den Reichthum der Stadt Brügge 243.

Italien, Ursprung seiner Handelsstaaten 105. sie bringen die Indischen Waaren nach Europa 106. der Vortheil, den sie von den Kreuzzügen haben 118. Siehe auch Genua, Venedig.

Itineraria des Römischen Reiches, wie sie verfertigt wurden 210

Juden, wann sie ein Handelsverkehr nach Indien anfingen 10. Untersuchung über den Seehandel des Königs Salomo 11. ihre Handelsunternehmungen finden bloß unter dessen Regierung Statt 12.

Julius Cäsars prächtiges Geschenk an Servilia, die Mutter des Brutus 58. seine Unbekanntschaft mit der Britannischen Ebbe und Fluth 198. Uebersicht des ganzen Römischen Reiches unter seiner Herrschaft 220.

Justin, Bemerkungen über seine Nachricht von den Fortschritten des Seleukus in Indien 203.

Justinian, der Kaiser, wie er Seidenwürmer in das Griechische Reich brachte 93.

K.

Kaffa, großer Handel dahin 238.

Kairo, Nachricht von der Karavane, die von dort nach Mekka geht 249.

Kalikut, Aufnahme Vasco's de Gama in diesem Lande 142.

Kameel, schätzbare Eigenschaften dieses Thieres 5. ist besonders zu Reisen durch sandige Wüsten eingerichtet 246.

Kandahar, unter welchem Namen es Alexander dem Großen bekannt war 17.

Kanton in China, eine von den alten Arabern daselbst angelegte Faktorei 100.

Kap, siehe Vorgebirge der guten Hoffnung.

Karavanen, Ursprung derselben 5. wurden unter der Herrschaft der Römer beschützt und aufgemuntert 76. starker Gebrauch derselben zum Handel im Orient 151. Nachricht von denen, welche Mekka besuchen 249. von den Arabischen Karavanen wird ein ansehnlicher Sklavenhandel getrieben 252.

Kaspisches Meer, irrige Meinung der alten Erdbeschreiber darüber 44. 213. von wem es in neueren Zeiten zuerst beschrieben worden ist 214.

Kasten, oder Stände der Gesellschaft unter den eingebornen Gentus 262. Bemerkungen über die Politik und Absicht dieser Anordnung 263. Beschreibung ihrer besondern Namen, Rangordnung und Pflichten 347.

Katay, der alte Name von China 128.

Kleopatra, Werth ihrer berühmten Ohrringe von Perlen 58.

Kolchos, die alte Perlenfischerei daselbst wird noch von den Holländern genutzt 64.

Komorin, das Vorgebirge, von Arrian richtig beschrieben 64.

Kompaß, war den alten Chinesern und Arabern nicht bekannt 233.

Koromandel, die Bewohner dieser Küste waren immer große Kaufleute 88.

Kosmas Indikopleustes, einige Nachricht von ihm und seiner christlichen Topographie 89. seine Nachricht von der Insel Taprobana 91.

Kreuzzüge, nach dem heiligen Lande, Ursprung derselben und ihr Einfluß auf den Handel 109. die Kreuzfahrer erlangten die Verfeinerung und Künste der von ihnen überwundenen Völker 112. machten verschiedene Nationen mit einander bekannt 126.

Künste und Wissenschaften, wo sie zuerst kultivirt worden sind 4

L.

Länge der Oerter, wie sie von den alten Geographen bestimmt wurde 84.

Land, die gewöhnliche Art es in Indien zu besitzen 271. 354. Probe einer alten Landbewilligung 367.

Landkarten, man kennt keine älteren, als die, welche zur Erläuterung der Erdbeschreibung des Ptolemäus verfertigt worden sind 83.

Leibniz, seine Nachricht von den Anweisungen, welche die Florentiner ihren Gesandten an den Sultan von Aegypten gaben 240.

Logik und Metaphysik, Zustand derselben in Indien 304.

M.

M.

Magellan entdeckt einen Weg nach Ostindien, westwärts von Amerika 170.
Mahabarat, ein altes Indisches Heldengedicht, Nachricht davon 294. Auszüge daraus 304. 307. 336.
Mahmud von Gaznah, die große Flotte, die sich seinem Einbruch in Indien widersetzte 196.
Mahomet, s. Mohammed.
Mahomet II., Türkischer Kaiser, erobert das Griechische Reich 129.
Mahudels Beweise dafür, daß die Alten die Beschaffenheit der Seide nicht kannten 217.
Malabar, Küste, wahrscheinliche Ableitung ihres Namens 90. was zwei Arabische Schriftsteller davon sagen 98.
Malakka, diese Stadt ward der Stapelplatz von dem Handel der Portugiesen nach dem Orient 145.
Maldivische Inseln, wahrscheinliche Ableitung ihres Namens 90.
Manufakturen, Ursache von der Vollkommenheit der Indischen 265.
Marco Polo, der Venetianer, Nachricht von seiner Reise nach Indien 128. Einwürfe gegen seinen Bericht 241.
Marseille eröffnet einen Handel mit Indischen Waaren nach Constantinopel 108.
Massoudi's, des Arabers, Nachricht von Indien 231.
Mekka, der Tempel daselbst wird sowohl von handelnden, als andächtigen Pilgrimmen besucht 110. die Wallfahrten dahin trugen sehr viel zur Beförderung des Handels bei 154. Nachricht von den Karavanen, welche den dortigen Tempel besuchen 249.
Medici, Cosmo di, ein Florentinischer Kaufmann, macht zum Vortheile seiner Landsleute einen Handelsvertrag mit Aegypten 123.
Megasthenes wird als Gesandter des Königs Seleukus von Macedonien nach Indien geschickt 34. seine Nachricht von diesem Lande 35.
Mensch, Uebersicht seiner Fortschritte im gesellschaftlichen Leben 268.
Mittelländisches Meer, der Hauptsitz des älteren Handels 159.
Mocenigo, Doge von Venedig, im funfzehnten Jahrhundert, seine Nachricht von der Seemacht dieses Freistaats 246.
Mohammed, schnelle Verbreitung seiner Religion, und große Wirkungen derselben 96. sie trug viel zur Verbreitung des Handels in Asien und Afrika bei 153.

Mönchische Annalisten, Charakter derselben 107
Monsuns, erste Benutzung derselben zu den Reisen nach
Indien 52.
Moses, seine Bücher sind die ältesten und ächtesten Urkunden von dem früheren Zustande der Welt 3.
Musiris, ein Hafen an der Küste Malabar, wird von älteren Seefahrern, die nach Indien handeln, besucht 52.
Mythologie der Griechen, natürlicher Ursprung derselben 325.

N.

Nadir Schach, allgemeine Uebersicht seines Indischen Zuges 195.
Nagara des Ptolemäus, Breite desselben, stimmt mit der von d'Anville angegebenen überein 78.
Nearchus, ist Befehlshaber bei Alexanders des Großen Fahrt den Indus hinunter 20. Bemerkungen darüber 196.
Nicephorus Gregoras, seine Charakteristik von den Genuesern zu Constantinopel 238.
Niebuhr, sein Beweis für den Europäischen Ursprung des Seekompasses 234.

O.

Omar, Kalyph, gründet die Stadt Bassora (Basra) 98.
Orient, daselbst wurden Künste und Wissenschaften zuerst bearbeitet 4. wie daselbst das Verkehr mit verschiedenen Ländern Anfangs getrieben ward 5. erste Verbindung zur See mit demselben 7. Siehe auch Indien.
Ormus, die Insel, wird von den Portugiesen in Besitz genommen 147.

P.

Pagoden in Indien, allgemeine Nachrichten davon 283. 360. sind mit Kenntniß der Astronomie angelegt 371.
Palibothra, Bemühungen, die Lage dieser Stadt zu bestimmen 206.
Palmyra, von wem und bei welcher Gelegenheit es erbauet ward 48. seine bewundernswürdigen Ruinen 50. sein gegenwärtiger Zustand 51.
Pandschab, (Panjab) Fortschritte Alexanders des Großen durch dieses Land 18.
Papyrus, wann die Blätter dieser Staude nicht mehr zum Schreiben gebraucht und durch das Pergament ersetzt wurden 237.
Pariars, die verächtlichste Menschenklasse in Indien 235. 348.
Patna, Beweise, daß es nicht die alte Stadt Palibothra seyn kann 207.

Pera, die vorzüglichste Vorstadt von Constantinopel, wird den Genuesern bei dem Umsturz des Lateinischen Reiches daselbst eingeräumt 118. die Genueser werden von den Türken daraus vertrieben 130.

Pergament, wann es zuerst zu Urkunden gebraucht worden ist 237.

Perlen, ihr hoher Werth bei den Römern 88. waren theurer als Diamanten 216.

Persien, wie der Handel zwischen diesem Lande und Indien geführt ward 43. trieb einen lebhaften Handel nach Indien 91. der Seidenhandel wird durch die Perser vergrößert 92. ihr Druck veranlaßt, daß der Seidenwurm nach Europa gebracht wird 94. wird von den Arabern erobert 97. es werden daselbst Nestorianische Kirchen gegründet 102. Betrag der Einkünfte der Persischen Monarchen, nach dem Herodot 193. Beispiele von ihrem alten Abscheu vor dem Meere. 202.

Phalanx, die Macedonische, wie Alexander der Große sie bildete 28.

Philosophie, das Heilmittel gegen den Aberglauben 331.

Phönicier, wie sie ein Handelsverkehr mit Indien eröffneten 9. sollen, dem Herodot zufolge, bei dem Vorgebirge der guten Hoffnung vorbei gesegelt seyn 161.

Pilgrimschaften nach dem heiligen Lande werden so wohl aus Frömmigkeit, als aus Handelsabsichten unternommen 111. Nachricht von den Wallfahrten nach Mekka 249.

Pilpay's Fabeln, Ursprung derselben 365.

Platon, seine Einwürfe gegen die Zuträglichkeit des Handels in einem wohleingerichteten Staate 215.

Plinius der Aeltere, seine geringe Kenntniß von Indien 67. Nachricht von der Insel Taprobana 80. Bemerkungen über seine Nachricht von den Fortschritten des Seleukus in Indien 204.

Pomponius Mela, seine Nachricht von der Insel Taprobana 80. und von dem Kaspischen Meere 212.

Portugall, Umstände, welche die Portugiesen zur Entdeckung des Vorgebirges der guten Hoffnung veranlaßten 140. lebhafte Anstrengungen der Portugiesen, den Handel mit dem Orient zu führen 144. sie streben nach Alleinhandel mit dem Orient 146. errichten daselbst ein Handelsreich 151. ihre Thätigkeit in Erforschung der Morgenländer 163. sie vertreiben die Venetianer von den Europäischen Marktplätzen, indem sie den Preis der Indischen Waaren vermindern 165. weshalb sie so lange im ausschließenden Besitze des Indischen Handels blieben 170. die Holländer werden ihre Nebenbuhler im Indischen Meere 172. auch die Engländer 172. vereiteln die Bemühungen Solimans des Prächtigen, sie aus Indien zu vertreiben 185. eine Päpstliche Bulle erlaubt ihnen das Verkehr mit den Ungläubigen 239.

Porus widersetzt sich den Fortschritten Alexanders des Großen in Indien 18. bleibt den Macedoniern getreu 35.

Porzellan, erste Erwähnung desselben von Arabischen Reisenden 100.

Potosi, die Entdeckung der dortigen Silbergruben ist die erste dauernde Quelle von Einkünften, welche Spanien aus Amerika zieht 179.

Ptolemäus, der Geograph, Würdigung seiner wissenschaftlichen Einsichten 68. bauete die Erdbeschreibung auf ihre gehörigen Grundsätze ebend. Prüfung seiner Nachrichten von der Halbinsel Indien 70. Berichtigung seiner Geographie von Indien aus den Nachrichten neuerer Zeiten von d'Anville 71. Beispiele seiner Genauigkeit 77. seine Nachricht von der Insel Taprobana 81. sein Charakter, nach Agathemerus 220. seine geographischen Irrthümer 221. nach was für Materialien er seine Geographie von Indien bearbeitete 239.

Ptolemäus Lagi verlegt den Sitz der Aegyptischen Regierung nach Alexandrien, und errichtet den Leuchtthurm auf Pharos 39.

Ptolemäus Philadelphus macht den Plan zu einem großen Kanal, um das Verkehr zwischen Indien und Aegypten zu erleichtern 40. legt die Stadt Berenice an 40.

Pultanah, das alte Plithania Arrians 219.

R.

Ramusio entdeckt die geographischen Irrthümer des Ptolemäus 222.

Raynal, Abbé, Charakter seiner Geschichte von Ost- und Westindien 183.

Recht, gemeines, Ursprung desselben 276.

Rechtsgelehrte, Vergleichung zwischen dem Style der Europäischen, und der Indischen Pundits 367.

Religion und Aberglaube, Unterschied zwischen beiden 320.

Renaudot, seine Uebersetzung von der Orientalischen Reise zweier Mohammedaner aus dem Arabischen wird von dem Vorwurfe gerettet, daß sie untergeschoben sey 230.

Rennel, Major, seine Erläuterungen über den Indischen Kriegeszug Alexanders des Großen 22. seine Nachricht von dem Flusse Ganges 204. Bemerkungen über seine Angabe von der Lage der Stadt Palibothra 206. Prüfung seiner Meinung von der Aegyptischen Schifffahrt 210.

Register.

Rhinokolura, der alte Hafen bei dem Verkehr zwischen den Phöniciern und Indiern 9.
Roger, seine Nachricht von der Indischen Zeitrechnung 370.
Rom, Ursprung seiner Macht 45. wie es mit Indischen Waaren versehen wurde 49. seine Einfuhrartikel von dorther sind Waaren des Luxus 54. Specereien 55. Edelsteine 57. Seide 58. kannte die Beschaffenheit der Seide nicht 60. wie der Seidenbau in das Griechische Reich kam 93. Folgen von der Zertheilung des Römischen Reiches durch die Barbaren 125. wie die Itinerarien des Reiches verfertigt wurden 220
Rothes Meer (*Mare Erythraeum*), Ursprung dieses Namens und seine verschiedene Bedeutung bei den Alten und den Neueren 200.
Rußland, Eröffnung eines Handelsverkehrs zu Lande zwischen diesem Reiche und China 253.
Kyoto von Indostan, Untersuchung über die Art ihres Landbesitzes 354.

S.

Saint-Croix, Baron von, Bemerkungen über seine Kritik der Geschichtschreiber Alexanders des Großen 201.
Sakontala, ein altes Indisches Schauspiel, Nachricht davon 296.
Sakotekas, die Bergwerke von, in Mexiko sind für die Spanier eine wichtige Entdeckung 179.
Salomo, König der Juden, Untersuchung seines Seehandels 11. bauet Tadmor in der Wüste 48.
Samarkand, unter welchem Namen es Alexandern dem Großen bekannt war 16. seine Breite nach d'Anville's Bestimmung 78.
Sandrakottus, ein Indischer Fürst, sein Widerstand gegen den König von Macedonien, Seleukus, und sein Vergleich mit ihm 33.
Sanskrit-Litteratur, ein Gewinn der neuesten Zeit 363. Halhed's Nachricht davon 364.
Sanudo, Marino, seine Nachricht von dem Venetianischen Handel mit Indien im vierzehnten Jahrhundert 124.
Schafter, einige Nachricht davon 305. 368.
Schifffahrt, ihr Ursprung 6. wo sie zuerst getrieben, 7. und wie sie unter den Aegyptiern eingeführt ward 8.
Seele, Beschreibung derselben nach dem Mahabarat 304.
Seelenwanderung, Auseinandersetzung der Morgenländischen Lehre von derselben 339.
Seide, ihr hoher Werth bei den Römern 59. der Handel mit derselben wird durch die Perser vermehrt 92. Seidenwürmer werden nach Griechenland gebracht und dort

gezogen 93. Nachricht von dem Venetianischen und Florentinischen Seidenhandel 120. die Alten kannten die Art ihrer Verfertigung nicht 217. warum die Türken sie nicht tragen 218.
Seleukus, Alexanders Nachfolger, sein Zug nach Indien 33. Bemerkungen darüber 203.
Selim, Sultan, Ueberwinder der Mamelucken, seine Aufmerksamkeit auf die Vortheile vom Indischen Handel 183.
Semiramis, die große Flotte, die sich ihrem Einfall in Indien widersetzte 196.
Sera Metropolis des Ptolemäus, Breite dieses Ortes nach d'Anville 78.
Seringham, Beschreibung der dortigen Pagode 288.
Sesostris, König von Aegypten, machte zuerst aus den Aegyptern ein Handelsvolk 8. Unwahrscheinlichkeit seines Zuges nach Indien und seiner Eroberung dieses Landes 189.
Sielediba, Nachricht des Kosmas Indikopleustes von dieser Insel 91.
Silber geht beständig aus Europa nach Ostindien 173. wie Europa durch diese Silberausfuhr gewinnt 181.
Sinae Metropolis des Ptolemäus, d'Anville's Bemühungen, die Länge dieses Ortes zu bestimmen 74.
Sipoys unsrer Zeit, nach eben dem Grundsatze organisirt, wie der von Alexander dem Großen gebildete Phalanx der Perser 29.
Sittenlehre, Zustand derselben in Indien 306.
Sklavenhandel, jetziger, Ursprung desselben 175. wird von den Afrikanischen Karavanen stark getrieben 252.
Skylax von Karyandra, sein Seezug nach Indien 13. giebt fabelhafte Nachrichten von diesem Lande 14. warum Arrian seine Reise nicht erwähnt 196.
Soliman der Prächtige, seine Bemühungen, die Portugiesen aus Indien zu treiben 184.
Spanien, wie dieses Land zu dem Vortheil und der Ehre kam, Amerika zu entdecken 139. Gold und Silber waren die einzigen nützlichen Artikel, die es anfangs von dort her erhielt 178. muß Kolonieen in seinen Besitzungen anlegen, um sie zu kultiviren 180.
Specereien und Gewürze, wie stark sie von den Alten verbraucht wurden 55. großer Verbrauch derselben zu unsrer Zeit 168.
Strabo, seine undeutliche Kenntniß von Indien 66. seine Nachricht von der Insel Taprobana 79. läugnet den Zug des Sesostris nach Indien 191. Beweise von seiner Unkunde dieses Landes 210. seine Nachricht vom Kaspischen Meere 212. wie er seine Vernachläßigung des

Hipparchus rechtfertigt 219. seine freie Darstellung der alten Theologie 341. seine Nachricht von den alten Farben 362.

Sumatra, diese Insel ward von den älteren Arabern besucht 99.

Sylla, große Menge von Specereien, die bei seinem Begräbnisse verbraucht wurden 55.

T.

Tadmor in der Wüste, von wem und zu welchem Endzweck es erbauet worden ist 48. seine erstaunenswerthen Ruinen 50. sein gegenwärtiger Zustand 51.

Tamerlan, dessen wohlüberdachte Wahl der Jahrszeit zu seinem Indischen Feldzuge 194.

Taprobana, Strabo's Nachricht von dieser Insel 79. Plinius Nachricht von derselben 80. Nachricht des Ptolemäus 82. scheint die Insel Ceilan zu seyn 82. die Nachricht des Kosmas Indikopleustes davon 91.

Tatta, große Dürre daselbst 194. große Menge von Fahrzeugen daselbst 196.

Thee ist innerhalb eines Jahrhunderts in vielen Theilen von Europa ein Bedürfniß geworden 256. erstaunliche Menge desselben, die jährlich eingeführt wird ebend.

Theebaum, erste Erwähnung desselben von Arabischen Reisenden 100.

Tschillambrum, Beschreibung der dortigen Pagode 288.

Türken, ihre Bedenklichkeiten gegen das Tragen der Seide 218.

Tyrus, die beste Nachricht von dem Handel dieser Stadt findet man im Propheten Ezechiel. 192.

U.

Ulug Beg, seine astromischen Tafeln. 78.

V.

Venedig, erster Ursprung desselben als eines Handelsstaates 105. nimmt, mit den Kreuzfahrern verbunden, Constantinopel ein 115. hat einen starken Seidenhandel und große Seidemanufakturen 116. das Lateinische Reich im Osten wird gestürzt 118. die Genueser ziehen den Handel mit Constantinopel zu dessen Nachtheil an sich 119. es treibt Handel nach Alexandrien 120. Nachricht von dem Venetianischen Handel mit Indien im vierzehnten Jahrhundert 124. Reisen des Marco Polo 128. sein Handel verbreitet sich, da die Türken das Griechische Reich stürzen 131. Bemerkungen über den Handel der Venetia-

ner mit Indischen Waaren 133. Beweise des großen
Reichthums, den sie dadurch erlangten 137. ihre Unruhe, als
Vasco de Gama den geraden Weg nach Indien entdeckte 144. ihre Maßregeln, den Portugiesischen Handel
im Orient zu hindern 148. die Portugiesen vertreiben sie
von den Europäischen Marktplätzen, indem sie den Preis
der Indischen Waaren verringern 165. ihr weitläuftiger Handel 245. die Bank zu Venedig ist die älteste
in Europa, ebend. Stärke der Venetianischen Seemacht im funfzehnten Jahrhundert 246.
Virgil, ein eben so guter Naturkundiger, als Dichter 218.
Volney, seine Nachricht vom Kameel und von der Karavane, die von Damaskus nach Mekka geht 250.
Vorgebirge der guten Hoffnung, Umstände, die zur
Entdeckung eines Weges nach Indien um dasselbe führten 140. nach dem Herodot, sollen einige Phönicische
Schiffe um dasselbe gesegelt seyn 161. Wichtigkeit der
Entdeckung von diesem Wege durch die Portugiesen 183.

W.

Wallfahrten, siehe Pilgrimschaften.
Wilford's Prüfung des Arrianischen Periplus nach jetzigen
Namen und Lagen der Oerter 219.
Wilkins, Nachricht von seiner Uebersetzung des Hito-
pades 365.
Wissenschaften und Künste, wo sie zuerst kultivirt wur-
den 4. Uebersicht ihres Zustandes in Indien 302.
Wulli, Charakter einer aus ihm übersetzten Ode 367.

Z.

Zahlen, ihre Zeichen, oder die Ziffern, kommen ur-
sprünglich aus Indien 308.
Zeitrechnung, siehe Chronologie.
Zemindars, ihr Amt bei der Verwaltung Indiens 354.
Ziffern, siehe Zahlen.
Zinsen vom Gelde, der sicherste Maßstab des Gewinnes
vom Handel 136.

www.ingramcontent.com/pod-product-compliance
Lightning Source LLC
Chambersburg PA
CBHW032318280326
41932CB00009B/858